期货服务实体经济案例集

QIHUO FUWU SHITI JINGJI ANLIJI

中国期货业协会 编

中国财经出版传媒集团
中国财政经济出版社

图书在版编目（CIP）数据

期货服务实体经济案例集/中国期货业协会编．—北京：中国财政经济出版社，2018.5

ISBN 978－7－5095－8029－5

Ⅰ.①期…　Ⅱ.①中…　Ⅲ.①期货交易－商业服务－案例－中国　Ⅳ.①F832.5

中国版本图书馆CIP数据核字（2018）第013711号

责任编辑：马立祥　刘孺泾　　　　责任校对：杨瑞琦
封面设计：王　颖

中国财政经济出版社出版
URL：http：//www.cfeph.cn
E－mail：cfeph@cfeph.cn

社址：北京市海淀区阜成路甲28号　邮政编码：100142
营销中心电话：010－88191537　北京财经书店电话：64033436　84041336
中煤（北京）印务有限公司印刷　各地新华书店经销
787×1092毫米　16开　21印张　422 000字
2018年5月第1版　2018年5月北京第1次印刷
定价：63.00元
ISBN 978－7－5095－8029－5
（图书出现印装问题，本社负责调换）
本社质量投诉电话：010－88190744
打击盗版举报热线：010－88191661　QQ：2242791300

编委会

建设高效期货市场，服务产业优化升级[①]

（代序）

中国证监会副主席　方星海

党的十九大是在中国特色社会主义进入新时代召开的一次十分重要的大会，具有划时代的意义。会议把习近平新时代中国特色社会主义思想确立为我们党同时也是我们国家建设必须长期遵循的根本指导思想，描绘了到21世纪中叶中国发展的宏伟蓝图，提出了建设现代经济体系、发展更高层次的开放型经济、形成全面开放新格局的要求，这为证券期货行业转型发展指明了方向。在此之际，探讨期货市场如何以十九大精神为统领，更好地服务于实体经济，更好地服务于国家开放战略，意义十分重要。

一、期货市场在服务产业优化升级过程中大有可为

十九大报告指出："我国经济已由高速增长阶段转向高质量发展阶段，正处于转变发展方式、优化经济结构、转换增长动力的攻关期"。事实表明，高效的期货市场在稳定与改善企业经营业绩、促进核心企业与上下游企业的良性整合、实现产业优化升级上，发挥着关键性的作用。

首先，高效的期货市场能促进企业定价模式转变。通常，期货品种上市之前，行业龙头企业在产品定价中具有很强的话语权。龙头企业首先定价，其他企业跟随定价。相关期货品种上市后，产品的定价模式发生转变，龙头企业的定价话语权大为削弱，期货价格逐步成为买卖双方最为重要的价格参照依据。在原料采购、产品销售等现货贸易活动中，

---

① 中国证监会副主席方星海于2017年12月2日在第十三届中国（深圳）国际期货大会上的讲话。

企业与客户之间仅约定产品质量、数量及升贴水等，然后再根据供货合同执行期间期货品种的价格确定合同的最终执行价格。

其次，当企业的定价模式发生转变后，期货价格将会促使企业的经营模式逐步转变。一是逐步形成以期货市场价格体系为核心的营销体系。二是形成以期货市场均价体系为基础的绩效考核系统。三是形成以期货市场中远期价格体系为参照的财务预算制度，改变了过去在制订预算时“盲人摸象”和“拍脑袋”等随意性比较强的状况。

企业合理运用期货市场定价功能、转变经营机制后，市场竞争就将促使它实现横向规模扩张和纵向产业链上下游整合，提高产业集中度和生产经营效率，最终实现整个产业的优化升级。

二、高效期货市场的标志

期货市场要实现上述服务产业优化升级的功能，最重要的是提升市场运行质量和效率。一个高效的期货市场有四个基本的标志。

（一）要有一个丰富、完善的期货、期权品种体系。期货定价以及期货市场功能发挥的基础是期货品种。当前，我国期货市场共上市的期货和期权品种还很不够，远远不能满足经济发展的需要。美国仅芝加哥商业交易所集团（CME Group）一家，其挂牌交易的期货和期权产品就达2 000余个，活跃品种也有200多个。与之相比，我们的差距还很大。我国是全球大宗商品最大的进口国和消费国，很多基础原材料和农产品的产量和消费量均位于世界前列，同时还是全世界唯一拥有联合国产业分类中全部工业门类的国家，形成了一个行业齐全的工业体系，需要风险管理的行业数量众多。

（二）期货价格必须是公正可信的。这个理由无须赘述。实现价格的公正可信，要加强监管，同时交易机制要在不同的市场情况下都能把最合理的价格定出来。

（三）期货价格要具有全市场代表性。若对应的产品是全国性的产品，那么期货价格就要有全国代表性，不能只代表部分地区；若对应的产品是全球性的，那么期货价格就要有全球代表性，不能只代表一个国家；否则期货市场的作用就要大打折扣。

（四）期货价格要能便捷有效地从期货市场传导至企业终端用户。期货价格必须能方便迅速地被企业所使用，否则期货市场就是一个摆设。期货经营机构在价格传导中起着关键的作用。

三、为建设一个高效的期货市场不懈努力

在新的历史条件下，建设高效的期货市场，我们需要着重从以下几个方面做好工作。

（一）以市场需求为导向，继续丰富期货、期权品种，构建日益完善的品种体系。五年来，我们共上市27个新品种，占目前已上市55个期货品种的49%。其中，商品期货品种47个，除原油、天然气外，国外市场成熟的主要商品期货品种均已在我国上市。以铜、铁矿石、PTA、油脂油料等为代表的中国期货市场价格已经逐步发挥影响力，极大地促进了实体企业在国际贸易中开展公平竞争，助推我国向贸易强国迈进。今年上半年，我们又推出了豆粕、白糖两个商品期权，进一步丰富了我国的期货衍生品市场体系，标志着我国期货衍生品市场进入新的发展阶段，降低了实体企业的套保成本，更好地适应了实体企业多元化风险管理的需求。棉纱期货今年上市，为棉纺织上下游产业链企业提供了更多的风险管理工具，服务国家棉花目标价格改革和新疆地区经济社会发展。目前，筹备多年的原油期货已经进入上市前最后冲刺阶段；苹果期货的上市工作已基本就绪，期货市场服务“三农”、助力扶贫攻坚又将增添得力工具。下一步，交易所将更加积极地研发上市更多期货、期权新品种，包括纸浆、红枣、20号标准橡胶、2年期国债、生猪、尿素，以及铜期权等。所有这些，就是要以品种创新助推期货市场发展，提高其覆盖面，扩大其影响力。

（二）通过有效监管和交易机制创新，确保期货价格的公正可信。秉持依法全面从严的监管理念，加强市场监管。要继续严厉打击市场操纵和内幕交易行为，对客户的资金、持仓以及产品的资金、持有人实现穿透式管理和实控账户合并管理；合理调节交易量，不断完善市场运行风险的监测监控指标；加强对程序化交易管理，建立程序化交易报备和程序化交易者识别制度。各期货交易所近年来在引入做市商等方面进行了有益的探索，取得了初步成效。必须进一步加大交易机制创新力度，争取在更多品种上实现“近月合约活跃、活跃合约连续”。

（三）加快形成全面对外开放新格局，提高期货价格的全球代表性。开放是国家繁荣发展的必由之路。党的十九大报告明确指出“开放带来进步，封闭必然落后”，我们将秉承“自主开放、合作共赢”的方针，加快推进期货市场双向开放。一是加快步伐引入境外交易者参与我国市场。把原油期货作为我国期货市场全面对外开放的起点，做好原油期货上市工作，积极推进铁矿石期货引入境外交易者，其他成熟品种也要做好引入境外交易者的准备。支持和鼓励更多合法守信的境外交易者参与国内商品期货交易。二是扩大境内外交割区域。持续推动保税交割常态化，不断扩大保税交割品种和区域范围。适应相关期货品种国际化需求，支持期货交易所在境外设立交割仓库和办事处，为实体企业提供丰富、便捷的跨境定价与风险管理服务。三是加快推动期货经营机构国际化发展。近期，我们按照国务院统一部署，拟放宽外资入股期货公司的投资比例限制，单个或多个外国投资者直接或间接投资期货公司的投资比例限制放宽至51%，三年后投资比例不受限制。我们希望通过境外股东的进入，为我国期货公司发展引入新的理念和经营方式，提升其市场竞争力，同时将创造条件，为我国期货公司走向全球市场提供各种必要的支持。四是与境外交易所开展灵活多样的合作。我们将重点围绕“一带一路”沿线国家和地区，支持各交易所结合自身特点和优势，综合运用股权、产品、业务等多种形式，与沿线交易所开展合作。研究与境外期货交易所开展产品互挂的可行性。支持中欧交易所丰富产品线，为境外投资者提供中国相关的资产风险管理工具。

习总书记号召我们，新时代要有新气象新作为。我们将选择若干个条件好的期货品种，制定一切必要措施，朝着尽早取得国际主要定价权的方向努力。我们有这个市场规模，有这个经济实力，也有这个决心！

（四）期货经营机构要适时转变发展重点，使价格传导更加便捷高效，以自身转型发展服务实体产业优化升级。当前，我国经济发展处于重要的战略机遇期，期货市场前景广阔。期货经营机构要顺势而为，实现其自身的转型发展。一是要回归本源，专注服务能力提升，不忘服务实体经济的初心。期货经营机构要不断提高专业水平和服务能力，紧紧围绕广大实体企业的多样化风险管理需求，积极服务供给侧结构性改革和经济优化，服务“三农”和脱贫攻坚战略，服务国家对外开放和“一带一路”倡议，在服务好实体经济发展的过程中实现企业自身的价值。二是找准定位，发挥专业优势，做精做细，提高核心竞争力。近年来，期货行业加快转型发展，目前，以传统经纪服务为基础，以资产管理和风险管理为两翼，以境外金融服务为增力的格局已经初步形成，业务多元化、综合化、国际化程度不断深化。下一步，要在持续加强传统业务、服务最广大的实体企业的基础上，进一步发挥在风险对冲、资产定价方面的优势，为广大投资者提供独特的财富管理和资产配置服务。近两年，期货公司风险管理子公司业务发展迅速，呈现出良好趋势，要为它们更好更快的成长创造必要的市场条件。三是要加强合规建设，严控风险，牢牢守住风险底线。期货经营机构为企业提供风险管理服务，首先要管好自身风险。合规风控是期货经营机构的生命线。大家要进一步提高认识，时刻保持警醒，落实全面风险管理。

我们正站在一个伟大的新时代的潮头。在以习近平总书记为核心的党中央的坚强领导下，中国人民正满怀信心地建设中国特色社会主义现代化强国，为实现中华民族伟大复兴的中国梦而奋勇前进。期货行业可以为中国梦的实现做出重要贡献。让我们把握新时代的历史机遇，始终坚持金融服务实体经济的根本方向，着力推进改革开放创新，为建设具有国际竞争力的中国期货市场而努力奋斗！

目　录

第一部分　期货服务供给侧结构性改革

第一章　传统套期保值案例

第二章 期货公司创新业务案例

第二部分 期货服务"三农"

第三章 传统套期保值案例

第四章 期货公司创新业务案例

第一部分　期货服务供给侧结构性改革

第一章 传统套期保值案例

案例 01：

深化产融结合，服务黑色金属产业链

——国泰君安期货服务钢铁企业经验总结

一、企业参与期货市场现状概述

近年来我国期货市场稳步发展，在服务实体经济方面取得了一定的成效，但与欧美发达国家和地区相比，无论是市场结构、政策环境还是参与主体，都存在一定的差距。以参与实体企业为例，国外较为丰富，国内相对单一。美国现货贸易企业通常以期货价格为基准价，再加上基差来确定合同价格，通过期货市场规避风险，涉及行业包括制造、食品、纺织、石油、化工、金融和公共事业等。其中农产品企业参与套期保值的范围最广泛，据美国期货业协会统计报告，美国约有 60% 的粮食加工商和农场主参与期货市场，并取得了良好效果。

而我国的现货企业中，参与套期保值的企业比例不足 10%，并且套期保值企业类型单一，大多为化工、金属类企业，农业类企业比较少，制造业、贸易业参与比例比较低，存在巨大的敞口风险。在价格波动中，我国有色金属行业利用期货市场进行套期保值，锁定成本和利润，规避价格波动风险，提升了整个产业的竞争力。与之截然不同的是，我国石化行业存在垄断体制与价格管制，企业应对价格风险的能力较差，因此由于缺乏参与期货市场进行套期保值的动力，当国际原油价格上涨时，石油化工企业容易遭受损失。

二、服务实体是期货本源，黑色金属期货具备助力实体经济条件

服务实体经济是商品期货的根本出发点和归宿。对实体企业而言，利用期货工

具不光能够锁定生产成本，实现预期利润，还能不断扩展现货的销售和采购渠道，进行科学的库存管理，而且期货市场所形成的价格信号还能对行业整体的发展方向起到一定的指引作用，这些都会给实体企业的发展带来深远的积极影响。如果放大到整个国民经济的角度，我国商品期货市场的发展，有助于争取国际重要大宗商品的定价权，提高我国国内宏观政策调控的效力，增强对外部风险冲击抵抗力，起到为我国国民经济保驾护航的作用。

（一）黑色金属期货日渐成熟

目前我国黑色金属产业链期货上市品种多达7个，基本覆盖了钢铁生产流程中所涉及的所有原料与主要初级产成品，在期货市场上已经形成了一条较为完善的黑色金属产业链，并且主要品种上市时间都在3年以上，其中螺纹钢最早于2009年上市，距今已有8年的时间。并且黑色金属产业链期货市场运行基本平稳，结构日趋完善，成熟度越来越高，得到了市场的广泛认可。

从市场的参与者来看，虽然目前产业参与者与欧美发达期货市场暂时无法相提并论，但是从近年来的发展趋势上看，实体企业在黑色金属产业链期货的参与度日渐提高。从上市之初仅有钢厂参与，到现在中间贸易商，乃至下游终端需求厂商均有广泛的参与，这也从侧面证明了我国黑色金属产业链期货市场已经越来越成熟，并且被实体企业所接受（见图1）。

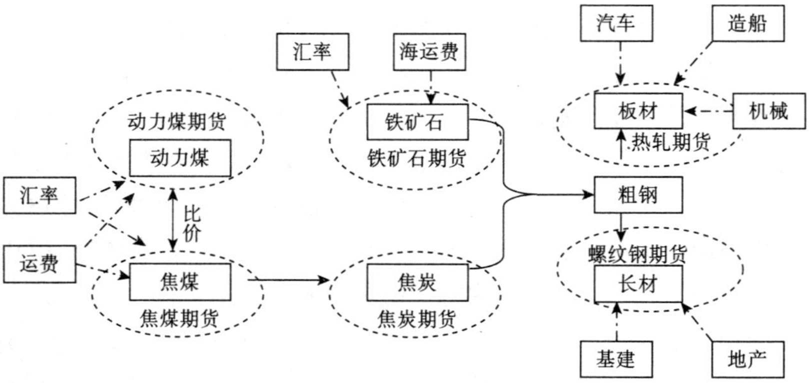

图1　黑色金属各品种相互关系

企业将期货作为规避风险的工具，当目标为获取合理的利润和锁定合理的成本时，可以规避以下三种风险：高库存可能存在的公允价值下跌风险、需求不佳下的产品销售风险及原材料急涨之时的成本风险。

当目标为获取投资收益时，作用为：第一，随着煤焦钢、铁矿石全产业链的金融化，虚拟生产将是期货市场投资功能的全面体现。只要有合理的价差，即可以在期货市场上买入铁矿石、焦炭，抛空螺纹钢，获取利润。第二，以期货账户的实际盈亏为考核，不论是作为虚拟采购原材料的市场，还是作为虚拟销售的市场，抑或虚拟生产的市场，争取在期货市场上获得低买高卖的机会（见图2）。

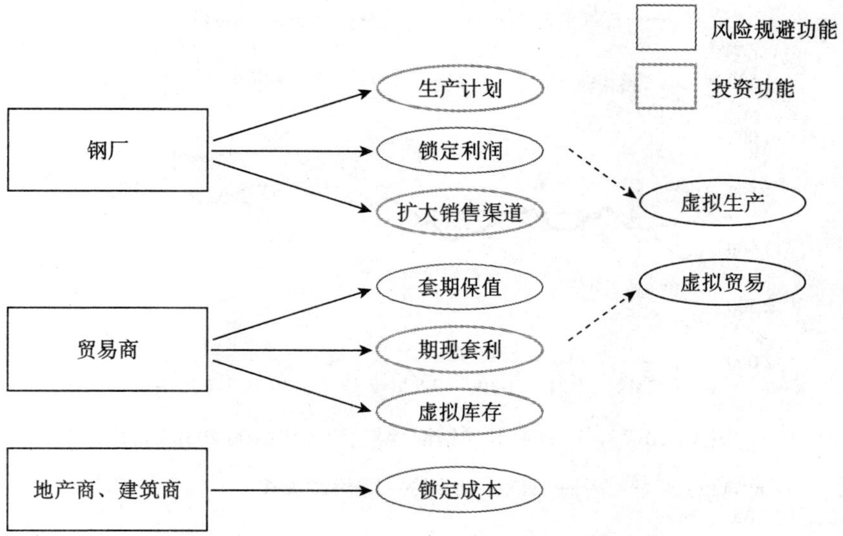

图2　不同实业企业的避险与投资需求

（二）黑色金属期货服务实体企业传统模式介绍

以钢材市场为例，传统的套期保值是指在期货市场上利用所对应的期货品种进行单一的针对原料的买入套保和产成品的卖出套保。

对于生产商（钢厂）而言，作为社会商品的提供者，生产者所担心的是自己所生产的产品在卖出时，会由于价格的下跌而遭受利润的损失。因此为了保证未来生产出来的产品在销售时，能够获得合理的经济利润，生产者可以通过套期保值的模式来锁定产成品价格，即在套期保值开始卖出期货合约，在卖出现货时买入相应的期货合约来进行平仓，从而规避价格风险。

对下游终端（地产商、建筑商）而言，因担心未来钢材价格上涨导致对成本产生冲击，为避免这种情况的发生，其可以通过买入套期保值进行风险对冲，即在盘面上买入螺纹钢期货，从而锁定未来的螺纹钢成本，避免成本的大幅波动。

1. 钢企利用期货对产成品库存进行套期保值。螺纹钢现货的流通模式主要以贸易形式为主，短期内钢材现货价格可能受外界因素及自身基本面的影响而发生剧烈波动。在这样的背景下，进行利润锁定对于钢厂是非常有必要的。通过盘面卖出套保，可以锁定现有库存价格，从而规避了未来价格下跌、库存贬值的风险。套保的核心目的在于对未来价格的锁定，对期现结合的企业来说，在原料成本确定的情况下，进行成材的卖出套保操作就等于对利润进行了锁定。

例如，某钢厂在2017年1月有螺纹库存10万吨，因临近春节，节后市场存在不确定性，担忧春节后销售不畅，从而考虑进行卖出套保（见图3、图4）。

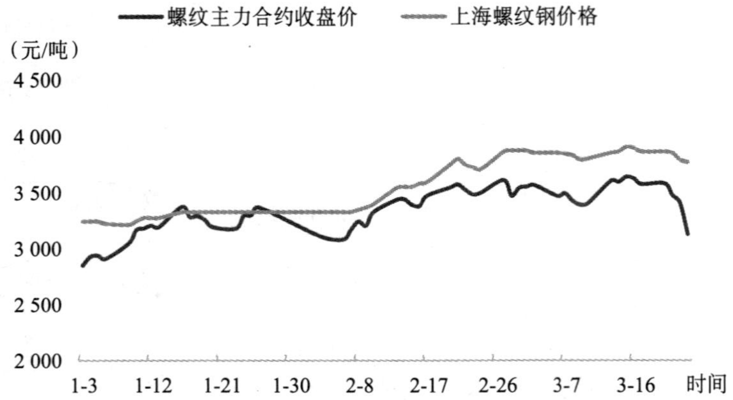

图3 2017年1—3月螺纹钢期货与上海HRB400 20MM价格

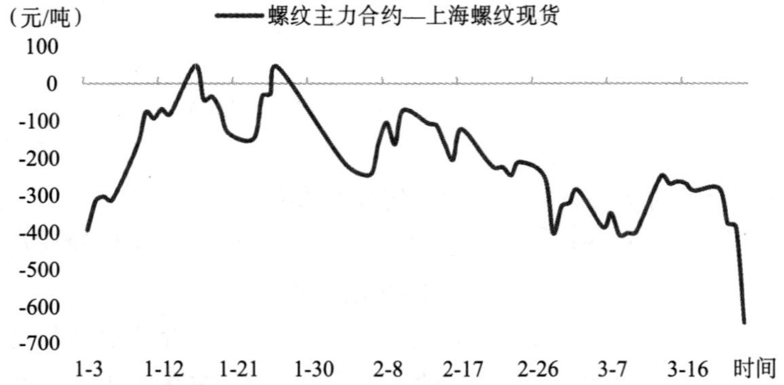

图4 2017年1—3月螺纹钢期货与上海HRB400 20MM现货价差

2017年1月12日螺纹钢主力合约收盘价为3 207元/吨，上海地区现货报价3 180元/吨，磅计3 275.4元/吨，盘面贴水现货（磅计）68元/吨，该企业认为无论是从绝对价格还是期现价差的角度考虑，进行套期保值较为合适，因担心后期价格下跌导致库存贬值，于是就可以在期货市场上进行卖出套期保值，建仓螺纹期货空单10 000手（10吨/手），建仓均价为3 175元/吨。到了2017年3月23日，螺纹现货市场价格上涨至3 660元/吨，磅计3 769.8元/吨，但同时期货合约在这段时间出现剧烈波动，3月23日盘面主力合约收盘价为3 127元/吨，该企业在当日平仓，平仓均价为3 140元/吨。企业套保操作损益见表1。

表1　　2017年1月12日与2017年3月23日套期保值期策略

	现货	期货	基差（现货—期货）
2017-01-12	3 275.4元/吨	3 175元/吨卖出10 000手	100.4元/吨
2017-03-23	3 769.8元/吨	3 140元/吨平仓10 000手	629.8元/吨
盈亏	盈利494.4元/吨	盈利35元/吨	

由于在这段时间内期货走势明显弱于现货，从而导致了基差的快速扩大，企业

通过合理的基差套保取得了可观的收益，现货方面盈利494.4元/吨，期货方面同样也盈利35元/吨，既规避了库存贬值的风险，还通过基差变动取得了额外的收益。

在以上套保策略的基础上进行优化，根据基差变化来动态管理原料库存，可赚取基差利润，扩大套保成果（见表2）。

表2　　基差变化对卖出套保效果影响

	基差变化	套保效果
卖出套保	基差不变	完全套保，两个市场盈亏刚好完全相抵
	基差走强	不完全套保，两个市场盈亏相抵后存在净盈利
	基差走弱	不完全套保，两个市场盈亏相抵后存在净亏损

在实际操作过程中，实体企业需要深刻了解套期保值交易的本质是以防御现货经营风险为目的，而不是为了获取高额利润，只有在能够通过套期保值有效规避风险的前提下，才能通过合理操作获取一定的额外收益。在评价套期保值效果时，应当综合考虑现货市场和期货市场的盈亏情况，而非期货市场一旦亏损就认为套保失去了效果，只有结合期现两个市场才能合理评价套保效果，为企业的长期经营转移价格风险。此外，企业应该实事求是地对自身可承受的风险进行评估，然后依据自身的特点设计相应的套期保值方案，这样才不致出现因市场特殊波动变化使企业无法承受风险而陷入经营困境的情形。

2. 下游建筑商利用期货套保锁定原材料成本。作为下游建筑施工类企业，原料价格波动会对其成本产生较大的影响，原料价格波动的风险是该类企业所面临的最大风险。而目前来看，公司对原料价格风险的应对措施主要为：以合理的价格及时采购符合公司质量要求、足够数量的原料，当原料的市场价格可能出现一定幅度的波动时，做出适当采购计划安排，保证业务的正常进行。在当前规避价格风险的措施下，若出现原料供应短缺或价格大幅上涨而导致成本上升，公司可能面临单个项目利润减少甚至亏损的风险。

钢材近年来价格大幅波动，从2014年9月至2017年9月，上海螺纹钢期货在3年时间里从2 452元/吨上涨至4 046元/吨，上涨1 594元/吨，年均涨幅达21.67%。钢材价格的大幅上涨给下游企业的生产运营带来了较大的风险和不确定性，对于下游企业的成本冲击巨大，影响企业的业绩。对于企业来说，有效防范风险，稳健运营是第一位的，期货市场正是为企业提供了这种风险对冲的场所，企业可以通过套期保值的手段有效地规避风险，锁定成本和利润，保证运营的稳定性和可持续性（见图5）。

某大型建筑企业，从事房地产及基础设施施工，每年需要购进大量钢材完成房屋建设，在钢材市场是买方，需要规避的风险主要是来自钢价上涨所带来的成本上升，在期货市场上总体的思路是以买入套期保值为主，在期货市场购进钢材，锁定未来的成本。具体标的品种选择为上海期货交易所螺纹钢期货，螺纹钢期货从2009

图 5　2014—2017 年螺纹钢期货价格

年上市至今已经有 8 年的时间，各方面已经较为成熟，合约和交割规范，市场交易活跃，认可度高，并且时至今日有越来越多的产业客户参与其中，是套期保值的良好标的。

最基本的套期保值就是将需要套保的量全部一次性在期货盘面上买入（卖出），但这样的做法比较机械，属于典型的被动型套保，资金占用大，缺乏效率，并且套期保值效果（盈亏）往往也不大理想。本案例中该高速公路企业建设周期较长，可以采用分批建仓的方式进行套保。

另外，对于套保的进出时点选择也非常重要，进出时点直接影响套期保值的效果。一般来说，套期保值需要对于未来价格趋势有基本的判断，具体点位选择上，可以参考基差进行套保。基差 = 现货价格 - 期货价格，基差的出现主要是体现了市场对于价格的预期因素，期货价格与现货价格最终会在期货合约到期日回归一致，但其运行路径往往并不完全一致，如果采用基差套保，在规避风险的同时，往往还能获得一定的收益。

螺纹钢期货近几年来大部分时间对现货贴水，对于买入套期保值操作来说，比较好的建仓点位应该是在基差较大（即期货对于现货的贴水幅度比较大）的时候，进行买入保值操作，这样未来基差缩小除了达到套保目的外还能够获得一定盈利。

从 2014 年至今的螺纹钢期货对现货贴水来看，期货合约在 2017 年主要以贴水现货价格为主，且基差波动加大，2017 年前贴水最低在 600 元/吨，而 2017 年至今贴水最低至约 900 元/吨（见图 6）。

期货合约对现货升贴水计算，一般采用上海 HRB400 20MM 螺纹钢作为现货标的，具体计算方法为：

升贴水 = 期货合约价格 - 现货标准品价格（即现货价格 ×1.03，现货以理计，期货以磅计）

幅度 = 升贴水/现货标准品

从历史数据回测的角度来看，无论是主力还是非主力合约，最大的贴水曾有过接近 900 元/吨，一般都在 400 元/吨以内，所以认为在期货贴水超过 400 元/吨时进

图 6　2014—2017 年螺纹钢期货与上海 HRB400 20MM 现货价差

行买入套保较为具有可行性。从合约选择上来看，由于企业建设周期较长，而期货只有未来一年的合约上市，总套保量假定为 112 万吨，如果按照 5 年平均分配套保量，大约每年在 22 万吨，目前可以针对第一年的量进行套保，具体合约选择可以选择 1801 合约，套保量 22 万吨是 2. 2 万手，目前 1801 合约持仓量在 347 万手，单边 173. 5 万手，流动性上完全满足套保要求。

从远月与近月合约价差来看，从 2017 年年中以来，远月合约对近月合约长期处于贴水状态，高贴水对于进行买入套期保值来说，理论上是具有优势的，贴水相当于为买入套保提供了一个安全垫（见图 7）。

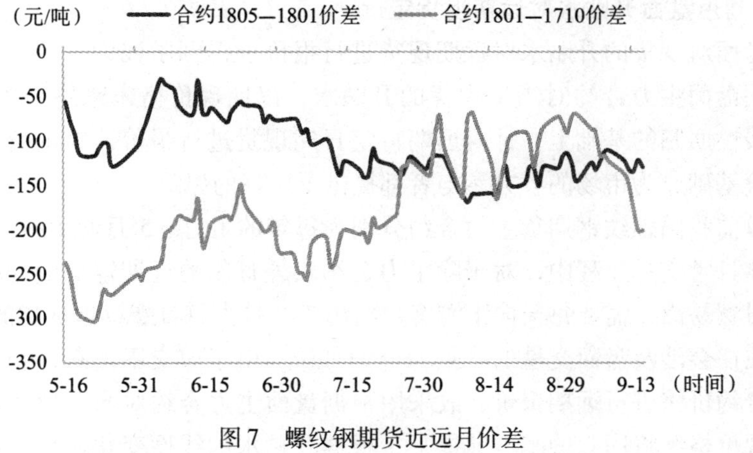

图 7　螺纹钢期货近远月价差

三、黑色金属期货服务实体企业创新模式介绍

随着我国期货市场的不断发展，市场各方参与者日趋成熟，实体企业多样化的风险管理需求，促进了期货市场服务实体手段的不断创新，如近年来实际应用较多的多品种套保加工利润的锁定及利用盘面升贴水进行远期定价这两种方法。

（一）利用虚拟钢厂锁定加工利润

我国目前针对黑色产业链已经上市7个品种，基本上涵盖了钢铁生产所涉及的全部原料和产成品，品种的不断丰富和完善也为钢厂的灵活操作提供了便利。近年来钢厂应用较广的是加工利润锁定，即在盘面上构建虚拟钢厂，锁定远期利润。具体的思路为在期货盘面上买入原料如铁矿石、焦炭，同时卖出螺纹钢（后者是热轧卷板），从而锁定了加工生产的利润（见图8）。

图8　螺纹钢主力合约盘面利润模拟

（二）利用盘面升贴水对远期现货定价

利用盘面对现货的升贴水对远期现货进行报价也得到了较为广泛的应用。具体思路为利用盘面主力合约对当下现货的升贴水，以期现价格未来终会回归为基础，在升贴水线性回归的基础上，针对远期特定日期现货进行报价，为现货的远期成交提供了定价基础，为市场的各方参与者都提供了良好的保障。

由于目前我国螺纹钢期货主力合约分别为每年的1月、5月和10月合约，导致在现货企业日常交易过程中，对于除主力合约以外月份的远期定价较为困难。杭州某大型钢材贸易商，需要每天向下游客户给出3个月内每日螺纹钢现货的远期报价，这3个月往往会涉及盘面交易的非主力合约月份。由于成交不活跃，企业很难对当月的期货合约价格进行远期报价，故采用根据盘面主力合约对当下现货升贴水的幅度，在期现价格终将回归的基本前提下，根据升贴水的线性变化假设，以此针对未来3个月内的螺纹钢进行日报价。表3是7月20日为该客户制定的远期报价单，时间截取至8月23日。

2017年7月20日，杭州地区螺纹钢HRB400 20MM现货价格为3 790元/吨，折磅计为3 903元/吨，当日盘面期货价格贴水为407元/吨。从表3报价可以看到，在考虑资金成本及仓储费用的前提下，根据升贴水的线性假设，模拟计算出未来每日的螺纹钢现货远期价格。7月20日下游终端客户需要向该贸易商询两周后（即8月4日）的螺纹钢报价，远期报价单为3 835元/吨。随后该贸易商利用该报价模型与多家下游终端用户签订了远期的订货协议，为双方提供了极大的便利。

表 3　　螺纹钢现货远期报价（基于主力合约对现货升贴水）

时间	远期价格（按基差线性折算）	杭州地区螺纹钢远期报价		
		资金成本（1 手，10%保证金，5%年利率计算）	仓储费用（0.1 元/吨·天）	现货远期报价
2017-07-20	3 903.7000	0.0000	0.0000	3 903.7000
2017-07-21	3 899.0138	0.0532	0.1000	3 899.1670
2017-07-22	3 894.3276	0.1065	0.2000	3 894.6341
2017-07-23	3 889.6414	0.1597	0.3000	3 890.1011
2017-07-24	3 884.9552	0.2130	0.4000	3 885.5682
2017-07-25	3 880.2690	0.2662	0.5000	3 881.0352
2017-07-26	3 875.5828	0.3195	0.6000	3 876.5022
2017-07-27	3 870.8966	0.3727	0.7000	3 871.9693
2017-07-28	3 866.2103	0.4260	0.8000	3 867.4363
2017-07-29	3 861.5241	0.4792	0.9000	3 862.9034
2017-07-30	3 856.8379	0.5325	1.0000	3 858.3704
2017-07-31	3 852.1517	0.5857	1.1000	3 853.8374
2017-08-01	3 847.4655	0.6390	1.2000	3 849.3045
2017-08-02	3 842.7793	0.6922	1.3000	3 844.7715
2017-08-03	3 838.0931	0.7455	1.4000	3 840.2386
2017-08-04	3 833.4069	0.7987	1.5000	3 835.7056
2017-08-05	3 828.7207	0.8519	1.6000	3 831.1726
2017-08-06	3 824.0345	0.9052	1.7000	3 826.6397
2017-08-07	3 819.3483	0.9584	1.8000	3 822.1067
2017-08-08	3 814.6621	1.0117	1.9000	3 817.5738
2017-08-09	3 809.9759	1.0649	2.0000	3 813.0408
2017-08-10	3 805.2897	1.1182	2.1000	3 808.5078
2017-08-11	3 800.6034	1.1714	2.2000	3 803.9749
2017-08-12	3 795.9172	1.2247	2.3000	3 799.4419
2017-08-13	3 791.2310	1.2779	2.4000	3 794.9090
2017-08-14	3 786.5448	1.3312	2.5000	3 790.3760
2017-08-15	3 781.8586	1.3844	2.6000	3 785.8430
2017-08-16	3 777.1724	1.4377	2.7000	3 781.3101
2017-08-17	3 772.4862	1.4909	2.8000	3 776.7771
2017-08-18	3 767.8000	1.5442	2.9000	3 772.2442
2017-08-19	3 763.1138	1.5974	3.0000	3 767.7112

续表

时间	远期价格（按基差线性折算）	杭州地区螺纹钢远期报价		
		资金成本（1 手，10% 保证金，5% 年利率计算）	仓储费用（0.1 元/吨·天）	现货远期报价
2017-08-20	3 758.4276	1.6506	3.1000	3 763.1782
2017-08-21	3 753.7414	1.7039	3.2000	3 758.6453
2017-08-22	3 749.0552	1.7571	3.3000	3 754.1123
2017-08-23	3 744.3690	1.8104	3.4000	3 749.5793

四、黑色金属期货服务实体企业新模式的探索

当前，我国商品期货市场正处于快速发展的时期，表现为各新品种、新业务和新模式的不断推出。新品种、新业务和新模式的不断发展意味着我国期货市场能够服务实体企业的类型和数量不断增长；新业务的开闸、扩展意味着我国期货市场能够服务实体企业的方式和方法也日益增多。对于黑色金属产业链来说，除了现有的服务实体的模式以外，还有更广阔的业务拓展空间等待探索。

（一）类“保险+期货”模式在黑色金属产业链中的推广

2016 年以来，“保险+期货”模式成为我国期货服务实体经济的重要新模式之一。目前“期货+保险”模式试点主要集中在农产品领域，黑色金属产业链关于该模式的探索尚未进行，从该业务模式的运作流程上来看，黑色金属产业链也具备推广的基础（见图 9）。

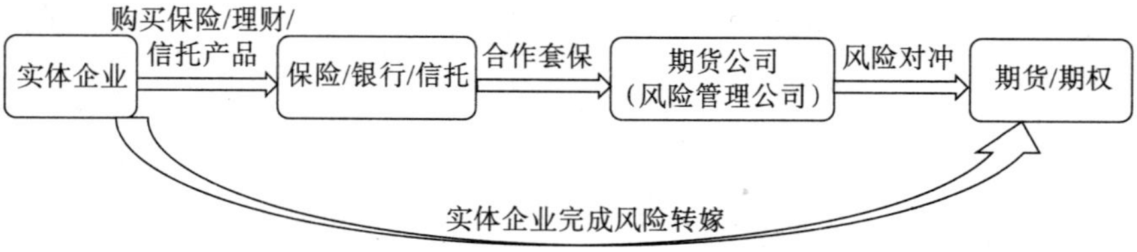

图 9　类“保险+期货”模式设想

“保险+期货”的核心思想在于，利用期货公司、保险公司甚至是银行、券商等金融机构的风险管理特质，发挥其在期货及其他衍生品市场上的专业性，帮助现货参与企业或者是个人规避现货价格风险。该模式可以弥补现货企业在金融衍生品市场专业性不足的问题，金融机构与现货企业合作，根据现货企业的需求量身定制风险管理方案，实现合作共赢，优势互补。这种模式较为初级的形式就是“合作套保”，即期货公司或者是相关的风险管理金融机构针对现货采购和销

售风险敞口，在期货市场进行保值。而“保险 + 期货”是这一模式的升级版，即引入了保险公司这一风险管理机构，加入到合作中来，与各方共担风险。未来对于“合作套保”或者是类“保险 + 期货”的模式仍有较大的创新和探索空间，如可以继续探索“银行 + 期货”、“信托 + 期货”等以期货市场风险管理功能为主要依托的多金融机构合作模式，丰富参与者数量与结构，扩大衍生品工具利用范围，为实体经济提供多样化、差异化的服务，从而能够应对更多、更复杂的针对实体企业的风险管理要求。

（二）其他衍生品工具在黑色金属产业链中的探索

近年来，期权在我国衍生品市场发展迅速，场外期权交易活跃度直线上升，2017 年交易所还推出了场内期权，期权的推广与应用将是大势所趋。相比于期货，期权具有资金使用效率高、个性化强（场外期权）的特点。期权的推广和应用也可以为我国的黑色金属产业链中的参与者，如钢厂、贸易商、下游终端等，提供多样的风险管理工具，实体企业可以通过期货与期权的组合构建各类适合于自身的风险规避方案。

（三）升级合作模式，进一步深化“产融结合”

近年来，越来越多的实体企业参与到期货市场进行套期保值规避风险，其中期货公司也为实体企业的参与提供了较大的帮助。但是，目前期货公司与实体企业针对套期保值的合作模式较为传统，即为实体企业进行基础的套期保值培训，制定框架式的套期保值方案，均较为固化且机械，在一定程度上缺乏实际应用的效率，也无法奠定长效合作的基础。从实体企业的角度来说，一方面，它们缺乏专业性的人才，对期货市场的认识不够充分，传统现货思维较重，去搭建专业的期货团队费时费力；另一方面，现货企业在参与套期保值时需要大量的现金流，而部分企业现金流较为紧张，资金利用往往缺乏效率。从期货公司的角度来说，一方面，由于合作模式较为单一，出于商业习惯考虑，现货企业往往并不愿意为期货公司提供详细的采购和销售计划，这就使得期货公司在为其服务时缺乏基础的数据，从而导致实际套保方案较为笼统，实际应用价值不高；另一方面，由于缺乏有效的激励机制，导致期货公司后续跟进意愿并不强。

在国家倡导金融服务实体经济的大背景下，产业与金融的融合不断加深，前述的传统套期保值模式有较大的升级与改进空间。在合作框架的搭建上，实体企业与期货公司可以采取“利益共享，风险共担”的合作模式，即双方共同出资进行套期保值；双方共享信息，现货公司提供采购、销售计划及所需套保数量，期货公司提供相应咨询及策略建议，达成一致后进行盘面操作；按固定时间跨度进行考核，收益按约定分享；另外可以加强人员互通交流，期货公司人员可以定期驻厂调研，实体企业也可以派驻相关人员进入期货公司学习交流。

这种传统套期保值的升级模式更有助于实体企业和期货公司双方加强沟通协作，各自发挥自己所擅长领域的优势，形成优势互补，使实体企业能够在期货市场上更好地规避风险、提高效率，使期货公司也能更深地融入产业一线，沉淀积累，进一步深化“产融结合”，发挥期货市场服务实体企业的优势，最终实现共赢。

（国泰君安期货有限公司供稿）

案例 02：

构建多层次套保体系，促进企业稳健经营

——南钢股份期货市场套保操作历程及案例

一、公司简介

南京钢铁始建于 1958 年，1996 年完成公司制改造，由南京钢铁厂改为南京钢铁集团有限公司。2000 年，集团旗下南钢股份在上海证券交易所挂牌上市。

南钢股份公司主营业务为黑色金属冶炼及压延加工，钢材、钢坯及其他金属材料销售。公司拥有铁矿石采选、焦化、烧结、球团、炼铁、炼钢（含精炼）、轧钢（含热处理）的完整生产线，主要装备已实现大型化、现代化和信息化，具备年产 1 000万吨钢、900 万吨铁和 940 万吨钢材的综合生产能力，是以中厚板和优特钢长材为主导产品的大型钢铁联合企业，拥有宽中厚板（卷）、棒材、线材、带钢、型钢等五大类产品体系，产品广泛用于石油石化、工程机械、造船、轨道交通、高层建筑、汽车、桥梁、海洋工程、风电、核电、水电等领域。

公司于“十二五”期间完成了基于装备大型化、现代化、信息化的转型发展结构调整改造，建成了品种规格齐全、分工合理、专业化的生产线。板材事业部 5 米宽厚板、3. 5 米中厚板（卷）、2. 8 米中板等 3 条板材生产线；特钢事业部本部 1 条高速线材、1 条带钢和 4 条棒材生产线；宿迁金鑫 2 条异型钢生产线，螺纹钢生产能力约 150 万吨。

公司建立了以事业部为主体，以研究院、科技质量部两个技术研发平台为支撑的“产销研”一体化研发创新体系，拥有国家级检测中心、省级企业技术中心、江苏省企业院士工作站、江苏省船舶用钢工程技术研究中心、江苏省高端钢铁材料重点实验室等技术中心。

二、参与期货市场的情况

南钢股份参与期货市场的过程经历了请专业机构辅导、基础知识学习到交易实践，再到依据自身特点进行实战操作的三个阶段。

第一阶段：理论学习和制度准备。2009 年 3 月螺纹钢期货上市，为钢铁企业保障生产运营提供了一个工具和机会。南钢股份非常重视，但由于刚接触期货市场，基础知识不扎实、套保精髓未吃透、期现结合也不知怎么把握、实战经验严重缺乏、又担心期货拖累主业，所以对期货市场还主要以学习为主。这期间，中钢期货在期货知识介绍、交易框架搭建、风控框架设计等方面，给予了极大的支持和帮助。

第二阶段：频繁试水，积累经验。随着焦炭期货合约、焦煤期货合约、铁矿石期货合约的上市，强化了钢厂套保操作的有效性。南钢股份的管理层更强烈地意识到期货工具对于行业及公司的重要意义，加快了对期货的学习运用步伐。2009 年 10 月至 2013 年，通过对螺纹钢期货的小规模套期保值、套利、实物交割、投机等实际操作的摸索，积累了一定的经验，对期货市场风险因素分析、市场信息收集、操作时点选择、期货合约动态跟踪管理等工作有了一定的认识。

第三阶段：与生产相结合，构建多层次套保体系。2013 年之后，随着期货操作经验的丰富、套保原理的深入理解和与现货部门套保协同的加强，南钢股份已能够合理地利用期货市场管理企业生产经营风险，结合现货部门的实际需求进行套期保值。具体操作模式也从简单的套保升级到基础套保（锁价长单、库存管理）、战略套保（原燃料虚拟库存）、虚拟钢厂套利（做空、做多钢厂利润）多层次套保体系，操作策略也多样化，以便更及时、灵活地应对市场情况。

三、多层次套保体系介绍

期货套保没有最优策略和模式，一切都需要依据市场变化持续调整和优化，与时俱进、灵活应变是实施套保的基本原则。

南钢股份已建立起比较成熟的期现结合体系，期货操作策略上主要分三个层次进行。

（一）第一层次：基础套保

基础套保指单单对锁，主要以锁价长单套保为主。锁价长单套保是指企业与下游客户签订以固定价格在未来执行的购销合同，同时通过在期货上买入铁矿石和焦炭期货合约来锁定原燃料的成本，形成双边锁定，进而锁定签单毛利。买入套期保值主要运用于，预计未来原材料价格会上涨，锁定原材料成本。卖出套期保值则主要运用于，预计未来价格可能会下跌，锁定预售钢材、钢坯及敞口坯材库存毛利，防范因价格下跌带来的存货跌价损失，实现库存保值，其运用的对象主要是远期交货的锁价长订单和外购钢坯。根据经验，利用铁矿石、焦炭、焦煤进行多品种组合买入套保，可以锁定长期订单约 60% 的生产成本。锁价长单套保的目标在于立足锁定利润、对冲风险、稳定经营。通过锁价长单套保，帮助钢企改变现有销售以即期订单为主的签单模式，增加中长期订单量，使销售模式多元化。此外，锁价长单套保模式还能帮助企业更好地执行合同内容，提高公司商业信誉。当市场价格上涨幅大大超过合同中约定的锁价，部分钢厂会因为签单售价低于其生产成本价格而选择提高售价等违约行为，损坏客户利益，南钢在采用锁价长单套保的模式后，可以在确保签单利润的情况下，执行签单售价，避免违约情况的发生。

案例一：买入套期保值（未来原材料价格上涨情形）

2016年7月，销售部门接到某客户的中标通知，签单时预测铁矿石采购价为470元/吨，预测焦炭采购价为1 066元/吨，并测算吨钢毛利为423元/吨。为防止原燃料价格上升吞噬毛利，在对应交货日期，公司对该笔锁价订单在1701合约上进行原燃料买入套保，锁定订单利润（见表1）。

表1　买入套期保值

日期	现货市场	日期	期货市场
7月	签单时，订单毛利423元/吨，对应铁矿石470元/吨，焦炭1 066元/吨	9月20日	买入建仓I1701合约，均价400元/吨；买入建仓J1701合约，均价1 170元/吨
10月9日	第一次排产时，对应现货铁矿石477元/吨，焦炭1 567元/吨	10月13日	卖出平仓铁矿I1701，平仓均价425元/吨；卖出平仓J1701，平仓均价1 415元/吨
11月8日	第二次排产时，对应现货铁矿石494元/吨，焦炭1 615元/吨	11月8日	卖出平仓铁矿I1701，平仓均价519元/吨；卖出平仓J1701，平仓均价1 966元/吨
期现评价	现货端：原燃料采购成本增加362元/吨（将铁矿石和焦炭价格代入贴水公式，对生产成本进行的初步估算）		期货平仓盈利：726元/吨
对冲结果	期现对冲：-362+726=364元/吨 订单毛利：423+364=787元/吨		

该次套保期货端平仓收益大幅超过现货订单的成本增加，取得预期套保效果。该效果得益于在期货深贴水的时候进行了原燃料锁价套保操作，在期货头寸持有的过程当中，基差的收敛使得该次套保中的期货端盈亏远大于现货端的成本增加。在原燃料深贴水时建仓，能够提供较高的安全边际，并同时获取基差收敛带来的超额收益。

案例二：卖出套期保值（未来成品价格下跌情形）

2015 年 6 月，考虑到南京 8 月将召开青奥会，很多工地陆续停工，钢材需求受到影响，公司库存会大幅增加，因此在螺纹钢期现平水时，择机对螺纹钢期货进行卖出套保。事实证明，工地需求下降以后，华东地区钢材价格确实大幅下跌。6—7 月，现货价格下跌使得库存跌价损失 184 元/吨，但得益于在 RB1510 合约上以 2 361 元/吨建仓价的套保，到平仓时期价跌至 2 033 元/吨，因此公司在期货端获利 327. 2 元/吨，最终从损失 184 元/吨至增益 143. 2 元/吨（见表 2）。

表 2　　卖出套期保值

时间/市场	现货市场	期货市场
6 月	出厂价格 2 344 元/吨	卖出 RB1510，建仓均价 2 361 元/吨
7 月	出厂价格 2 160 元/吨	平仓 RB1510，平仓均价 2 033 元/吨
盈亏	相当于亏损 184 元/吨	盈利 327. 2 元/吨
期现对冲	从亏损 184 元/吨，到增益 143. 2 元/吨	

（二）第二层次：战略套保

战略套保主要包括两方面：一方面是原燃料的战略套保，即利用期货市场煤焦矿价格非理性走势，进行期货战略性建仓。对应南钢月度或季度的实际原燃料使用，进行适量期货增储，以大幅度缓解“负向剪刀差”问题。套保量原则上不超过敞口原燃料采购量。另一方面是钢材库存的战略套保，即侧重于期现基差状况，结合期现市场价格比较，在期货市场出现螺纹钢异常走势时，卖出螺纹钢期货，以对冲钢材后期价格下跌的风险。为防止价格阶段性下跌带来的存货跌价风险，对月度或季度的钢材库存进行期货市场预销售套保操作，套保量不超过月度或季度钢材产量。

案例三：买入战略套保（虚拟库存套保）

2016 年 9 月初，基于结构性供给侧改革的逐步落实和煤炭 276 工作日①的影响，煤焦后期预期供应偏紧，同期吨钢利润逐步好转，钢厂生产积极，高炉开工率缓慢提升。为防范原燃料后期价格上涨，同时双焦期货处于小幅贴水的情况。针对以上情况，期货部门提出战略套保预案，通过买入双焦期货合约来构建南钢第四季度的虚拟库存套保。对第四季度生产所需要的 4 万吨焦炭进行套保操作，并根据生产部门的排产情况进行平仓操作。

---

① 2016 年 2 月，国务院印发了《关于煤炭行业化解过剩产能实现脱困发展的意见》，提出从 2016 年开始，按全年作业时间不超过 276 个工作日重新确定煤矿产能，原则上法定节假日和周日不安排生产。

在持仓过程中，考虑到焦炭后续可能有继续上涨的空间，期货部门考虑对持有头寸进行移仓换月只采用 J1705 合约，对应第四季度的焦炭用量进行套保操作。在持仓过程中，因价格上涨迅速，期货部门没有能在获批准的价格下完成 4 万吨建仓计划，只完成了共计 27 000 吨的焦炭期货建仓，不及方案中的预期目标。在完成移仓换月后，焦炭期货价格再次迅速上涨，时间点上符合原预案的第三季度的生产需求，期货部门申请对 J1705 合约申请平仓操作。

现货采购方面，从 9 月 1 日起到 10 月 19 日期货平仓时，唐山一级冶金焦价格从1 360元/吨上涨至 1 720 元/吨，上涨 360 元/吨，涨幅 26. 47%。按照公司第四季度所对应的 4 万吨焦炭采购计划，其采购成本共计上涨 1 440 万元。经过期货对冲后，现货采购成本只上升了 196. 75 元/吨（见表 3）。

表 3

市场 时间	现货市场	期货市场
9 月	市场价格 1 360 元/吨	2016 年 9 月 7—22 日，买入 J1701 合约 180 手，建仓平均价格1 207. 8 元/吨
10 月	买入市场价格 1 720 元/吨	2016 年 10 月 10 日，买入 J1705 合约 90 手，建仓均价 1 201. 22元/吨 2016 年 10 月 13 日，卖出平仓 J1701 合约 180 手，平仓价格 1 412. 88 元/吨。并移仓 J1705 合约，建仓均价 1 294. 88 元/吨 2016 年 10 月 19 日，卖出平仓 J1705 合约 270 手，平仓均价 1 368. 94/吨
盈亏	（1 720 – 1 360） × 4 万元 = 1 440 万元	653 万元
期现对冲	每吨成本上升 196. 75 元，降低 163. 25 元	

（三）第三层次：虚拟钢厂套利

虚拟钢厂套利是指通过对期货市场螺纹钢产品和原料端铁矿石、焦炭的对冲买卖，锁定市场出现的正向毛利收敛套利机会。虚拟钢厂套利主要是解决钢厂在高毛利阶段无法锁定和延续的问题。受制于产量、资金及库存管理等因素，钢厂在现货端无法将现阶段产品的高毛利进行锁定和延续。期货合约的远期交易和保证金制度，使之成为一种可能。钢厂通过对远期合约的买卖操作，以锁定市场高毛利，在期货市场利润水平回归和收敛期间平仓获利了结。

虚拟钢厂套利同样包括两个方面：一是做空钢厂利润，二是做多钢厂利润，该策略的使用基于行业的供需关系研究（见图 1）。

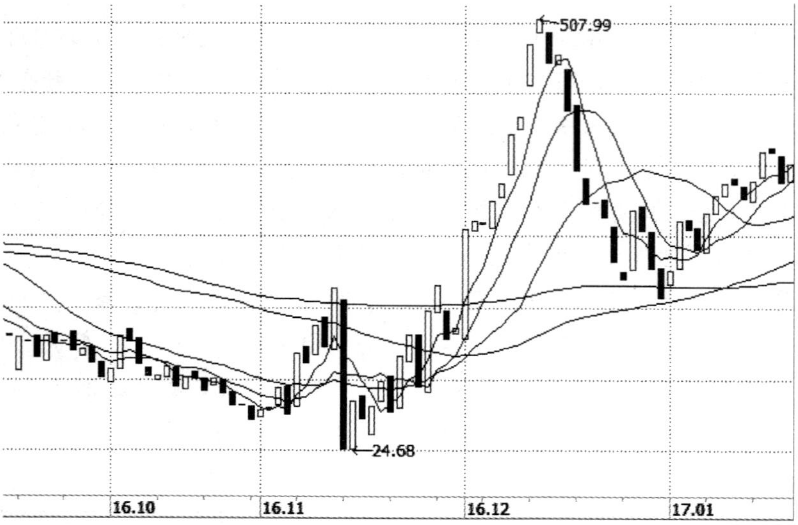

图 1 螺纹钢合约趋势

案例四：做多钢厂利润（虚拟钢厂利润建仓）

2016 年 11 月起，期货吨钢盘面利润在触底后快速回升，期货部开始跟踪吨钢盘面利润快速上涨行情，并结合历史经验数据进行分析。进入 12 月后，团队认为虚拟钢厂利润运行在相对高位，且认为 450 元/吨以上的吨钢利润不太能长期维持。根据以上分析，期货部门向公司提出了在期货上锁定吨钢利润的方案，当虚拟钢厂利润达到 490 元/吨以上时，分别对 50 000 吨螺纹钢进行卖空，同时做多 17 000 吨铁矿石和 5 300 吨焦炭进行吨钢利润的锁定操作，以对冲现货吨钢利润下滑所减少的毛利润。

从 2016 年 12 月至 2017 年 1 月，期货部门陆续完成对虚拟钢厂利润的建仓，并在 2017 年 2 月 3 日进行平仓（见表 4）。

表 4　　虚拟套利

时间	操作	小计
2016 年 12 月至 2017 年 1 月	卖出 RB1710，开仓均价 3 248 元/吨；买入 I1709，开仓均价 565 元/吨；买入 J1709，开仓均价 1 580.65 元/吨	虚拟钢厂盘面开仓利润 517 元/吨
2017 年 2 月 3 日	买入平仓 RB1710，平仓均价 3 090 元/吨；卖出平仓 I1709，平仓均价 557.21 元/吨；卖出平仓 J1709，平仓均价 1 494 元/吨	虚拟钢厂盘面平仓利润 416 元/吨

除了风险规避之外，价格发现也是期货的一大功能。公司定期对期货品种的持仓量、成交量、价格变化进行分析，并结合现货市场情况，为企业采购、销售决策提供依据。在南钢的日常经营中，期货工作已成为企业不可或缺的部分。期货部门参加每周经营形势分析会，提供期现结合分析和策略，应对铁矿石、焦煤、焦炭的价格上涨，以及生产成本上升和钢材跌价损失风险。

四、基差交易稳定经营

在南钢股份的期现货结合业务中，基差是最重要的考虑因素。基差交易是企业平稳经营的利器，但在具体实践过程中，也存在一些掣肘的困难。例如，铁矿石、焦煤、焦炭合约不连续的问题，煤焦期现基差偏大的问题。由于钢厂煤焦现货采购使用月度及旬定价模式，价格不连续，而期货合约是连续交易模式，价格波动幅度通常大于现货，期货交割标的又更贴近进口焦煤，因此两者之间基差偏大，钢厂用其做期货套保面临较大的基差风险。

依据经验，如果基差交易中现货套利水平不好把握，就需要现货部门做合理的测算，尤其是在有焦炭敞口的情况下。若测算合理，期货参与现货生产销售，能显著提高公司竞争力。

例如，2015 年下半年，很多钢企测算订单毛利微薄，不敢主动接订单，因为当成本略有上升时，部分订单每吨就可能亏 50 元。但是南钢这边经过期现结合测算则认为，在选择对应交货期的期货头寸时，需要关注该合约是否具有较有利的贴水条件，后期可以依靠期货贴水修复的机会来保障订单的利润，为企业套期保值提供更高的安全边际。有些订单毛利很少，甚至只有几毛钱，但是不接的话，可能就没有订单了。接单后，利用期货原料合约对贴水的修复，反而增加了订单毛利，稳定了生产运营，甚至得到了超额的对冲效益。在市场不景气时，南钢充分利用期货价格贴水现货价格的市场情况，加大了接单力度，减轻了现货业务人员的接单压力，同时争取到了很多有价值的订单和战略客户。

再如，2016 年 9 月，南钢在煤焦采购上遇到了一些实际问题：一是煤焦价格不断上涨，公司煤焦库存偏低，但现货采购中存在资源难求，招标采购难；二是对煤焦大面积的增储，存在堆场管理难度大、占用较多资金的问题。基于此，公司考虑在基差有利时，在期货盘面上进行虚拟采购。当时的期现基差状况是：焦炭期货 1705 合约较现货贴水 530 元/吨；焦煤期货 1705 合约较现货贴水 150 元/吨，较进口焦煤贴水近 900 元/吨。经过期现部门的分析讨论，决定将现货拟采购的一部分库存，通过对煤焦期货的买入套保来完成，在后期煤焦现货库存恢复正常水平后对应平仓。实际操作后，煤焦期货、现货价格后期均出现大幅上涨，期货收益较好地对冲了现货成本的上涨。

五、完善风控手段稳定加工利润

南钢股份风险管控的核心主要有三个方面：一是及时报告、每日报告制度。当市场出现异常突发事件时，及时报告，给出意见并执行；二是所有套保方案都留100%的风险保证金，期货业务部门有在各个账户进行资金调拨的权利，以防范市场波动风险；三是财务部从资金监管的角度，利用保证金监控中心账户进行后台监控。

方案报决策小组批准后，证券部按方案指定的价格、数量建仓。每日交易结束，均会通过微信及钉钉群及时告知决策小组及现货部门，以便决策小组及现货部门掌握套保操作进度。

公司制定方案时对风险预估，并留足额的风险保证金，一旦市场突发波动，及时汇报调拨资金；期货保证金中心账户转财务部后台逐日监控；锁价长单套保原则上不考虑止损。

在期货交易过程遭遇价格异常波动带来的浮动亏损，遇到这一情况，相关人员应尽快找出价格异常波动的原因，尤其是要判断是短期扰动，还是长期趋势。若是短期扰动，在资金允许的情况下，适量加仓应对；若是中长期趋势，则择机止损退出。整个风险控制流程见图2。

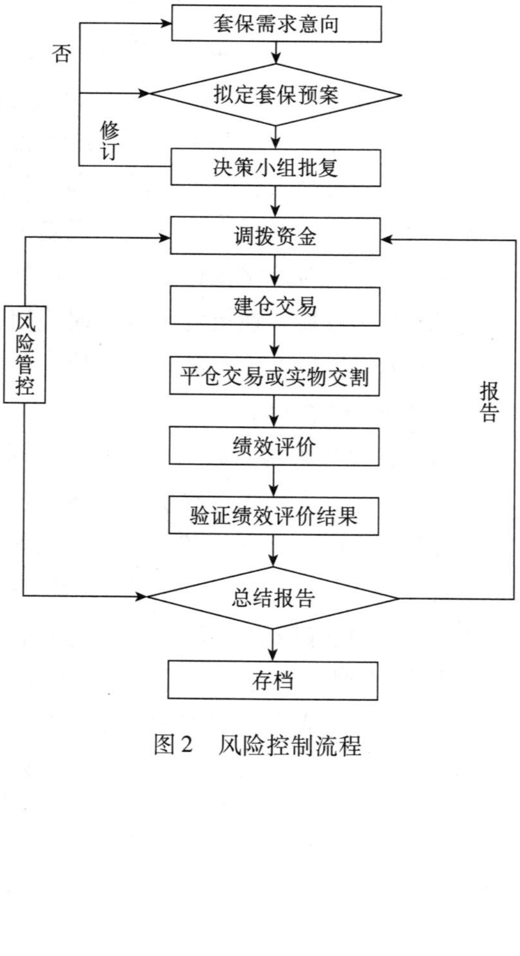

图2　风险控制流程

例如，2010 年由于政策调整，唐山钢厂限产，螺纹钢价格从 4 300 元左右一下子涨到4 900元左右，南钢当时在 4 380 元/吨做空，6 500 万元的浮盈一下消失，最后浮亏了 1.2 亿元。后来，经过现货部门的调研，了解到唐山地区很多钢厂并未被限产，而是采取白天停产、夜间生产的方式生产，这坚定了公司的持仓信心。暴涨之后很快迎来三个跌停，盘面亏损得到扭转。这次期货盈亏的大幅波动，给公司管理层很大思想冲击，也坚定了公司不做投机，认真套保的决心。

六、参与期货市场心得体会

一是妥善处理期货业务和现货业务部门的关系，是顺利开展期现结合业务的关键。

二是期货业务和现货业务是业务伙伴关系，期货部门针对现货各事业部的套保需求进行方案拟定、报送审批和操作执行等工作。每周相关人员举行经营形势分析会及不定期的交流会议。

三是严格遵守相关规则制度。在套保范围方面，公司按照《钢铁产业链期货套期保值业务管理制度》的规定，只涉及公司现有生产经营相关的期货品种，包括但不限于钢材、铁矿石、焦煤、焦炭、铁合金、镍板。对于套保的头寸持有，在实际操作中原则上不超过锁价长单订单所需原燃料相关品种的数量。钢材卖出套保量在实际操作中原则上不超过月度钢材产量，实际套保执行量还会根据市场走势控制套保比例。

四是会计入账方面，期货以“交易性金融资产”或“交易性金融负债”科目核算；期货的价格变动计入“公允价值变动损益”科目；期货的平仓损益计入“投资收益”科目；目前期货与现货分开核算。

五是具体交易操作流程上，现货事业部依据订单和库存套保需求发起申报，证券部接报后拟定预案，报决策小组审批，审批结束，证券部执行，后期现货排产或销售交货，期货原则上对等平仓，期现套保执行结束，对套保执行结果进行评价。公司套保不以营利为目的，期现结合考虑损益。套保方案获得公司批准后，如何把握建仓时机和合适的建仓价位是关注点。

六是对期货套保实际执行产生的盈亏均归现货平台，由现货平台期现对冲后进行效益测算。对期货套保实际执行部门证券部投资室，只进行操作优化考核和方案有效、合理性绩效考核。

七是期货套保的专业性比较强，公司为提升期现部门的协同和效率，定期或不定期地进行期货套保知识的内部培训，以提高期货套保的执行效率和效果。

八是公司期货操作非常注重基差的变化，不再凭感觉交易，而是把基差作为套保的基础依据，基差不利时，不会立刻动手进行套保操作。耐心等待套保条件的成熟，当基差有利时再进行操作。

七、愿景展望

展望未来，南钢股份的目标是基础套保常态化、战略套保抓机遇、期现套利见成效。一方面，探讨将金融衍生品工具列入公司战略套保层面。通过期现基差套利等手段，把追求生产规模调整为追求稳定加工利润，以加工利润甚至是可锁定的加工利润作为生产经营目标。

另一方面，完善金融衍生品工具体系。一是建设投研团队。在借助外力的同时，更多地整合公司内部资源，采用复星投资团队网络化的方式，分模块对期货品种开展研究。二是完善风控体系，财务、法务指定专人全方面进行风控。

（南京钢铁股份有限公司供稿）

案例 03：

巧用基差锁利润，借助期货防风险

——华信期货服务某原糖加工企业

一、企业情况介绍

A 公司位于沿海港口区，附近有保税港区和便利交通条件，周边省份白糖消费量可观，适合发展食糖加工项目。目前公司拥有日处理原糖 1 500 吨和日处理原糖 2 000吨的大型生产线，年生产加工原糖能力 100 万吨。公司生产的绵白糖、白砂糖以优异的产品质量和良好的公司信誉名列全国同行业前茅，畅销全国 20 多个省市和我国香港、澳门地区，并出口朝鲜、巴基斯坦、斯里兰卡、印度等十几个国家。国内客户包括可乐、百事、蒙牛、伊利等知名企业，以及区域性贸易商，产品辐射范围广，运输配送能力强。公司积极利用电子批发市场和期货市场进行网上销售和期货交割，降低销售成本。

二、企业现货经营情况及面临的风险

公司在国际糖市进口原糖至国内加工成白砂糖来进行销售为主，部分参与来料加工和国储糖再加工。公司所生产的白糖，国内主要销售范围覆盖东北、华东和华北区域，公司经过多年与终端用糖客户的经营合作，相互建立了良好的合作和信任关系。公司多数产品直接供应至终端用户，零售产品主要通过电子商务平台和郑商所白糖期货交割进行销售。近年来公司大力扩展白糖销售范围，目前已经与部分国家的白糖终端用户和贸易商构建了合作关系，公司产品销售已成功打入国际市场。

近年来随着公司白糖经营规模的不断扩大，传统的大宗商品经营模式面临的不确定性和风险因素越来越多，公司充分意识到经营过程的风险管理将决定企业的成败。在公司具体的经营中主要面临着以下三个重要的风险点：

（一）国际原糖价格波动的风险

公司生产原料端主要从国际市场采购原糖为主，国际糖市供需格局和国际价格受各主产国和各主要进口国政策变化和消费、产量格局影响较大。导致近几年国际糖价波动巨大，ICE 交易所近 5 年原糖期货价格波幅区间为 11 ~ 36 美分/磅。宽幅的价格波动区间令公司对于原糖采购成本的控制殊为不易，加之公司主要原糖采购国家巴西远在南美洲，运至中国约需要一个半月左右的时间，此段时间内的价格风险暴露程度亦相当大，尤其是在 2011 年年初至 2015 年 10 月份国际糖价处于熊市阶段，往往所采购的原糖尚未运至中国糖价已跌去了不少。2016 年以来国际糖价大幅上涨，国内糖价涨幅不及国际糖价，采购原糖后加工利润面临快速萎缩风险。因此原糖采购成本的控制是公司经营过程中一个重要的风险防范点。

（二）国内白糖价格波动的风险

公司产品白糖在国内销售亦面临着国内白糖价格大幅波动风险。回顾国内近 3 年的白糖价格，由于国内白糖各主产区产量触底回升，加上国际糖库存偏高后印度等国产量削减，国内进口管控持续，郑商所白糖期货价格从 2014 年的约 5 300 元/吨跌至 2015 年的 4 200 元/吨，2016 年又上涨到 7 300 元/吨。

政策面不确定性增大，继 2014 年实施进口自动许可管理后，2016 年 9 月份商务部又启动了白糖贸易损害调查，并有可能提高白糖配额外进口关税至 100% 以上（当时关税标准为配额外 50%），一旦实施，公司即使拿到配额外自动进口许可证，也需要承担更高的关税，导致所购原糖在国内炼化后销售变得毫无竞争力。这是对公司风险管理能力的巨大挑战，也对公司销售网络和销售成本提出了更高的要求。

（三）库存风险

公司 2014 年以前，进口原糖超过 50 万吨/年，2015 年和 2016 年，由于进口限制，年度进口仅有 20 万吨左右，库存也逐年下降，随着内外价差的变化和进口利润的波动，需要根据库存变化和内外价差波动及时进行买入或卖出保值，以应对库存偏低时的销售风险，以及进口利润较高、库存偏高时的库存跌价风险。

三、企业参与期货市场的状况

企业高度重视对金融市场的运用，从郑商所白糖期货上市初期即对白糖期货这一对冲工具进行了深入细致的学习、研究和参与。公司经过多年不断地在现货和期货两个市场的磨合和操作，逐步形成了一套行之有效的公司管理运营模式。该模式主要由以下几点构成：

（一）制定目标

为规避上述提到的公司面临的三个主要风险，公司分别针对不同的市场制定了相应的目标。在原料端主要在纽约商品交易所 ICE 市场上买入相应的原糖期货合约进行买入套期保值操作；在产品端主要在郑商所相应的白糖期货合约进行卖出套期保值操作；在库存管理上主要根据国内糖市不同时期基差的走势和期货各合约之间的价差情况进行实物库存和虚拟库存的结合操作，以此来达到对库存最优化管理。

（二）公司制度

1. 内控制度。公司内控制度需要解决期货业务授权和管理问题。授权分为交易授权和资金调拨授权两方面，被授权人分别由不同的人员担当。交易被授权人，工作主要涉及已制定好的套保策略的具体下单行为和下单回馈汇报。资金调拨被授权人，主要涉及期货账户具体的出入金行为、已制定好的套保策略的风险把控和保持与相应的期货公司、交易所的沟通协调工作。

2. 财务和风险管理制度。公司财务和风险管理制度的设立，主要是为了确保期货套保资金在不同账户间的合理调配、确保资金安全和来源的合法性，监督期货账户内的资金、持仓情况、结算盈亏状况、保证金使用状况等，并定期向财务主管和公司领导报告。

3. 策略决策机制。公司策略决策机制由各主要部门的领导构成，各部门主要领导相互交流沟通，汇集国内外市场各方面信息并汇总至公司套保决策委员会形成套保策略决议。决策委员会主要工作职责涉及以下几个方面：

（1）市场研判。市场研判是套保策略的核心，关系着套保效果的好坏和成功与否。在具体的研判过程中，公司套保决策委员会根据公司现货经营的各方面信息、期货市场运行状况、国内外糖市的供需格局，对糖价后市的运行方向和空间形成判断，然后决定是否采取套期保值的操作。

（2）制定套保方案。一旦决策委员会通过套保决议，将会根据公司当前的具体经营情况和实物库存情况制定相应的套保规模，以及在具体的期货合约价格上进场、出场、加仓、减仓等详细操作计划。计划制定完成经领导审核批准，将交由执行部分实施。

（3）过程监控。套保方案进入具体实施过程，将由相应的财务和风险管理人员进行全程风险把控，交易下单人员严格执行套保策略方案，若发生任何的突发情况，导致资金风险敞口和套保策略方案无法按计划实施，需立刻向相关领导报告并制定应急处理方案。

4. 组织设置。依照公司设立的制度和分工安排，目前公司组织架构主要如图 1 所示，并且每个部门实行专人专岗，保证工作之间的互相监督，严格按策略计划操作严控风险（见图 1）。

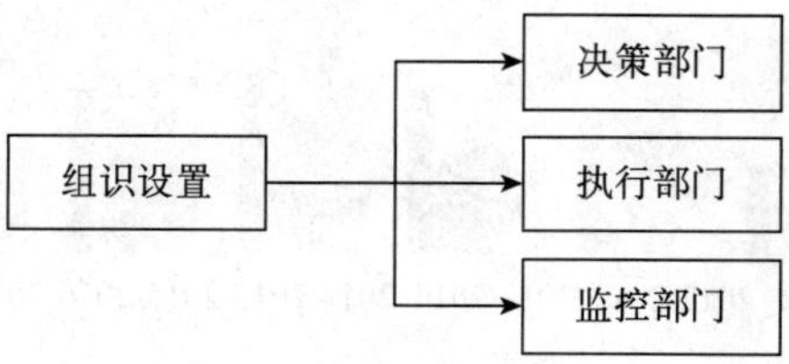

图 1　组织结构

四、郑商所 SR1701 上买入和卖出套期保值案例

公司套保决策委员会在 2016 年 6 月，初步通过决议在郑商所 SR1701 合约上进行买入套期保值操作。具体分析和决议流程如下：

（一）市场研判

1. 国际糖市分析。从 6 月初国际糖市供需格局分析看，当时所处的 2015/2016 榨季是连续 5 年供过于求后的第一个短缺榨季，年初糖价已经经历了一轮上涨，预计全球 2016/2017 榨季糖市当季短缺将延续，加之国际糖价从一季度的 10 美分反弹至当时的 18 美分，且难有深度回调，预计原糖价格很难回归 15 美分以下。基金持仓维持在 20 万张以上，资金对糖青睐有加。天气方面，厄尔尼诺转为拉尼娜气象后，主产国面临更多极端天气侵扰，产量不及预期的可能性要大于产量上调的可能性。基于当时糖市供需格局和市场预期，公司决策委员会判断 2016 年乃至 2017 年一季度的糖价走势仍以偏强为主。

（1）自 2016 年 6 月底国际糖价上涨以来，巴西中南部糖的收益高于乙醇收益，高位时超过 3 美分/磅，中南部的制糖比例就一直维持在 47% 左右的高水平，尽管榨季后期降雨偏多，但是制糖比例依旧没有下降，平均高于上一榨季约 5%。最终由于制糖比例和糖分的提高，2016/2017 榨季巴西糖产量预计为 3 850 万吨，较上一榨季减少仅 2%。

（2）泰国北部甘蔗主产区 2016 年 1—5 月，降雨量偏低，出现干旱情况，不利于甘蔗的分蘖和伸长。泰国 2016/2017 榨季东北部和中部地区，由于天气和留种影响，部分农民替代种植玉米，放弃种植甘蔗，导致甘蔗面积下降约 15%。由于年初干旱及种植面积下降等影响，预计 2016/2017 榨季泰国糖产量为 1 000 万吨（原糖值），较上一榨季下滑 3%（见图 2）。

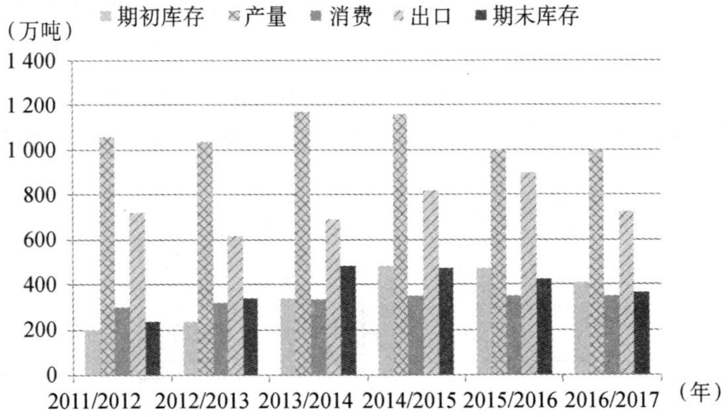

图 2 泰国供求和出口情况

（3）2016 年印度大多数甘蔗主产区域遭受干旱天气影响，预计 2016/2017 榨季的结转库存会大幅下降至 800 万吨左右。印度 2016/2017 榨季甘蔗种植面积同比略有小幅下降至 499. 9 万公顷。由于干旱天气影响甘蔗生长，糖分受到影响，各主产区由于财务压力也不愿意推迟开榨时间。

尽管印度政府预估 2016/2017 榨季产量将有 2 300 万吨（见图 3），距离 2 500 万吨的消费有 200 万吨缺口，且可以通过结转库存和下一榨季增产弥补，但市场预估印度可能产量仅有 2 100 万吨左右，则印度将不得不降低当时 40% 的进口关税，从而刺激国际糖价继续上涨。

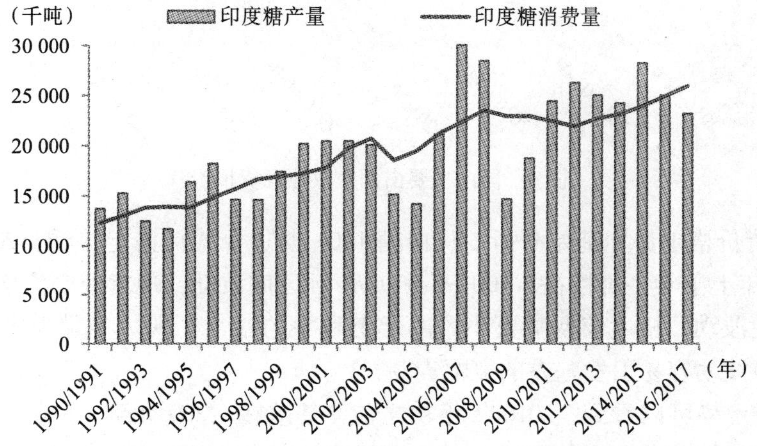

图 3　印度糖产量连续下降

（4）基金买入原糖。随着国际商品市场从 5 年连续下跌的趋势中反弹，资金配置方向开始从债券等避险资产转为商品等风险类资产，原糖基金的净持仓从净空单状态转为净多单状态，并一度超过 20 万张，相当于 1 000 万吨水平。由于糖价处于相对底部，同样的资金可以构建更多头寸，公司判断基金增持可能尚未结束，原糖未来仍有上涨空间。

2. 国内糖市分析。国内糖市从 2011 年初开始下跌，一直到 2014 年年底见底，2015 年经历了股灾等金融市场的重大冲击，但糖价在大幅波动后重新从 5 000 元/吨抬高到 5 500 元/吨，显示出糖业在进口有效管控后独立走强，并且先于商品市场，成为指标性品种。

2016 年年初，昆明现货糖价处于 5 000 元/吨水平，南宁等地在 5 300 元/吨左右，营口糖价倒挂南宁，仅有 5 200 元/吨，走私糖对云南的影响明显。到 2016 年二季度，糖价普遍回升到 5 500 元/吨一线，日照加工糖首先脱离各地报价，开始报价至 5 700 元/吨，二季度末，随着原糖价格升至 20 美分/磅，进口利润转负，加工糖报价至 6 200 元/吨左右，与此同时，国内糖价开始接近 6 000 元/吨。企业利润明显好转（见图 4）。

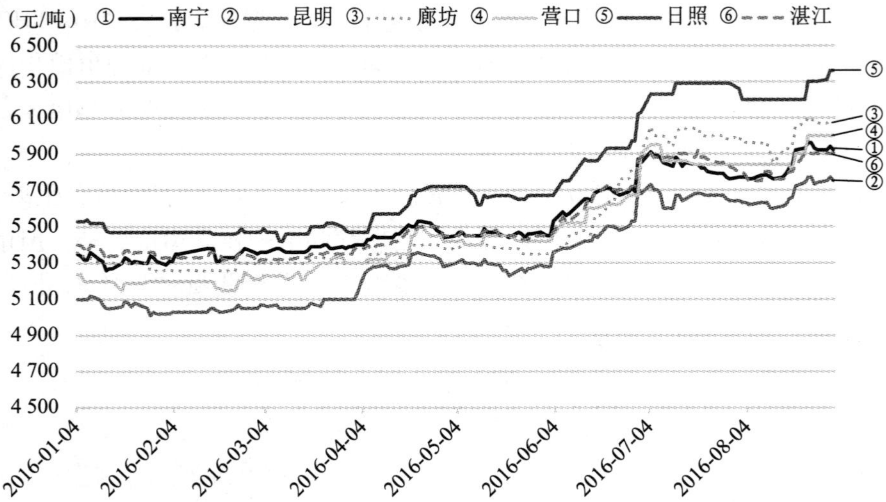

图 4 国内主要白糖集散地现货报价

3. 期货价格走势和基差分析。从白糖 1701 期货合约价格走势看，2015 年四季度到 2016 年上半年，价格在 5 400—5 800 元/吨区间波动，现货南宁价格在 5 200—5 400 元/吨波动，幅度较期货更小。由于走私糖的冲击，现货走量少于往年同期，盘面的价格波动容易引发基差的宽幅震荡。

从基差走势可以看到，2016 年年初之前，基差在 -200 元到 -100 元区间波动，但从二季度开始，基差开始运行到 -400 元一线，也就是现货陈糖价格比 2017 年 1 月交货的新糖价格低了 400 元，市场对新榨季的定价明显要高出理论价格（见图 5）。

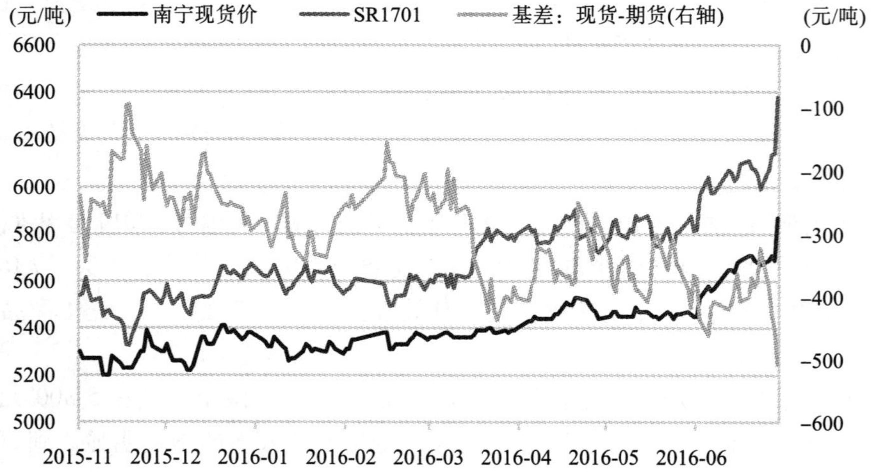

图 5 1701 合约基差走势

4. 公司经营状况。公司年初拿到自动进口许可证，总量约 20 万吨，利用国际糖较低的机会，在 ICE 原糖市场与贸易对手方嘉吉、路易达孚等进行点价订货。2016 年年中，国际糖上涨至 18—20 美元/磅，进口利润转为负值，如果继续采购原糖运到国内加工则面临亏损，因此，公司对部分采购在国外进行“洗船”，同时在国内期货市场建立虚拟库存应对下半年销售需求（见图6）。

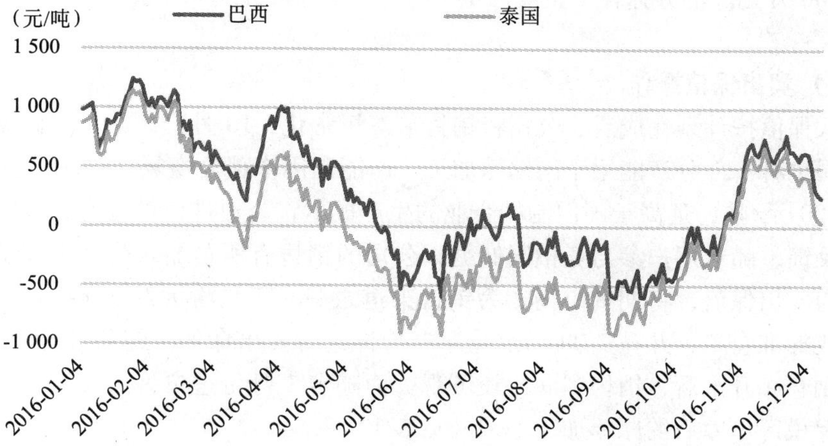

图6 主力合约对应配额外进口利润

（二）操作方案制定与实施

1. 入市原因与计划。综合以上各方面分析，公司决策委员会在原糖价格上涨、进口加工亏损及国内销售市场份额需要维护的情况下，在进口配额总量限制且上一年库存消化后，决定在盘面进行买入保值，建立虚拟库存。

公司决策委员会6月中旬在SR1701合约上先买2 000手，价格为6 050元/吨附近。该价格较当时的陈糖成本价高出300～350元/吨，基本相当于炼化后新糖的价格，公司认为价格安全性较好。7月初价格上涨到6 300元/吨以上，初步证实了公司对未来糖价的判断。7月中旬，郑糖糖价受原糖回落影响，也回落到6 150元/吨左右，公司决定继续增持多单，买入2 000手。总量达到4 000手，均价6 100元/吨。

2. 后续交易过程和操作。公司期货部门按决策委员会策略实施买入保值后，密切关注盘面价格趋势，现货销售部门适度加快了销售节奏，财务部门根据回笼资金，做好了资金调配准备和风险预案。

8月中旬，糖价一度跌至6 050元/吨左右，公司仓位面临200万元亏损，但现货部门反馈，价格下跌后客户询价、采购积极，现货实施定量销售，大额订单不再足额满足，公司判断该价格市场接受度很高，盘面买入的4 000张多单继续持有。

8月下旬到9月中旬，盘面价格维持在6 250元/吨左右，公司持有的头寸每吨盈利约150元，临近中秋节，正值用糖高峰，公司现货销售较好，且库存非常有限，公司决策委员会决定持有头寸至国庆节期间，再根据现货销售情况进行处理。

国庆节后，由于贸易损害调查推进，盘面价格已经上涨到6 750元/吨左右，现货销售开始放缓，下游客户经过前期的集中采购，也基本完成了库存补充，公司现货销售明显放缓。公司遂决定平掉虚拟库存4万吨，保有现货库存，应对四季度销售。2017 年年初，公司将获取新一年的进口许可，结合四季度即将进入保税区的待清关原糖，一季度库存得到保障，4 000 张保值多单在 6 750 元/吨顺利平仓，盘面获利 2 600 万元。部分弥补了企业产量下滑、开工率不足造成的损失。

（三）卖出保值操作

买入保值按计划完成后，公司将销售节奏正常化，10 月份开始，国储糖陆续抛售，公司也有一部分产能用于国储糖加工，产能利用率部分恢复。12 月份期货价格超过 7 000 元/吨，远高于国内制糖企业的生产成本，公司进口糖也有合理利润，现货部门反馈，随着用户参与竞拍国储糖，公司的销售有所萎缩。公司决策层遂决定少量参与卖出保值，将期货市场作为销售渠道之一。于是将大约 5 000 吨一级糖申报并生成标准仓单，并在 7 000 元/吨左右价格进行卖出保值，销售并持有至交割。加上交割仓库升水后，销售利润比较可观。而随着 1 月份进口许可发放，公司生产也转向保税区出库后的原糖加工上来（见表 1）。

表 1　　公司套保操作

时间	方向	开仓价（元/吨）	平仓价（元/吨）	数量（手）
2016 年 6 月	买入开仓	6 050		2 000
2016 年 7 月	买入开仓	6 150		2 000
2016 年 10 月	卖出平仓		6 750	4 000
2016 年 12 月	卖出开仓	7 000		500
2017 年 1 月	配对交割		6 990	500

五、企业参与期货市场经验

公司经历从郑商所白糖期货上市初期的大力发展阶段到现在期货市场的越发成熟，一路走来看似简单却不平凡。白糖期货上市初期由于投资者和所参与的企业对期货市场认知有限，期货市场和现货市场之间、期货市场不同月份合约之间的价差，时常出现不合理的价差范围，给公司套保提供了良好的机会。但随着当前市场投资者对白糖期货和现货市场了解的深入，市场的价格运行越发趋于合理，低风险或者无风险的操作机会几乎绝迹，这也对公司运用好期现两个市场提出了更高的要求。

从公司这些年参与期货市场的经历来看，要想公司能够长久、持续、稳定的发展，必须通过期货和现货两条“腿”来走路方能一直走下去。多年参与期货市场的经验主要有以下几个方面：

（一）充分利用好期货市场，规避价格涨跌风险

公司在多年的经营中充分利用了期货市场的金融风险对冲工具，保证了在白糖

价格熊市中公司依然能够稳定经营；在牛市中即公司库存薄弱时，仍能够保持市场份额，还可以积累利润，度过政策约束造成的开工不足期。利用好期货市场来辅助现货经营，将比单纯的现货经营具有以下几点巨大优势：

1. 在价格从熊市到牛市的转换过程中，适度建立虚拟库存。根据现货市场的销售情况，合理控制虚拟库存的大小。尤其是在公司配额大幅下降的情况下，开工率不足，更需要期货市场满足需求。

2. 利用期货市场合约到期实物交割的功能，扩宽企业销售渠道。在 2014 年之前，配额外进口不需要许可证，公司可根据内外价差，积极参与郑商所卖出保值并进入交割环节。此外在公司现货销售不畅的情况下，也会积极参与卖出交割。

3. 在价格牛市格局中，由于现货市场供小于求，企业想在现货市场采购原材料难度将有所增加。但企业可以通过期货市场来进行买入套保操作，来锁定原材料采购成本和保证按时按量地完成原材料采购。牛市中的异常高价出现时，公司也会将期货市场作为销售途径，适当卖出仓单锁定利润。

（二）分析期货现货市场价格变化，进行库存管理

国内食糖现货和期货两个市场，有其各自运行的特点，也有其相同之处。现货市场价格更多的是反映当下食糖供需关系；期货市场价格则反映的是市场各方面参与者对于远期食糖价格预期的博弈，体现的是远期的食糖供求关系。对于两个市场关系的分析，公司决策委员会判断的核心因素始终是围绕着两个市场之间基差的变化。当基差处于合理区间范围内运行时，说明两个市场之间是良性的关系；但当基差过大或过小时，其中必然是有一个市场出现了某些重要因素所导致的，该因素将成为公司决策委员会关注和分析的焦点，也是公司交易策略制定和进行库存管理的关键所在。

同样，期货市场不同合约之间由于市场投机因素和资金流动，在某些时候会出现不同期货合约间价差偏离合理区间的情况。如能充分利用好价差偏离合理区间的情况，将实物库存和虚拟库存进行合理调配，则可以适当降低库存成本，扩大企业利润。

（三）划清投机与套保的界线，确定套保比例

从公司多年的套保经验来看，必须严格地划分期货投机与期货套保的界线。部分参与期货市场的企业把期货投机和期货套保混为一谈，往往容易导致决策层心存侥幸未能严格把控风险，把套保当成投机做，让企业经营面临着巨大的风险敞口，此举乃企业经营之大忌。

公司套保的主要思路是围绕着公司自身库存变化和预期价格波动幅度和方向来进行动态操作的。在库存充足的前提下，当公司决策委员会判断后市国内白糖价格有可能大跌时，将对公司白糖库存进行全额卖出套保；当判断后市国内白糖价格有

可能小幅下跌或者小幅波动时，将对公司白糖库存卖出套保比例降低至 50% 左右；当判断后市价格有可能上涨时，将对公司白糖库存卖出套保比例将降至 30% 以下。在库存不足时，会买入期货建立虚拟库存，控制现货销售量，价格上涨后，平掉盘面多单，转为积极销售现货，避免了现货过早销售、四季度无糖可卖的窘境。

（华信期货股份有限公司供稿）

案例04：

防风险稳经营，期货护航促发展

——招金期货服务上市公司金晶科技

山东金晶科技股份有限公司（以下简称“金晶科技”）是最早参与玻璃期货交易的企业之一。从探索学习期货市场各种制度、到试水交易、再到建立全面风控法人制度，企业积极将期货市场和其生产经营有效结合，合理管理库存、有效控制生产成本，稳定生产经营。

一、A股上市公司，新材料行业的“领头羊”

山东金晶科技股份有限公司于2002年在上海证券交易所挂牌上市。公司以玻璃、纯碱及其延伸产品的开发、生产、加工、经营为主业，主要从事浮法玻璃、离线镀膜玻璃、超白玻璃等，以及玻璃制镜的生产、销售，并逐步进军太阳能新材料、节能新材料领域，是国家科技部认定的重点高新技术企业、中国新材料基地骨干企业，各项经济指标连续多年保持在全国同行业前列，在山东省同行业连续10年保持第一。

作为制定中国平板玻璃标准的参与者、中国超白玻璃产品的开拓者，金晶科技产品品质与性能得到行业及社会的高度肯定。同时金晶科技也是最早接触并参与玻璃期货市场的企业之一，在玻璃期货的上市和发展过程中，积极参与并协助交易所开展对玻璃品种的调研，以及历次玻璃期货合约规则修订、升贴水标准调整、仓单属性调整等工作。下辖子公司滕州金晶也已注册成为郑州商品交易所玻璃期货指定交割厂库。

二、从探索学习试水期市，到全面风控逐渐成熟

在招金期货的支持、协助下，在充分调研、推广、研究，以及业务部门、制度建设等前期准备工作的基础上，2013年二季度，金晶科技以“探索、学习、熟悉”为目的，本着“少量参与、风险可控”的原则开始正式入市操作。为便于统筹管理、整合集团资源，集团决定由玻璃事业部的营销中心“期货部”统一运营管理金晶科技及所属子公司的期货工作。之后，在每一轮操作中，不断总结前期经验，当

期货市场上出现明显的保值机会时，适当加大保值规模；在现货经营平稳或期货市场机会不利时，果断退出但还保持对行情的高度关注；期货市场操作也逐步走向系统化和规范化，期货业务整体步入成熟发展阶段。

目前企业已建立起了比较健全的全程风险控制体系，实现了事前防范、过程监控、事后检验反思的全程风控体系（见图1）。

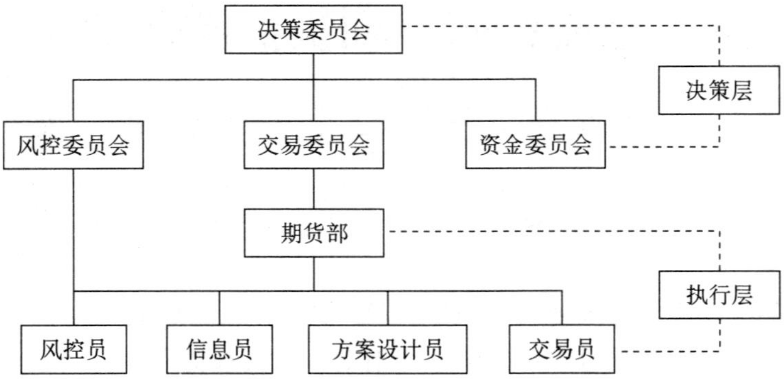

图1　风控体系

在实际运行过程中，公司意识到交易风险不容小觑，其结果不可逆、影响巨大，必须高度重视。鉴于此，对期货交易风险实行两级风控，即由决策层的风控委员会和执行层的风控员共同把控，风控员岗位实行双重报告制。

风险等级划分与处理流程见表1、图2。

表1　风险划分

类型	一类风险（需紧急处置）	二类风险（可暂缓处置）
1	错单（数量、方向、品种）	方案动态修正区间内交易的变动，方案修正结果及时通知风控员
2	超出止损位后再急剧变化临近停板位	风险提示后交易员未修正
3	风控员负责止损	期货部门严禁风控员止损的情况
处理方法	先处理后报告	先报告后研究处理

三、企业运用期货市场主要形式

金晶科技参与期货市场的目的，是运用期货市场规避风险、价格发现功能，指导公司在合适的时机以合理的价格销售产品，并在期货市场开展套期保值，避免企业经营状况出现大起大落，保障企业持续健康发展。金晶科技作为玻璃生产企业，参与期货市场的形式主要是卖出套期保值，即在面临价格下跌风险时，通过在期货市场上先行卖出，再结合现货销售和期货盈亏情况，采取逐步平仓的方式来规避价格下跌的风险，通常有以下两种操作方式：

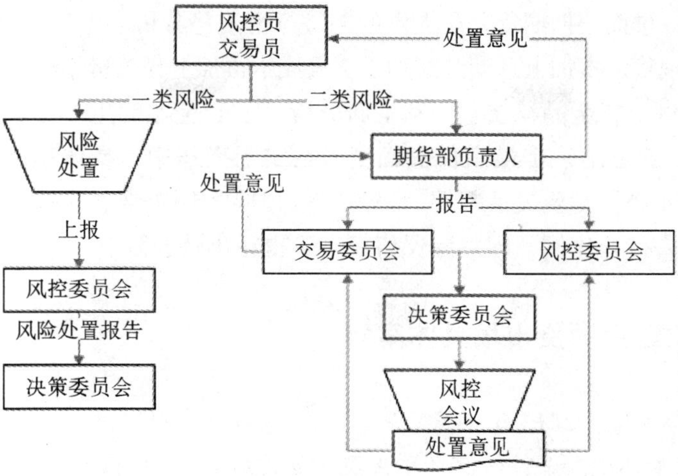

图 2　风险处理流程

（一）库存保值

因玻璃生产线的恒定生产及产品差异化的需要，生产企业必须维持一定的常规库存，库存的贬值问题成为困扰企业正常生产经营的重要因素，因此企业有必要对库存产品进行保值。

首先根据价格走势和企业实际情况，确定是否保值及保值比例。当价格处于下跌阶段或者将面临较大下跌风险时，对库存进行卖期保值。其中，对已有静态库存（常规库存）进行固定性保值，即保值头寸一经确立一般不再随意变动；对新生产未销售的动态库存进行浮动性保值，即保值头寸根据生产量和销售量的变化进行调整。

当价格处于上涨阶段或者即将上涨时，尽量不对库存进行卖期保值。因现货处于旺季或是旺季即将到来时，价格下跌的风险较小，对库存进行卖出保值的必要性不大。

（二）期现结合，增加销售渠道，锁定销售利润

因玻璃的主要需求来自房地产建筑施工，而后者受天气因素的制约较大，因此，玻璃的需求具有较强的季节属性。当行业处于淡季时，玻璃生产企业除了面临库存压力外，销售价格也会处于低点，因此，通过期货市场对远期产品进行卖出保值成为玻璃生产企业规避价格下跌风险、增加销售渠道的有效方式。

入场前分析基本面和行情趋势，确定入场时机和保值比例。从事期货交易，做好基本面研究，判断行情趋势性走向是最基本也是最重要的工作之一。为了做好这一工作，金晶科技期货部专门设置了信息员岗位，专职从事收集经济信息和政策等工作，并与期货公司提供的信息相结合，对未来经济周期和宏观经济走势做出判断；同时，金晶科技充分利用自身的行业领先地位，收集并整理行业信息，对玻璃行业后市走势做出基本判断，进而根据期货公司提供的期货行情走势分析，确定入场的时机，即当期货价格大于现货成本加上预期利润加上资金成本再加上相关费用时，择机入场。

在保值比例上，金晶科技基于基本面分析，结合企业的生产经营情况（主要依据是产销率），确定出一个最高保值额度，在实际操作中，具体额度由期货部根据市场行情和企业经营需要灵活掌握。另外，因风险控制需要，金晶科技对期货交易账户设置了最高持仓比例，即实际保值额度不得超出持仓限制。

四、企业运用期货市场具体案例

（一）库存保值（2013 年 4 月）

1. 市场基本环境。全球经济环境未见实质性好转，政府投资和房地产相关投资增速，以及消费增长的放缓。现货市场在经历了 2011 年下半年以来漫长的市场低迷期后，随着市场对新经济刺激政策的预期增强，行业对 2013 年行情走势预期偏乐观。但从第一季度以来，市场颓势并未好转，而且产能增速超预期（第一季度新增 7 条生产线），同时新一届政府并未推出新政，房地产抑制政策有加重趋势，行业内对后市信心指数逐步下降，市场在经历短暂的补货需求后，必将进入新一轮的下行空间。一旦后市现货价格下跌，企业或将面临亏损风险。

反观此时期货市场，玻璃期货自上市以来成交活跃，但从主力合约价格走势看，与现货市场价差较大，市场投机氛围浓重。5 月份将迎来玻璃仓单的第一次集中注销，投机客户必然会大量抛售持有头寸，可能导致 FG1305 合约价格大幅下跌并带动与之临近的 FG1306 合约价格下跌。

2. 具体实施过程：

（1）入市周期：4 月 1 日至 4 月底，即整个操作过程持续 1 个月。

（2）保值方向：卖出保值。

（3）合约选择：FG1305 和 FG1306 合约。

（4）建仓价格：高于现货均价，或高于对 5 月份玻璃现货均价的判断。

（5）建仓方式：分批建仓，拉高持仓均价。

（6）入市数量：因是初次操作，本着“少量参与”的原则，以尝试交易为主。在合约分配上，以 FG1305 合约为主、FG1306 合约为辅。

（7）出场方式：优先选择平仓，保留少量仓位用于交割，熟悉相关规则，积累经验。

（8）风险应对措施：针对期货市场的不确定性，金晶科技在制定保值方案的同时，也准备了风险解决方案：

①期货行情走势不符合保值方案中的判断，而是出现相反的走势，即期货价格上涨，则结合现货情况秉承获利最大、亏损最小的原则，选择不同的处理方式：同期现货价格下跌或涨幅小于期货市场，则采取交割方式；交割当期现货价格大于等

于期货价格，则选择将期货头寸平仓、正常销售现货的方式。

②保证金变动的风险。因行情走势相反及临近交割月提高保证金等，在持仓过程中可能面临保证金不足的风险。一旦有这种可能，将提前申请追加保证金，以确保持仓能够进入交割流程。

③突发事件。期货市场的价格变动频率高于现货市场，而出现突发事件时，其影响力会被放大，但最终会回到正常轨道。若突发事件对持仓有利，则继续持仓；若不利，则根据其影响程度的高低分别采取平仓离场、部分减仓、追加保证金以保证持仓进入交割流程等措施来应对。

④流动性风险。出于对流动性风险问题的考虑，优先选择平仓，保留少量仓位用于交割，着重布局5月份合约，少量参与6月合约，5月份之前完成减持或清仓。

3. 操作效果分析。本次操作完全弥补了现货市场因价格下跌而带来的亏损，实现了完全保值，获得了额外利润。关于现货销售亏损说明：因金晶科技在FG1305和FG1306合约上进行的期转现和集中交割业务，期货交割结算价格低于当期现货实际销售价格，如果不进行交割业务，可以实现财务收益的最大化，现货上也不会出现销售亏损的情形，但基于熟悉交割业务的需要，这部分亏损是值得的，若是等到需要大规模交割的时候再来熟悉相关规定和流程，可能会给企业带来更大的不必要的损失。

综合来看，经过此番实际操作，金晶科技不但获得了一定的账面收益，同时还提高了期货部人员的业务能力，积累了宝贵的经验，也检验出企业管理制度与期货制度的冲突点，期货部及时修订完善了期货业务操作的相关衔接流程和制度，为后续操作奠定了良好基础。

（二）卖出远期合约，规避淡季价格下跌风险（2013年5月后）

玻璃行业的特点决定了玻璃生产企业是行业风险的承载者，当淡季来临时，生产企业面临着库存压力大、销售价格低的困扰，因此，在淡季到来之前，通过期货市场对远期产品进行卖出保值成为玻璃生产企业规避价格下跌风险、增加销售渠道的有效方式。

1. 市场基本情况。房地产行业进一步受到打压，新城镇化步伐缓慢，对市场需求推动收效甚微；加上当时玻璃行业新投放的产能仍然较大，因此后期市场供需矛盾仍然比较突出。从现货市场来看，尽管季节转暖，行业产销率却未见明显好转，且前期新增的产能已开始释放，对未来价格走势产生强力打压，影响到企业的正常经营。期货市场，5月份以后，玻璃期货走出一波反弹行情，价格回升到一定高度，且FG1305合约交割后，新上市的FG1405合约价格高企，价格在一定程度上偏离现货基本面，比较利于现货生产企业入场套保，取得价格高点。

2. 具体实施过程：

（1）操作周期：5月下旬至第二年4月，滚动操作，即整个操作过程持续至淡季结束。

（2）保值方向：卖出保值。

（3）合约选择：FG1401 和 FG1405 合约。玻璃期货市场上，1 月、5 月、9 月三个月份是主力合约，成交量大，便于批量出入场操作；而 9 月份是现货的传统旺季，价格上涨的概率大，保值的必要性不大；1 月和 5 月虽然是现货销售淡季，但过程中可能会因期限联动而出现期货价格高点，便于现货生产企业锁定利润，规避现货亏损风险。

（4）建仓价格：因玻璃即将进入传统需求旺季，加之城镇化政策预期，预计未来几个月现货价格上行概率较大，因此在期货建仓价格上，以预期远期销售价格为主要参考，同时考虑持仓浮亏风险和利润空间，当期货价格超出预期远期现货销售价格 50 元/吨时（即期货价格 > 现货成本 + 预期利润 + 资金成本 + 相关费用），即可入市。

（5）建仓方式：分批建仓，滚动操作，拉高持仓均价。

（6）入市数量：以入场合约当月产量为基准，扣除当月有可观利润的稳定订单，作为最大保值量，即当月产量的 80%。

实际保值数量由期货部参照以下原则灵活掌握：

①期、现价差：价差越大，保值量越大。

②企业产销率：产销率越低，保值量越大。

③对后期现货行情预判：行情越差，保值量越大。

④账户的风险比控制：持仓比例不得超过 60%，即最高保值额度为账户权益的 60%。

（7）出场时机与方式：当期货价格符合方案中的预判且出现较大的盈利，即每吨盈利 80—100 元时，择机平掉大部分或全部头寸，赚取利润；当期货价格符合方案中的预判且稳定保持一定的盈利，采取滚动操作的方式（先平掉部分持仓，价格反弹后再择机入场）以获得最大利润；若期货价格与建仓价格较为接近，则根据与现货结合的具体情况，以获利最大为原则选择平仓或是交割；若期货价格走势偏离方案中的预判，则根据实际情况按照风险解决预案进行操作。

（8）风险应对措施：内容与第一阶段操作方案中的风险应对措施大致相同。

3. 操作效果分析。通过此番操作，金晶科技获得了可观的账面利润，从而保证了远期淡季的现货销售利润。

五、经验分享

虽然金晶科技在期货市场过程中，取得了一定成绩和收获，但距离企业需求仍有较大差距，还需要不断地总结经验、学习新知识，深化并拓展业务规模。后期，金晶科技将继续从以下几个方面进一步参与期货市场：

一是深化套期保值业务（卖出）：套期保值（玻璃卖出保值）是金晶科技参与期货市场的基础业务形式，后期将不断在交易规模、操作策略、时机把握等方面进一步深化提升，使之能在规避企业经营风险方面发挥更大作用。

二是套期保值拓展业务（买入）：随着期货品种的不断丰富，企业在生产环节可有效地借助期货市场对上游原材料进行买入保值，保持成本的平稳。目前玻璃上游大宗原材料中，“锡”已在上期所上市，锡是玻璃窑炉的重要原料，一次性投入巨大（百吨计），生产过程中也存在挥发损耗，需定期补充，而且锡价格高，价格波动对成本影响较大，因此在期货市场上对锡进行买入保值具有重要意义。原材料端买入保值，成品端卖出保值，有效锁定上下游利润，进一步稳定经营效益。后期，若纯碱等大宗原材料陆续上市，企业将进一步加深期货市场的参与度，期货市场大有可为。

同时，金晶科技业务既包含浮法玻璃原片生产，也包含玻璃深加工项目，浮法玻璃是集团下游以深加工为主业的分、子公司的主要原材料，也存在玻璃期货的买入保值的需求。后期金晶科技将期货保值业务进一步延伸，在下游分、子公司逐步建立起期货操作体系。

三是多种形式展开仓单业务：基于滕州金晶是玻璃期货指定交割厂库的优势，以及履行厂库义务的需要，企业可在价格合适的时候，积极参与仓单业务，代理交割、仓单转让、期转现、回购等业务，既满足公司增加现货销售的需求，也满足投资机构及下游实体企业参与市场的需求。

六、政策建议

产业客户参与期货市场，需特别重视风控，避免因期货业务的失误导致实体经营出现严重危机。期货市场虽然具有规避风险的功能，但如果风险控制不当，不但不能规避现货风险，而且会增加期货损失给企业带来额外风险。因此，企业首先要基于与自身经营密切相关的产品并选择较为稳健的“套期保值”作为最主要的参与方式；其次内部要形成一套从决策到交易再到风险处置的制度体系，从制度上加以保障；最后要将期货工作融入企业正常经营决策体系，专人专职运作，并持续培训学习，提升认知风险、分析风险、处置风险的能力水平，始终保持对期货市场的敏感度。

建议行业协会、期货交易所对产业客户参与期货市场除常规的宣传引导之外，也要在规范化方面做出一些适当指导。

（招金期货有限公司供稿）

案例 05：

期现两手抓，国企在前行

——中钢期货服务某国有钢企

一、钢铁行业面临的困境和国企参与套保的制约

螺纹钢期货 2009 年年初上市，于 2011 年创下高点，随后几年的走势却一直“跌跌不休”，主要原因是钢铁产量供过于求，导致黑色行业产能过剩的问题越来越突出。企业面临利润下降、销售放缓、污染严重等问题。在亏损逐渐扩大的情况下，诸多钢厂开始反思，向在艰难大环境下仍能稳定经营的企业学习经验。比如，江苏沙钢集团在螺纹钢期货上市之初即参与期货套保，现在能在钢市寒冬中稳定经营。期货工具就是沙钢集团降本增收的利器。

国有企业与一般的民营企业不同，民营企业在面临市场环境转变时，可以及时选择转型或停产，灵活性较大。但是，国有企业承担着行业发展的使命和社会责任，难以随意停产、转型。在当前行业困难的宏观形势下，如果风险无法对冲，国有企业很可能深陷经营困局。可现实情况却是国有企业参与期货市场的程度远不及民营企业。究其原因，主要受以下几方面的限制：

首先，国有企业考核体系具有局限性。期货具有高杠杆的属性，交易中存在较高风险，因此主管单位担心企业在期货市场过度投机，对国有企业参与期货市场一直持非常谨慎和严控的态度。在这一背景下，当前国有企业的考核体系中，即便是套期保值业务，一旦造成亏损，企业负责人也会承担很大责任，甚至提出参与期货交易“只许赢，不许亏”的要求。这在很大程度上限制了国有企业利用期货工具的积极性。

其次，会计核算也存在“紧箍咒”。现行的会计准则对于企业的套保认定与处理管理等，可能使不少国有企业对期货市场“心有余而力不足”。对于企业而言，受限于地域等诸多因素，期货现货的高度匹配很难达到。比如，企业在实际经营运作当中，由于市场价格出现急剧或者难以预料的变化，在某个时点上可能会超出会计核算范围。

最后，人才相对缺乏。对于国有企业而言，专业的期货人才仍相对缺乏，期货

经验和现货经验尚不能实现良好对接。随着整个黑色产业链产能过剩状况的日益突显，钢材价格屡创历史新低，已有越来越多的国有企业开始关注专业人士的引进和培养。

二、中钢期货服务国有钢企，从培训到实战

中钢期货具有多年黑色产业链研究历史和服务黑色实体企业参与套保的实战经验。在开发产业客户、从事期货套保的业务中，尤其是在服务国有企业的过程中积累了宝贵的经验。

（一）培训期货知识

在了解某企业现货经营遇到的问题后，中钢期货建议企业着手准备将期货套期保值运用到日常经营中去。一是现场为众多领导及相关部门员工深入讲解期货基础知识、期货功能及具体策略等，重点介绍前期类似钢铁企业相关套保案例，向该企业输入期现套保理念。二是为企业未来实施期现套保业务模式搭建组织架构。企业成立了期货部门，并派部门小组全体成员来到期货公司，再一次接受全面、系统、详细的期货知识培训和期货模拟账户操作练习。三是建议企业完善风控制度。通过前期的培训和交流，双方逐渐建立起了信任和默契，为未来的合作奠定了基础。

（二）指导实务操作

1. 套保前期准备。在服务国有企业的过程中，中钢期货坚持以一切套期保值操作规范化为前提。为使企业能够顺利完成套保业务，协助企业完成产品交易所品牌注册事宜，一方面提升企业品牌形象，另一方面为企业套保过程中的交割提供了便利条件。协助企业准备大连商品交易所期货套保额度申请。国有企业的套保业务需要完全符合《央企全面风险管理指引》的规定，所以中钢期货在协助申请额度的同时，还需与企业沟通目前行情、现货套保数量和套保时期的计划，并及时完成操作的方案。

2. 套保实战。在准备工作完成之后，步入真正的实战阶段。20××年7月，企业在现货市场上购进焦煤很困难，市场货源不足，期货价格明显贴水现货价格。尽管从行情研判上可以看出，黑色系期货仍有下跌的可能，但是企业从原材料采购角度考虑仍然决定进行焦煤JM09的买入操作。

企业按照策略报告上计划的价位和步骤逐步建仓，并在建仓过程中和完成后，实时跟踪行情并与中钢期货沟通观点，这样就完成了对现货的保险。具体操作方案见表1。

表 1　对冲焦煤现货采购风险的套保方案具体操作及套保效果评估

日期	现货市场	期货市场
20××年7月2日	钢厂计划未来两个月内采购炼焦煤21万吨，套保需对冲3 500手焦煤期货，根据期限选择Jm09合约。当时，连云港澳大利亚主焦煤库提价770元/吨	Jm09合约，买入300手，价位680元/吨，建仓完成率8.6%
20××年7月3日	连云港澳大利亚主焦煤库提价770元/吨	Jm09合约，买入350手，价位676元/吨，累计建仓完成率18.6%
20××年7月6日	连云港澳大利亚主焦煤库提价770元/吨	Jm09合约，买入1 550手，价位661元/吨，累计建仓完成率62.9%
20××年7月7日	连云港澳大利亚主焦煤库提价770元/吨	Jm09合约，买入1 300手，价位645元/吨，累计建仓完成率100%
20××年9月16日	期货市场交割提取现货21万吨，采购计划完成。当日，连云港澳大利亚主焦煤库提价700元/吨	Jm09合约，交割平仓3 500手，价位574.5元/吨。套保交割完成
套保评估	期货建仓均价：(300×680+350×676+1 550×661+1 300×645)×60/(3 500×60)≈658.2元/吨 20××年9月16日现货采购价是700元/吨 从套期保值角度来讲企业锁定采购成本为658.2元/吨，由于期货市场较大贴水，企业采取买入交割的手段，不仅规避了现货上涨的风险，还在较低价位采购到相应的焦煤现货，为企业节省采购成本 企业节省采购成本：(700－658.2)×3 500×60＝877.8万元	

3. 解锁套保头寸。在关注期货走势的同时，还需把握好现货这边套保数量的销售情况。在现货逐步采购的同时，中钢期货将解锁期货这端相对应的头寸。在套保的现货完全销售的同时，期货这端也没有头寸了，这样就完成了整个套保的过程。

4. 内部风险控制。在套保实务操作中，期货部门与现货业务部门的协同操作十分重要，风控部门的监控也是不可缺少的。风控人员的角色主要是监控整个操作过程中的风险及合规操作，确保套保业务能够顺利完成，并及时提示业务部门可能面临的风险（见图1）。

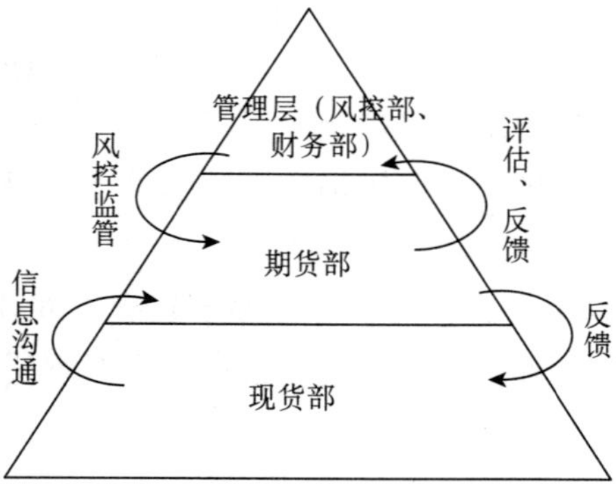

图1　实施套保过程中各部门角色的分位

5. 评估套保效果。每一份套保方案结束后，都需要对本次套保方案的执行情况进行评估。在企业评估过程中常常会有这样一个误区：若期货端亏损，便否定期货的作用；若期货端盈利，便认为期货是获利的一个工具，进而将套保业务做成了投机活动。这样的误区，归根结底是对期货套保理念认识得不深刻。企业使用期货工具套保，便是希望为现货端买一份保险。不论后市价格是涨是跌，对于这批现货而言并没有影响。在卖出套保策略中，如果后市价格上涨，那么期货端是亏损的，现货端是盈利的；如果后市价格下跌，那么期货端是盈利的，现货端是亏损的。在买入套保策略中，结果则是相反的。所以，不能单看一边的盈亏来判定套保效果，而是需要结合期货、现货两边综合评估。该次套保不仅避免了现货市场价格的波动风险，还为企业增加了877.8万元的盈利。如果本次采购计划未采用套保，则企业面临原材料价格上涨的单边风险。

6. 完善内控机制，加强人才培养。在完成整个套保实务操作流程之后，可以看出组织架构的合理安排、风控制度的合理设计以及财务等职能部门的支持，都将对期货套保业务产生很大影响。因此，在了解企业业务需要的基础上，促进企业相关部门的沟通以及套保策略中权利、分工的设计，是顺利实现套保策略的有效保障。同时，期货作为专业的金融领域，需要专业人才。此前，国内现货企业往往只关注现货市场，对金融市场了解及参与都比较少，在金融人才储备方面还是比较欠缺的。所以在逐步推进期货套保业务的同时，企业也需要加强人才培养。

三、国有钢企的实际效果反馈以及后续成长

（一）多种套保策略融入企业日常经营理念

企业经历了一次完整的套保策略实施之后，对这块业务的认识和想法都有了一个较大改变。在产成品端的卖出套期保值操作之后，企业也尝试对生产端原材料进行买入套期保值，如铁矿石、焦煤等。另外，套期保值的解锁方式也不止一种，针对卖出套期保值：

（1）现货端销售，期货端买入平仓，最后两边均没有持仓。

（2）进入交割，把现货注册成仓单，期货头寸在合约的最后交易日参与交易所的交割头寸配对，终结套保过程。类似的，针对买入套期保值：

（1）现货端买入，期货端卖出平仓，最后两边均没有持仓。

（2）进入交割，在合约的最后交易日参与交易所的交割头寸配对，提取对手的交割仓单，终结套保过程。在套期保值交易的实践摸索中，企业甚至提出锁定钢厂利润，按比例买入铁矿石、焦炭，卖出热卷、螺纹的虚拟钢厂套保方式，还要根据黑色产业链期货的相关性及强弱进行跨品种套期保值操作。

这些方案需要根据企业的自身现货经营情况及市场价格的变动情况选择。而该企业在熟悉期货业务之后，对策略的选择更加灵活，更有利于经营收入的稳定。比

如20××年10月参与焦煤的买入保值，铁矿石的买入保值、不利价位时也可采用移仓策略。

（二）企业后期套保成长历程

当前，该企业已经能够自主提出期货套保方案，并能主动观测期货行情数据，适时与期货公司沟通交流。表2是对冲铁矿石采购风险的套保案例，表3是对冲热轧卷板销售风险的套保案例。企业无论在具体某一次套保过程中是盈利还是亏损，都避免了大幅价格波动对生产经营活动的不利影响。

表2　　对冲铁矿石现货采购风险的套保方案具体操作及套保效果评估

日期	现货市场	期货市场
20××年4月11日	计划买入铁矿石现货30万吨，但由于现货市场看涨，卖方市场买卖短期较难实现，采取期货两边套保。当日，61.5%澳大利亚PB粉青岛港现货价格420元/吨	I09合约，买入3 000手，价位是388元/吨，建仓完成率100%
20××年4月20日	铁矿30万吨现货买入成交。当日，61.5%澳大利亚PB粉青岛港现货价格480元/吨	I09合约，卖出3 000手，价位445.5元/吨
套保评估	两市场盈亏：现货市场盈亏＝（420－480）×30＝－1 800万元 期货市场盈亏＝（445.5－388）×3 000×100＝1 725万元 套保盈亏＝现货市场盈亏＋期货市场盈亏＝－1 800万元＋1 725万元＝－75万元 若本次采购计划不参与套保，则企业面临现货市场单边亏损－1 800万元的风险	

表3　　对冲热卷现货销售风险的套保方案具体操作及套保效果评估

日期	现货市场	期货市场
20××年4月21日	黑色产业迎来一波强势反弹，热卷现货价格较高，但当前一次性销售库存太难。采取在期货市场上先卖出，对现货库存进行卖出保值。现货库存10万吨，华北地区市场价格是3 240元/吨	HC10合约，卖出10 000手，价位是2 930元/吨，建仓完成率100%
20××年4月25日	销售10万吨热卷，当日华北地区市场价格3 200元/吨	HC10合约，买入10 000手平仓，价位2 840元/吨
套保评估	两市场盈亏：现货市场盈亏＝（3 200－3 240）×10＝－400万元 期货市场盈亏＝（2 930－2 840）×10×10 000＝900万元 套保盈亏＝现货市场盈亏＋期货市场盈亏＝－400万元＋900万元＝500万元 若本次销售计划不参与套保，则企业面临现货市场单边亏损－400万元的风险	

经过近一年的磨合与学习，企业现在已经可以熟练地为自身现货经营规避风险了。但无论如何，对于企业而言，参与期货市场仍应有一整套完善的制度保障。过往国有企业在期货市场出现巨亏的案例仍是警钟，究其原因，风险管控机制不够完善，甚至把套保变成投机是主要问题。企业对套保和投机的额度要做好分配，即使

是保值，也会涉及套保比率的问题。因此，加强内部控制，以一套完善的风控机制来管理人性中的弱点是重要保障。

四、经验与展望

现今持续进行套期保值探索和交易的黑色产业链的国有企业仍然很少。本文所示案例企业，在套期保值的过程中，仍然存在一定的缺陷，还有进一步提升的地方，不过敢于改变的企业才是勇者，敢于尝试的企业才是真正的企业。期望国有企业能在这次结构性改革中再次焕发生机，也期望期货套期保值的工具能为企业的经营保驾护航。

此外，作为专业化的中介机构，期货公司也要不断提升团队的专业素质和服务能力，发展多种附加值更高的业务，通过各种渠道和方式，提供针对性的解决方案，为国有企业参与期货市场拓展新渠道。展望未来，随着期货市场逐步完善和企业风险管控能力的提升，衍生品不仅不会成为洪水猛兽，还将切实帮助企业化危为安，使得产业链发展更为平稳。

（中钢期货有限公司供稿）

案例 06：

灵活运用套利思路，提升套期保值效果

——迈科期货服务镍行业企业

长期以来，国内镍产业链企业通过 LME 和无锡不锈钢电子交易中心的镍合约进行套期保值。2015 年 3 月 27 日，镍期货合约在上海期货交易所挂牌交易，市场各方交投活跃。对于国内产业企业来说，运用 SHFE 市场的镍期货合约进行套期保值成为企业更安全、更高效的选择。

2015 年以来全球电解镍价格跌幅逾 30%，大幅压低了企业利润，对长期持续稳定经营构成了威胁。在镍价尚未出现企稳迹象的情况下，国内镍加工型企业将持续面临加工费被侵蚀的局面，企业对于原料、产品及库存的价格风险管理需求十分迫切。

A 企业主要从事拥有自主知识产权的镍、钴、锂、锰、锌盐等系列产品的研发、生产、销售及矿产资源开发，公司注册品牌镍板为上海期货交易所在镍期货上市之后获准的首批交割品牌之一。作为资产规模百亿元的大型加工企业，在镍价大幅下滑之下也面临相同困境。迈科期货针对镍行业加工企业的困境，实地走访、广泛调研，在与 A 企业充分沟通全面深入了解企业风险管理需求后，帮助企业设计应对解决方案，包括企业套期保值组织架构、风险控制制度、套期保值策略等内容，增强了 A 企业在运用期货市场等现行金融工具进行风险管理的水平和能力。

一、外购内销，“双向敞口”风险高

A 企业生产原料主要从海外矿商购买而来，进口矿结算价格以 LME 市场现货月均价乘作价系数来计算。进口原料主要通过上海港口入关，再经水运至西南地区，正常到货周期 40—50 天。原材料端存在风险敞口。

A 企业销售渠道集中在国内，西南、西北为重点销售市场。国内现货销售量的 80% 以长单方式销售，通常是“先款后货”，销售价格主要以上海有色网月均价作为参考价格。销售端也存在风险敞口。

二、从实际出发，完善企业套期保值流程

初期，A 企业一直采取相对简单的套期保值方式，即根据具体采购和销售情况来确定实际出现的风险敞口。如在企业采购原材料环节，通过买入套期保值来锁定价格上涨的风险；在销售环节，通过卖出套期保值来锁定价格下跌的风险，通过对风险敞口的计算来确定最终套期保值的方向、数量、比例等问题。

在了解 A 企业的实际采销状况之后，确定 A 企业属于双边风险敞口型企业，采销数量和时间都可能存在差异，迈科期货建议 A 企业运用期货工具进行保值，并结合套利来优化原有保值策略。

一是套期保值比例。头寸不能超过套期保值总量的一定比例，相应比例由企业根据其可接受的风险能力来确定。

二是套期保值时间。充分考虑采销上下两端的时间间隔，同时关注期货合约的换月时间等因素。

三是套期保值风险控制，降低风险敞口。严格遵循实际生产要求，期货市场盘面及时止盈止损，封闭风险敞口。

四是充分考虑其他因素。套期保值比例、数量、时间及具体操作方法的确定，还需要结合行情趋势、增值税风险等多种因素来判断。

五是建立套期保值效果评估、跟踪机制。对套期保值进行长期跟踪、评价和总结归纳，通过优化部门设置、人员配置、策略选择和操作方式等，持续提升企业套期保值效果。

三、灵活创新，合理优化套期保值操作

（一）存货的套期保值优化

运用期货合约进行库存套期保值，在企业存货风险管理中作用显著。由于库存不仅存在原料、成品的差异性，还存在日常流转、季节性等时间差异，所以库存套期保值具有相当的复杂性和难度。

一是原料库存。根据库存建立的目的，正常流转库存和季节性库存是较为常见的形式。正常流转原料库存通常采用滚动套期保值，但在卖出套期保值过程中需要重点关注基差变化。

季节性库存套期保值应当注重选择合适的保值比例，构建比例时，要结合现货市场及期货市场的价格结构，即当期现价差结构有利于保值时加大比例保值；否则降低保值比例。而基于价格预期的主动备库是不需要进行套期保值的。

二是产成品库存。产成品库存的套期保值，应当结合产品的流动特征，采用更加灵活的方式建立套保头寸。如果采用套利的思路建立头寸，更要综合考量采销季节性

规律、生产淡旺季时间、价格波动率、企业成本管理水平等因素对于价格的影响。

三是充分发挥A企业产成品是上海期货交易所注册品牌的优势，利用基差、远期合约价差的回归，合理布局实物库存和期货库存，在此基础上优化企业的库存风险管理。

实例1：

2015年5月初，由于对SHFE市场可交割镍库存可能不足的担忧，沪镍近月合约出现了大幅升水。5月8日盘中，沪镍1507合约相对1508合约升水达到4 000元/吨以上。A企业决定利用套利套保的思路先将部分库存卖出套期保值，但8月下旬，A企业需按照长期协议对下游企业交付部分镍板，A企业决定利用跨期方向套利思路操作。

6月初，近月价差就出现了明显收窄，沪镍1507与1508合约价差收窄至300元/吨附近。A企业综合考量之后决定直接盘面平仓，先获取价差收益。

在此例中为计算简便，暂不计算钴等副产品价格、资金成本、LME市场调期费用、交易手续费等。其具体操作和双边市场的盈亏情况见表1。

表1 库存套期保值

时间	期货及现货市场操作	数量	最终损益
2015年5月8日	卖出1507合约111 810元/吨，买入1508合约107 590元/吨		
2015年6月4日	买入平仓1507合约99 120元/吨，卖出平仓1508合约98 850元/吨	500吨	1 975 000元
损益	套利收益3 950元/吨		

（二）外购原料+国内销售的套期保值优化

A企业拥有国内领先的湿法工艺，其选择原料方面也偏重于副产品较为丰富的外矿作为原料（如含钴等）。外矿采购方式通常采用点价，计价方式为：

精矿价格=LME价格-冶炼加工费+计价副产品价格

1. 部分需点价原料的套期保值选择。A企业外矿采购通常有1—3个月的点价期，而发货、运输至企业厂库的时间多在45—50天，点价期和到货期差异为企业灵活操作套期保值带来便利。

由于A企业存在“长单销售+现货销售”混合的模式，即原料采购时点与产品销售时点存在差异，导致企业存在“先销售定价后采购定价”和“先采购定价后销售定价”两种模式。不同方式会直接影响套期保值的方向，即企业需要选择是卖出保值还是买入保值。

一是“先销售定价后采购定价”模式下，A企业是在尚未支付全额采购货款（通常事先支付部分保证金）的情况下，已经与下游企业签订销售合同，因此需要在期货市场进行买入套期保值来对应原料采购出现的价格波动。

二是“先采购定价后销售定价”模式下，由于采购精矿作价在先，因此需要在期货市场进行卖出套期保值以对应现货的多头部分。

由于是对远期采购进行套期保值，势必会涉及移仓换月操作，换月形成的损益也会对套期保值效果造成影响。因此，在考虑选择采用什么样的采销方式时，应当结合期货市场的价差情况辅助分析。

在正向价差结构市场（远月合约价格高于近月合约价格）中，卖出套期保值会相对受益。相反，如果是买入套期保值，则应当寻求在反向价差结构市场（远月合约价格低于近月合约价格）操作。

实例 2：

2012 年以后，LME 市场 Cash3M 一直处于贴水状态，即现货月价格持续低于 3 个月远期价格。2015 年国内镍期货合约上市之后，尽管出现了 SHFE 市场近月价格大幅升水，但 LME 市场现货贴水仍维持在 40—50 美元/吨。

LME 市场处于正向结构对于卖出套期保值的移仓操作相对有利，企业原料采购主要集中在海外市场，需要在 LME 市场进行套期保值操作。因此，企业在选择中短期套期保值模式的时候，倾向于“先采购定价后销售定价”的模式。

2. 运用沪伦比价优化套期保值。企业原材料采购是以美元计价，而产成品镍板在国内销售，因此，沪伦内外比价（SHFE 价格/LME 价格）波动也会影响套期保值效果。

当精矿进口存在盈利时，意味着此时沪伦内外比价处于偏高位置，后续比价走低可能性较大。当预判比价可能走低时，通常选择在国内市场卖出套期保值。

如果当前精矿进口亏损严重，则意味着沪伦内外比价偏低，后续比价可能会上升。当预判比价会走高时，在国外 LME 市场卖出套期保值会更有益些。

实例 3：

2015 年 5 月初，企业与某公司签订了 1 000 吨的氢氧化镍购货合同，按照合同约定最终采购价格为“LME 3M 价格 - 现货加工费”。原料购入的作价期为 3 个月，这批原料实际将最迟在 7 月初能实现交货。

国内 SHFE 交易所镍期货合约上市以来，由于首次公布的可交割品牌仅限于国内的 5 个品牌，可交割货源相对有限导致期货盘面近月合约出现了大幅升水，而主力合约的内外比价则出现了大幅上涨，从 7.5 左右升至 8.0 以上。按照主力 3 个月的合约计算，沪伦内外比价在 5 月 7 日达到了 8.02 左右的高位。

根据行业状况来看，尽管受到沪镍提振，国内镍价出现了反弹，但消费在二季度并未出现明显改善，基本面整体处于价格相对不利的状态，而国内镍价格部分受到交割问题影响，才出现了明显的上涨。同时，由于可以统计的俄镍、挪威镍等国外注册品牌实际库存相对量较大，如果进口镍逐步流入国内市场将会打压国内市场现货价格，镍价存在大幅波动的风险，沪伦内外比价存在回归的概率较大。

对此，A 企业采取套期保值在当期非常必要，利用沪伦高比价锁定国内现货销售价，即在 LME 市场做买入套期保值，同时在 SHFE 市场对部分产量做卖出套期保值操作。

5 月 7 日，A 企业盘中主动参与套期保值。在 LME 市场买入 200 手（5 吨/手）3 个月合约套期保值，当日现货价格 13 971 美元/吨，3 个月合约价格为 14 010 美元/吨。同时，在 SHFE 市场卖出套期保值 1 000 手（1 吨/手）1507 合约，1507 合约价格为 112 320 元/吨，当日国内现货价格为 105 150 元/吨。

7 月 2 日，企业开始现货交货并进行原料点价，对套期保值头寸进行平仓。在 LME 市场进行卖出平仓操作，当日现货价格为 12 007 美元/吨，3 个月合约价格为 12 050 美元/吨。同时，在 SHFE 市场进行买入平仓操作，1507 合约价格为 89 200 元/吨，当日国内现货价格为 88 600 元/吨。

在此例中为计算简便，暂不计算钴等副产品价格、资金成本、LME 市场调期费用、交易手续费等，具体操作和双边市场的盈亏情况见表 2。

表 2　　跨市场套期保值

LME 市场	现　货	期　货	基差（元/吨）
5 月 7 日	13 971 美元/吨	买入套期保值，LME 市场 3 个月镍价格为 14 010 美元/吨	-39
7 月 2 日	12 007 美元/吨	买入平仓完成保值，LME 市场 3 个月镍价格为12 050 美元/吨	-43
损　益	1 964 美元/吨	-1 960 美元/吨	
SHFE 市场	现　货	期　货	基差（元/吨）
5 月 7 日	105 150/吨	卖出套期保值，3 个月沪镍价格为 112 320 元/吨	-7 170
7 月 2 日	88 600 元/吨	买入平仓完成保值，3 个月沪镍价格为 89 200 元/吨	-600
损　益	-16 550 元/吨	23 120 元/吨	

期间，尽管 SHFE 市场出现的反向结构为卖出套期保值带来换月损益，但同时由于 LME 和 SHFE 两个市场基差都出现了有利变化，LME 市场基差走弱（-39 美元/吨至 -43 美元/吨），而 SHFE 市场基差走强（-7 170 元/吨至 -600 元/吨），且沪伦内外比价如期从 8.02 下滑至 7.4，最终使得利用套期保值效果良好（见表 3）。

表 3　　损益统计

	每吨损益	数量	损益
LME	4 美元/吨	1 000 吨	4 000 美元
SHFE	6 570 元/吨	1 000 吨	6 570 000 元

利用 SHFE/LME 沪伦内外比价的思路来管理内外市场的套期保值头寸，契合“企业外购原料 + 国内销售”的经营模式，有利于规避单一市场选择对于企业在价差结构、利率、汇率及跨市场操作中的不利因素。

四、防微杜渐，关注企业外部风险

A 企业在实际运营和价格管理中，还需要充分关注和主动管理一些大宗商品波动带来的外部风险。

一是沪伦内外比价风险。国内外之间实物贸易流动可能造成价格波动脱离预期，单边市场价格大幅剧烈波动或遭遇突发事件（如贸易政策调整等）将导致沪伦比价异常波动。如国内市场价格异常走高，将导致沪伦比价上行，导致实例 3 的套期保值策略效果不理想，甚至放大亏损。因此，企业在执行过程中需要针对价格进行详尽分析，并根据企业实际财务成本综合评估运用策略和风险控制。

二是市场价差结构风险。正向市场结构对于买入期货合约的换月调期是不利的，而反向结构市场中，卖出套期保值操作的迁仓操作也会带来月间价差损失。因此，企业要密切关注价差结构风险对套期保值效果的影响。

三是人民币汇率波动风险。A 企业的汇率风险主要集中在人民币兑美元汇率。尽管内外市场同时操作对套期保值有所优化，但是企业实际操作过程当中，如果汇率出现较大波动会相应影响内外价格均衡比价。例如，美元兑换人民币大幅升值，将导致平仓收益受到侵蚀，需要企业运用远期外汇市场（如 NDF 市场、其他人民币汇率对冲工具）进行汇率风险对冲。

四是事件冲击型风险。当市场出现库存（现货、仓单等）过度集中，或者资金过度集中的状况，会导致远期价格短期内出现大幅偏离，尽管对于长期套期保值的最终效果不会形成盈亏，但可能导致短期内保证金不足需追加等一系列风险。因此，当市场可能出现较大的短期价格波动风险时，需要企业密切监控套期保值比例和保证金。

（迈科期货股份有限公司供稿）

案例 07：

未雨绸缪，利用期货市场稳定企业经营

——上海中期期货服务兖矿煤化供销有限公司

一、企业基本情况

兖矿集团有限公司是山东省首家国有资产授权经营企业和山东省属国有重点煤炭企业，是以煤炭、煤化工、煤电铝及机电成套装备制造为主导产业的国有特大型企业，现由山东省人民政府国有资产监督管理委员会直接监管。其参与甲醇期货市场的主体为兖矿集团煤化供销有限公司。

兖矿煤化供销有限公司成立于 2008 年 3 月，为兖矿集团有限公司全资子公司，隶属于兖矿集团有限公司煤化分公司管理。兖矿煤化供销有限公司主要经营尿素、甲醇、醋酸等 4 大类 28 个煤化工品种及煤炭的经营。其中峄山牌尿素为中国名牌产品。年销售尿素 126 万吨，甲醇 125 万吨，醋酸 60 万吨。年采购煤炭 350 万吨。公司已通过国家质量、环境、职业安全健康三体系认证，并被济宁授予“守合同重信用企业”。

二、现货经营状况及风险

（一）现货经营情况

兖矿煤化分公司是兖矿集团经营煤化工产业的专业化公司，其下属企业兖矿煤化供销有限公司主要负责兖矿集团化工类产品的销售工作，其中，销售的甲醇产品主要产自 5 家兖矿所属企业，合计年产能 250 万吨。

5 家生产企业分别占据了我国甲醇的主产区陕蒙两省区和紧邻华东主销区、消费量快速增长的山东省。长远规划造就的优越地理位置，配合兖矿集团强大的资源优势，形成了兖矿煤化供销有限公司在国内甲醇市场的强大影响力。

（二）企业面临的风险

1. 行业风险。总体来讲，我国甲醇产能过剩情况明显，但仍不乏计划再建的新项目，虽然2015年全年新增产能增长步伐有所放缓，但主要受外围环境欠佳影响，另外也体现了行业也正处于转型升级、产业结构调整的过程。兖矿集团认为我国甲醇行业后市竞争将更加激烈，淘汰落后企业的步伐亦将加快，因此寻求稳定企业经营之路迫在眉睫。

2. 外围风险因素。原油市场波动引发甲醇价格波动。2014年下半年国际原油大幅下挫，导致了2014年四季度甲醇价格市场的崩盘，而随着2015年一季度原油市场的触底反弹，甲醇价格也随之大幅上行。究其原因，主要是由于烯烃行业以油化工为主体，煤制烯烃占比不到15%，因此价格传导的方向是原油至烯烃至甲醇，原油市场的宽幅波动可以显著影响甲醇市场的上涨下跌，但甲醇市场却难以对原油市场形成影响，因此原油成为影响我国甲醇市场的一个重要因素，并且为不可控因素。

内外因素联合作用下，刺激煤化公司寻求稳定现货经营的有效渠道。在上海中期的循序引导下，兖矿煤化公司开始接触甲醇期货市场，参与企业套期保值。

三、企业参与期货市场的进度

（一）试探性了解阶段（2011—2014年）

2011年10月28日，甲醇期货品种正式在郑州商品交易所开始上市交易，而在甲醇期货品种上市之初，兖矿煤化供销有限公司就作为郑商所甲醇交割厂库，厂库办公地点为兖矿煤化供销有限公司（山东邹城西外环路1888号），提货地点为兖矿国宏化工有限公司（山东邹城市北外环国宏大道）。然而，受各方面因素影响，兖矿煤化供销有限公司虽然已在上海中期开设了期货交易账户并一直关注甲醇期货市场的发展，但并未入市进行交易。

在这段时间，上海中期一直与兖矿煤化供销有限公司保持着紧密的联系，频繁前往兖矿煤化供销有限公司的驻地山东省邹城市，交流对甲醇期货市场的看法，为兖矿煤化供销有限公司入市交易做好了充分的准备工作。

（二）稳定发展阶段（2014—2016年）

2014年年初，上海中期为满足股东公司套期保值需求成立了集团事业部。随后，集团事业部为兖矿集团各专业公司进行了高强度、大规模培训，主要内容涉及期货市场的基础知识、运行基本规律及各项法律法规，涉及品种包括甲醇、动力煤、有色金属等，其中又以甲醇和动力煤为主。2014年2月，兖矿煤化供销有限公司决定试探性开展期货交易，选择交易量较少并且临近交割的ME1403合约，采取限价单的方式进行交易，最终顺利成交并完成实物交割，圆满实现了本次试探性交易的目的。

随后，为了帮助企业正式参与甲醇期货市场，上海中期提供驻厂调研、基础培训、交易指导等系列支持，经过长期的铺垫和充分的准备，兖矿煤化供销有限公司于2014年第二季度正式开始参与甲醇期货市场。在ME1409、ME1501、ME1505、MA1506及MA1509合约上，均有数量可观的持仓及成交，并多次注册厂库仓单及交割仓库仓单，进行仓单交易及参与实物交割，实现了以多种方式参与甲醇期货市场以辅助现货经营的套期保值目的。

截至2015年6月底，兖矿煤化供销有限公司共参与交易了甲醇期货6个合约，连续交易16个月，总成交量超过130万吨，累计注册甲醇厂库仓单量17 100吨，完成交割量10 050吨，注册交割仓库仓单量10 000吨，完成交割量10 000吨。

（三）开拓革新阶段（2017年至今）

2017年至今，企业参与期货市场的模式更加灵活，套期保值团队的业务能力和管理制度也更加成熟。并且基于煤化供销公司在现货市场的多重身份，企业参与保值的品种呈现多样化，且参与的方式更加专业化。

四、企业参与期货市场的案例

（一）通过期货保值应对系统性风险（卖出套保）

1. 市场研判。2011年以来，国内甲醇装置大量投产，甲醇行业产能过剩的情况日益严重。但随着甲醇制烯烃技术的成熟，为甲醇行业带来了希望，尤其是进入2014年以后，大量烯烃装置计划投产，甲醇逐步走向了原油替代品的征途，在原油价格长期高位的背景下，这使得甲醇行业乐观情绪高涨，看多做多已然成为业内共识。

然而自2014年6月开始，国际原油价格大幅下挫，在国庆长假国内休市期间，WTI指数时隔一年半来首次收盘跌破90美元/桶，此后加速下跌，在半个月内再度跌破80美元/桶。甲醇与原油在烯烃行业的替代关系，已经成为推动甲醇行情的重要因素之一，全球原油供应过剩也开始对国内甲醇市场形成了较强的利空影响。国庆节后ME1501合约大幅下挫，一度跌破2 500元/吨整数关口，随后在11月中下旬大幅反弹，与国际油价走势形成背离。兖矿煤化供销有限公司认为，全球原油供应过剩的情况在短时间内难有改善，原油价格仍将下行，受此影响甲醇现货价格后市也将走跌，因此ME1501合约的反弹难以持续，并且由于期现价格的背离，ME1501合约已然存在正套空间，因此决定在ME1501合约上进行卖出保值。

2. 套保实施。2014年11月下旬，兖矿煤化供销有限公司开始根据自身的销售计划，视盘面情况分批建仓。在此期间，ME1501合约自2 600元/吨上冲至2 797元/吨，随后暴跌至2 500元/吨，WTI指数亦从75美元/桶上方暴跌至60美元/桶。因价格已经创历史新低，继续做空风险较大，兖矿煤化供销有限公司决定持单观望。然而此后跌势反而继续加速，连续三次跌停后触发了郑州商品交易所停市强平的风控措施，迫使兖矿煤化供销有限公司所持空单全部平仓。

2014 年 11 月下旬至 2014 年 12 月下旬，兖矿煤化供销有限公司甲醇现货销售价格下跌 430 元/吨，在期货市场进行卖出保值平仓获利 500 多元/吨。本次卖出套保操作，期现结合计算获利 70 多元/吨，较好实现了期货市场对冲现货市场风险的基本功能，并为企业带来了额外收益。

（二）通过期货市场降低贸易成本（买入套保）

1. 市场研判。2015 年 3 月国际原油价格再次探底后出现反弹，兖矿煤化供销有限公司判定这次 WTI 指数经过前期超跌后有筑双底迹象。另外，国内装置在 4 月份多有检修计划，主要集中在西北主产区及山东市场，且受天然气供应问题，国际偏紧局面仍存，欧美等地市场重心有望继续攀升，外商惜售态度凸显，国内供应面大势趋紧。从需求面来看，虽然传统下游依然偏弱，但浙江兴兴新能源新建烯烃装置已于 3 月底投料试车并正常运行，山东鲁深发新建烯烃装置亦在 4 月下旬有投产计划，这两套装置将对华东及山东市场有明显的带动效应。

经过对国际原油走势及国内甲醇市场供需面的分析，兖矿煤化供销有限公司判定 4 月份国内甲醇市场大概率上扬，而兖矿煤化供销有限公司除了统销兖矿集团所生产的甲醇之外，还有近 30 万吨/年的甲醇贸易量，因此甲醇价格的上扬将提高企业的贸易成本，于是企业决定利用甲醇期货市场进行买入保值，以缩小上游风险敞口，并选择了当时的主力 MA1506 合约进行操作。

2. 套保实施。自 2014 年 4 月上旬开始分批买入 MA1506 合约，2014 年 4 月下旬，WTI 原油指数上冲 60 美元/桶受阻，高位盘整，新建烯烃装置也如期投产，国内检修装置陆续重启，建仓前的利多预期已全部兑现，企业判定甲醇短线继续上行空间有限，便在 4 月下旬陆续平仓。本次买入保值最终平仓盈利 100 多元/吨，在此期间，现货市场价格上涨 150 元/吨，显著降低了贸易的采购成本，实现了买入保值的目的。

（三）通过期货市场实现多重定价模式（点价交易）

为了应对兖矿煤化供销公司的贸易需求，上海中期现货子公司上期资本也参与服务该企业，为其提供期货定价服务。2017 年，兖矿煤化供销公司同上期资本尝试通过“期货盘面价格 + 升贴水”的定价方式，进行现货贸易销售，为企业的现货贸易打开了一条定价的新渠道。

五、经验总结

（一）企业内部有效的风险管理机制是基础

为了加强与规范兖矿煤化供销公司期货套期保值业务的管理和运作，完善公司套期保值业务内部控制体系，公司制定了既能保证统一规划领导、又各部门相对独立的套期保值管理制度，搭建了套期保值组织架构，安排了相应的人员配置（见图1）。

在集团公司董事会和总经理的领导下，设置期货业务领导小组，期货业务领导小组直接领导套期保值工作小组和风险控制小组。风险控制员直属于期货业务领导小组，对套期保值的操作行使监督和风控的职责。

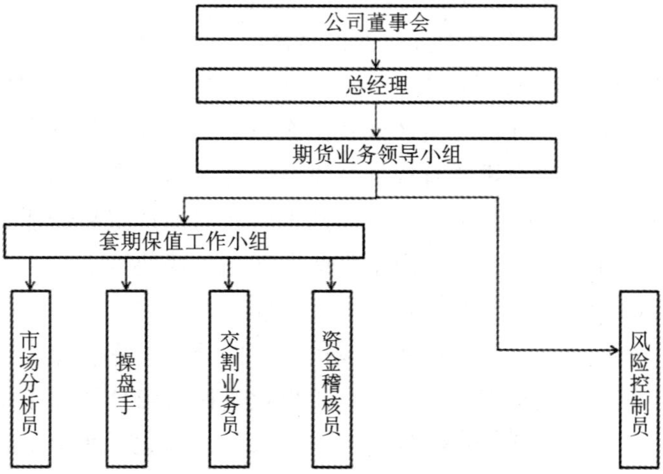

图1　套期保值组织架构

在该套期保值管理体制下，其套期保值操作流程为：首先，市场分析员向套期保值工作小组组长提交套期保值计划和方案；然后，该方案必须在期货业务领导小组和套期保值工作小组同时授权下才可施行；最后，由操盘手操作并且同时向期货业务领导小组进行报备和留痕工作。

（二）不断开拓，创新灵活地参与期货市场

根据郑州商品交易所仓单管理办法规定，甲醇厂库仓单共有两种注册方式：一种是企业提供货物价值100%的现金进行质押，这将显著增加现货企业的资金压力；另外一种是企业提供由银行开具相当于货物价值130%的保函进行质押，这将有效缓解企业的资金压力，但对企业的经营情况及企业信用提出考验。据悉，兖矿煤化供销有限公司是第一家也是目前唯一一家用银行保函在郑州商品交易所注册甲醇信用仓单的企业，充分证明了兖矿煤化供销有限公司的创新精神及企业声誉。

（三）通过期货市场实现多重销售模式，消化企业库存

兖矿煤化供销有限公司地处鲁南，紧邻国内甲醇的主销区也是郑州商品交易所甲醇期货品种交割仓库集中地华东市场，该地也是企业销售甲醇的目的地之一，因此在当地也有部分库存。利用这一地理优势，兖矿煤化供销有限公司也采取了将货物运至交割仓库的交割方式以减少库存压力。2015年6月，企业成功在一家郑州商品交易所甲醇交割仓库完成注册甲醇仓单 1 000 张，合计 10 000 吨甲醇，并全部最终交割。

（四）套期保值工作总结

目前，很多参与套期保值的企业不能良好地解决保值效果问题。套期保值工作涉及现货期货“两条腿”，如何解决“两条腿”利润分配是大多数企业的症结所在。兖矿集团“统购统销”的大方针指引很好地解决了这个问题。

兖矿煤化供销公司为兖矿集团的全资子公司，其主要负责兖矿集团下属 5 家化工企业的“统购统销”工作，其中既包括上游原料及其后勤物资的采购，又包括主要化工产品的销售。此外，兖矿集团参与甲醇期货套期保值的主体也是兖矿煤化供销公司。做到现货采购、销售，以及期货市场套保于一身，可以很好地平衡现货端和期货端的收益。

自从正式参与甲醇期货市场之后，兖矿煤化供销有限公司的经营情况更加稳定，企业根据自身在甲醇行业的多种身份，灵活运用期货市场，巧妙地锁定了现货经营的风险敞口，在甲醇行业大变革的时代，有效地提高了企业的经济效益和竞争力。

（上海中期期货股份有限公司供稿）

案例 08：

期现结合，锁定利润

——中辉期货服务某钢铁企业

A 企业为华南和西南地区最大、最先进的国有控股钢铁联合生产单位。受体制转型制约，企业参与期货交易仍处于起步阶段，对期货市场、期货工具运用了解不深，实际参与度也比较低，随着期货公司的深入服务，企业逐步深化了对期货市场的认识，并运用期货市场开展套期保值，取得了显著成效。

一、企业基本情况

A 企业为华南和西南地区最大、最先进的钢铁联合企业，始建于 1958 年，职工 1.5 万人左右，资产总额 447 亿元，年主营业务收入 600 亿元以上。具备年综合产铁 1 150 万吨、钢 1 250 万吨、钢材 1 800 万吨的能力，拥有多条冷轧板带、热轧板带、中厚板、高速线材及连轧棒材生产线，产成品包括冷轧板、热轧板、中厚钢板、棒线材、中小型钢等。

二、企业参与期货市场情况

公司于 2014 年 10 月向国资委申请开展期货业务，2015 年 1 月获得国资委批复核准进行螺纹钢、热轧卷板、线材、铁矿石、“双焦”期货套保业务。此后，在期货公司的协助下，公司成立期货领导小组，设立期货中心，制定期货管理制度、实施细则、分级授权管理规定、套保应急预案等一系列详细业务规范，并在期货公司的指导下，参与期货市场套期保值。

企业在前期内控建设及后期参与期货市场过程中，特别关注以下几点：一是建立期货部门与现货部门的长效沟通机制，及时掌握现货期货行情动态和套保需求等。二是积极开展外部培训交流，如派遣人员参加中钢协组织的煤焦钢产业班期货管理课程、上期所组织的期货交易基础培训、期货公司组织的业务培训、交流会等活动，以提升期货人员的整体水平。三是积极申报钢材期货交割品牌，目前已经取得热轧卷板交割品牌牌照，螺纹钢交割品牌的申请正在进行中。四是积极参与套保，从实践中学习并成长，先后开展了小单的期货套保业务，对热轧卷板进行卖出套保、焦炭买入套保和螺纹钢利润锁定等。

三、企业善用期货工具的案例分享

主要涉及三个方案，即规避焦炭价格上涨而带来的采购成本增加的焦炭买入套保；针对热轧卷板库存高位、销售困难而进行的热轧卷板卖出套保；规避螺纹钢利润回落而进行的成材和原料组合套保。

（一）管理原料采购成本：焦炭买入套保

2017 年上半年，受国内环保限产影响，焦化厂产能利用率基本维持在 80% 左右，环保限产压制了焦炭产量。独立焦化厂的库存维持在约 30 万吨的偏低水平，与此同时下游钢厂焦炭库存可用天数也徘徊在 11 天左右的水平，表明焦炭需求稳健；考虑到环保督查仍趋严，焦化厂后期开工率仍难以回升，而下游钢厂利润超 800 元/吨的局面，对焦炭等原料的需求形成较强支撑。A 企业对焦炭有补库的需求。

针对市场情况和企业补库存的实际需求，为了锁定原材料价格上涨风险，企业在期货市场上实施买入套保。考虑到 J1709 合约离交割月不到两个月，而企业自有采购渠道，交割拿货意愿不足，因此在 J1801 合约上套保。鉴于企业初次参与期货市场，为规避风险，选择小规模套保，最终敲定 5 000 吨焦炭作为本次套保数量。

考虑到本次套保量较小，选择一次性完成建仓。7 月 4 日当日在 J1801 合约上以 1 762 元/吨买入 50 手焦炭。建仓后第二天期货价格持续上涨，盘面浮盈不断扩大；8 月 15 日企业以 2 075 元/吨的价格完成焦炭采购，期货市场以 2 120 元/吨的均价平仓，了结本次套保，完全对冲了现货采购成本的增加。综合来看，本次焦炭买入套保实现了完全对冲，在完全对冲企业增加的 152.5 万元企业采购成本后，并额外带来了 26.5 万多元的对冲综合盈利。如果企业未在期货上实施相应的套期保值，则将直接多支付 152.5 万元成本，这使企业对期货工具给企业带来的效益和价值有了直观的感受（见表 1）。

表 1　焦炭期现对冲盈亏表

日期	期货		现货	
	数量	建仓点位（元/吨）	数量（吨）	市场价格（元/吨）
7 月 4 日	买入 50 手	1 762	计划采购 5 000	1 770
8 月 15 日	卖出 50 手	2 120	完成采购 5 000	2 075
盈亏	盈利：179 万元		多支付成本：152.5 万元	
期现综合盈亏	盈利：26.5 万元			
期货对冲效益	期货端覆盖了增加的 152.5 万元成本，并创造 26.5 万元的利益			

（二）库存保值：热轧卷板卖出套保

当现货销售存在困难、库存较高时，通过在期货市场卖出相应的期货品种，可以有效规避现货市场价格下跌带来的企业库存价值缩水。

2017 年春节后，受下游汽车、家电等高库存影响，热轧卷板需求疲软，销售异常困难，企业库存创近 3 年来新高。同时，热轧卷板销售价格出现急跌，两周内下跌幅度超过 200 元/吨，企业迫切需要规避热轧卷板价格进一步下跌带来的库存贬值压力。

经统计，企业当时库存达到 30 000 吨，正常库存在 15 000 吨左右，企业库存敞口约 15 000 吨。考虑到热轧卷板库存高企、销售缓慢、市场价格再次下行风险仍较高等因素，企业决定在期货市场上卖出热轧卷板套期保值。2 月 15 日在 HC1705 合约建仓，卖出 1 000 手热轧卷板，均价 3 654 元/吨。4 月 15 日企业热轧卷板库存下降至 8 000 吨，已不存在库存套保需求，于是 4 月 18 日期货平仓，均价 2 881 元/吨。最终期货端获利 773 万元，同期现货价格从 3 830 元/吨下跌至 3 020 元/吨，现货端亏损 810 万元。通过在 HC1705 合约卖出热轧卷板套保实现了部分对冲企业热轧卷板价格下跌、库存贬值的损失，综合减少损失 773 万元。如果企业未在期货上实施相应的套期保值，则将直接损失 810 万元（见表 2）。

表 2　　热轧卷板期现对冲盈亏表

日期	期货		现货	
	数量	建仓点位（元/吨）	数量（吨）	市场价格（元/吨）
2 月 15 日	卖出 1 000 手	3 654	计划销售 10 000	3 830
4 月 18 日	平仓 1 000 手	2 881	完成销售 10 000	3 020
盈亏	盈利：773 万元		亏损：810 万元	
期现综合盈亏	亏损：37 万元			
期货对冲效益	减少实货亏损 773 万元			

（三）锁定螺纹钢利润：成材、原料组合套保

钢材的生产加工利润受到成品销售收入和原料投入成本的影响。钢厂通过一个钢材成材卖出套保和一个原料（铁矿石和焦炭）买入套保的组合，规避钢材生产或加工利润回落，进而提前锁定钢材利润。

2017 年上半年，黑色系市场整体表现波动较大，钢材和原料价格分化强烈，导致钢厂一季度整体盈利，二季度盈利水平创近年新高，具体来看上半年钢厂吨钢平均利润超过 800 元/吨，吨钢利润最高点触及 1 200 元/吨。面对良好的局面，后期钢厂能否继续维持高利润局面，充满极大的未知性。首先，自 4 月份以来焦炭受环保限制产量释放困难，焦化厂开工率均值约 80%，上游焦化厂库存处于历史低位，下游钢厂所备库存整体也处于历年同期低位水平，原料价格上涨压力渐渐显现；其

次，螺纹钢面临季节性淡季，高利润下供需关系有走弱压力；最后，钢厂对市场皆有恐高情绪，对市场价格回调及螺纹钢高利润回落有较大预期。因此企业决定在期货市场上锁定螺纹钢利润。

1. 建立虚拟钢厂利润估算模型：

吨钢利润 = 吨钢售价 - 吨钢成本（期货市场售价含税，故利润含税）

吨钢成本 = 1.6 吨矿石 + 0.5 吨焦炭 + 350 元高炉折旧固定费用 + 300 元至 500 元轧制费用 + 120 元三项费用

2. 对冲数量、目标及建仓仓位。根据虚拟利润图（见图 1），螺纹钢虚拟利润高点在 1 000 元左右时卖出开仓螺纹钢 RB1801 合约，同时做多铁矿石 I1801 合约和焦炭 J1801 合约。

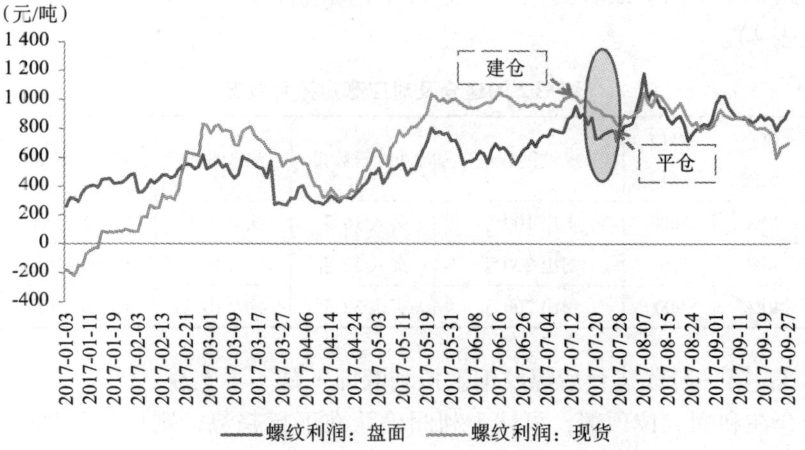

图 1　螺纹钢虚拟利润走势图

按模拟生产公式配比，每生产 1 000 吨的钢材，大致需要 1 600 吨的铁矿石和 500 吨的焦炭，即开仓比例为空 100 手螺纹钢，对应多 16 手铁矿石和 5 手焦炭。

每日统计追踪三种期货合约的收盘价变动，根据上文中的螺纹钢利润变化走势图（见图 1）。如螺纹钢利润走势下行至螺纹钢长期利润区间（400—800 元），即将所有持仓全部平仓，以锁定现货吨钢至少 200 元的超额利润。

3. 建仓、平仓条件及风险措施。拟锁定 5 000 吨螺纹钢现货利润，可按照不同情形分 3 个阶段在期货盘面建满仓位：

情形 1：第一阶段建仓后螺纹钢虚拟利润持续上涨

若螺纹钢虚拟利润上行超过 1 200 元，则把全部所持仓位进行平仓，则期货盘面最大亏损 40 万元，若建满仓位后螺纹钢虚拟利润减少至 800 元以下，则把全部仓位进行平仓，期货盈利 160 万元（见表 3）。

表 3　　情形 1 的建仓及对应账户盈亏概况

阶段	建仓比例	对应点位	螺纹钢数量	铁矿石数量	焦炭数量	持仓保证金	账面盈亏
第一阶段	20%	1000	卖出 100 手	买入 16 手	买入 5 手	约 80 万元	0 元
第二阶段	40%	1100	卖出 200 手	买入 32 手	买入 10 手	约 160 万元	－10 万元
第三阶段	40%	1200	卖出 200 手	买入 32 手	买入 10 手	约 160 万元	－40 万元

情形 2：第一阶段建仓后螺纹钢虚拟利润上涨突破前期高点至 900 元后下跌

若下跌至此情形第三阶段，可认为利润确认在下行趋势，则可等待螺纹钢虚拟利润下跌到 800 元以下或者更低点位进行全部平仓，此情形最少期货盘面盈利 100 万元（见表 4）。

表 4　　情形 2 的建仓及对应账户盈亏概况

阶段	建仓比例	对应点位	螺纹钢数量	铁矿石数量	焦炭数量	持仓保证金	账面盈亏
第一阶段	20%	1000	卖出 100 手	买入 16 手	买入 5 手	约 75 万元	0 元
第二阶段	40%	1100	卖出 200 手	买入 32 手	买入 10 手	约 150 万元	－10 万元
第三阶段	40%	900	卖出 200 手	买入 32 手	买入 10 手	约 150 万元	50 万元

情形 3：第一阶段建仓后螺纹钢虚拟利润即下跌不再上涨

若开仓在利润点位顶部，可认为利润确认在下行趋势，则可等待螺纹钢虚拟利润下跌到 700 元以下或者更低点位进行全部平仓，此情形最少期货盘面盈利 90 万元（见表 5）。

表 5　　情形 3 的建仓及对应账户盈亏概况

阶段	建仓比例	对应点位	螺纹钢数量	铁矿石数量	焦炭数量	持仓保证金	账面盈亏
第一阶段	20%	1000	卖出 100 手	买入 16 手	买入 5 手	约 75 万元	0 元
第二阶段	40%	900	卖出 200 手	买入 32 手	买入 10 手	约 150 万元	10 万元
第三阶段	40%	800	卖出 200 手	买入 32 手	买入 10 手	约 150 万元	40 万元

4. 企业实际风险管理效果。7 月 12 日，企业反映螺纹钢库存有一定压力，市场销售较前期也明显放缓，降价压力逐步显现，根据当时盘面给出的利润，进行第一批锁定 1 000 吨螺纹钢的建仓，建仓利润锁定在 1 008 元/吨；7 月 13 日企业原料采购部反映，现货原料有提涨迹象，随即在盘面进行第二批 2 000 吨螺纹钢利润锁定工作，建仓利润锁定在 1 077 元/吨；7 月 18 日时，企业完成最后 2 000 吨的建仓，利润锁定在 1 077 元/吨，至此完成全部建仓目标。

7 月 24 日左右，了解到全国螺纹钢库存增长不及预期，企业现货销售部门也确认目前下游订货积极性较高，螺纹钢销售状况明显改善；同时7月中旬发布的宏观经济数据明显偏强，后期螺纹钢将大概率走强，钢厂高利润局面仍将维持，因此综合这些情况，企业选择提前平仓了结头寸。7月27日，以均价892元/吨的吨钢利润全部平仓500手，获利60.6万元；同期企业螺纹钢生产利润由1 152元/吨回落至957元/吨，对冲现货端螺纹钢利润回落带来的86.9万元的损失。如果企业未在期货上实施相应的套期保值，则将直接损失86.9万元（见表6）。

表6　螺纹钢虚拟利润对冲盈亏表

阶段	日期	期货		现货
		锁定螺纹钢利润数量	建仓点位（元/吨）	现货市场利润（元/吨）
第一阶段	7月12日	100手	1 008	1 152
第二阶段	7月13日	200手	1 077	1 142
第三阶段	7月18日	200手	952	1 109
平仓	7月27日	500手	892	957
盈亏		盈利：60.6万元		利润减少：86.9万元
期现综合盈亏		利润减少26.3万元		
期货对冲效益		减少实货亏损60.6万元		

企业实现了初步参与期货市场盈利、锁定了螺纹钢利润，增强了企业参与期货市场的信心，最为重要的是企业认识了期货工具能帮助企业锁定利润、规避风险的价值，极大地提高了企业参与期货市场的积极性和主动性。

四、经验总结

运用好期货工具，一是需要有良好的公司内部治理，确保期货现货部门有效沟通，并具备良好的期货部门考核机制；二是需要有正确参与期货市场的态度，参与期货市场的初衷目的是运用期货工具套期保值，对冲企业风险，而不是投机。期货端的盈亏要正确对待，不能盈利就加码，亏损就退却；三是关注市场趋势，重视研发团队的培育。研发团队对市场的准确判断是企业参与期货市场获得成功的重要条件，因此企业一定要重视市场研究，以及研发团队的建设，尤其不可搞“一言堂”，很多期货市场的失败案例都源于此。总之，参与期货市场，发挥期货市场的风险管理功能，是一项综合工程，需要在制度、人员等各个方面做出安排。

（中辉期货有限公司供稿）

案例 09：

中小企业利用 PTA 期货度过行业寒冬

——东吴期货服务某塑料企业

2012—2015 年是聚酯行业产能扩张、生存竞争压力逐步加大的几年，不少企业倒在了行业黎明前。而江苏长乐纤维有限公司（以下简称“长乐纤维”），作为典型的中小民营企业，借助期货公司的专业力量建立起自己的期货业务小组和风控体系，通过套期保值取得丰硕成果，安然度过了行业寒冬，成为聚酯产业与期货金融行业密切合作的成功典范。此次成功合作在中国加弹第一镇引发较大反响，对期货服务实体经济起到了良好的宣传推广作用。

一、企业基本情况

长乐纤维成立于 2010 年 8 月，初始注册资本 8 亿元人民币，注册地为中国加弹第一镇太仓市璜泾镇。现有员工 1 200 多人，其中中高级技术人员 60 多人、普通技术人员 150 多人。经营范围为纤维用聚酯切片和差别化、功能化涤纶长丝 POY、FDY、DTY 产品的研发、生产和销售。公司一期 30 万吨聚酯熔体直纺项目于 2012 年 1 月建成投产，年产纤维级半光聚酯切片 1 万吨、多孔细旦等高附加值涤纶 POY 29 万吨。

长乐纤维主要生产原材料为 PTA，年消费量 25 万吨，由于公司几个控股股东均为加弹厂老板，生产出来的产成品 POY 可以通过股东自行消化，产品销路不是问题。但 2012 年初，PTA 采购成本占据公司原料总成本的 76%，占 POY 生产总成本的 70% 以上，且 POY 生产利润微薄，如何降低 PTA 原料采购成本是公司生产经营的头等大事。

二、公司参与 PTA 期货的历史及现状

长乐纤维处在我国民营资本较为发达活跃的太仓地区，敢于接触尝试新兴事物，公司成立之初就密切关注 PTA 期货运行。同时，长乐纤维又具有典型的民营企业特征，缺乏期货方面的专业人才，现金流相对紧张，所以对参与 PTA 期货是有心无力。

2012 年东吴期货在接触了解公司实际情况后，派专业人员驻厂两年，帮助公司成立期货业务小组，构建风控体系。期货业务小组由公司董事长、总经理、分管采购副总、分管销售副总、期货业务部经理、采购部经理、销售部经理、财务部经理、审计部经理组成，主要负责设计企业套保需求和思路，审核期货业务部门提出的具体套期保值方案、实施风险监控及处理与期货相关的其他重大问题等。

期货业务部则由公司分管采购副总、期货部经理、东吴期货研究所组成，负责研判 PTA 价格趋势及制定具体套保方案，同时还负责业务骨干的期货基础知识培训及相关期货人才的培养工作。

PTA 期货套保思路见图 1。

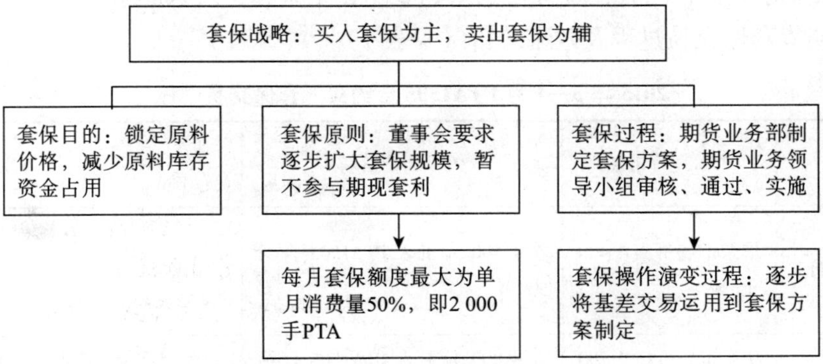

图 1　期货套保

公司自 2012 年开始介入 PTA 期货市场，积极参与了 PTA 期货套保业务。在 2012 年 PTA 期货价格出现高贴水的机会，坚定逢低做多 TA1209 合约、TA1301 合约，很好地规避了后市 PTA 市场价格大涨风险。2013 年 2—8 月份先后通过做空 TA1305 合约，做多 1309 合约、1401 合约进行卖空套保、买入套保，较好地规避了前三季度 PTA 市场价格波动的风险。

2014 年上半年和下半年分别做多和做空 PTA 期货主力合约，很好地规避了 PTA 三巨头挺价带来的价格上涨风险及后期原油价格暴跌带来的产成品价格下跌风险，为公司的稳健生产经营打下了良好的基础。

三、2015 年公司利用 PTA 期货套保详细案例

（一）PTA1505 合约买入套保案例

1. 背景介绍。2015 年初，经过了原油价格大幅下跌后，PTA 期货市场上持仓量大幅增加，多空分歧加大。3 月底，PTA 期现货价格受仓单压力再次大幅下跌至 2008 年时期的历史低位，PTA 生产加工费也被压缩至 400—500 元/吨的社会平均生产成本下方，二季度 PTA 工厂会进入季节性检修期，且原油价格二次探底完成后有大幅上涨动力，PTA 价格可能受成本推动及供应缩减的双重利好形成大幅上涨。

2. 本次套保具体决策、执行过程。本次操作是公司期货部门在原油价格二次探底后进行的PTA期货买入套保方案，主要目的是防范原油价格大幅上涨带动PTA原材料采购成本增加的风险。但由于当时PTA市场上仓单压力较大，本身聚酯生产利润不好，因此起初买入套保数量偏低。随着清明节后，腾龙芳烃160万吨PX装置爆炸，对应翔鹭石化450万吨PTA产能也同步停车检修，这时PX和PTA出现了产能供应同步缩减的局面，公司遂召开会议决定在清明节后加大PTA期货的买入套保数量，总共进行了1 000手的PTA期货1505合约的买入套保操作。随着后期原油价格一路上涨，PTA期现货市场也同步走高，5月6日原油市场出现了冲高回落走势，同时大宗商品期货及PTA期货市场情绪也相对亢奋，于是期货套保小组决定对PTA买入套保头寸平仓，同时在现货市场采购PTA，结束整个买入套保操作。

3. 期货套保交易过程及效果分析（见表1）。

表1　　2015年3—4月PTA1505合约买入套保交易过程

时间	PTA现货市场	PTA期货市场	基差（元/吨）	备注
3月31日	华东市场价格4 400元/吨	在4 500元买入PTA1505合约500手	-100	PTA原料库存备货较少，担心原油等成本端推动价格上涨
4月8日	华东市场价格4 700元/吨	在4 800元买入PTA1505合约500手	-100	PTA1505合约多单1 000手，均价4 650元/吨
5月6日	华东市场现货价5 330元/吨	在5 380元卖出平仓PTA1505合约1 000手	-50	现货市场购入5 000吨，期货多单全平仓
结果	亏损780元/吨	盈利730元/吨	走强	
套保净盈亏	（730-780）元/吨×5 000吨=-25万元			
效果评价	若不做PTA期货买入套保，PTA现货采购将增加成本780元/吨×5 000吨=390万元； 做了买入套保，期货盈利730元/吨×5 000吨=365万元，部分规避了对应头寸的原料采购成本上涨风险； 同时期货市场建立虚拟库存，节省了5 000吨PTA现货采购所占用的资金成本11.25万元			

4. 本次买入套保案例的经验总结。本次套保方案对PTA行情的预判整体符合预期，其中腾龙芳烃爆炸对行情的有利演化起到了催化剂作用，在这过程中东吴期货针对腾龙芳烃爆炸事件的专题分析报告增加了公司进行二次加仓买入套保的信心。两次买入套保操作过程中，因期货升水现货，且随着交割临近，基差扩大对买入套保不利，但对于买入套保而言，趋势判断对了，基差大小只是次要考虑因素。不足之处是在买入套保二次加仓时，考虑到产成品库存占用了公司较大现金流及风险控制，整体套保仓位较轻，没有覆盖公司一个月的原料采购量，规避了4月份原材料价格上涨的部分风险，但其余原料敞口在5月的采购过程中付出了较高的采购成本。

后期可在与东吴期货协同研究行情后加大套保量，同时借助期货公司力量进行合作套保，节省资金成本。

（二）PTA1509 合约卖出套保案例

1. 背景介绍。2015 年 6 月伊朗核制裁解除，原油价格有下行压力，国内宏观经济形势悲观，外加国内股市暴跌，下游需求即将进入传统淡季，PTA 基本面偏弱，后期产业链价格下跌带动库存有大幅贬值风险。

2. 本次套保具体决策、执行过程。6 月 4 日，公司期货小组决定利用 PTA 期货对 PTA 原料库存进行保值，部分人员觉得除了对 PTA 原料进行库存保值外，部分产成品库存也应该一起利用 PTA 期货套保。考虑到当时公司资金压力较大，公司领导决定仅对 PTA 原料库存进行保值，且当时 PTA 期货价格刚经过一轮暴跌有所反弹，可以逐步加仓，而不是一次性加仓。但随后 PTA 期货反弹空间有限，到了 6 月 30 日 PTA 增仓向下突破了前期震荡平台，这时才在期货市场将剩余的 200 手头寸进行加仓。8 月底，随着 PTA1509 合约临近交割月及 PTA 期货再度暴跌下行，公司期货小组决定期货平仓，完成此次套期保值操作。

3. 期货套保交易过程及效果分析（见表 2）。

表 2　2015 年 6—9 月 PTA1509 月合约卖出套保交易过程

时间	PTA 现货市场	PTA 期货市场	基差	备注
6 月 4 日	华东市场均价 5 000 元/吨	在 5 200 元均价卖出 TA1509 合约 400 手	-200	PTA 原料库存 3 000 吨后期有贬值风险
6 月 30 日	华东市场现货价 4 800 元/吨	在 4 900 元卖出 TA1509 合约 200 手	-100	PTA1509 合约空单合计 600 手，均价 5 100 元/吨
8 月 26 日	华东市场现货价 4 050 元/吨	在 4 200 元买入 TA1509 合约 600 手	-150	期货全部平仓
结果	原料库存贬值 950 元/吨	期货盈利 900 元/吨	走强	
套保盈亏	（900-950）×3 000 = -15 万元			
效果评价	若不做 PTA 期货卖空套保，PTA 现货库存将贬值 950 元/吨 ×3 000 吨 =285 万元；做了卖空套保后，在期货上盈利 900 元/吨 ×3 000 吨 =270 万元，使亏损由 285 万元降至 15 万元，较好地规避了跌价导致的库存贬值风险			

4. PTA1509 合约卖出套保案例的经验总结。由于原油价格及 A 股股市波动影响，本次套保方案对 TA1509 合约的下跌趋势力度认识不足，套保头寸经过两次分批入场，且后一次建仓时犯了追涨杀跌的错误，以致建仓成本偏高，同时也没有对终端产成品 POY 库存进行套期保值，产成品库存贬值风险没有得到规避。幸运的是 PTA 期货在 8 月底出现了大跌局面，仅从 PTA 原料库存的保值效果来看，整体保值效果突出，若没有进行任何的期货套保风险对冲，6—8 月份的这一轮暴跌对公司的生产经营将形成较为负面的冲击。

四、长乐纤维利用 PTA 期货套保亮点及后期改善建议

2012—2015 年是聚酯行业产能扩张、生存竞争压力逐步加大的几年，整个行业均处在现金流逐年失血、痛苦煎熬的困难时期，太仓地区的明辉化纤厂因没能熬过行业寒冬在 2015 年底——行业黎明前夕宣布破产倒闭。反观长乐纤维，作为典型中小民营企业，在一无相关期货专业人才、二无闲余资金的背景下，借助期货公司的专业人才力量建立了自己的期货业务小组与风控体系，培养了一批自己的期货专业人才。不仅在 2012—2014 年通过期货公司专业团队的服务取得了较好的套保收益，而且在期货公司专业人员服务期满离厂后，仍能在 2015 年取得丰硕的套保效果，安然度过了行业寒冬。这是以聚酯企业为代表的产业与期货公司为代表的金融行业密切合作的智慧结晶与成功典范，江苏长乐纤维也因此在中国加弹第一镇——璜泾镇的名气大作，激发了周边企业积极利用期货市场来规避风险的意识，起到了为期货市场推广宣传的良好效果。

另外，长乐纤维在套期保值过程中受制于资金压力和风险压力，套保总头寸偏小，后期可与期货公司的现货子公司开展合作套保业务，以便更好地规避原材料价格波动的风险。

同时 PTA 期货作为国内大宗商品期货市场功能发挥相对完善的期货品种，产业客户套期保值参与力度较大，市场认可度较高。但也有不少期货品种存在交割库容有限、产业客户交割参与不便、非标产品风险规避功能发挥不好的问题，希望其他上市期货品种可以借鉴 PTA 期货服务实体经济经验，更好地为产业客户服务。

（东吴期货有限公司供稿）

案例 10：

“小”企业“全”定制，巧用期货避风险

——中州期货服务青岛昌盛化工

小微企业面对激烈的市场竞争，与大中型企业相比抵御风险能力更弱，小体量使企业面临资金短缺、信息滞后等劣势，更容易遭遇经营风险。青岛昌盛化工有限公司（以下简称“昌盛化工”）就是这样一家小微企业，但在企业经营过程中通过巧用期货工具，成功帮助企业适度规避风险。

一、企业基本情况

青岛昌盛化工有限公司（以下简称“昌盛化工”），成立于 1994 年，注册资本 500 万元，营业范围包括为塑料原料及化工产品（不含危险化学品）、纸、钢材、木材、普通机械销售。其中塑料原料及化工品贸易是其主营业务。

长期以来，塑料市场定价遵循以石化企业为主导、贸易商跟从的传统模式。上游的产销模式是大批量生产、大批量销售，而下游需求更分散化，多采用订单式，上下游产业结构与产销模式的差异性导致整个塑料产业存在供需错配情形。

作为中间商的贸易企业是化解供需矛盾的关键环节，起到了“蓄水池”和“缓冲器”的作用。但在贸易过程中，塑料产业供需矛盾其实并没有从根本上被化解。中间贸易商风险承受能力是有限的。昌盛化工作为小型中间贸易商，如何利用期货市场，规避市场风险，实现稳定经营，成为企业迫切期待尝试的新路径。

二、昌盛化工风险评估与解决对策

2007 年 7 月 31 日大商所首个塑料品种 LLDPE 期货上市，引起了化工产业链相关企业的关注，昌盛化工也不例外。但是作为一家小微企业，受规模、资金、信息等因素制约，对期货市场理解存在误区，容易把期货市场理解成投机市场，而非套保市场。经过期货公司 4 年多的知识辅导、市场分析、数据资讯服务，昌盛化工对期货和期货市场、套期保值有了比较清晰的认知，开始利用期货市场信号指导现货

经营，规避价格波动风险。

（一）企业风险识别与评估

1. 短流程风险。随着近几年期货市场的发展，越来越多的下游工厂逐渐接受升贴水报价，随后在点价期内通过期货市场点价来确定结算价格的方式进行采购。点价过程中，昌盛化工作为贸易企业，在下游工厂“定量不定价”的情况下，从签署合同后到下游工厂点价前，这一时间段面临短流程风险。

2. 长流程风险。昌盛化工 LLDPE 年总贸易量在 2 万吨左右，常备库存 500 吨，在常年稳定经营的情况下，需要积累大量库存以稳定下游工厂供应，由于受到资金规模限制，常备库存明显不足。而化工行业的特点是，购、销两端风险主要集中在采购端，这也是贸易企业长期面临的风险。

（二）风险解决对策

1. 短流程风险解决对策：在点价过程中，昌盛化工采用传统套保方式，在期货市场上建立空头头寸，同时结合现货市场价格确定合理升贴水并报给下游工厂，下游工厂接受升贴水报价后，贸易商把手上的现货转给下游工厂，并对期货头寸进行平仓。完全对冲短流程风险。

2. 长流程风险解决对策：根据昌盛化工提供的现货经营购销信息，结合外围经济环境、产业链分析，并通过量化模型对企业承受风险进行度量，提出策略建议，按照套保流程由企业套保部门进行决策和执行。

三、套期保值“全”定制服务

（一）套保组织架构建设及流程制定

针对小型企业的特点，套保组织架构设计要有别于大型企业，最终形成以昌盛化工总经理为套保决策者，购销负责人、财务相关人员为套保执行部门，企业内控部门、套保会计为套保监督与评估部门的扁平化套保组织架构体系，同时在扁平化组织架构基础上制定套保基本流程。

（二）套期保值服务“定制”

由于小型企业受限于人力、物力、财力的规模制约，在组织架构扁平化的情况下，需要期货公司提供更多的“定制”服务。前期提供风险管理顾问类服务，协助企业进行风险评估与识别，建立企业套保组织架构；风险管理顾问服务贯穿服务小微企业始终；投资咨询与研发部门定期或不定期向昌盛化工提供研究报告及策略机会提示；一线业务人员肩负期现信息互换的职责，直接提供期货及资本市场信息的同时，收集昌盛化工购、销部门的现货经营信息；财务管理部前期向企业提供套保会计专业实务知识，确保企业正确评估套保效果，正确看待期货端亏损。

（三）套期保值策略"定制"

传统套期保值要遵循四大原则：第一，商品种类相同原则；第二，商品数量相等原则；第三，交易方向相反原则；第四，时间期限相同或相近原则。但是传统套期保值完全对冲风险敞口的特点，可能对冲掉了风险，也对冲掉了利润。

针对小企业期货套保机构扁平化、决策快速的特点，小企业参与套期保值之初，进行长流程风险规避，需按照传统套保理论进行简单套保。在套保组织体系和谐运行、现货端协调的情况下，通过量化模型评估企业对风险的可承受能力，通过调整套保系数制定更为灵活的套期保值策略。

四、2016 年第四季度套保策略执行情况

2016 年 8 月，盛昌化工与下游工厂签署 2 000 吨购销合同，采用基差定价方式（贴水 550 元/吨），点价期为 1 个月，根据短流程风险解决对策，在点价过程中，在期货市场上建立空头头寸，将下游销售价格锁定在 8 750 元/吨。按照购销合同，下游工厂将分四批提货，分别是 9 月、10 月、11 月、12 月中旬提货。

由于资金规模限制，企业常备库存为 500 吨左右，根据前期的购销合同，9 月有 1 000 吨塑料颗粒进库，前期订单将在 9 月、10 月分别有两次提货，基本消耗新进库存。由于该订单成交量相对较大，且时间较长，企业受资金短缺及库存容量制约，并不能立即采购 2 000 吨合约标的，现货端产生敞口头寸。

（一）风险评估与度量

1. 基本面要点分析。8 月欧佩克限产传闻炒作再起，将于 9 月底召开非正式会谈，但达成协议的可能性较小。8 月石化库存依然维持较低水平，预计 9 月将延续去库存状态。需求面来看，伴随农膜旺季全面启动，9 月份农膜市场需求可能向好。棚膜的生产一般会持续到年末。伴随农膜旺季全面启动，9 月份农膜市场需求整体看好，预计刚需强劲支撑，塑料价格上行概率较大。

2. 量化模型风险度量。通过量化方法对市场风险进行度量，跟踪塑料动态套保比率（动态套期保值比率 = 现货和期货动态相关系数 × 现货价格动态标准差/期货价格动态标准差），考虑基差变化、波动率等因素对市场风险评价，考量企业可承受风险，评估市场风险对企业实现经营目标的影响程度。结合公司业务模式、风险敞口大小，同管理层讨论决策适合公司现有模式的套保策略。

根据套保区间模型，在 1 线上穿 2 线，提示进入套保的时间窗口，公司套保团队根据公司敲定的套保比例，逐步分批开仓。再根据套保区间模式，2 线在 1 线下方时，逐步离场（见图 1）。

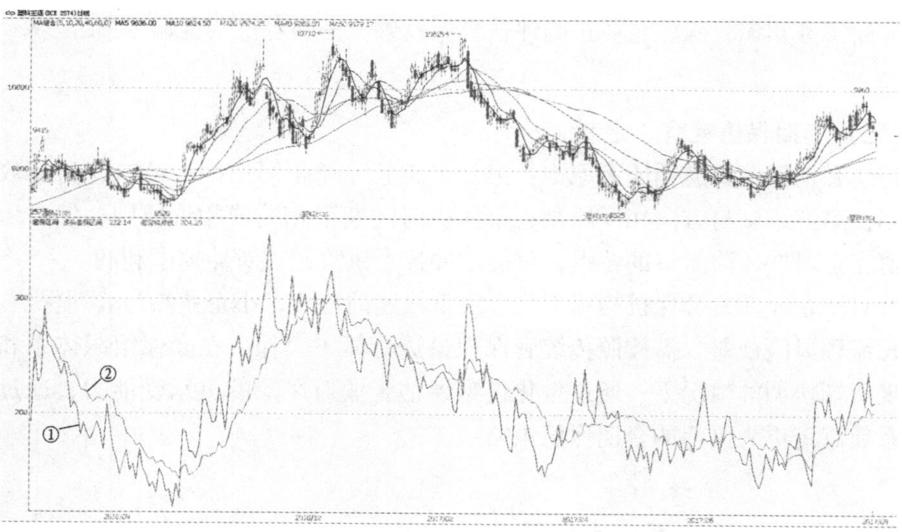

（①线、②线是根据价格及其衍生数据计算出来的套保指标。①线的时间参数小，②线的时间参数大。根据①线和②线的交叉，提示进入套保区间、退出套保区间。）

图 1 塑料多头套保风险度量指标

（二）第四季度保值方案建议基本要素

1. 对冲工具的选择：L1701、L1705。

2. 套保系数的确定：根据量化模型风险度量情况进行动态调整。

3. 持有部位：买入。

4. 保值最大时间：至 2016 年 12 月 31 日

5. 保值计划的终止：A. 达到保值最大时间；B. 触及目标价位区间或止损条件；C. 期现价格走势出现相反等异常波动；D. 现货购销出现新的情况，经决策后，动态调整保值计划需要平仓的情况。

（三）执行情况及效果（见表 1）

表 1 套保情况及效果

时间	期货	现货
2016 年 8 月 5 日	根据模型进行风险评价，风险处于可控区间，期现结合评估后确定套保比例为 20%，期货端买入分批期货端分批建仓 80 手 L1701 多头头寸，均价 8 950 元/吨	下游购销合同签订，通过短流程套保对策，锁定下游价格为 8 750 元/吨
2016 年 9 月 9 日	平仓 L1701 合约 20 手，均价 8 995 元/吨	上游采购 500 吨塑料颗粒，成交价格为 8 850 元/吨
2016 年 10 月 10 日	平仓 L1701 合约 20 手，均价 9 165 元/吨	上游采购 500 吨塑料颗粒，成交价格为 9 050 元/吨

续表

时间	期货	现货
2016 年 10 月 17 日	根据量化分析及风险评价，触及临界警戒线，考虑基差变化、波动率等因素对市场风险评价，期现结合评估后，同管理层讨论决策，将套保比例调整为 100%，期货端分批建仓 160 手 L1705 多头头寸，持仓均价为 8 665 元/吨	
2016 年 11 月 10 日	平仓 L1701 合约 40 手，均价 10 250 元/吨，L1705 合约 60 手，均价 9 760 元/吨	上游采购 500 吨塑料颗粒，成交价格为 9 250 元/吨
2016 年 12 月 9 日	平仓 L1705 合约 100 手，均价 10 285 元/吨	上游采购 500 吨塑料颗粒，成交价格为 9 750 元/吨
盈亏	除去费用盈利约 140 万元	亏损 155 万元
合计	亏损 15 万元左右	

套保效果，如果未进行套期保值操作在资金短缺的情况下，敞口头寸给公司将造成 155 万元亏损，参与期货市场套期保值操作，在仅占用 100 万元左右资金的情况下，实现期货端盈利基本弥补现货端亏损，将风险调整至企业可承受范围内，为稳定经营护航。

五、套保经验总结

“从内心抵制期货到认可期货套保，现在我们企业也算半个套保专家了。”昌盛化工负责人在被同业问及期货套保经验时说，“在摸索期货套保的过程中，我们吃过亏，犯过错，作为企业来讲最重要的一点，一定要坚持以风险防范为目的，而不是投机获利。第二点，套保过程中的交易也要按照计划执行和严格管理仓位，不能脱离套保计划追求建仓均价，也不能因为期货端盈利就脱离交易计划提前平仓，都可能导致套保策略的执行失败。第三点，正确认识期货端亏损，如果在亏损的情况下，实际上期货端的亏损相当于交了保险费，而风险没有发生，不也是很好的情况吗？最终的套保效果要以是否实现企业稳定经营目的来评价。”

对于期货公司而言，在服务小微企业的过程中，服务需要“定制”，针对小微企业的特点和企业实际面临的风险，提供“全”定制模式化服务。

（中州期货有限公司供稿）

案例 11：

匹配风险管理需求，助力高新企业成长

——国泰君安期货服务某环保企业

一、企业基本情况介绍

某企业是一家业务集环保工程研发、投资、设计、生产、施工、管理和运营维护于一体，核心业务包括大气污染治理、水污染治理和固体废弃物污染治理的国家级高新技术企业。该企业的业务范围遍及全国多个省份地区，先后与国内多家大型能源机构签署战略合作协议，在多个省份建立了环保装备制造基地。业务特点主要是项目投标标的大，项目后期开工周期长且存在不确定性，结构钢材和特殊钢材是该企业制造设备中的重要原材料之一，成本对该企业的业务影响较大。

随着企业规模不断扩大、企业治理方式不断完善，该企业也意识到风险控制的重要性，技术与质量是企业的核心竞争力，成本的控制是企业利润实现的保障，尤其是对于风险的控制关系到企业的生存与发展目标的实现。

二、期货市场匹配企业风险控制需求

虽然该企业是一家环保高新科技公司，但其仍然面临不少风险点。第一，企业下游客户多为大型国企，议价能力不强。第二，成本波动对其业务利润的影响较大。第三，企业的主要原材料——结构钢材和特殊钢材属于小品种，价格波动幅度较大，且没有可以对冲的场内工具。

2016 年，随着钢铁行业的供给侧结构性改革力度的不断加大，钢材价格出现较大幅度的上涨。该企业在中标获得订单后到开工存在较长的时间周期，且有时开工期存在不确定性，导致采购时间与获得订单时间存在差异。由于中标订单的销售价格确定，而原料成本价格需等到开工周期才能确定，原料成本的采购价格存在巨大的波动风险，对企业的正常经营造成了不小的影响和压力。企业此前没有参与期货市场的经验，但企业意识到只有通过有效的风险管理才能保障企业的正常业务利润不受影响，也是企业进一步完善自身治理的关键一步。

三、风险管理方案设计

在详细了解该企业的情况后，我们为其归纳了问题需求，并设计了风险管理解决方案。

归纳该企业的问题需求有三点：第一，该企业在获得订单后销售价格确定而成本采购价格未定，属于典型的成本端价格风险敞口，应采取买入套期保值对其原材料价格进行风险规避。第二，该企业所使用的原材料特殊钢材目前期货市场上并没有相应的标的可以进行套期保值操作，但目前期货市场上钢材相关期货产品相对比较齐全，可以通过研究原材料与目前上市钢材期货产品的相关性或者通过期货品种模拟原料价格等几种方式进行套期保值操作。此外，该企业当前缺乏风险管理相关人才进行相关的套期保值操作。

根据企业存在的问题和需求，国泰君安期货首先深入该企业，结合该企业的经营业务特点制定买入套期保值的基本操作流程，针对其中标时间与开工周期相距较远等问题，设计在中标后先根据项目量进行相应的买入套期保值操作，锁定原料采购成本。其次针对目前没有完全一致的期货标的，国泰君安期货发挥其专业的研究咨询能力，通过分析比较目前上市的各个钢材期货相关品种与该企业原料价格的相关性，选择最优品种作为比较合适的买入套期保值的标的，并确定最优套保比例规避原料价格风险。最后由于企业缺乏相关人才，国泰君安期货联合风险子公司一起，为企业提供合作套保服务，由国泰君安风险管理子公司专业的风险管理人才帮助该企业完成套期保值操作。

四、买入套保初试

2016 年 10 月初，该企业有一笔价值 2 亿元人民币的订单项目正在招标中，其中涉及需要采购 2 000 吨特殊钢材，但由于上游客户未确定交付时间，无法立即采购且无法锁定成本。在与该企业详细沟通了方案后，国泰君安期货牵头风险管理子公司与客户签订相关合同，为其提供风险管理服务。

第一，根据其经营模式设计相对应的买入套期保值操作制度流程。国泰君安风险管理子公司与企业签订合作套保协议，双方设置专人对接，对企业每一个中标项目进行第一时间的风险管理操作，并对后期的套保进行跟踪管理和反馈。设计了在获得中标项目后，根据项目的大致交付周期进行相应的买入套期保值操作，锁定成本价格上涨风险，确保成本价格基本与中标时期一致，规避价格波动风险，锁定项目利润。

第二，国泰君安期货根据目前上市黑色系期货品种与该企业采购的结构钢材价格的相关性和波动性，确定买入套期保值的合约品种及相应的保值量。在分析了黑色系期货品种与企业采购品（碳结构钢）的相关性，并考虑了期货产品的波动性后，最终确定以螺纹钢期货作为替代标的进行买入套期保值，套保比例初期按照合同项目量的100%进行（见图1）。

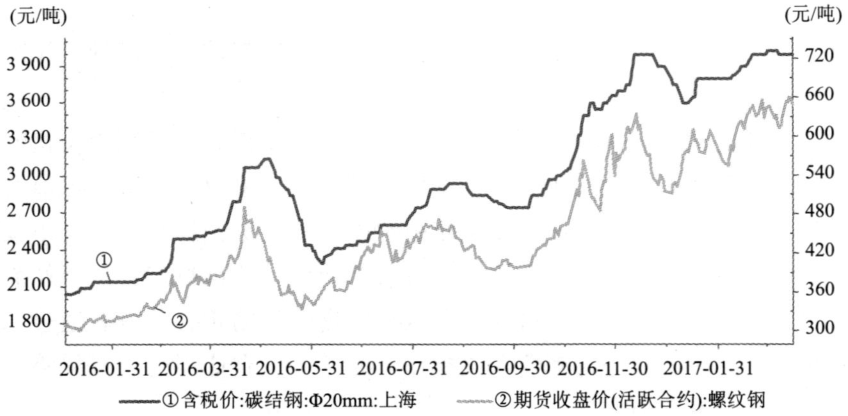

图1　原材料与黑色期货产品价格走势

资料来源：Wind资讯。

第三，根据研究分析与方案设计，在与企业进行沟通并得到企业的认可后，由国泰君安期货风险管理子公司执行相关套期保值操作。10月中旬，该企业获得此前投标项目，项目需要原料2 000吨结构钢材，但目前交付期等细节未确认，无法通过现货市场采购，该企业要求进行买入套期保值操作，国泰君安期货进行分析后，选择螺纹钢主力合约为企业进行买入保值，仓位量为企业用量的100%，即200手（2 000吨），判断年底可能会有冬储等因素，原料价格可能会保持高位运行，因此拟采取一次性建仓，最终建仓价格为2 430元/吨（2016年10月17日）。

第四，跟踪套期保值操作，并进行效果评价分析。12月上旬（2016年12月5日），该企业与下游客户确定交付周期，并拟先采购1 000吨原料进行生产，企业通知国泰君安期货进行相应平仓操作（100手），本次操作部分实现了保值的目的，锁定了成本，具体分析见表1。

表1

套保效果分析	期货建仓、平仓价格	当期现货采购价格
10月中旬	买开2 430元/吨	2 840元/吨
12月上旬	卖平3 030元/吨	3 690元/吨
盈亏	600元/吨	-850元/吨
即期货市场获利部分弥补了现货市场价格上涨带来的成本上升，仍然还有250元/吨的成本上升		

五、期货套期保值经验总结

第一，企业初次通过期货工具对冲成本价格风险取得了效果，认识到了期货市场套期保值的功能和效果。

第二，由于原材料与期货品种存在差异导致套期保值无法完全达到对冲的效果，需要在今后风控管理当中进一步优化。

第三，企业在与期货公司的合作过程中，应及时讨论沟通，对已有的策略和结论可以不断探讨，并结合企业经营的实际情况，及时调整套保思路。

第四，灵活运用期货公司相关资源，期货公司建议企业今后可以通过场外期权、“保险 + 期货”等多种方式方法进行风险管理，并重视对套保头寸的事后处理。

六、政策建议

第一，建议为产业客户移仓换月提供相关政策便利。该企业在 10 月份针对自身业务在 RB1701 上进行买入保值，进入 12 月后现货买入 1 000 吨同时期货平仓 100 手，但仍然有 100 手未平仓需要后期继续移仓换月，特别在该企业工期不确定的情况下会出现经常换月移仓的情况，导致其风险管理成本的增加。

第二，建议推出行业价格综合指数期货品种。通过初次尝试买入套保，企业虽然尝到了套期保值的甜头，但也发现品种不一致很难达到套保目标，如果能够推出行业价格综合指数作为套保工具，或能取得更好的套保效果。

第三，建议扩大推行“保险 + 期货”模式，为企业更高效地进行风控管理提供助力。企业在获得项目后存在一定资金压力，特别是在工期未确定的情况下，进行买入保值对资金存在一定压力，建议可以加大推广场外期权及“保险 + 期货”优惠政策，为企业提供更好的风控环境。

（国泰君安期货有限公司供稿）

案例12：

参与期货市场，化解经营困境

——招金期货服务招金集团

一、招金集团的基本情况

山东招远作为中国的金都，黄金生产企业较多，面对金价的剧烈波动，各黄金企业深受冲击，严重影响了黄金企业的稳定经营及发展。

但不同企业的经营管理明显有不同的发展现状和路径。招远市内各村镇企业整体经营状况并不乐观，在金价低于企业综合成本的情形下，部分企业出现经营困难和亏损现象。而招金集团、中矿金业、金岭金矿、河西金矿等较早开展黄金价格风险管理及拥有先进交易理念的企业，在金价下跌中有效地化解了相关风险，并且损失较小。

招金集团是一家主要以黄金矿业、非金矿业、黄金交易及深加工业为主的大型综合性集团公司。目前，公司黄金勘探、采选、氰冶、精炼、金银制品加工、销售成套，形成了最完善的黄金上下游的产业链条，成为中国地下开采矿业生产成本最低的生产商、规模最大的黄金冶炼商。公司现保有黄金资源储量超过1 300吨。

招金集团的风险敞口主要指的是现货库存或者未来的产出，因黄金价格变动，出现导致企业利润变动的风险因子。其中招金矿业的风险敞口主要体现在精矿库存、成品金库存和未来的产出。若价格大幅下跌，风险敞口将面临巨大的减值风险。所以招金集团的保值方式主要是以卖出保值为主，通过锁定远期销售价格，为库存进行保值。

二、参与套期保值的前期准备

（一）注册交割品牌，利用期货市场销售黄金

期货市场的黄金价格一般高于现货，并且期货交割有助于企业加强产品质量管理，拓宽产品销售渠道，提高利润空间。招金集团生产的标准金锭于2007年12月完成了在上海期货交易所的注册工作，使“招金”金锭成为标准交割品牌。同时，注册交割品牌对于企业影响力和美誉度也起到了重要的推动作用。招金集团在上海

期货交易所的交割量2014年达到1 500千克，占期货交易所交割量的42%。

（二）开展套期保值培训，提高企业风险管理技能

为提升招金集团各子公司及企业的风险管理理念和技能，招金期货与招金集团合作，在上海期货交易所的协助下，从2011年至今召开了10余场大规模的风险管理及套期保值培训，有效提升了企业对黄金价格波动的风险意识，并加强了对于黄金期货交易规则、套保策略的认识、理解和应用。

三、风险控制机制建立与管理

（一）风控委员会和内控部的建立

为规避企业套期保值过程中的经营风险，2011年底招金期货协助招金集团成立风控委员会，通过制定风险管理制度与组织架构，梳理工作流程，规避经营风险。风控委员会紧紧围绕金价波动风险和交易销售风险进行防控，去黄金库存、提前预销售、搭建风控和交易组织架构，聘请国内外专家进行会诊和指导，利用即时通信工具等把最先进的风控、交易理念传达给各企业相关人员，取得了非常好的效果。2014年招金集团成立内控部，招金期货积极参与，对原风控工作进行延伸，增加了对运营、财务、投融资等风险的管理，实现了对整个集团风险进行全面管控。

（二）套期保值理念培养

招金期货根据企业经营战略及风控要求协助招金集团开展套期保值的指导工作。企业应树立正确经营理念和套保思路，风险管理并不能完全避免风险，但是却可以让大风险变成小风险，大损失变成小损失。企业应避免赌行情、猜行情行为发生，赚取应该赚取的利润。因此招金集团在上海期货交易所的套保头寸是基于企业经营需要确定的，一般保持相对稳定的额度，并且居于交易所持仓排名前列。

（三）黄金价格走势研判

在整个套期保值过程中，这是极为关键的一个步骤。招金期货及时与招金集团相关部门沟通、讨论行情，招金期货拥有黄金价格宏观研究体系，通过基本面与技术面的共振分析黄金的走势。如果判断黄金将进入下行通道就可以入场进行套期保值，如果跌势结束即可离场。

（四）选择保值价位、数量和工具

1. 保值价位。招金集团在选择保值价位时采取多级目标价位策略，即设立多个保值价位，分期在预先设定的价位上按计划建立保值头寸。

2. 保值数量。在实际操作中，招金集团可以在各级目标价位上进行等量保值，可以根据经营情况及黄金行情综合考虑实行以风险敞口一定百分比率进行保值，也可以采取逐步增加保值数量（倒金字塔形）的策略。

3. 保值工具。常用的保值交易工具主要有 AU（T+D）、期货、期权和远期点价。招金集团主要采取在期货市场上进行套期保值。

（五）套期保值效果评估

进行套期保值效果评估时，不能从现货或期货的单方盈亏进行评估，而是要从两个市场进行综合评估。现货效益 =（现货销售均价 - 购入均价）×数量，期货效益 = 该笔套期保值业务期货平仓盈亏，现货盈亏 + 期货盈亏 = 总盈亏≥0，才是良好的套期保值效果评估标准。

四、招金集团套期保值案例

（一）背景与逻辑

2016 年 7 月，国际金价从高位回落，未来行情很有可能进入下行通道。招金集团立即召开风险控制委员会来商讨保值问题，据了解招金集团所属招金矿业公司除去各种风险考虑，预计半年产金量为 150 千克。招金期货又根据当时行情预测，下行时间段会维持到 2016 年年末前，因为综合考虑每到年末，中国实物需求会带动金价反弹，经商讨选择于 7 月 12 日在期货市场上卖出黄金期货合约进行套期保值。

（二）方案执行过程

7 月中旬展开了 AU1612 合约的卖出保值操作。

建仓价格：AU1612 合约 293 元/千克及以上价格，原则上高于产矿所需成本费。

仓位控制：账户风险度不超过 50%（与矿企产金同步操作）。

风险应对措施：针对期货市场的不确定性，公司成立风险小组。

7 月份分三次完成建仓，在 7 月 12 日完成最后一笔建仓，均价在 293.22 元/千克，账户风险度 50%。完成建仓操作后，黄金期货价格走势基本符合保值方案中的预期，故选择在 11 月下旬逐步平仓，平仓均价在 270.35 元/千克。

（三）效果评估

通过在黄金期货市场上的盈利弥补了现货市场的亏损，达到了保值的目的，并且实现了正向的保值收益 27.3 万元（见表 1）。

表 1　套保效果

时间	市场		
	现货市场	期货市场	基差
7 月 12 日	黄金 150 千克，价格 291.35 元/克	卖出 12 月份（1612）黄金期货合约 150 手，均价为 293.22 元/克	-1.87 元/克
11 月 25 日	卖出黄金现货 150 千克，均价 270.3 元/克	买入 12 月份（1612）黄金期货合约 150 手，均价为 270.35 元/克	-0.05 元/克
盈亏	亏损 315.75 万元	盈利 343.05 万元	

五、招金集团参与套期保值的经验总结

套期保值不单纯是黄金企业的风险保障模式，而且是黄金企业与市场有效对话的平台，合理应用，在规避了风险的同时，也提高了企业的经营水平，可以成为保障企业利润可持续增长的重要手段。招金集团参与套期保值的经验总结如下：

1. 套期保值能够帮助企业有效规避价格波动风险。企业通过套期保值可以摆脱“听天由命”的被动状态，主动控制成本和锁定利润，尽可能使得企业在每一个生产与流通环节实现控制成本、保值和提高资金使用效率，在保障预期利润的同时实现自身持续稳定经营。

2. 合适的套期保值方案必须以企业实际经营状况为基础。招金期货根据黄金企业自身的生产经营特点，结合上下游产业链情况确定各个环节的风险敞口，考虑适合本企业发展的灵活套期保值方案与操作流程。

3. 正确的策略选择、原则把握、机构设置、方案制定是招金期货帮助黄金企业套期保值成功的关键环节，内部完善的风险控制制度执行与外部的合理监管，是企业套期保值圆满成功的有力保障。

（招金期货有限公司供稿）

案例 13：

初涉期货市场，提升套保认知

——兴证期货服务某大型钢贸企业

一、企业基本情况

A 钢贸企业是大中型贸易商，股东背景为大型国企。主要从事钢材贸易，经营的钢材品种包括热轧卷板、品种钢、中厚板、螺纹钢等等。作为国有企业，A 钢贸企业具有资金、资源上的优势，合作单位也多为大中型企业，年贸易量在 800 万吨以上。

企业很早就在期货市场开立操作账户，但真正参与期货市场的操作始于 2015 年。从 2015 年下半年开始，A 企业小规模参与期货市场，操作的现货标的主要为企业内部自营头寸，期货市场主要操作标的为螺纹钢和热轧卷板两个品种。

二、企业参与期货市场的风险管理机制

企业参与期货市场的风险管理机制，主要体现在三个方面：

一是决策层面，企业设有总经理、部门事业部和期货部，期货部以辅助事业部管理现货风险为主要目的。决策时，期货部和事业部共同提出需求，再经由总经理批准，期货部下单。

二是财务层面，每次下单，需要期货部从 ERP 系统提交流程至本公司财务，经由本公司财务审核套保事项和套保标的是否一一对应，再提交至总公司层面由总公司财务和总经理再行确认。确保公司不进行投机操作，仅进行套保操作。

三是操作层面，期货部发出操作指令之后，由总公司指派专员下单。下单员需要审核指令与 ERP 流程是否吻合，是否经过各层级领导及财务确认，确保套保的正确实施。

由于整个套保的操作流程完全在 ERP 上留痕，且需要期货部、业务部、财务部、总经理全部同意，并且最后操作与公司隔离，杜绝了企业通过期货进行投机的可能，做到了期货和现货一一对应，期货套保完全为现货服务。

对于追加保证金风险的应对，当期货行情急剧变化，价格波动导致期货账面亏损需要追加保证金，以防止被强行平仓时，只要业务部门和总经理同意，企业可以

迅速启动入金流程，减少了因为追加保证金不及时导致期货市场被迫平仓使得现货裸露的风险。

三、企业参与期货市场的具体实例

（一）案例实施

2016 年 5 月，企业判断由于市场即将面临淡季，钢材到货量还会增加，此时价格处于高位，预判未来价格有下跌的风险。因此，企业计划期货市场开展卖出套期保值。当时的现货价格高企，期货价格深度贴水。

5 月 4 日、5 月 9 日，企业对螺纹钢期货 1610 合约分别以价格 2 412 元/吨、2 310元/吨，进行了两次抛空套保，每次 500 手。对应现货自营商品的库存 1 万吨跌价风险。

随后期货市场大幅下跌，企业在期货市场的头寸出现大幅盈利，5 月 18 日在螺纹钢1610 合约 2 080 元/吨时，出售了 2 000 吨现货，平仓 200 手。但是现货前期拉得过高，下跌更快，而期货下跌力度有限，基差出现收敛。

6 月期货市场钢价企稳回涨，期货部警示期货有上涨可能。但是现货部门由于判断价格很难上涨，而且平仓需要现货卖货才能实现期现的一一对应。所以大部分头寸并没有操作。

6 月末进入淡季之后，期货开始上涨，现货上涨力度不足。6 月 27 日现货库存销售完毕，期货平仓 800 手，平仓价为 2 200 元/吨。陆续平仓之后期货端盈利，弥补了一部分现货亏损，但整体套保效果因为现货端涨幅较小，而期货端大幅上涨，建仓后基差出现缩小，期货端弥补现货亏损的效果不是特别理想。

第一次平仓期货盈利 562 000 元，现货亏损 750 000 元；第二次平仓期货盈利 1 288 000元，现货亏损 3 880 000 元。总计本次套保期现对冲后亏损 2 780 000 元（见表 1）。

表 1　　盈亏平衡情况

	5 月 4 日、5 月 9 日，建仓 1 000 手	5 月 18 日，平仓 200 手	6 月 27 日，平仓 800 手
期货均价（元）	2 361	2 080	2 200
现货均价（元）	2 655	2 280	2 170
数量（吨）	10 000	2 000	8 000
期货盈亏（元）	0	562 000	1 288 000
现货盈亏（元）	0	-750 000	-3 880 000
合计盈亏（元）	0	-188 000	-2 592 000
总盈亏（元）		-2 780 000	

（二）案例分析

本次案例效果不理想，原因不是市场判断不准确，也不是套保策略有问题，而是企业套保目的不明确。实施套保初期，企业希望通过一次性的套保规避市场风险，属于择时套保；但是到最后平仓时，企业却需要根据现货出售，让期现一一对应，试图实现完全套保。前后套保初衷的不一致使得最后效果不甚理想。

企业如果想进行择时套保，重点是对“时”的把握，市场风险一旦过去，就应该及时离场。如果是想进行完全套保，进场就不应该进行择时。而且如果长期进行库存套保，还需要考虑基差变化，适当调整套保比例。

四、企业参与期货市场的经验总结

一是业务层和财务监管层对期货作用的认知需要统一。一般来说，业务层希望期货能够放大盈利而缩小亏损，一旦追求盈利，就有亏损的风险。甚至认为通过对行情的正确判断就能达到“双赢”的结果，这种认知很容易倒向投机，甚至出现“双亏”的结局。

而财务的要求则是严格的，希望期货完全规避掉现货波动的风险，达到“完美”的风险转移，但这往往是不现实的。因为无论如何套保，基差风险都是客观存在的。业务层和财务对期货作用认知的不一致将会影响套保效果，应当统一二者认知。

二是严格监督和下放适度权限应对行情变化的统一。由于 A 企业是严格按照三个层面的监管来进行期货操作，而且要求期货现货一一对应，导致期货操作相对缺乏灵活性。首先，时间流程被人为拉长，任何操作都需要近 10 人审批，通常审批时间长达 2 天；其次，当管理层意见出现分歧时审批流程受阻，而行情却快速波动，导致企业开平仓受到影响，容易出现人为风险。出现套保 100% 符合公司监管要求，但套保效果却大打折扣的情况。

三是对基差的把握。由于期货市场反映市场预期。一般来说，大家都能发现的机会，在期货市场上会提前反映。比如说大家都意识到有下跌的风险，则期货价格可能就已经被打下去，虽然现货随后也出现了下行，但是期货可能因为提前反映下行的空间反而不如现货。此时不套保不行，但套保却面临期货盈利无法覆盖全部现货亏损的问题。对此，我们的建议是坚持套保，通过长期坚持套保来熨平基差的短期波动。

（兴证期货有限公司供稿）

案例 14：

期市套保，锁定成本

——广发期货服务某改性塑料企业

一、企业基本情况

某改性塑料企业是全球领先的新材料企业，旗下拥有 30 多家子（孙）公司，在南亚、北美、欧洲等海外地区设有研发和生产基地。该企业产品以自主创新开发为主，覆盖了改性塑料、特种工程塑料、精细化工材料、完全生物降解塑料、木塑材料、碳纤维及其复合材料等自主知识产权产品，广泛地用于汽车、家用电器、现代农业、轨道交通、航空航天、高端装备、新能源、通信、电子电气和建筑装饰等行业。目前该公司改性塑料产品市场占有率稳居国内前列。

改性塑料属于石油化工产业链中的中间产品，主要由五大通用塑料和五大工程塑料为塑料基质加工而成，具有阻燃、抗冲、高韧性、易加工等特点。改性塑料的主要原料为聚乙烯、聚丙烯、ABS、聚碳酸酯、聚酰胺、聚对苯二甲酸丁醇酯，主要用于汽车、家电、电子电气、办公用品、建筑等（见图 1）。

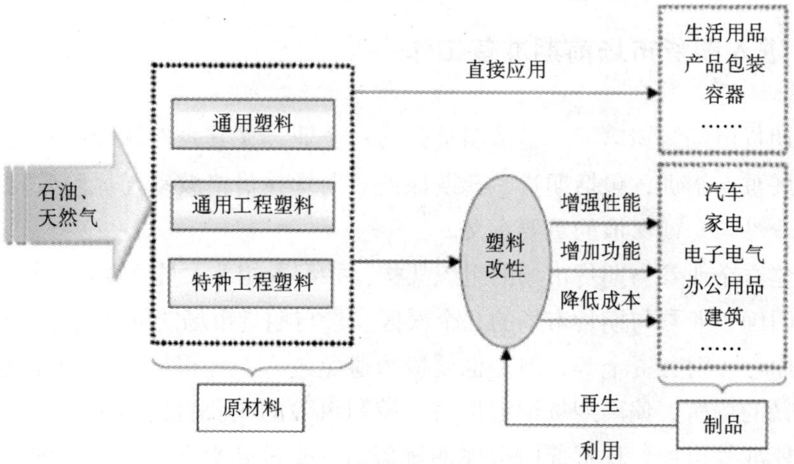

图 1　改性塑料性质

二、改性塑料实体企业面临的风险敞口分析

作为改性塑料生产企业，下游是格力、美的、汽车等大型企业，改性企业对自身的产品价格话语权较弱，企业上游原料的价格波动会对改性塑料生产企业的生产成本产生巨大影响。聚丙烯和聚乙烯作为企业改性塑料的主要原材料，在该企业原料采购中占比较大。2016 年年初以来，原油价格触底反弹，作为其下游产品的聚乙烯、聚丙烯价格也随之剧烈波动，使得企业面临着原材料价格上涨导致生产成本增加的风险（见图 2）。

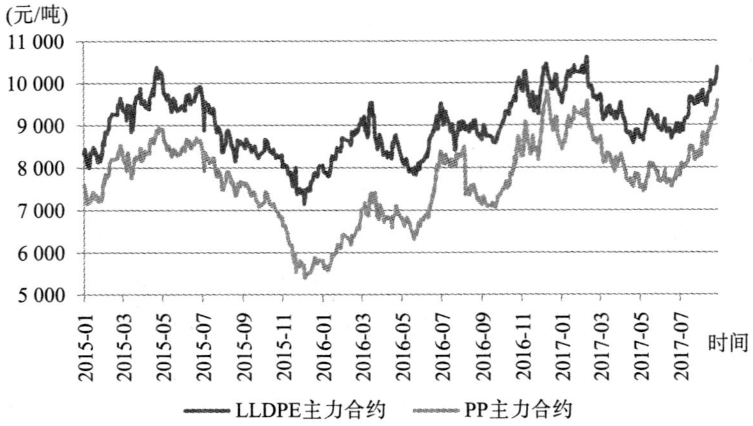

图 2　LLDPE、PP 主力合约趋势

作为国内领先改性塑料企业，该企业逐步意识到期货市场对于企业市场风险防控的重要意义，也由此走上了利用期货市场规避现货市场风险的道路。

三、进入期货市场前期准备工作

一是期货市场知识培训。邀请期货公司对企业，尤其是对领导层和相关业务执行人员开展重点培训，包括期货、套期保值、期货在价格波动与风险管理中的重要作用及企业参与套期保值的重要意义。

二是建立企业参与期货市场的组织架构，并配置相关人员（见图 3）。

三是明确企业参与期货市场的几个误区。参与期货市场能够帮助企业管理风险，包括渠道库存、财务资金等，但是也要极力避免进入一些误区：第一种误区，将期货作为挣钱的场所，偏离期货锁定价格、控制风险的主要目的；第二种误区，片面认为自己能战胜市场，现货部门指挥期货部门，投机高卖低买；第三种误区，利用自有消息进行投机交易，企图获得超额利润；第四种误区，套期保值制度存在误区，风控机制全无，或者严重缺失，如制定套保计划、调拨资金与实际交易操作始终一

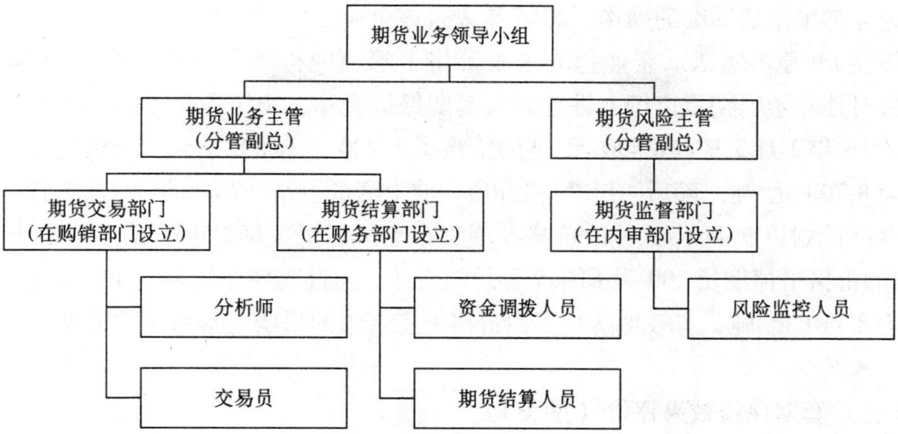

图 3　参与期货市场组织架构图

个人，没有分析研究、权责监管、风险监督预警机制、事后总结与回馈机制等套期保值的“制度保障”。

四、企业参与期货市场保值实战（买入套期保值锁定原料采购成本）

（一）市场背景

2016 年上半年随着国际原油价格在前期大幅下跌后开始超跌反弹，下游产品 LLDPE 期货价格从 2016 年 1 月 7 700 元/吨左右的价格大幅上升至 2016 年 3 月的 9 600 元/吨左右，这是由于 2015 年底至 2016 年初原油价格快速反弹，塑料装置检修及现货企业的补库采购，使得 LLDPE 现货价格出现大幅反弹行情（见图 4）。

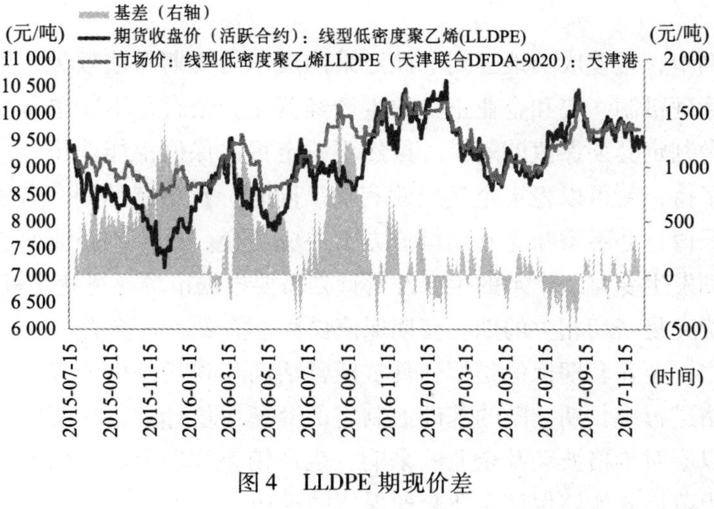

图 4　LLDPE 期现价差

（二）企业套保实施

由于 2015 年线性 PE 原料价格大幅下跌，为了防控价格下跌的风险，几乎所有塑料企业都维持低库存的操作。2016 年 2 月该企业根据订单要求，4 月份初有 1 000 吨的线性 PE 原料需求。企业担心未来价格上涨会使得未来原料采购的成本增加，决定适时地在塑料期货市场上进行买入套期保值操作，锁定原料采购的成本。该企业于 2016 年 2 月 3 日以 8 490 元/吨的价格买入 200 手 L1605 合约，当时的塑料现货价格为 8 700 元/吨。随后，PE 价格开启一波上涨的行情。2016 年 3 月 22 日，该企业按生产计划以 9 450 元/吨的价格在现货市场采购了 1 000 吨现货，同时以 9 230 元/吨的价格平掉期货 200 手 L1605 合约的头寸。通过套期保值将企业的实际采购成本降为 8 710 元/吨，有效地防止了因价格上涨带来的采购成本增加的风险。

（三）套期保值效果评价（见表 1）

表 1　　套期保值

时间	LLDPE 现货价格（元/吨）	LLDPE 期货价格（元/吨）	操作
2 月 3 日	8 700	8 490	以 8 490 元/吨价格在期货市场建仓 200 手 L1605 多单
3 月 22 日	9 450	9 230	按 9 450 元/吨价格购进 1 000 吨现货，同时以 9 230 元/吨价格平掉期货所有头寸
盈亏	−750	740	

最终该企业在期货市场上盈利 = 1 000 ×（9 230 − 8 490）= 740 000（元）

现货市场亏损 = 1 000 ×（9 450 − 8 700）= 750 000（元）

企业实际的现货采购单价 = 9 450 − 740 = 8 710（元/吨）

五、未来展望

在该案例中，企业成功地达到了锁定采购成本的套期保值效果，但是套期保值是一项长期管理机制，要和企业正常的生产经营充分结合，不能单看某一次保值的操作结果来做判定套期保值的效果。虽然不一定每次保值都能获得满意的结果，但是只要长期坚持，就可以稳定企业经营利润。同时，长期有计划、有机制、有系统地进行套期保值，并不意味着套期保值方案一成不变。由于该企业面临的塑料市场的环境在时刻发生变化，正常的生产经营计划需要根据市场环境变化进行及时调整。因此，与现货交易密切相关的期货套期保值操作也需要适时调整。

总而言之，企业套期保值是配合日常经营活动和现货价格走势的综合性操作策略，在对价格进行中长期判断的基础上制定的套期保值计划，在实际操作过程中要适时调整，以应对价格波动及企业的采购、生产销售和资金配给情况的变化，没有一成不变的规范模式能够保证企业套期保值的成功。

（广发期货有限公司供稿）

案例 15：

“红绿灯”套期保值系统服务小微企业

——新世纪期货套期保值业务模式分享

一、小微企业参与期货市场现状分析

为助力期货服务小微企业，新世纪期货对浙江省内小微企业进行了专项调研，调研对象包括油脂产业、白糖产业、煤焦钢产业及化工产业。经过调研，小微企业利用期货市场主要存在以下特点：

（一）认知不足导致稳定盈利模式缺乏

小微企业虽然对其所在行业的现货市场相当熟悉，但是对行业之外的风险规避手段和方法并不了解。同时，大部分小微企业并没有成熟和稳定的盈利模式，靠天吃饭的情况比较普遍，在现货或者销售行情不好时，更多地选择停工、折价销售以维持客户资源等传统方法，寻求规避市场风险的主动性和能动性不足。

（二）依赖“关键人物”情况普遍存在

小微企业通常过度依赖企业的“关键人物”，如老板、总经理等直接负责人，“关键人物”权力过大，缺乏相应的风险控制制度和方式对其进行监督管理，主要靠其自觉行为。一旦决策失误，在风险控制不力的情况下，将对企业的持续稳定经营带来非常恶劣的影响。

（三）期货市场参与程度、特征差别较大

小微企业由于其经营的品种、规模、定价方式、理念等的不同，对期货工具的运用有着很大的差别。按照其对期货市场的理解和参与的程度，可以分为两类：第一类是个体加工类的小作坊。这类小作坊，自身的资金规模不大，现买现卖的定价和经营方式使得产品流转效率和资金利用效率都不高，很难有富余资金进入期货市场。同时，加之对期货市场功能不熟悉，更是阻碍了其运用期货市场管理经营风险。第二类是有一定资本和规模的小微企业。这类企业参与期货市场主要有以下几个共

同点：一是有熟悉期货市场的核心人员，不仅了解所属行业的现货情况，也熟悉期货市场，更能比较熟练地运用期货工具；二是企业规模不太大，但经营、定价方式灵活，期现结合紧密，运用期货市场提高资金使用效率的同时增加其盈利和抗风险能力；三是企业结合对市场行情的分析和判断，灵活参与套利和套保；四是这类企业的决策过程和风险控制过程并没有做到实质性分离，大多被团队核心一个人掌握。

二、新世纪期货“红绿灯”套期保值系统介绍

针对小微企业在经营管理中的特征和问题，新世纪期货推出了“红绿灯”套期保值分析系统。

（一）红绿灯系统的基本框架（见图1）

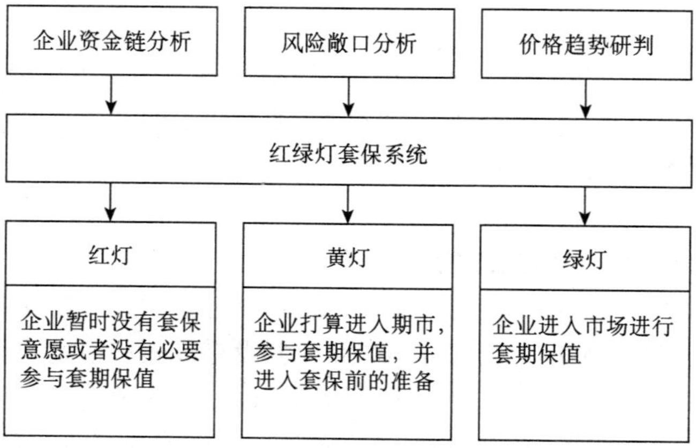

图1　红绿灯系统基本框架

（二）红绿灯系统的主要思路

针对企业正常生产经营活动中的价格风险，帮助企业建立一套风险分析及合理规避体系。总体来看，把企业面临的风险分为三个阶段：无风险、即将面临风险、已经存在风险，分别对应套期保值的空仓、准备建仓和持仓三种状态，并用红、黄、绿三种形态表示出来。“红绿灯”套期保值分析系统，在系统分析企业经营风险的基础上，帮助企业准确把握套保过程中的三个核心问题：套保的入场时机；期现基差问题；对企业资金链有重要影响的套保比例问题。

（三）红绿灯系统的特点

红绿灯系统有以下特点：一是它可以通过敞口分析系统为企业清楚地显示和量化库存风险，并为企业规避库存风险提供指示。同时系统可以清楚地显示出套保的时机、套保的比例，套保的出场和止损位置。二是针对套期保值中非常重要的基差

问题，系统会统计基差的主要波动范围，以及历年出现波动异常的主要原因或者主导性因素，尽可能发现基差与期价或者现价之间的联动规律。研究基差高点与低点的分布和变动规律，进而研究基差从高到低或者从低到高时市场波动率（能量）的变化，最后将上述的基差分析与企业参与套保的时间窗口相结合，呈现给企业。三是系统还可为企业提供基于现货基础的期现套利分析。

三、"红绿灯"套保系统服务企业案例

（一）终端加工的小微企业

小微企业中从事终端加工和销售的企业数量是比较多的，由于生产销售的是终端产品，且一般属于必需品类，产品销售数量与价格波动较小。因此，企业面临的主要风险是原材料的采购风险。比如宁波地区的一些小型塑料制品加工企业，当上游的 PP、PE 价格波动剧烈时，企业一般通过调节现货库存来应对原料价格波动，经常出现上涨中抢货、下跌中随用随拿的现象。此类企业主要么拒绝参与期货，要么投机心理较强。针对此类企业，"红绿灯套保系统"通常只提供基差套保机会分析，帮助企业通过对比期货和现货价格的高低来调节现货库存。若期货升水于现货，则增加现货采购和库存，期货上不操作；若期货深贴水于现货，则通过期货市场买入储备原材料，其余大部分时间则亮起红灯。

（二）贸易类的中小企业

贸易类型的中小企业，一般具有较强的资金实力，且对行情的把控能力也较强，参与期货的热情相对较高。贸易企业可以通过期货市场的"对冲"操作，转移现货市场价格波动带来的市场风险，实现锁定成本和稳定收益的目的。比如，预期现货价格上涨，计划囤积现货，可以从期货上买入更便宜的货物；担心现货价格下跌，提前锁定库存售价，可以从期货上锁定更有利的卖出价格。贸易企业可以综合使用买入套期保值和卖出套期保值来规避风险。

浙江某能源有限公司是主要从事煤炭钢铁贸易业务的流通企业，对黑色商品期货有比较强烈的套保需求。自 2016 年以来，新世纪期货与该公司便建立了合作关系，多次运用"红绿灯"系统参与螺纹钢、煤炭的套期保值。下面以 2017 年以来的合作为例。

1. 黄灯期：2017 年 3—4 月，该能源公司螺纹钢库存处于清仓状态，企业表示想利用螺纹钢期货做一部分螺纹钢虚拟库存，用于完成下半年的贸易任务。企业有了套保需求，称之为黄灯时期，工作是做好套保前的准备工作，等待入场时机。

（1）主要判断依据：①企业开始有套保需求，零库存状态下企业有买入期货做库存或虚拟库存的想法；②现货价格居高不下，期货合约较现货贴水幅度较大，认为囤入现货存在风险；③宏观市场资金紧缩预期较强，商品市场整体萎靡不振。

（2）企业在黄灯期间应该做的准备工作：①结合销售计划、风险敞口，制定套期保值方案；②套保方案风险的初步评估；③市场价格等信息的收集与纵向对比。

2. 绿灯期：在2017年5—7月，企业决定进入市场进行买入套期保值，信号变为绿灯。

（1）主要的判断依据：①企业螺纹钢库存极低，仓库储备不足，下游有稳定需求（见图2）；②螺纹钢基差过大，现货价格高企，从期货市场上采购更具有价格优势；③钢企供给侧改革较为彻底，过剩产能出清，预期三季度价格居高难下（见图3）。

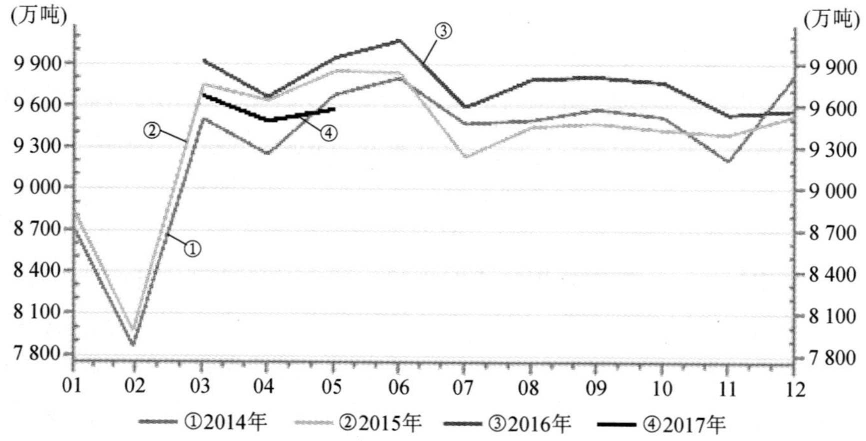

图2 螺纹钢月度产量图

资料来源：Wind资讯。

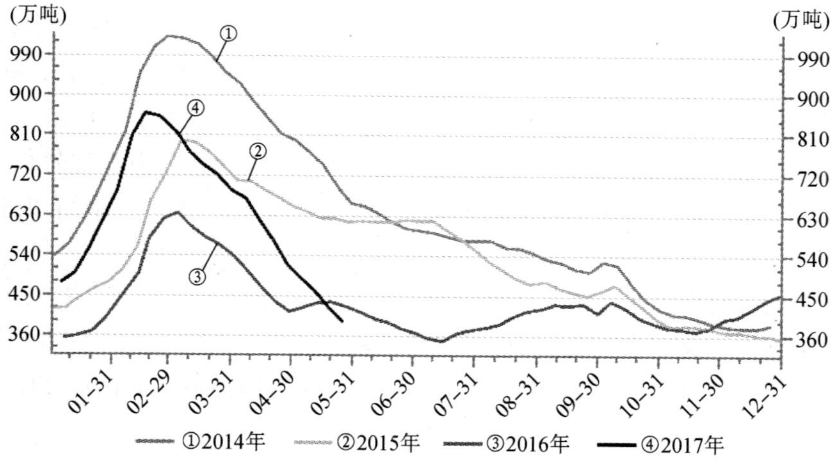

图3 螺纹钢库存季节性变化（截至5月30日）

资料来源：Wind资讯。

（2）企业的主要工作包括：

①供需基本面市场分析：螺纹钢产量继续下降；螺纹钢社会库存处于历史同期低位；螺纹钢基差过大，现货较1710合约升水高达700元/吨，创历史极值（见图4）。

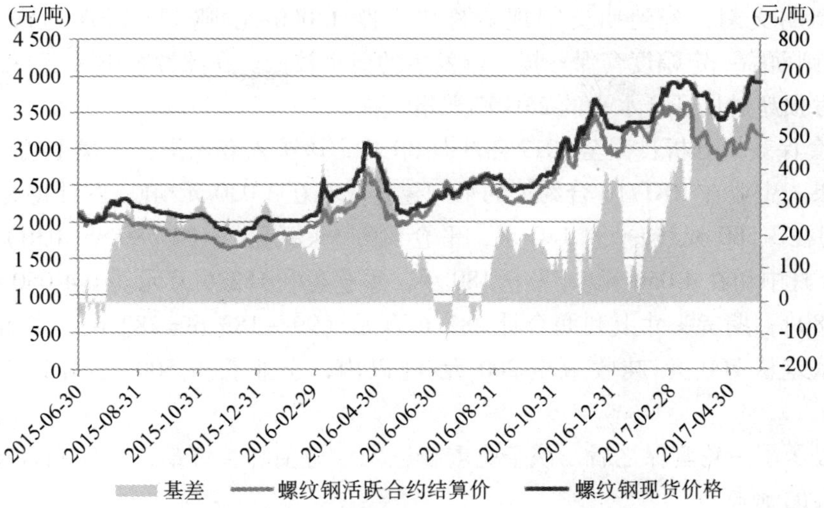

图4　螺纹钢基差

资料来源：Wind资讯。

②宏观面分析：上半年经济数据向好；货币政策由紧缩转向稳健中性，金融市场流动性紧张状况有望改善。宏观面偏中性，对螺纹钢的利空影响偏小。

③套期保值数量的确定与进场时机的选择：企业决定参与部分套保，5—6月分别参与1 800吨左右的套保量；套保的比例控制在实际需求量的60%左右；选择买入主力RB1710合约；进场价位在RB1710合约2 800—3 200元/吨区间内；进场时机选择基差拉到700元/吨以上时；出场时机选择在7—8月份，基差收敛至200元/吨以内时。具体操作见图5。

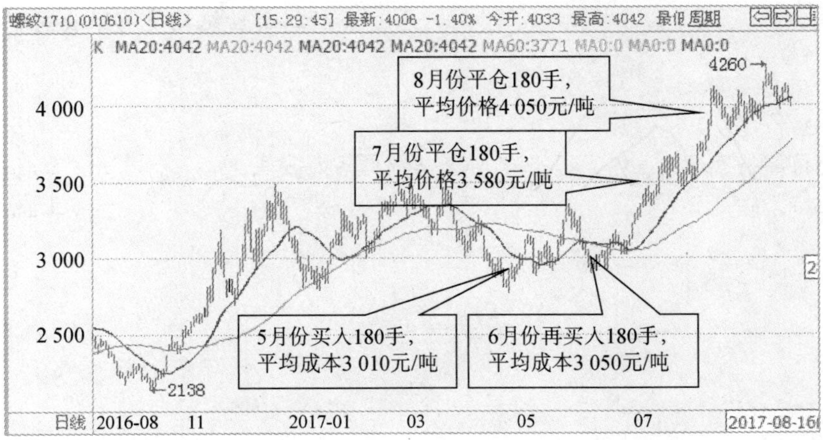

图5　BR1710走势图

④套保方案风险的评估与风险控制：共计300万元的保证金规模，最大套保量360手，占用保证金约115万元，约占总资金的38%。该方案风险度较低，最坏的

打算是到期交割，若到期交割现货价格下跌 1 000 元/吨，也即现货跌破 2 800 元/吨，则面临一定幅度套保亏损，但发生的概率较低。在此方案中做了一定风险控制，若亏损超过保证金水平的 25% 则严格止损。

3. 套保效果分析：截至 2017 年 8 月 30 日，该买入套保操作方案取得了较为理想的效果。企业在 RB1710 合约上的平均建仓成本在 3 030 元/吨，共计持有 360 手。7 月中旬在 3 580 元/吨平仓 180 手，平仓盈利 99 万元［（3 580 − 3 030）×10 × 180］；8 月中旬在 4 050 元/吨平仓 180 手，平仓盈利 183. 6 万元［（4 050 − 3 030）×10 × 180］，期货头寸上利润合计 282. 6 万元（99 + 183. 6 = 282. 6）。再结合现货方面，基差从 700 元/吨收敛至 200 元/吨以内，企业获得 500 元/吨以上的基差收益。

在经历了一轮套保之后，该企业重新进入红灯期和黄灯期，评估和等待下一次套保机会的到来。

四、“红绿灯”套保系统服务小微企业的优势和效果

一是用“红绿灯”来概括套期保值过程，比较直观形象，容易为小微企业客户所接受。二是“红绿灯”套保系统能够补齐中小企业解决缺乏期货专业团队、缺乏期货市场知识的短板，进而参与期货市场，管理库存、价格等生产经营过程中的风险。三是“红绿灯”套保系统的核心是期现分析，为企业清楚地显示和量化库存风险，并将基差分析与企业参与套保的时间窗口相结合，提供相关套保策略。四是套保系统能够帮助企业提升资金使用效率，提升企业风险控制能力。

（浙江新世纪期货有限公司供稿）

案例 16：

从实际出发，利用期货工具改善经营模式

——南证期货服务某塑料贸易商

为产业服务是期货市场的核心功能之一。对企业来说，期市除了具有避险、价格发现及投资等功能外，还具有服务企业经营、科学调节经营节奏等功能。

一、企业主要情况介绍

（一）基本情况

江苏 A 化学股份有限公司（以下简称“A 化学”）隶属于 A（集团）有限公司，是一家集化学品销售、仓储与运输为一体的公司，经营产品主要有石油化工、煤化工及精细化工三大类、20 余个品种。业务区域辐射华东、华北、华南、华中、西南、东北等，部分产品实现了出口销售。其中，对于 PE 和 PP 贸易，A 化学拥有国内某两家大型化工企业的一级经销商资质。

（二）企业经营模式及盈利模式

A 化学是甲和乙两家大型化工企业的一级贸易商，3A 资质，两家化工企业根据 A 化学的采购量对其进行返点。A 化学下游客户为二级、三级贸易商和少量终端客户，下游客户没有向厂家拿货的权限。公司的主要盈利模式是采销的价差和厂家的返点。公司的核心竞争力为资质权限和客户群规模。

（三）企业采购模式

A 化学主要的采购模式有两种，“网上竞拍 + 线下拿货”和“一口价”模式，具体流程如下：

甲厂家：采用“网上竞拍（内网） + 线下拿货”模式。网拍开盘后，A 化学业务员开始向下游客户询问当前价格有无接单意向，把下游客户信息汇总后，A 化学决定是否网上下单和具体下单量。若下单，下单成功后，提货、发货。无风险敞口。如果行情不好时，华东市场有批量优惠，如拿 100 吨 PE 和 PP，优惠 100 元；拿 200

吨，优惠 200 元；拿 300 吨，优惠 300 元。

乙厂家：采用“一口价”模式，12:00—14:00 出“一口价”，A 化学根据下游客户需求情况决定是否下单和具体下单量，无风险敞口。如果行情好时，可能出现拿不到货的情况。

（四）面临的主要风险

一是市场规模面临瓶颈。过去几年一直凭借 3A 资质和与厂家关系，扮演为下游客户拿货角色，快进快出，赚取价差和返点，市场规模扩大；其他大型贸易商，经常以低于 A 化学的价格供货给下游贸易商，给 A 化学带来销售压力，下游贸易商对 A 化学的依赖性在下降，市场规模面临瓶颈。

二是经营模式面临瓶颈。企业一直以短快购销模式运营，尽管规避了价格风险敞口，但由于没有现货市场研究、没有库存弹性管理，传统模式的“采、销”价格正失去市场竞争力。

三是行业竞争进一步白热化。竞争对手通过期现结合取得价格优势，抢占 A 化学的终端市场，甚至冲击替代 A 化学 3A 资质。

基于上述困境，A 化学希望尝试利用期现结合业务，实现贸易模式的转型。在现货贸易过程中，积极利用期货市场开展锁定成本、虚拟采购或销售、期现价差套利、交割等操作，利用期货工具增加企业现货的采销价格优势及渠道，助力企业现货经营、稳定 3A 资质及终端销售目标。

二、期现结合策略

（一）逢低点锁定采购成本

1. 具体内容。依据基本面逻辑和技术面研判，未来价格上涨概率较大。第一步，根据研究结果制定操作方案，估算现货买入量和期货买入量；第二步，等待阶段性低点，逢低买入期货作为需求库存，数量等于未来 1—3 天的现货计划采购量；第三步，隔日买入现货，同时平仓相应数量的期货（或进行滚动操作）。

2. 操作示例。6 月 19 日，经分析认为价格有上涨可能，为降低未来 3 日的采购成本，决定买入期货保值，数量为 300 吨（见表 1、表 2）。

表 1　　套保操作

日期	SP179	PP1609
6 月 20 日	网拍 100 吨	买入 300 吨
6 月 21 日	销售 100 吨，网拍 100 吨	平仓 100 吨
6 月 22 日	销售 100 吨，网拍 100 吨	平仓 100 吨
6 月 23 日	销售 100 吨	平仓 100 吨

表 2 采购成本降低

日期	SP179	PP1609	平仓期货降低的采购成本
6 月 20 日	7 850 元/吨	7 150 元/吨	—
6 月 21 日	7 850 元/吨	7 276 元/吨	126 元/吨
6 月 22 日	7 900 元/吨	7 303 元/吨	153 元/吨
6 月 23 日	7 950 元/吨	7 335 元/吨	185 元/吨

通过期货操作，显著地降低了采购成本，该企业可以让利销售价格，从而获得竞争优势。

3. 该方案的风险应对。期货买入虚拟库存后，盘中可能会因价格下跌而出现期货造成浮动亏损。风险应对方式是：

（1）盘中价格击穿开仓价，平仓一半虚拟库存。

（2）若价格低于开仓价超过 50 元/吨，平仓全部虚拟库存；平均损失 25 元/吨。故该方案的极限亏损为 25 元/吨，但若操作成功，降低的采购成本却异常显著。这种策略对比纯现货贸易，通过借助期货工具，企业能够起到降低采购成本的作用。

（二）逢高做空降低库存风险

1. 具体内容。依据基本面逻辑和技术面研判，我们发现未来价格有较大的上涨概率。第一步，根据研究结果制定操作方案，估算现货卖出量和期货卖出量；第二步，等待阶段性高点，逢高做空期货，数量等同于未来 1—3 天的现货计划销售量；第三步，随着现货销售，逐步平仓期货（或进行滚动操作）。

2. 交易示例。卖套期保值方向与买套期保值相反，通过卖出期货，提前锁定销售价格。一旦价格下跌，期货盈利部分可以弥补现货销售的亏损，实现降低现货采购成本的目的。

交易示例参照前文买期保值的反向操作。

（三）利用期现价差进行套利

期现套利原理为：当期货与现货在价格上出现差距，利用两个市场的价格差距，同时进行低买高卖，等待价差回归，然后同时平仓获利。可分为正向套利和反向套利。

正向套利：发现期货价格高于现货价格→卖期货买现货→价差缩小→期货获利平仓，现货让利销售。

反向套利：发现期货价格低于现货价格→买期货卖现货→价差扩大→期货获利平仓，现货让利销售。

正向套利操作见表 3。

表 3　　正向套利操作

时间	PP1705	现货价格	操作
2017 年 2 月 13 日	9 500 元/吨	9 100 元/吨	买入现货，空 PP1705
2017 年 3 月 8 日	8 350 元/吨	8 200 元/吨	卖出现货，平仓 PP1505

该模式的风险点：基差扩大后的利息支出和增值税。做单之初应合理考虑基差，最好能做到无风险覆盖。

特别说明：开仓时点，期现基差为 400 元，平仓时点的基差为 150 元。若正常交割的话，涉及的费用包括出、入库费用、交易手续费、交割手续费、取样费、检验费、仓储费、运输费用、增值税及占用资金利息费等。本案例是期现基差操作，尚未进入注册仓单环节，故只涉及交易手续费、现货仓储费、利息费用及增值税。其中交易手续费 2 元/吨，现货仓储加利息约为 50 元/吨，本例中无现货增值获利，增值税为零，总费用为 52 元/吨，故该操作获利为 400 − 150 − 52 = 198（元/吨）。

反向套利操作见表 4。

表 4　　反向套利操作

时间	PP1605	现货价格	操作
2016 年 4 月 1 日	6 780 元/吨	7 500 元/吨	卖出现货，买入期货
2016 年 4 月 6 日	7 092 元/吨	7 100 元/吨	买入现货，平仓 PP1609

该交易示例：期货收益 312 元/吨，卖出现货减少损失 400 元/吨。共计收益 712 元/吨。通过基差收益提高企业现货销售的竞争力，从而稳定终端客户，扩大贸易规模。

（四）利用期货市场进行买入或卖出交割

8 月 9 日，企业在 PP1609 合约卖出交割，卖出价格为 8 500 元/吨；最终实现交割。

企业采用卖出交割的情况：一是企业终端贸易商接货意愿偏低；二是采购价格为 8 200 元/吨，盘面价格为 8 500 元/吨，期现价差完全能覆盖交割成本；企业有了交割获利，可以降低终端出货价格，增加竞争优势，维护终端市场稳定及稳定向厂家采购。

三、企业参与期货市场经验分享

随着期货市场功能的日渐发挥，包括油脂、有色、化工、黑色等现货行业的报价方式、贸易方式等正在发生着深刻变革，从龙头企业定价转向期货市场定价。期货市场已经具备了在更高层次上服务产业进步、服务国民经济发展的能力，在当前的市场环境中，要建稳健基业、谋长远发展，合理高效运用期货市场是必然。

塑料贸易商也不例外，不得不关注运用期货市场。一方面，现货报价中必须参考期货这个基准价格；另一方面，部分贸易商已经通过期货工具优化了传统的采销模式，让企业的采销更合理，价格更具有竞争优势。

本案例的服务模式设计思路均来源于企业经营面临的真实困境。对于企业而言，参与期货一定要立足企业实际，明确参与期货是为了解决企业经营中的具体问题，然后再考虑参与的思路和方法及风险控制措施，避免完全参与期货市场投机，只有这样才能优化产业经营模式，让企业具有比较优势。

四、政策建议

为提高期货市场服务企业的能力和效率，建议有关部门深化做好以下几项工作：一是创新工作机制，及时动态调整合约规则体系，提升期货市场价格发现功能和风险管理效率；二是研究推出更多的期货新品种和提供新交易工具，进一步拓宽服务实体经济的覆盖面；三是积极推动场外市场建设，满足企业个性化需求，建设场内业务与场外业务协调互补的衍生品市场风险管理体系；四是加快对外开放步伐，多种方式并举，逐步提高期货市场价格影响力，服务国家“一带一路”开放战略；五是根据监管转型要求和市场发展需要，建立起有效的事中事后监管新机制，严厉打击违法违规行为；六是支持期货经营机构推进产品再造和业务创新，为产业企业提供合作套保、定价服务、仓单服务等综合性服务业务，提高产业企业风险管理能力。

（南证期货有限责任公司供稿）

案例 17：

期货助力小企业做大做强

——瑞奇期货服务 DO 铜业

一、企业基本情况和套期保值需求

江西 DO 铜业有限公司由两家上市公司共同投资兴建，注册资金 6 500 万元人民币。目前，公司铜材年生产加工能力 3 万吨，产品行销国内 20 多个省、市、自治区以及欧美市场。

DO 铜业的规模，在业内是一个小企业，公司希望通过提高管理和降低成本，赚取稳定的加工费。DO 铜业深知加工费是企业追求的核心，而原料和产品价格波动则是企业的风险源。公司在逐步了解期货市场后，做出了利用期货市场来对冲原料和产品价格风险的决策，希望借期货对冲风险的功能，为企业扩大经营规模，实现加速发展铺平道路。

二、瑞奇期货对 DO 铜业的风险管理服务

2012 年 8 月，在企业还未正式生产之前，瑞奇期货就已参与到企业利用期货市场的前期准备工作中。

首先，对企业涉及期货业务的相关部门人员进行培训。从期货的基础知识，到铜市场供需和形势分析，再到有关期货风险对冲的功能及基本理念等。通过长期跟踪培训后，企业相关人员对期货有了基本的认识。

其次，提供驻厂服务，全面深入评估企业风险。瑞奇期货在企业正式投产后，采用驻厂服务的方式，通过对 DO 铜业采购、生产和销售等部门的深入了解，在详细了解企业的周转库存、采购和销售的定价方式及企业的生产周期等情况后，将风险总结如下：周转库存风险、客户的锁价远期订单、客户的备货订单及企业整体的剩余风险。

（一）周转库存风险

周转库存一般是企业的实际库存减去在手订单，由于企业每天都可能会接到下

游客户的订单，同时成品出货也较为频繁，且和采购的周期并不匹配，周转库存总是处于不断的变化中，而企业的风险控制总是相对滞后的。因此，对周转库存的监控就显得尤为重要。

DO 铜业对周转库存的监控主要以监控当日接单和原料采购为主，如当日接到的订单超出当日购进原料的部分，则在期货操作上以多单建仓补齐；如当日接到的订单不足，小于当日采购的原料部分，则在期货进行多单平仓，如多单不足，则建空单。DO 铜业周转库存、监控流程见图 1。

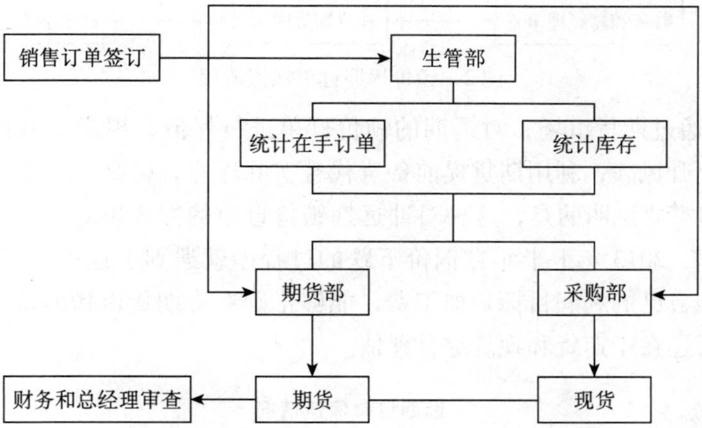

图 1　DO 铜业周转库存监控流程

在不考虑铜价上涨升值的情况下，周转库存越少越好，因为这意味着资金占用少。在价格下跌周期更是如此。DO 铜业通过精细管理，尽量将周转库存控制在较低水平，目前的周转库存控制在 500 吨左右，大概是月产量的 25% 左右。当然，这 500 吨的水平不是绝对的，随着 DO 铜业规模的扩大或是企业自身的其他需要，周转库存水平是不断变化的。那么对于周转库存，需不需要在期货市场上做卖出保值呢？目前采取的策略是不做保值，有几个方面的原因：一是当前周转库存还不算高，企业通过提高采购销售和生产的管理水平尽量降低风险，如以后随着企业规模扩大，周转库存水平上升，还是会考虑保值的；二是周转库存的保值也需要占用资金，企业正处于扩张期，资金需求大；三是目前铜价波动情况还算稳定。

（二）远期订单价格锁定

DO 铜业母公司的客户基本以国外客户为主，因此客户给母公司的订单通常是锁定价格的远期订单，即在未来的某一段时间交货。母公司通过价格核算，然后将远期订单通过锁定单价的方式下给 DO 铜业。DO 的业务部门接到订单后通知期货部门，期货部门负责在期货上建立铜多单锁定成本，然后通知业务部门订单锁价成功（见图2）。

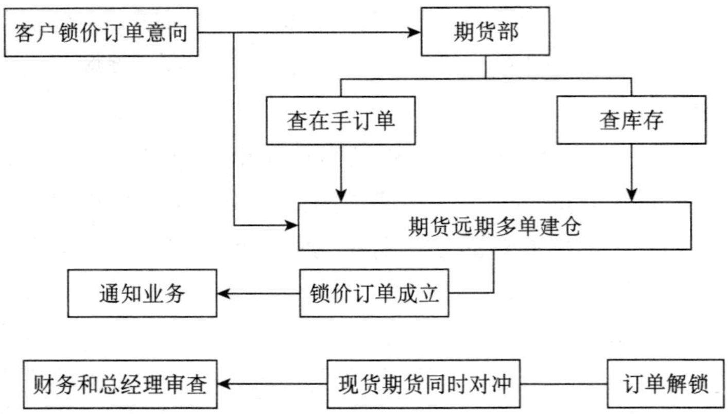

图 2　锁价远期订单保值流程

DO 铜业通过期货市场，对远期的锁价订单进行保值，规避了铜价上涨给企业带来的成本上升风险，利用期货提前备货代替实际库存，提高了企业的资金利用率（见表 1）。但需要说明的是，这种对冲远期锁价订单的方式也对冲掉了铜价下跌可能带来的利润，2013 年上半年在铜价下跌的过程中就遇到了这种情况。总的来说，企业非常明确自己的利润目标是加工费，能够正确看待期货市场的盈亏，而整个套保的成功与否还在于期货和现货综合评估。

表 1　　远期订单保值情况

	现货市场	期货市场
2013 年 6 月	铜现货价格是 50 340 元/吨	买入 1310 期货合约 100 吨，价格是 49 870元/吨
2013 年 9 月	开始排产，现货购入铜 100 吨，价格是 52 690 元/吨	期货市场多单平仓，价格是 52 330 元/吨
盈亏情况	成本上升 2 350 元/吨 100 吨合计 235 000 元	期货盈利 2 460 元/吨 100 吨合计 246 000 元
套期保值效果评估	铜价格上涨给企业带来了成本上升，但通过期货锁定了远期订单成本，也节省了提前采购用的资金。综合期货和现货市场，还盈利了 11 000 元	

（三）备货订单套保

DO 铜业部分国内客户考虑自己的情况，预估了未来一段时间的出货情况，然后给 DO 铜业下了只有重量、材质、而没有单价的订单，并要求先进行排产，这种订单就是备货订单。备货订单的保值流程见图 3。

对于备货订单，在接到订单后，一方面是通知采购现货并确定价格；另一方面是在期货上建立空单，对这部分采购进行保值（见表 2）。当 DO 铜业收到正式订单后，价格确认，期货空单平仓。

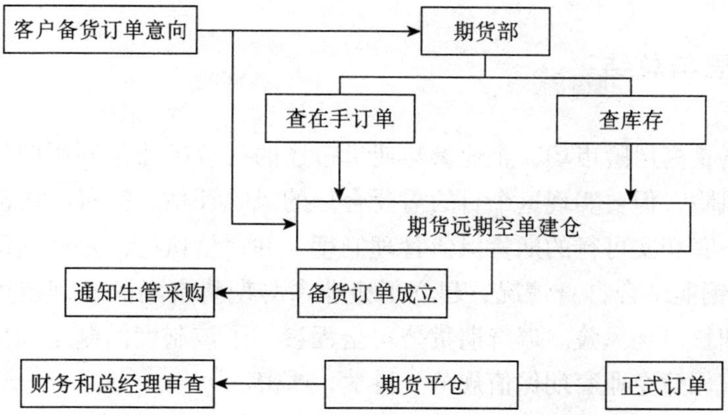

图3　备货订单保值流程

表2　**备货订单保值情况**

	现货市场	期货市场
2013年6月	现货市场购入铜100吨，价格是50 340元/吨	卖出1309期货合约100吨，价格是49 870元/吨
2013年7月	接到正式订单，价格是52 690元/吨	期货市场空单平仓，价格是52 330元/吨
盈亏情况	现货盈利2 350元/吨 100吨合计235 000元	期货亏损2 460元/吨 100吨合计246 000元
套期保值效果评估	此备货订单因基差亏损11 000元，并且占用了资金，但企业扩大了客户来源，加强了企业的竞争力	

（四）企业的综合性期货操作

通过对库存和订单的每日监控，DO铜业计算了各个风险敞口的头寸，核算后再确定期货的头寸是应该增加还是减少。整体上看，DO铜业的期货头寸以多头保值为主，根据企业自身的情况和形势，以空头为辅助。DO铜业整体风险敞口情况示例见表3。

表3　**DO铜业整体风险敞口情况示例**

远期订单	在手订单	当日采购	备货订单	期货多单	期货空单	合计头寸
现货空头	现货空头	现货多头	现货多头	700吨	250吨	期货多头 450吨
200吨	500吨	200吨	50吨			

这里需要说明的是，表3风险敞口情况不包括周转库存本身的贬值风险，不过这可能只是暂时的情况，随着市场的变化和企业自身的发展，周转库存作为企业资产的贬值风险，也会被纳入风险管理的范围。

三、反思与总结

期货市场是高风险市场，企业参与期货市场的初衷虽然是利用期货与现货的对冲机制管理风险，但要实现这个目的需要合理的风险评估、完善的内部控制和管理制度。建立一套切实可行的期货保值管理制度，并严格执行，是套期保值成功与否的关键。DO 铜业结合自身情况，建立了企业参与期货市场的管理制度，大大降低了企业参与期货市场风险。瑞奇期货公司全程参与了该制度的制定和执行，提供了专业性建议，保障企业套期保值规范、科学、严密。

十八届三中全会已为制造业指明了方向，小企业更是要在转型升级中壮大自己。期货公司也需要在新形势下实现转型升级，改变原来的服务模式，走出一条贴近产业、走进行业、服务企业的新模式，为实体经济实现转型升级贡献自己的力量。

（江西瑞奇期货经纪有限公司供稿）

案例 18:

利用期货工具，创新盈利模式

——宏源期货服务电线电缆小微企业

一、公司基本情况和套期保值需求

D公司成立于1988年，是一家技术先进，生产设备、检验设备齐全，管理现代化的专业生产电线电缆的小型企业。公司的主要产品是各类工业及民用电线电缆等。公司产品和技术达到国内同行业先进水平，是国家电网招投标重点单位。公司产品遍及全国20多个省级供电公司。

D公司主要客户为供电公司，需求较为稳定，产品价格通过招投标确定，在一定时期内相对固定。D公司生产电线电缆所需的主要原材料是电解铝，每月需要约5 000吨。因此，原材料电解铝的采购价格直接影响企业的经营利润。

D公司经过多年的经营，对电解铝的价格走势判断积累了一定的经验。当预期电解铝价格下跌时，公司会降低采购量；预期电解铝价格上涨时，公司会主动增加采购量。按照每月5 000吨电解铝采购量和12 000元/吨估算，每月的原材料采购需要6 000万元，若增加采购量，公司资金占用规模将大幅增加。受制于资金规模限制，在电解铝价格下跌时，公司无法通过大规模增加采购降低成本。如果D公司在期货市场进行买入保值，则可以满足企业在不增加资金预算的条件下增加采购量的需求。

二、公司期现结合经营模式探索

D公司自2011年开始了解期货市场，之后其利用期货工具打造期现结合经营模式大致经历了学习了解、稳健操作和创新拓展三个阶段。

（一）学习了解，建立团队和内控制度

D公司自2011年开始关注上海期货交易所（以下简称“上期所”）的电解铝期货品种，经过研究发现上期所电解铝期货价格与现货价格的相关系数高达98%。同期，经过宏源期货的初步培训，D公司逐步了解了期货市场的功能、交易规则等基

础知识，深入学习了套期保值、套利等交易模式，认为利用期货市场可以锁定公司电解铝的采购成本。

虽然一直关注期货市场，但鉴于国内一些企业参与期货市场的效果并不理想，D公司管理层没有急于入市参与交易，而是收集整理期货市场套期保值失败的案例并进行分析总结。D公司发现企业参与期货市场要想获得成功，必须要明确目标，建立期货团队和内控制度等。因此，在接受宏源期货的相关建议后，D公司组建了自己的期货团队并建立了相关的业务流程和制度。同时，组织相关员工参加期货的各类培训，学习同行参与期货市场的经验。在对期货市场有了充分了解的基础上，D公司开立期货账户并用少量资金尝试，主要检验公司期货团队专业性和流程制度的合理性。

（二）稳健操作，提升企业经济效益

经过初步的尝试探索，D公司开始结合企业经营的实际情况，利用期货市场锁定原材料电解铝的采购成本。D公司根据套期保值原理，在期货市场上只操作上期所电解铝的期货品种，并坚持买入保值操作方向。在建仓数量和时机把握上，依靠的是企业多年来对电解铝价格走势的判断经验和期货公司提供的操作建议综合评估。

2015年下半年，电解铝产能严重过剩，沪铝价格跌破10 000元/吨。随着价格的大幅下跌，落后产能逐步退出，现货贴水逐步收窄。通过研究分析，当时电解铝厂的成本约11 400元/吨，电解铝价格低于10 000元/吨，国内有60%以上的企业出现亏损，D公司预计电解铝价格接近底部。同时，结合D公司产品的销售价格，将电解铝的采购价格锁定在10 000元/吨附近，这样才能实现较大的生产利润。

D公司自2015年11月16日至2016年2月30日分批买入上期所电解铝期货合约，平均建仓成本在9 800元/吨，共买入4 100手（20 500吨），锁定了公司4个月电解铝用量的采购成本。随着公司现货采购进展，还要考虑交割成本和地点等因素，D公司自2016年2月16日至3月9日逐步平仓，平均平仓成本在10 900元/吨左右。当时，现货市场电解铝的采购价格在11 000元/吨左右，通过期货市场的操作降低电解铝采购成本约1 100元/吨，提升了公司的经营效益。

（三）创新拓展，灵活运用期货工具

D公司通过对上期所电解铝期货价格的研究分析发现，电解铝期货近期与远期合约价格的价差会随着供需结构的变化出现套利机会。正常市场情况下，上期所电解铝期货12月合约与9月合约价差在0—100元/吨的区间内波动。2016年7月国内电解铝市场库存偏低，近月合约价格快速上涨，9月合约与12月合约价差超过500点。D公司通过市场调研发现，随着价格上涨，电解铝复产节奏加快，库存偏低的情况将有所改善，9月合约与12月合约的价差会回归至正常水平。

于是D公司制定了买远抛近的套利策略，7月12日买入500手沪铝1612合约，卖出500手1609合约，建仓价差为549点；7月27日，9月合约与12月合约价差

缩减至160点，全部平仓。通过套利策略，D公司获利389点，盈利近100万元，提升了企业的经营效益。

三、经验与启示

通过对D公司的案例分析，我们得出以下几点经验和启示。

第一，实体企业要充分了解期货市场和功能，有目的、有计划、有准备地利用期货工具进行期现结合操作。利用期货工具创新企业盈利模式是一项系统工程，要建立专门的期货团队，执行严格的制度。

第二，期现结合经营模式使企业从被动接受市场采购价格模式向利用期货市场进行采购价格主动管理模式转变。期现结合经营模式的最终目的是提升企业经济效益。以D公司为例，在终端产品销售价格明确的条件下，利用期货工具的目的是降低原材料电解铝的采购成本，进而提升企业的经济效益。因此，期现结合经营模式并不等同于简单的套期保值，在设定品种和操作方向的前提下，要结合市场价格和企业实际生产需要进行时机和数量的灵活选择。在期货市场上买入保值并不代表一定要通过期货市场进行实物交割，要综合考虑交割成本、交割地点和现货价格等因素再确定。

第三，随着企业对期货工具运用的日益成熟，凭借其对产业和价格规律的经验优势，可以捕捉市场的期现价差、近远月合约价差的机会，获取价差收益，进一步提升企业的经济效益，丰富和创新企业的盈利模式，形成企业的核心竞争力。

（宏源期货有限公司供稿）

第二章　期货公司创新业务案例

案例 19：

量身打造新业务模式，场外期权改善现货销售

——南华资本服务北方化工

一、北方化工[①]基本情况和避险需求

北京北方创业化工有限公司（以下简称“北方化工”）成立于 2001 年，是一家石化产品流通企业。2015 年，北方化工的石油化工产品销售量已达 100 余万吨。北方化工具备强大的现货贸易实力和完整的仓储和物流服务，在国内 30 多个城市设有 40 多个中转仓库。

北方化工目前的销售以传统模式为主，即以石化出厂价进货，出货时以出厂价作为基础并参考市场行情来定价。其利润来源一部分是出于自身对下游的定价能力，另一部分是来自上游的返利。在市场行情较好的时候，可以获得以上两者的利润，而市场不景气的时候利润主要来自上游的返利。北方化工现有模式有两个突出问题：一是仓储费用高，即现有的配送方式会产生约 100 元/吨的进出库成本，降低了产品的竞争力；二是下游客户一般是哪家便宜拿哪家的货，对北方化工并没有很稳定的忠诚度。

因此，北方化工希望通过使用场外期权改善经营状况，进一步扩大利润。南华资本与北方化工进行合作，针对其运营模式存在的两个问题，利用场外期权量身打造解决方案，重点放在创新模式和提高营运绩效上，希望达到收益更稳健、有效分散风险的目的。

---

① 本案例涉及的企业为化名。

二、南华期货服务北方化工的过程及成果

（一）前期企业的调研、沟通及培训

南华资本通过一个月的实地走访，了解到整个塑料贸易的模式仍然较为传统，赚取上下游差价是塑贸企业销售现货主要的盈利点。北方化工作为中石油、中石化的销售代理商，必须向中石油、中石化采购定量的塑料，按旬考核，旬末库存压力大，往往被迫增加库存，在整个运作过程中面临库存风险、价差风险和资金风险。对于北方化工目前的贸易量以及运作模式而言，这些风险其实是可控的，但是北方化工希望继续扩大业务规模，因此经营中的不确定性风险，以及操作的金融工具带来的风险是必须要面对的。

针对北方化工的情况，南华资本给出了如下三个建议：

一是建议北方化工改变现有物流模式，改用上游的物流服务，进而拓展其自有仓储及物流业务。在原有物流模式中，北方化工使用自有的仓储及物流业务提供配送服务，会产生100元/吨的进库出库成本，但其实上游本来就有提供物流配送服务；改变运营模式后，北方化工可以利用上游的配送服务，节省这一部分库存物流成本，并使用自有仓储及物流业务服务其他业务，使其物流部门成为盈利部门，增加运营收入。针对这一过程中可能产生的跌价风险，南华资本为其设计了场外期权并实施具体操作方案（见方案一）。

二是建议北方化工与客户签订保价销售协议，增强与客户的黏度。北方化工通过与下游客户签订保价协议，稳定客源和销售，同时综合使用场外期权规避价格波动带来的风险。鉴于此，南华资本设计并实施了操作方案（见方案二）。

三是建章立制，设立北方化工风险管理部门（即期货部）。2016年1月，在南华资本的协助下，北方化工成立了企业自身的期货部，并由接受南华资本具体的业务培训和指导，系统学习了解了有关期权的知识、基本的操作策略以及各个不同策略适用的情境，并详细介绍了南华资本针对北方化工的需求所设计的创新模式方案。

（二）方案详述和实施过程

1. 方案一：变更物流配送的保价方案

（1）方案设计背景。北方化工作为贸易商，每日必须从中石油/中石化进5 000吨塑料，并把货物存储在北方化工的仓库中。等到有较佳的价格及明确的销货对象时，北方化工再从仓库出货，运输到客户手上，此过程中进出库的成本达到近100元/吨。

如果北方化工使用中石油/中石化提供的配送服务直接供货给下游工厂，北方化工则减少了100元/吨的成本，并可拓展自有仓储及物流业务服务其他企业，达到增加营业收入的目的。但北方化工必须在7日内销售所有货物，此外北方化工还会面

临塑料价格下跌的风险。北方化工希望运用场外期权，尽可能地规避这一风险，还可用其节省的成本来补贴期权费。南华资本则通过风险管理工具帮助企业转移价格下跌的风险。

（2）具体实施过程。2016 年 4 月末，整个塑料市场需求逐步乏力，现货销售艰难，在这个时点北方化工选择使用方案一来促进其现货的销售。

第一步，北方化工于 4 月 26 日当日统计未销售数量。

北方化工每日必须采购的塑料定量为 5 000 吨，而向下游工厂则按需、不定时、不定量地出售塑料。4 月 26 日北方统计未销售数量，决定避险 4 000 吨。

第二步，4 月 27 日一开盘，北方化工向南华资本买入对应的看跌期权。

北方化工决定避险 4 000 吨，考虑到初始权利金成本较高，北方最终决定按塑料 L1609 的市场价格，采用低成本看跌策略，分别买入看跌期权，行权价格 8 850 元/吨同时卖出看涨期权，行权价格 9 250 元/吨共计 2 000 吨，和买入看跌期权，行权价格 8 900 元/吨同时卖出看涨期权，行权价格 9 300 元/吨共计 2 000 吨。

第三步，北方化工用期权收益贴补下游，加速货品销售进程。

由于北方化工向南华资本买入看跌期权，因此在塑料期货价格下跌时可以获得跌价补偿，北方化工根据期权收益让利来提高销货速度。

第四步，货品销售完毕，立即向南华资本提解期权策略。

由于当天北方化工通过让利销售现货，完成了 2 000 吨销量，马上提出提解期权策略。南华资本依当时 L1609 价格报出提解价格，并按照北方化工的要求，将原避险部位进行平仓。4 月 28 日剩余 2 000 吨库存销售完毕，北方将期权全部了结离场。

5 月 12 日，北方化工在销货不畅的情况下，再次进行相同的操作，同样向南华资本买入 6 000 吨低成本看跌策略的期权，并分别于 5 月 13 日和 5 月 19 日提解期权离场。

北方化工通过上述期权操作获得的损益见表 1。

表 1　期权操作获得的损益

开始日期	买入看跌期权（元/吨）	卖出看涨期权（元/吨）	权利金（元/吨）	数量（吨）	期限（天）	提解日期	提解价格（元/吨）	到期损益（元）
4 月 27 日 L1609	8 850	9 250	143	2 000	30	4 月 28 日	375	464 000
4 月 27 日 L1609	8 900	9 300	143	2 000	30	4 月 27 日	337	388 000
5 月 12 日 L1609	8 180	8 580	175	3 000	27	5 月 19 日	400	675 000
5 月 12 日 L1609	8 200	8 600	175	1 000	27	5 月 19 日	417	242 000
5 月 12 日 L1609	8 240	8 640	176	1 000	27	5 月 13 日	350	174 000
5 月 12 日 L1609	8 260	8 660	176	1 000	27	5 月 13 日	366	190 000
合计损益	2 129 000 元							

因为期货价格的波动远大于现货波动，所以通过上述操作产生的收益不但可以弥补现货的跌价损失，还可以让利给客户，加速北方化工的销货速度。

（3）利用该策略可以获得的好处。以较便宜的费用取得价格保险：当塑料价格下跌时，北方化工可从南华资本获得跌价补偿，不必过分担心跌价损失，但必须在期权到期前尽快消化库存。

享受塑料价格上涨的部分收益：当塑料价格小幅上涨时，北方化工仍可享有现货上涨的好处，一般来说此时市场买气比较旺，销货速度可以加快。

有机会与客户建立更紧密的合作关系：当塑料价格下跌时，北方化工可以考虑用获得的跌价补偿进行部分让利，与客户共同创造双赢的机会。

（4）该策略实施的潜在风险。对于北方化工来说，最大的损失就是期初缴纳的权利金，另一风险则是一旦价格大涨，虽然现货会上涨但是期权会遭受损失，也就无法享受现货大涨的好处。而对于南华资本和下游工厂来说，没有损失。

方案一最主要的目的是帮助北方化工提升营运绩效，强化现有营运模式，使其物流部门成为盈利部门。方案一实施后，北方化工降低了塑料进库出库的成本，但其必须于七日内将货物全数销售，所以北方能否快速有效地销货变得很关键。

2. 方案二：与下游客户签订保价协议。

（1）方案二设计背景描述。北方化工既要稳固与下游工厂的关系，同时又要保障下游工厂的拿货成本，因此希望通过期权来达到这个目的。

（2）方案二具体的实施过程。春节过后，整个塑料市场进入消费旺季，塑料价格不断上扬，3 月中旬价格已在高位，下游工厂拿货出现了顾虑。北方化工为了销售更多塑料，选择在这个时点运行保价协议贸易模式，即承诺在一定时间段内，当商品价格上涨时下游工厂可以按约定价格拿货，而商品价格下跌时工厂则以市价拿货。

第一步，北方化工与下游工厂签订供货合同（类似于卖出一个看涨期权）。首先，北方化工与四家下游企业签订塑料买卖合同，总数量为 10 000 吨，约定 2016 年 3 月 11 日开始。如果 1 个月内塑料价格超过约定价（分别为 8 395 元/吨、8 880 元/吨、8 250 元/吨、8 980 元/吨），则不论涨到多少下游企业可一律以约定价买货，若价格没有上涨到约定价，则下游企业可以按市价进货，并且在一个月内客户可以随时提货。

第二步，北方化工向南华资本买入对应的看涨期权。北方化工与下游工厂签订合约后，最担心价格上涨，因为一旦上涨超过约定价，北方化工将损失市价与约定价之间的差价收益。为了将这部分风险转嫁出去，北方化工选择向南华资本买入执行价在约定价的看涨期权（时间跨度与供货合同吻合：2 016 年 3 月 11 日—2016 年 4 月 11 日），支付一定的期权费来购买看涨期权。

第三步，用期权的收入补贴下游，稳定下游工厂购货价格。3 月 18 日，由于现货市场比较火爆，下游客户提前将货物提走，北方化工向南华资本提解期权。北方化工从看涨期权中获得的收益刚好可以补贴给下游工厂，以保证下游买货价格能稳定在约定价，而北方化工也不会因为价格上涨而损失过大。

在整个操作过程中，与下游工厂签订合同后，若北方化工没有向南华资本购买看涨期权，那么当价格上涨时，北方化工将会蒙受差价损失。而在购买看涨期权后，北方化工出售货物的整体损益就发生了改变，这意味着价格上涨超过约定价，北方的损失只控制在期权权利金的支出。

北方化工通过上述期权操作获得的实际损益见表2。

表2　　期权操作获得的实际损益

开始日期	买入看涨期权（元/吨）	权利金（元/吨）	数量（吨）	期限（天）	提解日期	提解价格（元/吨）	到期损益（元）
3月11日 L1609	8 395	232	2 500	31	3月18日	455	557 500
3月11日 L1605	8 880	295	2 500	31	3月18日	656	902 500
3月11日 L1609	8 250	275	2 500	31	3月18日	564	722 500
3月11日 L1609	8 980	252	2 500	31	3月18日	577	812 500
合计损益	2 995 000元						

以上实证结果可以看到，使用上述操作确实让北方化工在现货滞销的情况下，通过贸易模式的转变获得了有别于其他贸易商的销售利润和速度的提升，切切实实地帮助北方化工取得了营运绩效的提高。

（3）利用该策略可以获得的好处。北方化工能稳定与下游工厂的合作关系，更好地抢占市场份额；下游工厂在价格上涨和下跌时均可享受到好处；北方化工、下游工厂和南华资本三方有机合作，能够实现互利共赢。

（4）该策略实施的潜在风险。对于北方化工而言，最大的损失就是期初缴纳的权利金，没有其他风险存在。而对于南华资本和下游工厂来说，没有损失。

三、项目总结

（一）方案成果总结

整个模式运营下来，方案一确实帮助北方化工在物流配送模式和销售模式的创新上取得了突破和进展。通过这次试点得到了一个结论：在整个塑料市场需求逐步乏力，现货销售艰难的情况下，北方化工选择用方案一的模式来促进其现货的销售会是一个比较好的时机，这能使北方和其客户都达到双赢的局面。

方案二确实帮助北方化工增强与下游工厂的黏性以及加快销货速度方面取得了显著的成效。通过这次试点得到这样一个结论：塑料价格经过一波上涨之后，下游拿货出现观望，此时采用方案二的模式来促进其现货的销售会是一个比较好的时机。

北方化工可以利用保价协议，让客户享有价格下跌时以市价拿货，价格上涨时以约定价拿货的权利，打消客户的顾虑。这样的方式不仅能切切实实帮助北方加快货物的销售进程并获得较为理想的销售利润，同时也使下游企业享受了价格优惠，实现了双赢，达到了良性循环的目的。

（二）一些潜在的风险

首先，由于场外期权的标的是期货合约，而北方化工持有的却是现货，期货与现货之间存在的基差风险是无法回避的因素。

其次，由于目前场外期权市场容量有限，同时受到标的物流动性的限制，场外期权的标的通常只涉及主力合约。当客户需采用非主力合约时，南华资本将会面临一定的风险。

最后，目前场外交易市场可用于对冲风险的工具和手段有限，所以提供给客户的方案的权利金普遍偏高。所以合理的期权策略组合来控制权利金成本支出是整个项目成功运行的关键。

（三）南华资本扮演的角色

在整个项目实施过程中，南华资本作为一个风险管理子公司，主要承担了三个角色。

风险管理方案的设计者：根据北方化工提出的两个需求——提升运营绩效和增加客户黏着度两个角度出发，南华资本对整个塑料行业调研之后，考虑了成本等可行性之后，设计符合北方需求的场外期权策略。

场外期权做市商：针对设计的场外期权策略，南华资本要提供北方化工期权策略的报价商，提供北方风险对冲和风险转移的工具。

项目的投资咨询顾问：为了推进整个项目平稳合理的运行，南华资本需要对客户进行场外期权知识的相关培训。另外提供客户投资咨询服务，在不同的市场状况下，提供客户最为合适的风险管控方案。

（南华期货股份有限公司供稿）

案例 20：

跟踪基差创造价值

——广州金控期货服务某贸易企业

近年来，中国经济进入了“三期叠加”的新阶段，经济增速放缓和产业结构改革成为该时期经济发展的“新常态”。与此同时，原材料价格波动扩大，融资难度不断加大，实体企业对加强风险管理的需求日益增强，对金融市场的服务需求也不断加深。如何利用期货市场为实体经济保价护航，如何进一步深化期现合作也成为期货行业讨论的热点话题。

玉米、大豆作为重要的大宗商品，近年来随着国家产业政策的调整以及需求日益增长。近期，其价格波动幅度也日益与国际市场接轨，产业客户更加迫切需要通过期货市场来对冲现货风险。A 国际贸易有限公司（以下简称“贸易公司”）作为一家长期从事农产品贸易的大型企业，也感受到价格波动给企业经营带来的不便，为了规避经营风险，与期货公司建立了长期战略合作关系。

一、企业基本情况

贸易公司成立于 2004 年，位于辽宁大连市甘井子区，主营大豆、玉米等，注册资金 2 000 万元，是一家以国内、外粮油贸易及粮食物流、仓储、加工、进出口为主要经营方式的公司。该公司充分利用自身的购销网络及港口的区域优势，在黑龙江、吉林、辽宁等地均设有自己的采购基地，以江、浙、闽、粤为主要销区，大力开展玉米、大豆、水稻等品种的贸易经营，年总经营量 35 万吨。2009 年，公司取得 AAA 级国家信用等级企业。

贸易公司濒临大连港口，拥有占地面积 10 万平方米的仓库，为周转货物连接港口贸易提供了优越便利的条件。凭借公司的良好信誉该公司仓库已被吉林省玉米中心批发市场定为指定交割仓库，并凭借多年期货交割经验与大连商品交易所指定交割仓库建立了友好的关系。现仓储以露天、包装粮物流为主，为了满足客户要求和公司的发展需求，减少粮食损耗，已准备筹建 1.5 万平方米房式仓及散装接运设施。

贸易公司加工及进出口产品是以食品大豆和饲料用玉米为主。食品大豆现具有三套加工设备，成品日加工量在 200 吨左右，与多家国内外知名企业建立供应商关系并保持长年合作关系。该公司实现了储备与经营、现货与期货、产区与销区、专业化与区域化经营相结合，正以超前的发展思维，诚实守信的办事态度，奋力拼搏，不断追求。

二、企业参与期货市场的情况

（一）建立风险管理机制

合理完善的风险管理机制对于企业参与期货市场的成败起到非常关键的作用。目前，贸易公司在广金期货的协助下建立了比较合理的套期保值管理机制，包括：

1. 建立专门期货领导小组。公司董事会授权期货领导小组严格限定在经批准的套期保值计划内进行，不得超范围操作。期货领导小组负责对公司从事期货套期保值业务进行监督管理；召开期货领导小组会议，制订年度套期保值计划，并提交董事会审议；批准授权范围内的套期保值交易方案；处理交易风险应急。

2. 建立套期保值基本原则。公司在期货市场，仅限于从事套期保值业务，不进行投机交易；公司的期货套期保值业务，只限于从事与公司生产经营所需原材料相同的期货品种；公司进行套期保值的数量原则上不超过与客户签订的锁定价格产品销售合同约定的交易数量，各期期货持仓量应不超过公司各该期生产经营规模总量；期货持仓时间与公司经营计价期相匹配，相应的套期保值头寸持有时间原则上不得超出公司实际经营月份计划；公司严格控制套期保值的资金规模，不得影响公司正常经营。

3. 跟踪基差创造价值。贸易型实体企业在其套期保值以及套利交易过程中最关心的问题是基差的变动。该贸易公司联合期货公司研究部门开展豆类品种基差研究，通过量化交易的模型寻找基差变化规律，基本建立起比较理想的基差变动跟踪体系。

4. 基差交易实例。本例中，贸易公司的主要交割地为大连的港口仓库，因此在基差计算方面，对于现货数据的取样以大连港口现货平均价为参考。

2016 年以来，国内外豆类价格以震荡偏强走势为主，波动区间上移，大连黄大豆一号走势独立，年末前上涨至 2015 年 8 月以来新高。豆类价格 2016 年全年仍处在波幅较小，走势平稳之中，其走势主要分为四个主要阶段：

第一阶段：全球大豆供应充足，价格维持低位徘徊（2016 年初至 4 月初）；

第二阶段：价格走出“V”字反转行情，南美洪灾与美国丰产（4 月初至 8 月初）；

第三阶段：美国不断上调单产潜力，价格承压低位调整（8 月初至 11 月中）本阶段豆类价格以消化美豆丰产的供应压力为主，维持区间波动模式；

第四阶段：季节性反弹过程中，关注点为南美天气与美国出口。

目前全球豆类价格仍运行在偏低的波动区间内，经过两年多的价格沉淀，且在种植成本的强支撑下，大豆价格继续向下的空间将较为有限，未来随着需求回升以及不确定天气的影响，远月豆价有进一步走强的可能。

以2016年9月合约的数据为例，由于担心现货市场出现下跌，贸易公司在2016年6月21日在期货市场卖出175手大豆，成交均价3 862元/吨，此时现货价位3 547元/吨，基差为-315元/吨；在2016年8月31日在期货市场卖出75手大豆，成交均价3 546元/吨，此时现货价位3 710元/吨，基差为164元/吨（见图1）。

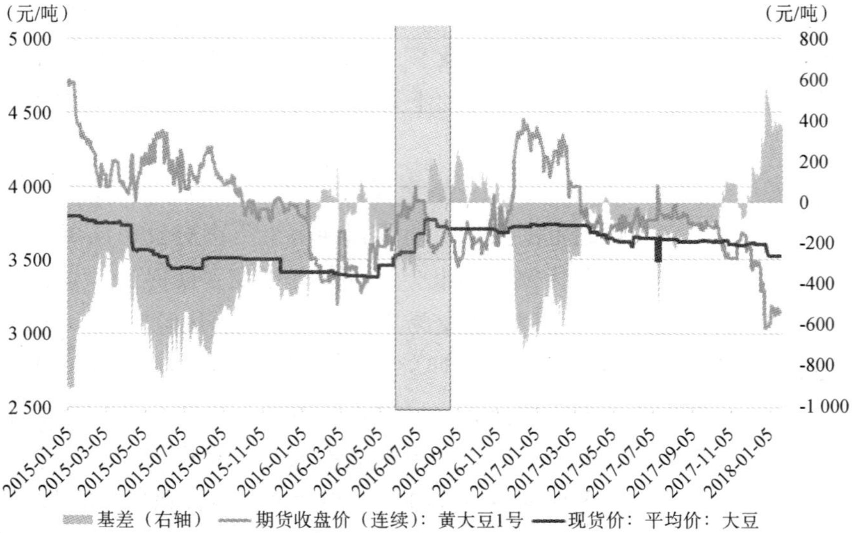

图1　大豆期货与现货基差

进入交割月份，公司在2016年9月1日进行平仓175手，此时成交价3 540元/吨，现货价3 710元/吨，基差为170元/吨，该笔交割基差变动为170+315=485点，该笔交易盈亏=485×175×10=848 750元；2016年9月14日进行平仓75手，此时成交价3 530元/吨，现货价3 713元/吨，基差为183元/吨，该笔交割，基差变动为183-164=19点，该笔交易盈亏=19×75×10=14 250元。在本次套保的交易中，入市价格的差异造成两笔套保效果差异较大，但由于总体基差朝有利方向变动，两笔套保最终获利848 750+14 250=863 000元。在本案例中，对于基差变动方向的把握是操作成功与否的关键因素（见表1）。

表1　　大连新地大豆1609合约套保基差变动表

	日期	成交价	成交数量	现货价	基差	基差变动
开仓	2016年6月21日	S3862	175	3 547	-315	
	2016年8月31日	S3546	75	3 710	164	
平仓	2016年9月1日	B3540	175	3 710	170	485
	2016年9月14日	B3530	75	3 713	183	19

（二）设立交割库，完善交割服务

贸易公司与中国船舶工业公司大连分公司有长期的业务合作关系，在期货公司的协助下，帮助中国船舶工业公司大连分公司申请成为注册仓库，便利了贸易公司的交割需求。近年来贸易公司每年都有几次交割，以2016年为例（见表2），累计卖出交割大豆1057手，买入交割大豆381手。

表2　　2016年交割汇总

日期	品种	买卖	手数
2016年1月	黄大豆	卖	801
2016年3月	黄大豆	买	131
2016年5月	黄大豆	买	250
2016年7月	黄大豆	卖	6
2016年9月	黄大豆	卖	250
合计		买	381
		卖	1 057

三、贸易型企业参与期货市场的成功经验

作为贸易型企业，该公司参与期货市场套期保值之后经营明显好转，规模也稳步向上，主要体现在以下几个方面：

一是建立了"以实业为中心、实业带动期货、期货促进实业"的经营策略。正是在这一策略的指引下，该贸易公司的经营规模每年都稳定增长。

二是建立科学合理的套利系统，当期货价格高于现货价一定程度时，通过期货市场卖出大豆交割获利；当期货价格低于现货价格一定程度时，则在期货市场买入大豆交割，随后在现货市场卖出实现获利。

三是将期货市场作为虚拟的销售部门，实现人均效率的倍增。由于期货市场有交易所的结算保障，减少了现货交易中拖欠货款、交货不及时等风险，从而提升了销售部门的效率。

四是通过期货市场建立虚拟库存，实现融资成本的降低。与现货市场不同，仅需部分的保证金，便拥有未来货物的处置权，而且在正式交割之前不必承担仓储、全额货款等成本，相当于取得了低成本的虚拟库存。

五是风险控制能力大大提高。该贸易公司参与期货交易以后，公司实现了风险的对冲。风险控制由以前的被动接受变为主动出击，而且将套期保值的风险控制理念很好地应用到整个生产经营领域，风险意识大大增强，风险控制能力大大提高。

六是企业的原料供应更加稳定、产品销售更加便利。自从参与了国内期货市场，公司可以选择期货市场进行原料定价和套期保值，锁定了成本或者亏损程度，主动

权大大加强。不但定价越来越方便，而且原料的保障程度也大大提高。另外，在产品销售环节，通过在持有原料时以较高价位提前将产品进行卖出保值，或者在已经进行买入保值以后签订产品销售合同，销售的主动权大大加强。

（广州金控期货有限公司供稿）

案例 21：

中小微企业善用场外期权管理市场风险

——东吴期货服务某中小企业案例

供应端的价格风险保值，通常有两种做法：一是在合适时机买入期货做套期保值，二是使用包括场外期权在内的衍生品工具进行定制化的保值。

经前期调研发现，目前中小企业使用期货做价格风险管理主要面临以下几个问题：一是期货套保缺乏专业人员。通常企业缺乏专业团队开展价格风险管理操作，甚至大部分企业直接由企业老板、采购或者财务部门负责人决策交易。二是套期保值对小企业而言资金压力较大。中小微企业通常现金流比较紧张，负担不起高额的保证金占用，且期货行情一旦和交易方向走势相反还存在不断追加保证金的要求，期货端的亏损和采购端的获利也存在资金流上的时间差，这个对大企业往往可以通过过桥拆借或者备用金来应对，对于小企业却非常困难。三是套保如果出现期货端亏损情况，交易人员的心理和财务压力较大，小企业往往一人决策，期货和现货行情的波动率容易导致负责人对行情判断的心理起伏，容易出现套保变投机的情形。

结合对中小企业资金情况、期货知识、管理团队等多方因素的分析，中小企业定制场外期权管理风险更符合实际。场外期权结构可以根据企业的采购订单特点和现金流量身定制，企业只需要支付一定的风险管理成本即权利金，就可以达到部分或者全部规避风险的目的，万一行情看错也不存在期货上亏损的风险。

一、昆山鑫薯淀粉有限公司

（一）企业背景与需求

昆山鑫薯淀粉有限公司（以下简称“鑫薯淀粉”）位于昆山开发区，主要生产经营淀粉糊架桥剂、增强剂、安定剂、稳定剂，并免费提供解决制糊配方和黏合问题。鑫薯淀粉从事贸易并且加工玉米淀粉，过去几年公司的玉米淀粉年贸易量达7 000吨，自 2016 年下半年起月新增贸易量 1 000 吨，正常库存 600 吨。玉米是公司经营过程中的主要原材料。然而，鑫薯淀粉正常的出货量和库存之间存在一个缺口，一旦玉米价格上涨，原料端成本增加，进而公司利润将直接遭受削减。

（二）场外期权管理原料采购风险

1. 方案设计：购买虚值看涨期权。昆山鑫薯淀粉希望保护一部分玉米原料价格上涨的风险，同时控制期权的成本。企业此前采购的玉米价格较低，有一定的盈利空间，目前企业认为玉米价格继续上涨的空间不足，即便玉米有继续上涨，只要不是大涨企业也可以接受，因此企业购买成本较低的虚值看涨期权。虽然保护中有一定的敞口，但成本较低，适合那些控制成本，但采购上可以留出一定价格敞口区间的企业。

2. 方案实施。公司作为期权购入方，在 2016 年 5 月 27 日与东吴期货的风险管理子公司东吴玖盈签订了美式看涨期权合约，合约规模为 4 500 吨，标的为 C1701 合约，执行价为 1 850 元/吨，到期日为2016 年9 月 30 日，权利金费用约为名义本金的0.4%。保护损益见图 1。

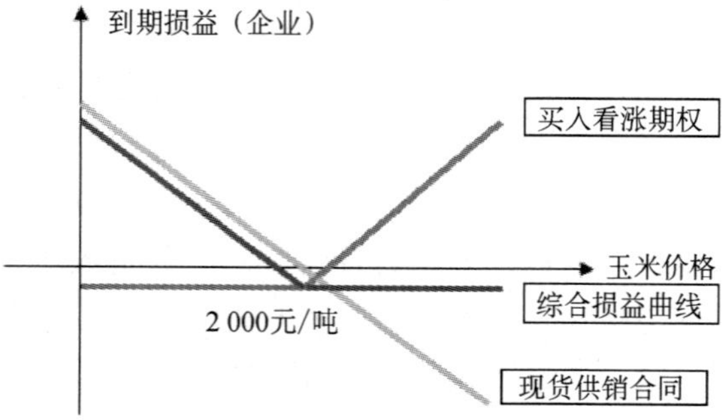

图 1　昆山鑫薯淀粉玉米采购价格保护损益

入场方式。本方案保值期限为 4 个月，企业可以选择合适时机点价成交，按照当时的价格算目标保护价格定期权费用。

赔付方式。以玉米期货合约 C1701 的价格为依据，以平仓日或者到期日收盘价为结算价格。美式期权让企业可以根据需要和采购完成量选择合适的时间部分或者全部平仓。如果结算价格高于保护价，则客户可获得赔付以补偿现货购买因为价格上涨带来的损失。

3. 方案实施与效果。鑫薯淀粉在 5 月份入场之后，玉米一度继续冲高，但是在 6 月下旬后开始拐头向下快速回落，价格始终没有达到目标价格之上，因此期权到期后企业没有获得赔付，但由于玉米价格在第三季度的快速下跌，企业也获得了更低价格的采购实惠，相比较所购买期权所花费的成本，得到的实惠更多，同时相比于使用期货多头套期保值，三季度行情的下跌将会带来更大的损失。

二、昆山市巨川化学品有限公司

（一）企业背景与需求

昆山市巨川化学品有限公司（以下简称“巨川化学”）注册资本是 2 500 万元人民币，为专业从事化学品的供应服务，打造成化学品专业化供应链服务平台。公司年化工品贸易量 12 万吨，库存正常维持在 5 000—10 000 吨，是华东市场有影响力的化工贸易企业。聚丙烯（以下简称“PP”）是巨川化学重要的贸易品种，企业长期利用 PP 期货合约进行套期保值，然而与一般中小企业的套保症结类似，巨川化学很难管理应对市场的剧烈波动，同时又面临资金压力。通过多次沟通，该企业与东吴玖盈签订了场外期权交易协议，进行定制化的风险管理。

经了解，企业的需求主要有两方面：一是价格保护需求。企业希望对前期采购的低成本 PP 库存进行风险管理。二是资金管控需求。企业之前在电子盘有进行原油及聚丙烯、PVC 等品种的交易，期货套保需缴纳保证金，且存在期货端的亏损风险，如果改用期权套保，则可以利用客户贸易采购时支付的定金来购买期权，不占用生产资金。

（二）场外期权管理库存风险

1. 方案设计：购买美式看跌期权合约。企业在原油 30 美元/桶时备了几千吨的 PP 现货，总体库存成本较低，担心原油的反弹无法持续，怕到出货时行情再度下跌造成经营上面出现亏损。保护现货头寸，避免后期价格下跌，买入美式看跌期权。

2. 方案实施。2016 年 5 月 25 日，巨川化工为公司持有的 1 600 吨 PP 现货进行套期保值。巨川化工与东吴玖盈签订了美式看跌期权合约，期初合约规模为 1 600 吨，标的为 PP1701 合约，执行价为 4 900 元/吨，到期日为 2016 年 9 月 26 日。企业买入期权缴纳了 26. 79 元/吨的权利金的费用。具体流程见图 2。

入场方式。本方案保值期限为四个月，企业可以选择合适时机点价成交，按照当时的价格算目标保护价格定期权费用。

赔付方式。以聚丙烯期货合约 PP1701 的价格为依据，以平仓日或者到期日收盘价为结算价格。企业可以根据需要和采购完成量选择合适的时间部分或者全部平仓。如果结算价格低于保护价，则客户可获得赔付以补偿价格下跌带来的销售亏损（见图 3）。

3. 方案的实施与效果。企业购买了看跌期权后，行情走出一个冲高回落的走势，价格从 6 000 元/吨冲高到 7 100 元/吨之后回落，期权到期时间，期货合约价格在执行价之上，并未发生赔付。但是由于聚丙烯价格实际有所上涨，企业销售端获利较大，而为此价格保护只是付出了很少的期权费成本。

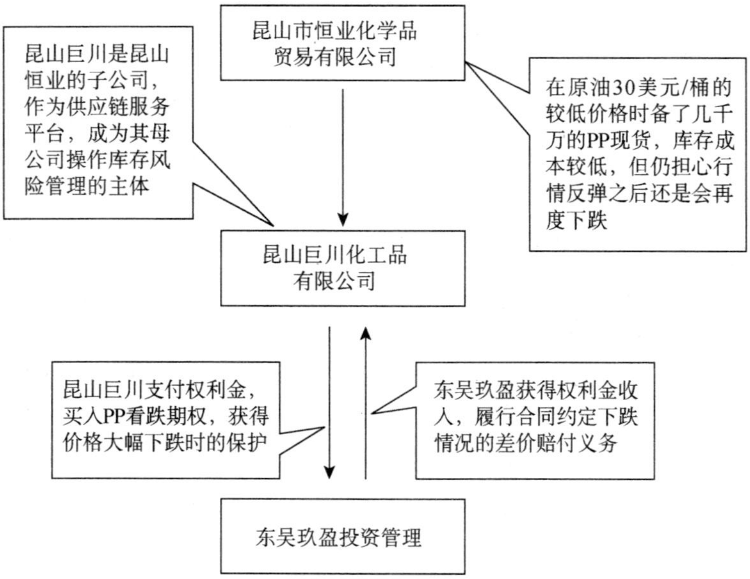

图 2 昆山巨川化工场外业务流程

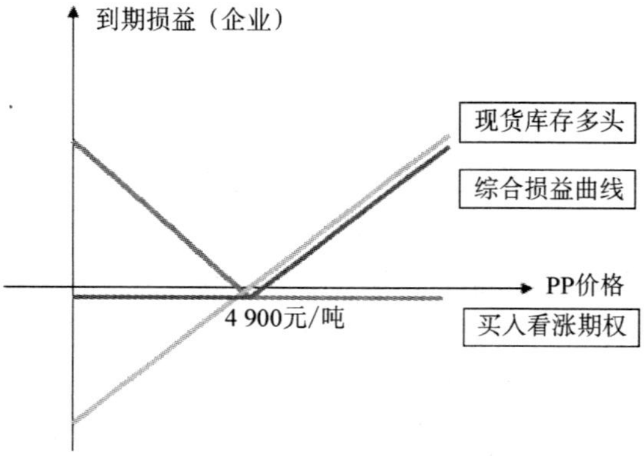

图 3 昆山巨川化工贸易聚丙烯销售价格保护损益

三、中小企业利用场外期权管理风险经验总结

（一）善用场外期权

场外期权丰富了实体企业管理风险的工具，满足了实体客户对风险管理的差异化需求，避免了单纯的期货套保中所需要面临的不可预测性。

（二）匹配需求定制场外期权

场外期权产品提供包括普通香草期权，价差期权和亚式期权等多种形式和组合，来匹配客户的报价成本控制需求和贸易流、现价流，企业可以根据行情选择合适的入场点位和保护价格，并且可以多次部分平仓，还可以多期权系列组合匹配企业的销售采购合同时间点。

（三）充分培育场外期权市场

实体客户利用期权进行风险管理还处于起步阶段，目前场外期权流动性较低，参与的期货公司，产业客户有限，规模还没有成气候，这些直接导致客户的期权成本偏高。同时国内产业客户接受场外期权的程度也较低，场外期权较期货更复杂，因此市场培育工作还任重道远。

（东吴期货有限公司供稿）

案例 22：

场外期权助力企业管理原料成本

——海通期货服务某塑料印刷企业

中小企业是我国经济和社会发展中的一支重要支撑力量，在拉动新的经济增长点、缓解就业压力、保持社会稳定等方面具有重要意义。当前，我国正处于社会转型的关键时期，产业结构持续深化调整升级，2015 年末中央经济工作会议将“去产能”明确为 2016 年五大任务之首，供给侧结构性改革对各产业发展提出了新的要求，也给中小企业带来新的挑战。在供给侧改革的环境下，如何增加自身产品的竞争力与规避价格风险的能力，将企业做优做强，保持市场的领先地位，显得十分重要。

一、产业背景

聚丙烯（PP）属于热塑性树脂，是五大通用合成树脂之一，在汽车工业、家用电器、电子、包装及建材家居等方面具有相当广泛的应用。目前，我国已是世界最大的聚丙烯生产国与消费国。

从区域分布来看，我国聚丙烯生产企业主要分布在华东、华南、东北和西北等工业发达地区，消费主要集中在华东、华南和华北，进口聚丙烯主要流入华东和华南。聚丙烯贸易集中流入以广东为代表的珠三角地区、以江浙沪为代表的长三角地区和以山东为代表的华北沿海地区，而西北和东北为净流出。

供需方面，国内聚丙烯需求旺盛，我国自产聚丙烯多用于国内消费，出口少而进口量持续增长，消费需求正不断上升。聚丙烯产业上游主要为大型石化企业，定价议价能力较强；而产业下游则非常分散，属于完全竞争行业，缺乏定价权。

对于产业链下游企业（如塑料印刷企业）而言，主要的风险是聚丙烯原料价格上涨的风险，而多数企业受限企业规模较小，并无能力配备专业的衍生品交易部门来为企业经营需求进行套期保值，因此企业仅能随行就市购买原料，致使利润无法稳定增长。此类企业急需专业金融机构提供专业辅导与服务，一对一针对性地把脉企业风险，设计避险方案。

二、企业需求

广东某塑料纸类印刷企业是典型的民营制造加工企业，始建于20世纪80年代初，经过30多年的深耕，业务发展欣欣向荣，企业还曾多次被评为当地“纳税大户”、“出口大户”，是广交会贸易平台全球供应商，其年产塑料制品在行业中排名前列，是区域龙头企业。

该企业经营需常年采购聚丙烯用于生产包装袋，随接单随生产随采购，基本库存可维持一个月用量，因此企业对于原料成本价格的波动有非常强烈的避险需求。另外，该企业可用于避险的资金预算有限，在新一代经营管理人的带领下，积极探寻市场，尝试利用场外期权衍生品工具管理原料成本风险。

在大连商品交易所的大力支持下，海通期货股份有限公司（以下简称“海通期货”）及其风险管理子公司上海海通资源管理有限公司（以下简称“海通资源”）与企业接洽调研，针对企业实际生产经营情况，设计个性化的场外期权风险管理方案，为企业生产保驾护航。

三、风险管理方案

该企业主要采购聚丙烯进行加工印刷，制造各式各样的包装袋。其中，企业的产品制造成本与聚丙烯的价格密切连动，聚丙烯原料成本是影响企业利润的重要因素，迫切需通过场外期权对原料进行套期保值。

“场外期权”运作模式：企业向海通期货风险管理子公司海通资源购买原料聚丙烯的价格保险，如期末聚丙烯平均价格相对期初约定价格上涨，海通资源按约定对企业进行赔付，帮助企业有效控制聚丙烯的采购成本，从而有效规避原料价格上涨风险，进而提升市场竞争力，稳定生产收益预期，并且有利于帮助企业规避采购成本不确定因素的干扰，专注于专业技术研究，有效提升核心竞争力。

海通资源作为场外期权卖方，则充分发挥在风险管理领域的专业优势，通过期货市场进行相应的期权复制与对冲，从而转移和化解市场价格风险，并通过权利金的收益覆盖风险对冲成本，最终运作主体双方各尽其能，形成风险分散、共同受益、合作共赢的有效闭环（见图1）。

基于以上模式，海通期货及其风险管理子公司海通资源为企业量身设计了多周期、多行权价、亚式场外看涨期权风险管理方案（以下简称“方案”）。

亚式期权又称为平均价格期权，与欧式期权或美式期权的区别在于：在到期日确定期权收益时，不是采用标的资产当时的市场价格，而是用期权有效期内标的资产价格的平均值。

采取亚式的期权设计，主要出于两个方面考虑：

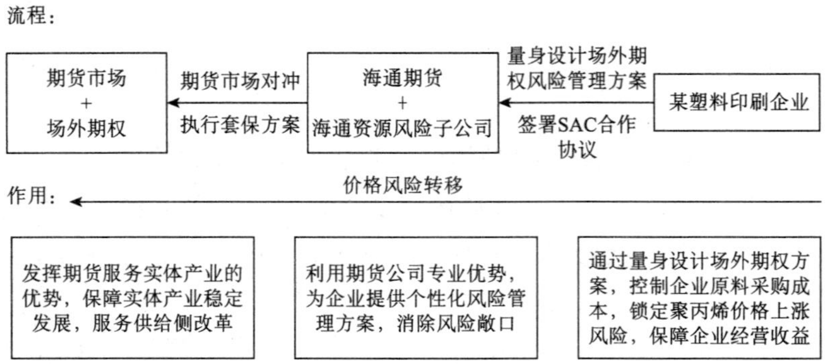

图 1　场外期权风险管理模式

第一，企业在现货端通常都是使用平均价格计算，亚式期权可使方案更加贴近企业的实际风险管理需求。

第二，相对于欧式期权、美式期权，亚式期权成本较低，可帮助企业节约避险成本，提高风险管理方案的可复制性和可持续性。

采取连续行权价的期权设计，主要是为提高期权到期时的行权概率，增加企业获得赔付的机会。在方案中，从 100% 行权价到 110% 行权价，一共有 11 个行权价格的看涨期权，每个行权价格的期权在组合中所占的比重有所不同，出于行权概率以及套保成本的考虑，行权价格越低的看涨期权其所占的权重越低，总的权重为 1，具体的权重见表 1。

表 1

K（%）	100	101	102	103	104	105
权重（%）	3	5	6	7	8	9
K（%）	106	107	108	109	110	总权重
权重（%）	10	11	12	13	16	100

与单纯的虚值亚式看涨期权相比，该方案的优点在于在相同的成本下，企业获得赔付的概率更高，以 105% 行权价格的亚式看涨期权为例，企业在购买期权之后，需要在期权有效期间聚丙烯平均价格相比期初约定价格上涨超过 5% 以上时才开始获得赔付，而通过本方案，无论聚丙烯平均价格上涨多少，只要相比期初约定价格有所上涨，企业即可获取对应的赔付，涨幅越高，赔付比例越高。对于企业而言，付出去的期权费用有更多的回收可能性，有利于提高企业持续套保的积极性。

另外，在方案设计上，引进了多周期的模式，即将方案总的期限拆分成多期，每期期限一个月，每期结束时结算一次。

采取多周期的期权设计，主要出于两个方面的考虑：

第一，满足企业生产需求，更好贴合企业的生产运行周期。

第二，通过多次结算，进一步提高企业获赔概率。

最终，在签署“中国证券期货市场场外衍生品交易主协议（2014 年版）”及补充协议的基础上，企业与海通期货风险管理子公司海通资源签署“场外衍生品交易确认书”达成此项交易。

四、实践效果与再推广

该风险管理方案的每期场外期权的约定价格为当期生效日当天标的期货合约的收盘价格。假设生效当天标的期货合约收盘价格为 7 500 元/吨，场外期权到期损益情况见图 2，其中不同于传统期权到期损益曲线的弧度源自于方案对不同权重行权价的调控：

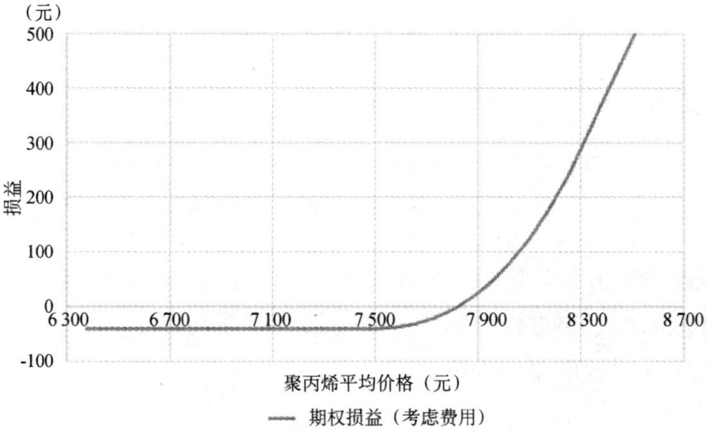

图 2　期权到期损益

图 3 中显示企业在参与套保方案前后实际购货价格的比较。可以看出，买入看涨期权套保后，当聚丙烯期货价格下跌时，企业仍能以较低价格购货，而当聚丙烯期货价格上涨时，企业能锁定购货价格，有效控制原料采购成本。

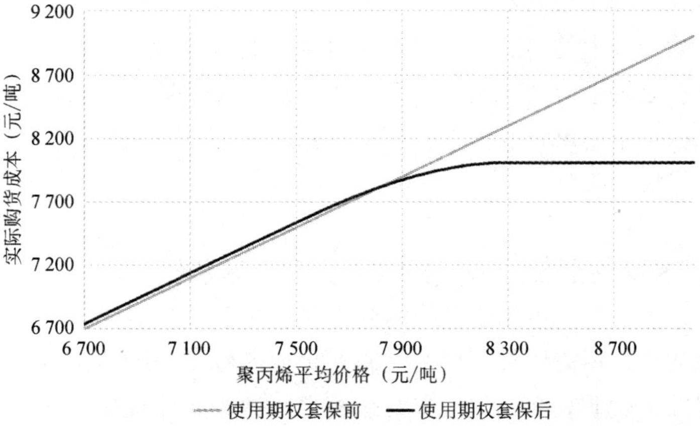

图 3　聚丙烯购买成本比较

在本场外期权风险管理方案运作期间，聚丙烯价格经历了飞速冲高与缓势回落的行情起伏，行情见图 4。

图 4　标的聚丙烯期货价格走势

得益于风险管理方案约定的多周期结算原则，该企业在第一期与第五期均获得了赔付，在其他周期虽未得补偿却可因均价回落而顺利以相对较低成本采购预期原料，帮助企业实现了管理原料价格上涨风险的目标。

五、经验与启示

（一）深入实际，充分调研，设计符合企业实际经营状况的场外期权风险管理方案

对于企业而言，迫切需要的是切合其实际生产状况的风险管理方案，对此，场外期权凭借可定制化的天然优势，能够很好地满足企业的个性化风险管理需求，期货公司及其风险管理子公司在设计方案时，需充分调研企业的实际生产经营状况，抓住企业在风险管理上的痛点，实实在在地从企业的角度出发，才能够设计出真正能够帮助企业有效管理市场风险的方案，从而充分发挥期货市场服务实体经济功能，有效提升产业抵抗市场风险能力，相关主体各尽其能，各展所长，形成合力，促进实体经济健康发展。

（二）从可持续性出发，设计场外期权风险管理方案

对于企业而言，一套可用于实战的场外期权风险管理方案，除了能够有效管理生产经营风险之外，还需要将期权费控制在企业能够承担的范围内，如期权费过于高昂，过度侵蚀了企业利润，即使方案能够很好地为企业提供全方位的保障，企业也难以持续开展下去，更难以在行业内进行推广。

（三）抓住龙头企业，树立行业示范效应，设计可复制性强的场外期权风险管理方案

行业龙头企业的经营风险管理需求常常具有普遍代表性意义，在行业龙头企业试点场外期权风险管理方案，建立成功案例，可以起到示范作用，提升行业中小企业的市场风险管理意识，促进其尝试应用场外期权风险管理工具，有利于场外期权在行业内的推广和复制。

（四）交易所大力支持，积极推广场外期权

由于利用场外期权开展风险管理对于大部分企业而言，都是新生事物，导致相当一部分企业对于实际出资开展场外期权持保守态度，对于场外期权的推广较为不利。本次方案实施得到了大连商品交易所的资金支持，故在方案的费用上给予了企业较大的优惠，从而打消了企业在费用上的顾虑，让企业能够以较低的费用体验使用场外期权开展风险管理的效果，而在尝到利用场外期权开展风险管理的甜头后，企业会自发地要求继续做下去，并会主动地在行业内宣传场外期权，从而极大地促进场外期权的推广。

（海通期货股份有限公司供稿）

案例 23：

场外期权缓解企业融资困局

——银河期货服务国内铁矿石贸易龙头企业

国内某大型铁矿石进口企业自成立十多年来，稳健经营，贸易量逐步扩大，属国内二线铁矿石贸易商。2013 年底，大商所铁矿石期货上市，该企业在银河期货的帮助下，成为国内首批利用铁矿石期货进行套期保值的贸易商。2014—2015 年，铁矿石期货价格由最高 984 元/吨跌至 282.5 元/吨，下跌幅度达 71%，在此过程中，该企业的贸易量不降反增，从 2013 年底的进口量 1 400 万吨增长至 2016 年底的 5 000万吨，跃居成为国内一线贸易商。企业的壮大得益于正确使用铁矿石期货以及场外期权进行套期保值。

一、企业运用期货市场，扩大贸易量

2013 年铁矿石期货上市，在银河期货的协助下，该贸易企业组建了期货团队，由该公司总经理牵头，并在全公司开展全面系统的培训，内容包括合约、交易制度、套期保值、交割细则、财务处理等，取得了普及期货知识，强化风险观念的效果。同时，还拟定了初步的套期保值系列方案。

铁矿石期货上市当天，企业就进行了首笔卖出套期保值。随后，铁矿石现货价格及期货价格呈单边下跌走势，期货的套期保值作用逐步显现，下跌速度越快，幅度越大，套期保值效果越显著。随着价格的持续下跌，企业逐步增加空单头寸，直到空单数量 100% 覆盖现货，随后根据现货的销售情况，逐步在期货市场平仓，直至全部平仓，成功运用期货市场套保对冲了现货市场价格下跌风险。

2014—2015 年，企业始终坚持严格的套期保值思路，取得了非常积极的效果，在多数贸易商被市场淘汰的大环境下，不但很好地存活下来，还借市场洗牌之际，扩大了市场占有率，提升了业界知名度。据统计，企业铁矿石的进口量，由 2013 年的 1 400 万吨，增长到近 3 000 万吨，实现了量的突破。

二、企业运用期权，缓解资金短缺压力

2015 年底，受黑色产业链相关品种价格持续下跌，全行业普遍亏损的影响，银行将铁矿石进口列为限定性行业，收回开立进口信用证的授信额度。企业拿不到授信额度，无法正常开信用证进口，直接影响正常运营。因此，如何在铁矿石价格下跌过程中降低市场风险，减少银行提供信贷资金的顾虑，让企业获得正常进口业务所需的银行资金支持，成了所有铁矿石贸易企业亟待解决的问题。

为帮助企业获得银行信用证授信额度，银河期货建议企业联合银行、港口、期货公司、风险管理子公司等机构，创新使用“四方共赢、风险闭环”的业务模式，即企业获得银行授信额度，除通过期货公司正常套期保值外，还通过银河期货全资子公司——银河德睿资本管理有限公司（以下简称“德睿资本”）购买场外期权，用于对开立信用证部分的现货以及期货头寸进行套期保值（德睿资本将所承担的价格风险，通过银河期货在期货市场进行分散和转移）。港口对现货头寸进行监管，及时向银行和期货公司提供现货头寸信息，银河期货负责对套保对冲头寸进行监管，有效防止企业的套期保值行为出现价格敞口，最终形成期货保护现货，期权保护期货的风险闭环（见图 1）。

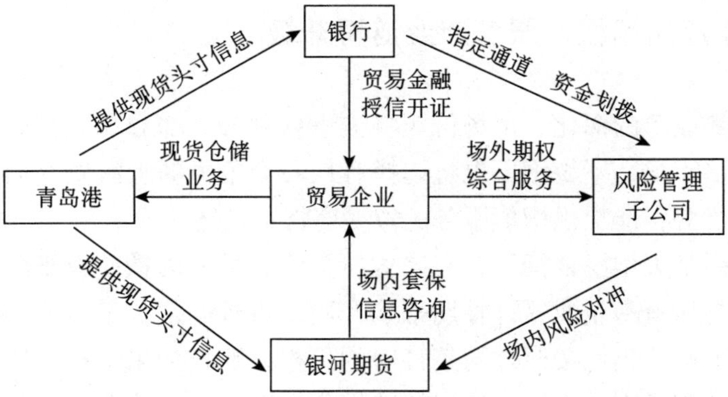

图 1　业务流程图

该业务模式引入期货公司及其风险管理公司，运用期货和期权工具，帮助企业有效规避价格风险，既获得银行信贷额度，恢复企业正常运转。同时，又令银行、期货公司、风险管理公司、港口均获得业务增加，实为四方共赢的新型业务模式。通过创新业务模式，成功帮助该贸易商获得了银行 5 亿元的授信额度，促进企业进口业务发展。2016 年，贸易商铁矿石进口量达到近 5 000 万吨，跻身国内铁矿石进口企业三甲，完成由中型贸易商到大型贸易商的跨越。

2016 年春节后，铁矿石主力合约突破 330 元/吨，呈现继续上升态势。因企业认为当前行情正处于去产能过程中，价格仍处于弱势，所以在不断进口现货的同时，通过期货进行了套期保值。对于贸易型企业来说，如果价格下跌，现货亏损，期货

盈利，套期保值目的得以实现。如果价格上涨，期货端亏损将吞噬掉现货的正常贸易利润。所以企业的需求是，在下跌行情中实现套期保值，同时在上涨过程中赚取贸易利润。结合企业的需求，我们设计“现货←期货←期权”形式产品，即期货盯现货，期权盯期货。

企业于340元/吨，做空当时的主力1605合约，同时买入行权价为340元/吨的看涨期权，权利金支付22元/吨。一个月后，现货由330元/吨涨至430元/吨，盈利100元/吨；1605合约涨至419.5元/吨，期货亏损79.5元/吨；场外期权盈利57.5元/吨。三笔交易轧差计算，企业实现贸易利润78元/吨。如果企业没有使用期权对期货进行保护，则最终仅盈利20.5元/吨（见表1）。

表1　　期货操作

	现货	期货	期权	总收益
未参与期权	盈利100元	亏损79.5元	—	盈利20.5元
参与期权	盈利100元	亏损79.5元	盈利57.5元	盈利78元

通过期货对现货进行保护，期权对期货进行保护，实现套期保值环节风险的完全闭口。一旦价格下跌，套期保值功能得以实现，期权仅亏损权利金；如果价格上涨，则期权的收益，可以弥补期货端亏损，使企业获得正常的贸易利润。

三、企业运用期权，服务产业链再升级

随着供给侧改革的深化，市场份额将被重新划分，部分缺乏核心竞争力的中小贸易商逐步退出市场，下游钢厂也将选择有核心竞争力的上游贸易商作为新合作伙伴，除了价格优势，能提供增值服务的贸易商将是首选。

此时，国内某大型民营钢厂，与该贸易企业有长期的铁矿石采购业务合作。钢厂提出，希望与该贸易企业签订长期采购合同，每月固定数量，但额外要求是如果矿石价格出现上涨，仍可按照合同签订时的价格采购，如果价格下跌，则按照市场价采购。对于该贸易企业来说，签订长期供货合同，对企业业务量和利润都有较大贡献，但如果按照钢厂提出的定价方式供货，又将面临较大风险，即市场价格上涨，而销售价格降低，贸易利润减少。

为了帮助该贸易商有效应对价格风险，银河期货建议用期权产品代替期货，通过购买看涨期权，锁定价格上行空间，为下游钢厂提供不高于某特定价格的报价，以此降低钢厂采购成本上涨的风险。贸易商通过利用期权，为钢厂提供“锁价”等形式的增值服务，协助现货企业优化经营，增强客户黏性，巩固企业在行业中的优势地位，充分发挥了金融衍生品在服务实体经济中的有效作用。

2017年1月初，钢厂与贸易商签订季度采购合同，此时铁矿石港口现货价格610元/吨，期货1709合约当日结算价530元/吨。2月20日，钢厂通过贸易商采购首批10万吨铁矿，因当日现货价格已近上涨至695元/吨，期货价格上涨至654元/

吨，钢厂要求按签订合同时的610元/吨价格采购，对钢厂而言，该价格节省采购成本85元/吨。对贸易商而言，如果贸易商没有通过期权进行锁价，利润将减少85元/吨。但如果贸易商在与钢厂签订季度采购合同时，支付45元/吨的权利金购买了看涨期权，则能锁定了价格上行风险，期权盈利79元/吨，最终贸易商利润损失从85元/吨降至6元/吨（见表2）。

表2　期权操作

	现货	期权	总收益
未锁价	亏损85元	—	亏损85元
锁价	亏损85元	盈利79元	亏损6元
备注	695 - 610 = 85元	654 - 530 - 45 = 79元	

四、经验与启示

通过对该企业的案例分析，我们得出以下几点经验和启示：

（一）期市套保，制度先行

企业运用期货及其他衍生品工具管理生产、经营、销售等各环节的风险，首先要充分了解期货市场，有目的，有计划，有准备地开展套期保值；其次公司要建立高效、操作性强的期货业务实施流程以及符合市场实际的考核机制；再次专业的事情让专业的人去做，企业利用期货以及期权等衍生品工具，需要建立专门的期货团队，要懂得借助期货公司这些专业的“外力”。

（二）期权工具助力企业走出融资难困境

针对目前实体企业融资难的现状，尤其是钢铁、煤炭等产能过剩行业，通过引入期货公司风险管理子公司，提供场外期权等综合服务，帮助其锁定价格风险，降低银行信贷风险，进而获得银行信贷额度支持，构建银行、企业、期货公司等多方共赢、风险闭环的新型业务模式，解决企业资金紧张的局面。

（三）运用期权工具提供增值服务

激烈的市场竞争中，谁能提供更全面、优质、高效的服务，谁就能赢得更多市场份额。贸易商充分利用期权，通过购买期权管理合同风险，丰富报价和交易方式，为下游钢厂提供合同价、市场价格孰低原则采购的增值服务，进而将赢得钢厂长期合约订单，提升市场份额。

（银河期货有限公司供稿）

案例 24：

套保新利器“价差期权”

——申万期货铁矿石期权服务国丰钢铁

黑色系期货品种在 2014 年、2015 年单边下跌之后，众多钢铁企业面临产能过剩、现金流不畅、利润不断缩减甚至出现亏损的不利情况。2016 年政府提出“供给侧结构性改革”的重大战略方针之后，黑色系商品价格出现巨幅的反弹和震荡行情。对于钢铁生产企业来说，风险也在不断地累积和聚集。以唐山国丰钢铁有限公司（以下简称“国丰钢铁”）为例，企业每月为了满足生产需要采购铁矿石 100 万吨左右，有很强的原材料保值需求。国丰钢铁主动尝试利用金融工具来管理生产、销售风险。

一、企业基本情况和面临风险分析

国丰钢铁始建于 1993 年，拥有员工 10 300 人，是一家集烧结、炼铁、炼钢、轧钢于一体的大型钢铁联合企业，具备年产铁、钢、材各 700 万吨及 120 万吨冷轧产品生产能力，是中国最大的 SPHC 热轧卷板生产商和供应商。

国丰钢铁每个月需要采购铁矿石 100 万吨，主要成品为热轧卷板，整体上来讲无论是上游原材料还是下游产品都有比较大的避险需求。2016 年上半年出现的一波钢材价格快速拉涨的行情，钢厂利润得到了良好的修复，吨钢利润率达到了 20% 左右。随着利润增长，企业开始考虑进行一部分的原材料保值，考虑到期货与期权的差异，决定运用期权进行保值。

二、场外期权合作案例回溯

（一）项目服务流程

2016 年 4—9 月调研：申万期货利用 5 个月左右的时间完成了对国丰钢铁生产情况的调研工作，与企业面对面交流如何利用场外期权进行套期保值。

2016 年 9—11 月准备：完成协议签署和产品设计、模型定价工作。为交易工作做好准备，建议企业通过买入铁矿石看涨期权套期保值。

2016 年 11 月 30 日成交：客户通过择时及现货采购周期判断，选择 11 月 30 日收盘价入场交易，开仓价格 556 元/吨，价差区间 572. 68—611. 6 元/吨，权利金支付 10. 84 元/吨。

2017 年 3 月 29 日平仓：客户在期权临近到期时，在剩余时间价值非常少的前提下，担心行情波动不能得到最大收益，选择平仓，平仓价格 637 元/吨。扣除支付权利金后，收入 26. 81 元/吨。

2017 年 4 月结题总结：客户本次交易净利润 1 072 225 元，在 4 个月铁矿石行情整体向上的前提下，达到了良好的保值效果（见图 1）。

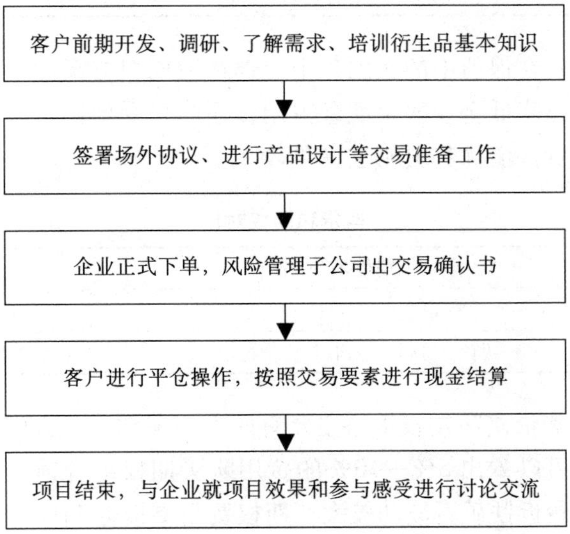

图 1　详细流程图

（二）设计思路

2016 年以来国丰钢铁利润转好，原材料现货价格呈现升水态势。由于钢厂利润好转，大宗商品整体走强，客户担心未来一段时间原材料价格会迅速上涨，尤其是期货价格会大幅上涨修复升贴水。从 2016 年 5 月铁矿石价格走强以来，现货升水在不断缩小。鉴于国丰钢铁的生产情况以及期现货价差结构，申银万国期货为国丰钢铁公司设计了“铁矿石看涨价差组合”的风险管理方案，该方案一方面可以保护原材料现货价格上涨，另一方面如果期现价差继续缩窄也可以取得额外的利润。国丰钢铁作为生产型企业，在铁矿石、焦炭、焦煤等原材料方面有很强的需求，如果原材料价格出现上涨，企业利润将会受到压缩，因此推荐企业买入看涨期权。同时，由于铁矿石价格波动率较高，权利金较贵，推荐买入价差看涨期权。场外期权产品基本要素见表 1。

表 1　　场外期权产品基本要素

投保现货量	4 万吨
标的资产	大连商品交易所 I1705 合约
交易达成日	2016 年 11 月 30 日
到期日	2017 年 3 月 30 日（4 个月）
期权类型	欧式看涨价差期权组合
起始价格	I1705 合约 2016 年 11 月 30 日收盘价格（556 元/吨）
价差区间	572. 68—611. 6 元/吨
权利金	1. 95%（10. 842 元/吨）
结算价格	到期日 I1705 合约的结算价

对比期权和期货在保值中的区别，企业选择用期权方案而不是直接在期货市场做多保值，不仅可以降低企业的保证金占用，还能享受到原材料价格下跌带来的成本降低收益，比期货保值优势更明显（见表 2）。

表 2　　期货和期权对比

	期货多头	期权组合
保证金占用	保证金比例为 6%—8%	只需要 2% 左右的权利金
价格下跌	期货亏损与现货收益完全抵消	可以享受到现货端收益

本次采取“看涨价差”期权策略主要有两方面考虑：一方面是国丰钢铁现在生产有一部分利润，可以拿出 5%—10% 的费用购买期权组合锁定成本。如果单独买入看涨期权，由于最近铁矿石波动较大，期权费用要接近 11%，超过企业愿意承担的费用范围。另一方面国丰钢铁具备多年的产业经验，判断目前铁矿石现货价格涨幅很难超过 15%。

（三）企业套期保值效果分析

2016 年 11 月 30 日，国丰钢铁正式进行场外期权下单确认。入场时标的物合约 I1705 价格为 556 元/吨，看涨期权执行价格的价差范围确定为 572. 68 元/吨到 611. 6 元/吨。客户合计支付权利金总额 433 680 元，项目运行 4 个月时间，每日按照模型定价进行 Delta 对冲。

之后，标的物 I1705 整体呈上涨趋势，客户进行保值效果明显。2017 年 3 月 29 日客户选择在标的物价格为 637 元/吨时平仓操作。根据双方交易要素，风险管理子公司赔付客户总额为 1 505 905 元，扣掉权利金后客户净利润为 1 072 225 元。折合每吨净利润约 26. 8 元，达到了良好的套期保值效果（见表 3）。

表 3　　企业项目收支

项目	金额（元）
权利金收支	-433 680
结算金额	1 505 905
项目盈亏总额	1 072 225

从铁矿石期货合约在整个产品存续期间的走势图来看，由于价格整体趋势向上，企业基本上实现了设计的最大收益，达到了良好的套期保值效果，在 4 个月期间的铁矿石价格上涨风险基本完全对冲掉（见图 2）。

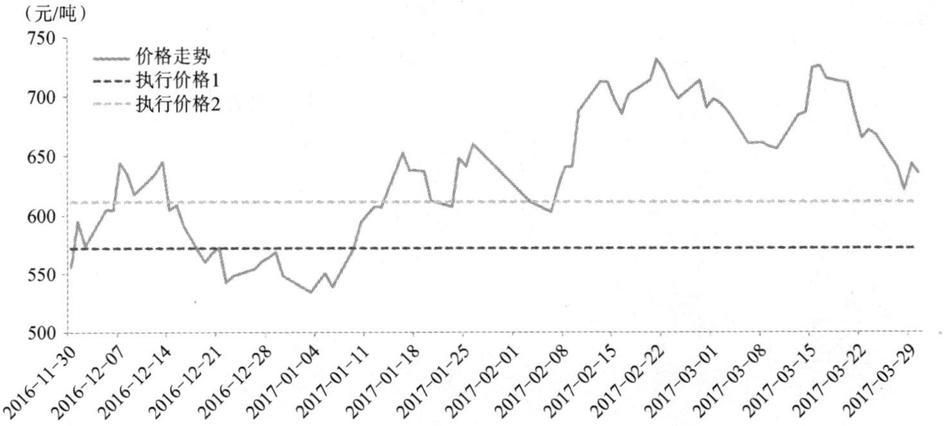

图 2　铁矿石期货合约走势（整个产品存续期间）

三、项目遇到的困难以及创新点

（一）遇到的困难

该项目在推进中遇到了一些困难，主要有以下几个方面：

一是场外衍生品的认知程度较低。企业对于场外期权的认知程度较低，不能熟练运用期权较为复杂的金融工具。大型国有企业对于使用金融衍生工具进行风险对冲，整体上处于谨慎保守的态度。

二是风险管理子公司的信用背景不足。风险管理子公司注册资本较低，相对于大型的生产型企业存在信用背景不足的问题。

三是场内对冲成本过高。场内期货品种波动率较高，带来了较高的对冲成本，并且没有期权的场内市场进行风险对冲。

（二）项目的创新点

一是助力传统钢铁企业转型。在 2016 年国家提出供给侧结构化改革的大背景下，传统钢铁企业面临整个行业的转型压力，企业必须要主动优化产能，提高生产效率，才能在这轮转型中不被淘汰。良好地使用金融工具，如利用场外期权这种定制化的风险管理工具，恰恰可以帮助企业实现优化产能的目标。此次国丰钢铁主动寻求金融衍生品工具的风险管理服务，有望对整个唐山地区甚至其他地区的钢铁企业带来积极的影响。

二是价差期权方案设计。2016 年以来黑色品种的波动率显著上升，焦煤、焦炭、铁矿石等黑色产业链品种经常出现涨停跌停的极端行情。在这种背景下，申万期货有效利用期权组合的特性，通过价差期权的设计，降低了权利金支出。

三是企业参与场外期权不仅实现了运用期货工具进行保值或建立虚拟库存的目标，同时结合场外期权的特性，锁定生产成本，还享受了原材料下跌带来的额外利润。

（申银万国期货有限公司供稿）

案例 25：

炼油企业参与国际期货市场套期保值

——永安期货服务某石化集团

一、企业基本情况

山东 H 集团公司始创于 1988 年，是以石油炼制为主的石油化工企业，拥有自营进出口权。H 集团是国家认可保留的地方性炼油企业，是东营市重点调度 30 强企业之一和《山东省石化产业振兴规划》中的重点培植骨干企业。集团与世界 500 强企业、中科院等研究机构，国际知名技术咨询公司合作，建立起以技术创新为源头的企业运行机制。目前集团拥有三项国际水平生产技术、两项国家高新技术、六项全国唯一技术和一个国家级重点实验室。近几年，集团将在东营、青岛、上海打造三大研发基地，逐步形成“技术支撑，创新引领、市场领先”的研发模式，为 H 转型升级提供创新平台支撑。

集团现拥有 300 万吨/年常减压装置、200 万吨/年焦化加氢装置、140 万吨/年加氢装置和 80 万吨/年催化装置，年综合加工能力达到 770 万吨，经营产品包括柴油、汽油、液化石油气等涉及多个产业领域的 30 多种产品，每年可实现销售收入 3 亿元。作为地方重要炼油企业，从国外进口原油量较大。

二、企业的参与国际期货市场的情况

企业主要运用国外原油期货和期权市场工具，对进口原油进行套期保值。企业以国外原油采购为主，从采购到加工期间有 1—2 个月的时间差，为了规避运输期间的油价下跌风险，炼油企业一般运用期货工具进行套期保值。另外，企业也会通过点价建立虚拟库存，以应对加工延迟和价格波动等风险。

企业运用衍生工具主要经历了的三个阶段：

第一个阶段是以单纯原材料采购点价和转计价的方式为主。根据原油的计价方式以基准油价加升贴水的方式，升贴水主要涉及油品、运费等方面，基准油价国内采购主要集中在 WTI 和 BRENT 上，选择采购低价成为企业最初阶段的操作。

第二个阶段是企业运用期货和期权工具，对产品和库存进行风险管理的阶段。这个阶段主要对已经定价但未加工的库存原料进行卖出保值，对未销售的成品库存也进行相关性套保。

第三个阶段是对裂解利润的保值的尝试。通过对企业炼油利润的测算和预估，在较高利润的情况下，通过原材料转为固定价和成品市场预售的方式进行利润的锁定。

三、企业参与期货市场的具体实例

案例一：对成品和未加工库存原料进行卖出保值

以2016年9月的套保案例为例，根据H集团生产经营计划，原油部9月采购的海洋油和10月产出的成品库存均处于高位，面临下跌风险，需要在期货市场进行套期保值，在此期间进行了如下操作（见表1）。

表1　原油套期保值盈亏情况

	现货市场	期货市场
2016年9月8日	135 000桶海洋油，当月月均价为46.31美元/桶，现货总价值为6 251 850美元	在期货市场卖出135手11月Brent合约进行套期保值，持仓成本均价为49.68美元/桶
2016年10月3日	海洋油10月月均价为50.50美元/桶，已购9月现货公允价值涨至6 817 500美元	期货价格涨至50.89美元/桶，买入平仓135手布伦特期货合约
盈亏情况	6 817 500－6 251 850＝665 650美元	（49.68－50.89）×135 000＝－163 350美元

平仓后，期货现货合并计算盈利50.23万美元。随后，炼油厂开始加工成品油，经过分析判断，10月的4万吨成品现货库存需要套期保值（1吨＝6.9桶），按照50%的动态套保比例，仍对应原油期货头寸135 000桶，成品现货总价为2.12亿元（见表2）。

表2　成品油套期保值盈亏情况

	现货市场	期货市场
2016年10月20日	9月购入的现货已加工结束，成品现货总价为2.12亿元	卖出135手2017年1月的Brent合约，此时持仓成本均价为51.05美元/桶
2016年11月18日	成品价格下降100元/吨，成品现货价值降至2.08亿元	买入135手1月Brent合约平仓，持仓均价46美元/桶
盈亏情况	亏损400万元	（51.05－46）×135 000×6.91＝471万元

最终，现货市场亏损400万元，在期货市场盈利471万元，总盈利71万元，套期保值效果明显。

案例二：综合运用期权工具套期保值

采用期权的模式，针对280手WTI原油期货进行库存的卖出套期保值。期权模式可降低期货单边保值头寸波动的风险，同时卖出期权补偿期权费成本，也允许企业转化成期货头寸持有，具体方案如下。

首先，买入280手6月WTI原油54美元看跌期权，预估期权费支出约45万美元，为补偿支出成本，可根据对原油价格走势的判断，选择卖出下列期权。

卖出280手6月WTI原油57美元看涨期权，预估期权费收入约11万美元；再卖出560手7月WTI原油47美元看跌期权，预估期权费收入约34万美元。若原油价格处于47美元至57美元之间，则可获得收益。

市场实际情况是，原油价格跌破47美元，持有的280手看跌期权和卖出的280手看涨期权均可获得收益，而卖出的7月看跌期权会出现浮亏。此时，可选择向后移仓，即买回卖出的47美元看跌期权，卖出后1月的看跌期权；也可向下移仓，即买回卖出的47美元看跌期权，多倍卖出更低价位的当月看跌期权；也可被行权，将47美元的价位转作锁价头寸，其后可继续套保。具体策略见图1。

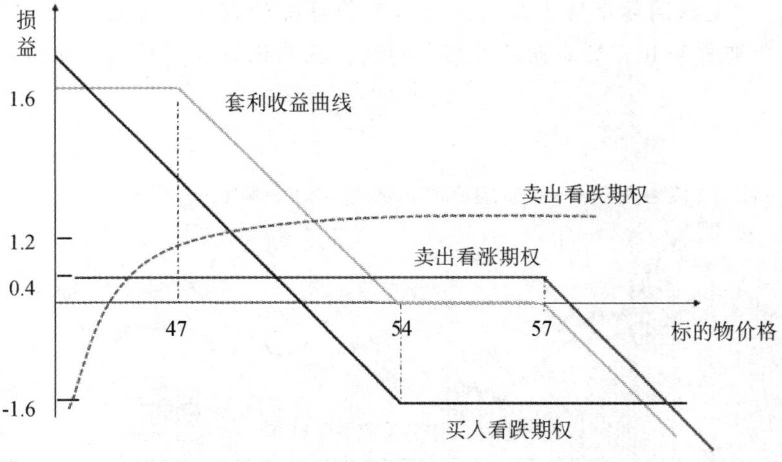

图1　期权损益图

案例三：参与裂解利润锁定的运用

国际市场上，炼油厂普遍采用裂解利润锁定的手段，但国内成品油市场没有相应的期货价格做定价基准，价格变动明显滞后。国内炼油企业原油采购成本随国际市场价格波动而定，这就造成国内炼油企业裂解价差利润的锁定较难实现。然而，裂解利润仍然对企业经营有指导意义，企业可通过固定原材料成本和成品油预售来实现利润锁定。

在实际操作中，炼油厂会在期货市场上买入X桶原油，并卖出Y桶汽油和Z桶低硫柴油，裂解价差即为遵循X:Y:Z的比例交易原油、汽油和低硫柴油所得的价差，比较广泛使用的裂解比例有3:2:1和5:3:2（见图2）。

原油裂解价差：

（1）3:2:1裂解价差公式

3:2:1裂解价差 = （2 × 1月RBOB汽油期货 + 1月超低硫柴油期货 − 3 × 1月BRENT原油期货价格/42）÷ 3

（2）5:3:2裂解价差

5:3:2裂解价差 = （3 × 1月RBOB汽油期货 + 2 × 1月超低硫柴油期货 − 5 × 1月BRENT原油期货价格/42）÷ 5

图2 裂解价差公式

炼油厂希望将未来一段时间的炼油毛利锁定在高于正常利润200元/吨的目标水平，于是在国际市场上按比例买入布伦特原油期货，并卖出（预售）NY-MEX汽油期货和ICE柴油期货来锁定利润，从而化解炼厂利润波动的风险（见图3）。

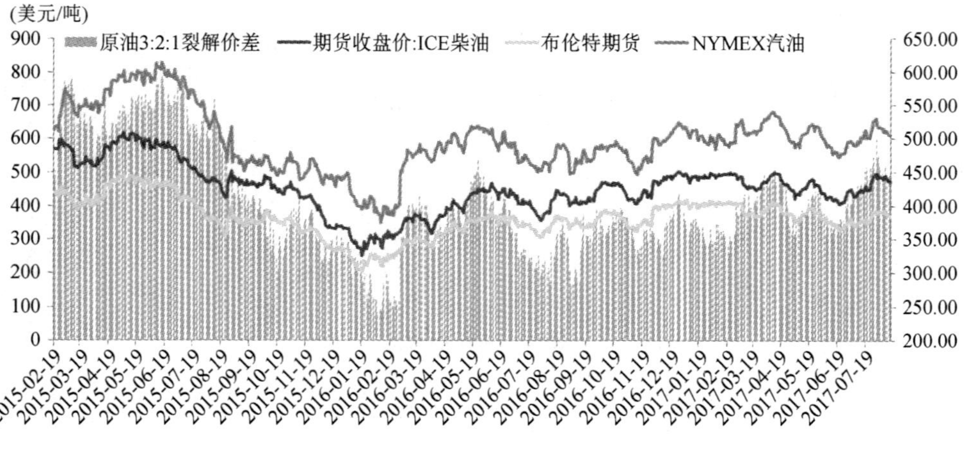

图3 国际市场原油产品期货价格走势与裂解价差

四、经验总结

本案例中，企业从多个角度利用了衍生工具。通过有效的套期保值，企业可优化库存管理，规避不利的价格风险；可对订单进行优化管理，敢于接受长单业务，而不必过于担心成本端的风险；还可利用期货市场品种来建立虚拟库存，提前锁定远期加工利润，获取更稳健的现货生产经营。

同时，企业应充分衡量和评估自身风险，做好风险防范措施：

第一，要构建期货运用的制度化流程，形成企业自己的决策委员会，防止出现行政干预期货操作，成立专门的期货决策制定委员会。

第二，企业运用期货工具以规避企业风险为主，防止出现与现货头寸不对应的头寸，也要防止出现投机行为。

第三，可借助外部咨询机构形成科学性风险管理策略。通过一对一的个性化服务，现货公司不仅可以获得专业的风险管理策略及交易计划，使自身期货团队得到快速成长，还能让企业逐渐接受并灵活运用期货工具，从而真正实现期货服务于实体，稳健企业经营的效果。

（永安期货股份有限公司供稿）

案例 26：

“保险 + 期货”保障胶农收入

——招商期货服务海南胶农

海南省保亭县为国家级贫困县，而其下属的响水镇重要支柱产业之一就是橡胶种植，该镇胶农以橡胶收割出售作为主要收入。2013 年至 2016 年期间，天然橡胶价格一路下跌，由于收入太低，胶农弃割的现象较为普遍，有些胶农甚至大面积砍伐橡胶树。2017 年初，招商期货通过多次实地走访、宣传、调研，普及了“保险 + 期货”项目的作用，获得了当地政府的认可。项目于 2017 年 7 月 24 日由招商期货联合中国人民财产保险股份有限公司落地实施，保障条款为：“保障期限：7 月 25 日—11 月 30 日，保障总量：1 010 吨，保障价格：15 550 元/吨。”截至 11 月 27 日，以当日结算价 13 630 元/吨，剩余三个交易日连续涨停计算，农户可获得赔付金额为：563 418. 4 元。“保险 + 期货”项目的实施弥补了结算平均价与保障价格之间的差价，真正保障了胶农的收入。

一、参保对象介绍

为积极响应中央一号文件号召，以“保险 + 期货”为工具服务“三农”，精准扶贫，本次项目实施地为国家级贫困县保亭县的响水镇。保亭县响水镇有 2 个镇办农场，8 个村委会，是一个以橡胶为重要支柱产业的乡镇。2016 年该镇橡胶种植面积为 21 592 亩，年产橡胶 1 245. 7 吨，收入 1 183. 5 万元。本次项目经过当地村委、镇政府配合走访、调研，最终确定了其中的 1 424 户胶农和南春农场为被保险人，保障橡胶总量为 1 010 吨，覆盖面积为 14 574 亩。被保险人均为黎族，其中 528 户为建档立卡贫困户。

二、金融衍生品工具匹配胶农风险需求

作为橡胶种植农户，通常面临化肥、农药等价格不断上涨的风险，但最主要的仍是橡胶收割出售价格下跌的风险。

2013年至2016年期间，橡胶价格一路走低，让当地胶农叫苦不迭，很多胶农开始弃割，有一些甚至开始减少橡胶种植面积，改种其他经济收益高的农作物，但是橡胶从种植到收割产生收益至少要六七年的时间。

为帮助胶农解决橡胶价格下跌造成的收入过低的问题，招商期货根据胶农割胶出售的实际情况，设计了亚式看跌期权作为保障胶农收入的工具，运用亚式看跌期权方式产生的效果，比胶农收割的实际情况要好。

三、"保险+期货"保障胶农收入

（一）调研情况

项目开展前，招商期货、中国人民财产保险公司等机构对保亭县进行了调研，初步确定了保亭县橡胶产量情况，预估约在1 000—2 000吨之间。

项目进行中，为保证胶农及种植产量的准确性，响水镇人民政府政府和保险公司联合进行信息收集、确认，并与招商期货签订三方协议对此事进行了约定。随后保险公司走访当地村委会和农场，提供了被保险人名单及橡胶保障总量，最后所有信息由保亭县响水镇人民政府盖章确认。

（二）项目实施

项目的整体实施流程见图1。

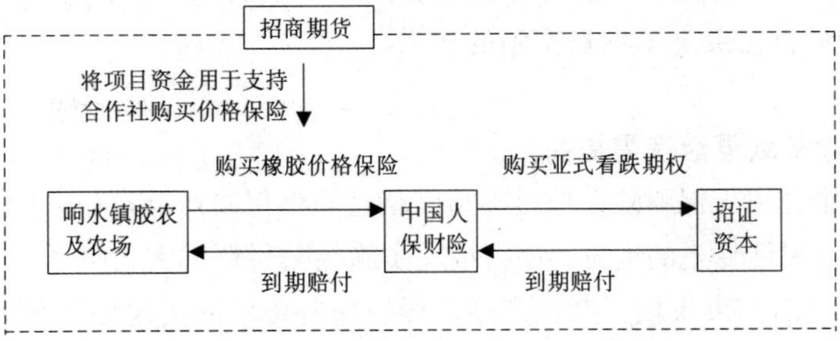

图1　项目实施流程图

项目最初由招商期货垫资约110万元用于代响水镇胶农及农场向中国人民财产保险股份有限公司（以下简称"人保财险"）购买橡胶价格的保险，人保财险为了规避橡胶价格下跌的风险，向招商期货子公司招证资本购买亚式看跌期权进行再保险。

项目到期后，如果约定的橡胶均价低于期权的保障价格，则由招证资本对人保财险进行到期赔付，人保财险收到赔付后对胶农和农场进行相应的赔付。

实际操作中，从立项时的5月到7月这段时间，橡胶价格一直在低位振荡，相对胶农，期货公司对橡胶行情有更深入的研究，因此招商期货一直在等待橡胶价格反弹后再进行操作，最终招商期货于2017年7月24日为胶农购买了保障价格为15 550元/吨的橡胶价格保险。而前期没有对行情进行判断直接购买保险的同类项目保障价格都低于 15 000 元/吨。

招商期货为农户购买的保险中包含的期权部分具体要素如下：

期限：2017 年 7 月 25 日—2017 年 11 月 30 日

权利金率：5.75%

行权价：15 550 元/吨

对应隐含波动率为：49.9%

利率取值：3%

保障橡胶总量：1 010 吨

结算价：观察期限内所有交易日结算价的平均价

标的：上期所 RU1801 合约

项目实施至 11 月 27 日，以当日结算价 13 630 元/吨，剩余三个交易日连续涨停计算，农户可获得赔付金额为：563 418.4 元，真正起到了精准扶贫，服务“三农”的作用。

四、经验总结

项目实施至今已经接近尾声，其中出现了许多问题，也积累了一些成功的经验，对后续项目的实施起到了很好的借鉴意义，我们将经验及教训总结如下：

（一）政府把关，精准扶贫

“保险 + 期货”项目最终目的是服务贫困地区的胶农，因此确定胶农身份信息及橡胶真实产量直接决定了项目实施的效果。

（二）保险条款灵活度需提高

由于本次合作方人保财险在项目签约前就已经将保险产品申报，使得保险条款中出现了很多不可灵活变更的地方，使得按此实施的赔付概率大为降低。保险条件灵活度可以从增加提前结束条款、期权产品多样、保费费率可变这几个方面进行改进。

首先，保险条款中没有提前结束的条款。由于行情变化多端，期货公司对行情的判断相对准确，为了保障农户能够获得赔付，可以添加提前结束的条款保障在市场价格对胶农有利的情况下提前平仓，获得尽可能多的赔付。

其次，保险产品单一、固定。项目立项后由于橡胶价格一直处于 14 500 元/吨低位振荡，如果仅采取亚式看跌期权产品赔付的可能性极低，对农户意义不大，所以建议采取分期行权价变动的亚式期权。分期行权价变动的亚式期权实际是由多笔远期起始期权组成，且行权价变动。因此如果某一时期内橡胶均价下跌，农户均可获得赔付，从而可以极大地提高赔付的概率。

（招商期货有限公司供稿）

案例 27：

三方合作共赢，打造铁矿石套保新模式

——冠通期货服务河北某钢铁集团

一、发挥股东优势，满足钢企就近交割需求

河北某钢铁集团成立于2009年12月，2015年实现销售收入超650亿元，总资产超过350亿元，具备年产钢1 100万吨的生产能力，是集钢铁冶炼、装备制造、地产、金融租赁等产业于一身的综合性集团公司。钢铁集团的主业成员A钢铁冶炼企业（以下简称“A冶炼企业”），已在冠通期货开展套期保值操作，主要方式是对原料的买入保值。冠通期货在进驻A冶炼企业进行期货培训和风险平台搭建时，了解到A冶炼企业急迫地需要进行铁矿石的买入保值，以大幅降低原材料采购环节的成本。但A冶炼企业在买入套保过程中又担心，最终在实物交割环节无法在就近的港口拿到匹配公司高炉烧结的铁矿石现货。这一担心制约了A冶炼企业，使其始终无法大量地进行铁矿石的买入保值。了解到这一情况后，冠通期货积极与大股东B贸易集团进行协商，发挥B贸易集团的优势，提供现货贸易服务，推进针对A冶炼企业的创新期货保值业务。B贸易集团是一家在精细化工、天然橡胶、铁矿石、焦煤等领域从事实业投资、物流、贸易分销等国际化经营的大型国有控股上市公司。在冠通期货的积极协调下，B贸易集团与A冶炼企业一拍即合，很快达成共识，经过多次协商逐步完善形成了目前多方共赢的商业模式。

总体运作思路与参与流程如下：

1. B贸易集团与冠通期货共同参与到A冶炼企业的采购和套保方案的定制。A冶炼企业在期货上布置多单买入铁矿石，满足生产需求进行采购，并持有至交割月。如果期货头寸最后不参与交割，A冶炼企业可在冠通期货的辅助分析或指导下选择平掉多头持仓；如果需转入交割环节A冶炼企业则需与B贸易集团进行合作。

2. 进入交割环节，B贸易集团和A冶炼企业签订仓单换现货的合同即现货采购合同，仓单转至B贸易集团名下，并由冠通期货、A冶炼企业和B贸易集团三方前往交割库实地查验矿石品质；A冶炼企业生产所需的现货则由B贸易集团采购并运送至A冶炼企业指定的港口接收。

3. 由于仓单交割品质的不确定，根据三方查验结果，A冶炼企业可在转让仓单过程中给予B贸易集团一定让利，而B贸易集团则需要确保A冶炼企业能接收到满意品质的现货，达到共赢。

二、参与三方的收益分析和风险防控

（一）A冶炼企业

1. 收益分析。一是由于B贸易集团有实力保障A冶炼企业就近提货，使得A冶炼企业稳定地获取铁矿石贴水利润，减少了原材料的采购成本。二是A冶炼企业与世界500强大型国有企业B贸易集团开展合作可以拓展其客户群体，有助于扩大业务规模（见表1）。

表1　A冶炼企业利润核算（以2015年7月末为例）

期货端	现货端
2015年7月末，冠通期货的铁矿价差保值系统发出买保信号通知A冶炼企业进行买入保值；A冶炼企业将2015年四季度部分原料采购利用期货进行价格锁定；当时盘面价格为380元/干吨	天津港8月初现货折合干基价格为410元/干吨。A冶炼企业进行正常的现货原料采购；与此同时在期货市场上进行相应采购数量的平仓操作，由于临近交割，期货价格与现货价格基本保持一致
期现综合盈利：410－380＝30元/干吨，即可实现每吨铁矿石采购价格降低30元/千吨，扣除交易成本、A冶炼企业对B贸易集团的利润让渡，综合采购成本可比现货降低20元/千吨左右	

2. 风险防控。首先A冶炼企业最大的风险是无法按时拿到符合要求的现货，从而影响正常的生产。这就需要A冶炼企业与B贸易集团双方签署换货协议确定交货的时间、品位和交货地点，同时增加了三方实地检验的环节。其次，入场时机不佳价差继续扩大造成的交易性风险，这种风险在当时设计方案时可以规避。因为冠通期货利用专业优势，在设计入场条件时已经充分考虑了各品种之间的价差，为保值入场提供了充分的价格优势，从而使得交易性亏损可能比较小，多数情况下可以获利平仓。

（二）B贸易集团

1. 收益分析。B贸易集团在辅助A冶炼企业完成期现结合采购的过程中，可以逐步建立信任关系，成为A冶炼企业首选的现货供应商，扩大铁矿石的销售规模。同时，B贸易集团与钢厂的合作过程中，可以获得等同于现货销售的收益（见表2）。

表 2　　B 贸易集团的利润核算（以 2015 年 7 月末的实际案例为例）

现货销售端	外矿采购端
当前的港口现货销售车板价格为湿基含税 420 元/吨，假设期货交割的结算价为 420 元/吨，此为干基含税价，合湿基含税 378 元/吨 现货销售端盈利 = 现货销售价 - 仓单结算价 - 出库费（15 元/湿吨）=420 - 378 - 15 =27 元/湿吨	普氏铁矿石 62% 指数 57.25 美元/吨，外矿采购，普氏加 1 美元成交，合湿基含税 380.25 元/吨 外矿采购端亏损 = 外矿采购价 - 仓单结算价 = 380.25 - 378 元 =2.25 元/湿吨
内外购销综合盈利：27 - 2.25 =24.75 元/湿吨	

2. 风险防控。首先是 B 贸易集团无法确定具体的仓单交收地点，因此无法确定该区域是否有稳定的客户群体来保证提货快速售出；其次不同港口的仓单提货费用不同，或部分稀释价差利润；另外目前期货价格对港口现货处于贴水状态，且这种贴水结构仍将保持相当长的时间，但不排除未来贴水结构转变带来的提货风险。

（三）冠通期货

冠通期货在该合作模式下的收益如下：一是冠通期货在该业务合作模式中获取了完善的服务现货产业客户的业务模式；二是业务模式成熟后可以进行复制，使得冠通期货的产业客户快速增加；三是冠通期货可以参与到 A 冶炼企业的实际运营，通过对企业盈利状况的监控，逐渐完善期货交易模型用以服务期货资产管理业务。

其中重点是通过服务实体产业反哺期货资产管理业务。由于目前期货上市的黑色产业链品种已经相当完备，从产业上游的铁矿石、焦煤到产业终端的螺纹钢、热轧卷板，期货品种已经覆盖黑色的全产业链。黑色产业链内部的各个品种具有非常强的正相关性，这也为最终实现价差、价格比套利模型的盈利提供了重要的理论依据。冠通期货在对产业客户服务的过程中加深了对黑色产业链的理解，通过产业链的强弱逻辑实现产业链内的套利投资模式。该模式同时在服务冠通核心客户和近期发售的几期资产管理产品中进行实盘应用，取得了丰厚的投资回报。

三、案例启示

综上所述，在此次 A 冶炼企业、B 贸易集团和冠通期货三方进行创新式合作套保的过程中，三方秉承合作共赢的原则，紧紧抓住各方的核心诉求，积极拓展新的业务模式是最终取得成功的关键。A 冶炼企业积极打破传统的采购模式，利用期货价差锁定原料成本，形成理念和业务模式上的突破。B 贸易集团在此次合作套保中，深入了解了铁矿石的交割环节，为进一步做大铁矿石贸易量积累了丰富的经验。冠通期货在此次服务产业客户的过程中，实现了套保系统与现货贸易的实战对接。同时，冠通期货通过A冶炼企业和B贸易集团的合作深入了解了黑色产业链的核心运行逻辑，用以反哺期货资管，取得了从服务现货产业客户到形成资产管理产品质的飞跃。

（冠通期货股份有限公司供稿）

案例 28：

套期保值、仓单互换业务助力企业经营

——鲁证经贸服务某铝加工企业

某大型铝加工企业位于中部地区，加工产品 70% 用于内销，30% 用于出口。公司原料主要是重熔用铝锭，采购方式是长单采购和现货采购结合。公司 2013 年开始参与期货交易和期货交割，因地处中部地区，交易所交割仓库位于华东和华南地区，买入交割会额外产生运费，增加了采购成本。根据企业原料采购、成品内外销以及期货交割面临困难的现状，鲁证期货风险管理子公司鲁证经贸对公司风险源进行分析，并为其提供相应策略。

一、风险来源分析

（一）库存价值波动风险

为维持正常的生产经营，公司通常持有销售合同之外常备半成品、成品等库存，若铝锭市场价格下跌，则库存贬值，若铝锭市场价格上涨，则库存升值，因此企业面临库存商品价值波动风险。

（二）内销产品销售价格波动风险

公司销售定价大部分采用以发货当日现货价格为定价基准的点价方式，而原材料采购大部分以现货价格的月均价、周均价作为定价基准的均价定价方式，购销节奏及定价方式的区别使得公司当月正常的经营利润受到铝价波动影响，面临内销产品销售利润的波动风险。同时若出现当月采购量过大，购销差额将存在未来销售价格的不确定的风险敞口（见图 1）。

（三）出口产品伦沪铝正向价差缩小风险（沪伦比值增大风险）

公司外贸出口产品销售价格大部分以 LME 铝现货结算月均价作为定价基准，原材料采购大多以长江现货月均价定价，两个市场的价差是影响出口产品利润的重要因素之一。

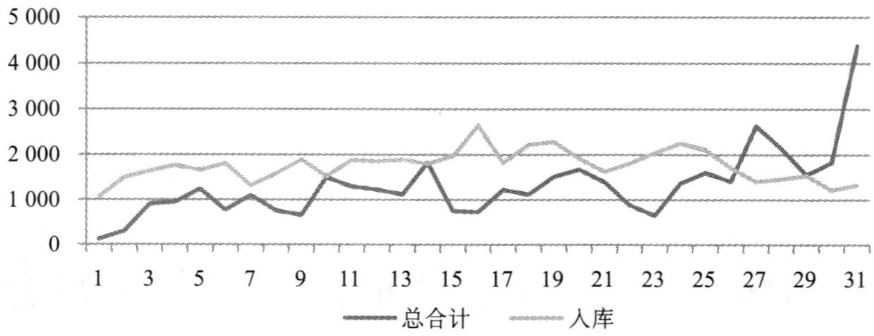

图1 不确定的风险敞口

二、交易策略

（一）库存价值的保值策略

对于公司常备半成品、成品等库存，结合库存成本、数量变化等，在市场对供大于需的矛盾形成稳定预期时，铝锭价格面临较大的下行风险，择机对部分常备库存的建立卖出保值头寸，在铝锭价格充分消化市场供需矛盾，调整到位时，逐步或一次性的对卖出保值头寸进行平仓。规避库存价值波动风险。

（二）内销产品利润的保值策略

公司购销行为存在铝锭采购进度均匀进行、产品销售进度不均匀的特点，且两者的定价方式存在差异，铝价的变动容易引起购销活动的价格重心不同，在购销量出现差异以及铝价波动性较大时，对购销量不匹配的差额在期货市场进行卖出或者买入风险敞口对冲操作，保证内销产品利润，随着经营活动的开展，跟踪调整期货操作方向及头寸。

（三）出口产品利润的保值策略

外贸出口产品利润受到国内外铝锭价差的影响较大，若国内外正向铝锭价差达到一定幅度，出口产品利润得到保证，可对未来的外贸购销活动部分进行卖伦铝、买沪铝的利润锁定操作。当预期国内外铝锭正向价差有缩小或者反向价差扩大的趋势，也可通过期货市场进行出口利润锁定。

三、应用案例

（一）2014年11月外贸出口产品利润保值

1. 背景。出口业务占公司产品销售总量的30%左右，存在跨市场价差风险。数据显示，国内外铝锭价差自2011年下半年以来大部分时间处于倒挂状态，最大程度达到－200美元/吨左右。公司主要利润来源于加工利润，国内外铝锭价差影响公司正常利润。当前伦铝价格高于国内铝价约＋130美元，该价差有利于公司出口业务，针对部分出口业务订单进行价差锁定，保证公司利润。

2. 操作。11 月初操作 LME 铝 3 合约卖出 900 吨，沪铝 1501 合约买入 900 吨，国内外价差为 132 美元/吨。

11 月中下旬随着销售的进行，对两个市场头寸在价差 110 美元/吨附近进行平仓（见图 2）。

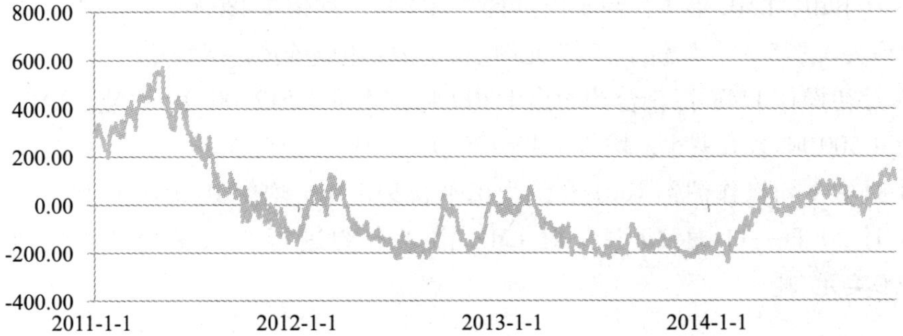

图 2　国内外期货 3 个月活跃合约美元价差

（二）2015 年 2—4 月库存保值

1. 背景。公司在 2014 年销售情况较好，且临近春节，考虑到上游企业的放假和运输紧张等因素，公司开始筹备春节备货。所备原料以铝锭、大扁锭为主。因春节假期相对较长，突发事件出现概率较大，且国外市场继续交易，这两者都能造成春节所备原料面临较大的价格波动性风险。若价格一旦发生下跌，库存将贬值，影响公司正常的经营利润。当前铝价行情随着石油价格下跌持续走低、伦铝走弱，疲弱的供需基本面，使铝价面临较大的下跌风险。

2. 策略。对公司春节所备原料部分进行卖出保值，锁定相应存货的价值。

3. 操作。2 月在沪铝 1504 合约上合计卖出 5 000 吨，均价 13 056 元/吨；3 月买入平仓沪铝 1504 合约 5 000 吨，均价 13 220 元/吨；3 月底在沪铝 1507 合约卖出 2 000吨，均价 13 363 元/吨；4 月中旬买入平仓沪铝 1507 合约 2 000 吨，均价 13 113元/吨。

（三）2015 年 10—11 月外贸出口产品利润保值及库存短期保值

1. 背景。美国经济整体向好，美元指数短期回调但未呈现未呈现走弱趋势，对基本金属价格形成压制。国内铝行业基本面仍然较差，下跌趋势明显，在铝价快速暴跌背景下，铝几乎全行业陷入亏损，破产、停产、弹性减产是企业应对的普遍方式。通过对国内外市场铝价变动趋势及跨市场价差的观察，预计国内铝价仍将下跌，进而倒逼铝行业洗牌，但是考虑到成本支撑，铝价下跌空间有限。

2. 市场。国外市场相对稳定，且伦铝强于沪铝，公司出口产品利润出现转好迹象。由内外倒挂价差，变为正挂，预计未来随着国内铝产品出口增大，国内外铝价差将收窄。同时，国内外市场联动性增强，国内铝价长期探底，预计未来伦铝价格随着沪铝走势下跌概率较大。

3. 操作。10 月上旬操作 LME 铝 3 合约卖出共计 6 000 吨，均价 1 588.78 美元/吨。

10 月中下旬进行买入平仓 6 000 吨，均价 1 550.79 美元/吨。

10 月下旬，LME 铝 3 合约卖出共计 2 700 吨，均价 1 486.65 美元/吨；操作沪铝 1601合约买入 915 吨，均价 10 717 元/吨；伦沪铝价差约为 +44 美元/吨。

11 月初操作 LME 铝 3 合约卖出 1 800 吨，均价 1 512.00 美元/吨，LME 铝最高持仓为 4 500 吨卖出头寸，均价 1 496.79 美元/吨。

11 月中下旬操作沪铝 1601 合约卖出平仓 915 吨，均价 10 350 元/吨。

11 月 20 日—11 月 30 日，对 LME 铝 3 合约进行买入平仓 4 500 吨，均价 1 450.00美元/吨。

（四）仓单互换方案

1. 背景。某加工企业在期货市场买入套保，希望进行买入交割。由于企业位于河南地区，交易所交割厂库在华东地区，若买入交割，仓单从华东地区运回河南会产生一笔额外运费成本。

2. 方案。为帮助加工企业解决买入交割后仓单的运输成本问题，鲁证经贸提供了仓单互换的解决方案。加工企业在建立期货头寸后，若有交割意向，在持有近月合约进入交割月后，将交割数量告知鲁证经贸。鲁证经贸通过对市场考察分析，了解到西部地区冶炼企业将铝锭运输至华东地区和华南地区都要经过河南，可与冶炼企业洽谈货物互换。互换方式为鲁证经贸与西北冶炼企业对接，冶炼企业发送货物至铝加工企业指定的仓库，同时鲁证经贸将持有的仓单与冶炼厂进行互换。

3. 效果分析。对于铝加工企业节省了 200 元/吨的汽车运费，对于冶炼企业节省了 100 元/吨的火车运费。

附件：

仓单互换合同

甲方：鲁证经贸有限公司

乙方：

为帮助乙方实现期货保值目标，通过仓单互换贸易节约乙方运输费用，稳定乙方铝锭供应，甲方利用自身资源优势负责乙方持仓在进入交割期后的仓单交割与现货互换渠道服务。乙方在甲方指定期货公司开立期货账户建立头寸。买卖双方经友好协商，就仓单互换达成如下协议：

一、互换商品：AL99.70 铝锭，品牌：不限，质量符合国标 GB/T1196 - 2008

标准。

二、数量：以甲乙双方共同确认的交割数量为准，互换数量磅差允许范围在1.5‰。

三、价格：乙方在进入交割月最后交易日五个工作日前，确定交割数量并书面通知甲方。甲方协助乙方进行交割相关手续的准备，至完成交割持有仓单。在乙方持有仓单当日，乙方按照长江有色金属网（http：//www.ccmn.cn/）长江现货铝的报价均价将持有仓单销售给乙方，当日将仓单转移至甲方名下，并开具增值税专用发票；同日，甲方按照长江有色金属网（http：//www.ccmn.cn/）长江现货铝锭的报价均价将符合互换商品质量标准的铝锭销售给乙方，并开具增值税专用发票。

四、交货期：原则上不超过乙方持有仓单后5个工作日，如遇特殊情况，双方协商解决。

五、交货地点：甲方的交货地为巩义仓库，乙方的交货地为上海期货交易所指定铝锭交割仓库。

六、协议履约：

1. 如果甲方在规定日期内未能将确定数量铝锭供应给甲方，造成甲方因后期价格变动带来的损失，将由甲方承担；

2. 如果乙方未能按规定去履行交割，无法提供仓单，造成乙方因后期价格变动带来的损失，由乙方承担相应责任。

七、其他：本合同未尽事宜，双方友好协商。若双方发生交易纠纷或者其他争议的，可以自行协商解决，协商不成的，协商不成可以向守约方所在地法院起诉。

本合同一式两份，供需双方各执一份，传真件具有同等法律效力。

八、合同有效期：本合同自甲乙双方签字或盖章之日起生效，至合同实际履行完毕之日终止。

甲方：鲁证经贸有限公司	乙方：
委托代理人：	委托代理人：
联系电话：	联系电话：
地址：	地址：

（鲁证期货股份有限公司供稿）

案例 29:

利用期货保驾护航，企业市场共同成长

——PTA 期货服务翔鹭石化

一、翔鹭石化概况

翔鹭石化股份有限公司（以下简称“翔鹭石化”）是一家由国务院批准成立的大型石化企业，也是我国第一家非国有性质的 PTA 生产企业，注册资本 33.4 亿元人民币，总部位于厦门市。公司 2002 年涉足 PTA 生产，随后积极向产业链上下游拓展，先后建成了聚酯瓶片厂及 PX 工厂，具有一定的行业地位。

翔鹭石化的主营业务为 PTA 的生产、加工和销售，PTA 销售收入占营业收入的 90% 以上，是公司利润的主要来源。翔鹭石化作为国内规模较大的 PTA 生产销售企业，产品价格波动是其面临的主要经营风险，为增强企业的竞争力，翔鹭石化在 PTA 期货上市初期便积极参与，并在此过程中不断研究探索、总结完善，形成了一套独特的期货市场参与模式，并取得了较好效果。

二、PTA 期货上市以前的翔鹭

翔鹭石化于 2002 年开始投产 PTA，最初设计产能为 165 万吨/年。由于 PTA 是基于原油加工而得到的下游产品，其定价缺乏独立性，通常随着国际原油价格的波动而大幅震荡。但 PTA 现货价格与国际原油期货价格相关性较低，以 2004 年 5 月至 2006 年 12 月为例，该期间内两者相关系数不足 0.5，国际原油期货也不宜作为风险规避的工具。这一阶段，翔鹭石化对于 PTA 产品价格的波动一直没有良好的解决方案，迫切需要寻找更为合适的期货产品进行风险规避。

三、PTA 期货助力翔鹭石化稳健发展

2006 年 12 月 18 日，郑州商品交易所顺应市场需求推出了 PTA 期货。上市伊始，翔鹭石化就十分关注 PTA 期货，并主动学习利用 PTA 期货进行风险管理的方

法，历经探索阶段、成长阶段和发展新阶段，积累了丰富的期货业务经验，有效规避了市场风险，为企业持续健康发展提供了有力保障（见图1）。

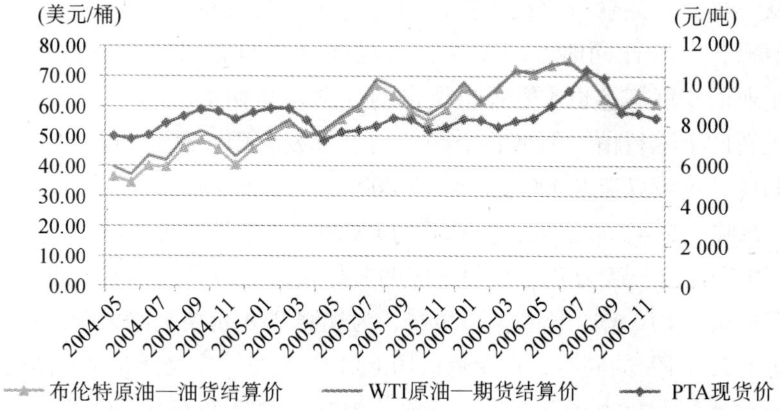

图1　PTA 现货价格与国际原油期货价格走势图

数据来源：Wind 资讯。

（一）探索阶段（2006—2008 年）

1. 阶段特征。2006—2007 年，我国经济保持着两位数的高速增长，PTA 等石油化工行业也迎来了高速发展的黄金时期。然而 2008 年初，随着美国次贷危机的爆发，全球经济下行，国内外需求由盛转衰，PTA 的下游产品，如纺织、塑料等需求萎缩，导致产业链下游企业库存高企。翔鹭石化等 PTA 生产企业面临的市场风险陡增，迫切需要寻求合适的避险工具。

2. 翔鹭石化不断学习和熟悉 PTA 期货。这一时期，翔鹭石化通过在期货市场上套期保值，有效规避了产品价格波动风险。为了达到这一效果，公司着重开展了如下工作：

（1）主动学习，大力推动。在 PTA 期货上市以前，翔鹭石化便认识到 PTA 期货在风险管理中将起到至关重要的作用，积极参与郑州商品交易所 PTA 期货上市相关市场调研与可行性论证。PTA 期货上市以后，公司认真学习套期保值业务规则，为成功利用 PTA 期货进行风险管理打下了基础。

（2）构建团队，谋求转型。为了顺利开展期货业务，翔鹭石化一方面从公司现货部门调拨人手，加大培训力度，培养熟悉期现货市场的综合人才，另一方面加大外部人才引进力度。在较短时间内实现了团队转型，初步构建起一支较为专业的期货团队。

3. 探索利用期货市场。对于翔鹭石化而言，这一时期尚处于探索尝试阶段，主要是利用期货市场的套期保值功能规避 PTA 价格下跌风险。翔鹭石化在综合研判宏观形势及产业整体未来行情后适时介入期货市场，并结合企业自身生产经营情况确定具体的套保策略。

4. 典型案例：套期保值规避产品价格波动风险。2008 年第二季度（金融危机爆发前），翔鹭石化并没有如期收到客户的预付款。调研后发现，客户的库存水平已接近历史高位。结合现货市场情况和期货盘面价格走势等信息，判断未来 PTA 价格将会下跌。据此，翔鹭石化在期货市场上建立空头头寸，注册标准仓单，进行卖出套期保值操作。与此同时，PTA 期货市场部分参与者仍在盲目做多，同是大型 PTA 生产企业的华联三鑫也本着投机做多的理念参与期货市场。虽然此后一段时间内出现了短暂的上涨行情，但随着金融危机的爆发，PTA 现货价格迅速下跌，在短短半年时间内，连续跌破 8 000 元/吨、7 000 元/吨、6 000 元/吨、5 000 元/吨大关，在最低点时每吨只有 4 300 多元，折算后的 PX 现货价格处于历史低位。此时，翔鹭石化根据多年生产经验，认为 PTA 价格已经明显超跌，后市看好。由于翔鹭石化自有的聚酯工厂需要买入 PTA 作为原料从事生产，为规避 PTA 价格上涨风险，翔鹭石化决定在现货市场上买入 PX 的同时，在期货市场上对 PTA 进行买入套期保值操作。

翔鹭石化通过期货市场套期保值，成功规避了 PTA 价格波动风险，稳固了行业龙头的市场地位。与之相反，华联三鑫因在期货市场上盲目投机，造成巨额亏损，公司面临破产。

（二）成长阶段（2009—2014 年）

1. 阶段特征。金融危机爆发后，为了稳定经济增长，我国出台了一系列经济刺激计划。在此期间，我国 PTA 生产企业年度总产能从 2009 年的 1 500 万吨扩张到 2013 年的近 4 100 万吨，增长约 1.7 倍。翔鹭石化也筹建了漳州分公司，设计产能 450 万吨/年。但随着 PTA 产能迅速扩张，行业利润率逐渐降低，市场竞争加剧，经营风险加大，对风险管理提出了更高要求。

2. 翔鹭石化深化利用 PTA 期货市场。这一时期，翔鹭石化对期货市场的参与程度进一步提高，操作手段也更加灵活，不仅有效规避了产品价格波动风险，还规范了企业经营管理，强化了风险控制意识，提升了期货交易、交割等实际操作水平，具体表现在如下两个方面：

（1）加强人才培养，提升业务水平。经过多年的经营发展，翔鹭石化建立了一支经验丰富的期货团队，同时摸索出一套适合自身特点的人才培养体系：首先，期货团队成员主要从公司内部具有丰富现货业务经验的员工中遴选；其次，进入期货团队的成员先从研究员做起，培养其对期现货市场价格的敏感性，经过培训后参与实际交易，但交易过程需要完全按照预定计划执行；最后，团队成员在积累了较为丰富的操作经验后，可以直接负责套保计划的制定以及交易过程中的风险监控工作。

（2）强化风控意识，完善组织架构。翔鹭石化在参与 PTA 期货市场的过程中，充分意识到期货业务自身的风险，在企业日常管理中，不断宣传和强化风险控制意识，在期货操作理念上，坚持套期保值，不做投机交易，逐渐建立起一套富有针对性的风险控制制度。具体措施包括：严格控制套期保值比例，根据公司的风险承担能力和生产计划，将套期保值比例设定为不超过公司同期总产量的 15%，并明确划定止损点；财务部门定期委派专人对期货业务操作合规性进行监管协查。此外，公司还十分注重培训和提高期货团队的业务操作能力，鼓励期货部门在综合考虑生产经营情况的同时，灵活制定套保策略，坚持期现联动，提高决策的科学性。

随着翔鹭石化参与 PTA 期货市场的不断深入，其组织架构和业务流程也在不断完善和优化。翔鹭石化在参与 PTA 期货市场之初成立了期货业务部门，后来为了适应业务发展，成立了期货决策委员会、期货执行小组等机构，并设立期货监察专员岗位。其中，期货决策委员会主要负责制定期货套保计划；期货执行小组负责套保计划的具体执行，并向委员会反馈交易结果；期货监察专员则由财务部门委派，负责期货套保业务的监察工作，并于每月末向委员会提交监察报告（见图 2）。

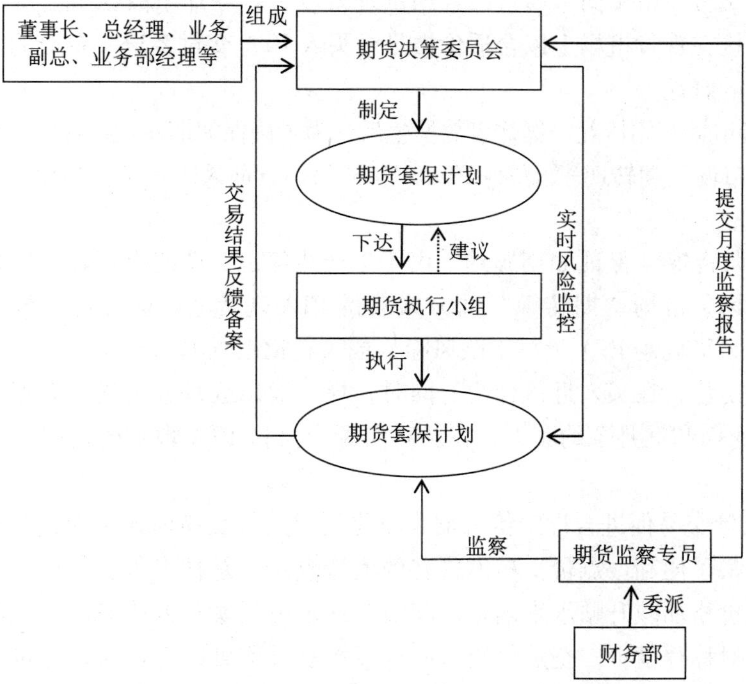

图 2　翔鹭石化期货业务组织架构和流程图

3. 期货市场利用情况。2012 年，翔鹭石化被批准为 PTA 指定交割仓库。这一时期，翔鹭石化对期货市场的利用愈加成熟，从利用套期保值规避价格波动风险，到逐渐开展起 PTA 期货仓单贸易。由于 PTA 期货的标准仓单为通用仓单，卖方在其所在地交割仓库注册仓单后，买方可以直接凭仓单在任意有货的交割仓库提货。翔鹭石化充分利用这一特点，成功化解了经营风险，维护了公司信誉。

4. 典型案例：借助通用仓单顺利履约。2010 年 10 月，台风“鲇鱼”将在厦门附近登陆，货运码头全部封闭，导致 PTA 现货无法正常运出交付给下游客户。如果不能及时交货，翔鹭石化就要面临违约风险，将对公司信誉造成不良影响。

为确保及时履约，翔鹭石化根据 PTA 期货仓单的通用性特点，决定将该批产品就地注册为期货标准仓单，并将仓单转交客户，客户则在异地交割仓库直接提货。

通过灵活运用期货市场交割方式，翔鹭石化确保了在极端天气下的及时履约，同时也节省了物流成本。

（三）发展新阶段（2015 年至今）

1. 阶段特征。2015 年，我国经济进入供给侧结构性改革的新时期，迫切需要淘汰落后产能，实现产业转型升级。由于原油价格低迷，石化行业终端需求不振，产业链上下游企业利润水平也触及了历史新低，形势空前严峻。

“屋漏偏逢连夜雨”，2015 年 4 月，翔鹭腾龙集团①旗下的腾龙芳烃突发爆炸事故，作为 PTA 生产原料的 PX 供给中断，翔鹭石化生产线被迫停工，无法通过正常生产向客户交货。由于尚未履行的合约供货量较大且爆炸事故已成公开信息，翔鹭石化难以直接在现货市场上以合适价格足量买入 PTA 交付客户，企业的生产经营陷入内外交困的窘地。

2. 期货市场利用情况。爆炸事故发生后，为了确保如期履约，翔鹭石化一方面充分利用期货市场“期转现②”获得 PTA 现货，另一方面采用点价交易模式有效控制了 PTA 采购成本。

（1）“期转现”保证如期履约。由于生产线停工，产能出现较大缺口，翔鹭石化主要运用期货市场“期转现”的方式获得 PTA 现货，以保证对下游客户及时履约。同时，为了规避 PTA 价格下跌风险，翔鹭石化根据原料价格、市场供求状况以及市场未来走势，在买入近月合约的同时，择机卖出远月合约进行套保。通过仓单“期转现”操作和远月合约套保，在及时向客户交付 PTA 现货的同时，规避了价格风险。

（2）点价交易促进合理定价。翔鹭石化利用点价交易模式，为企业经营发展和现货贸易带来了便利。点价交易模式有两大特点：一是在点价交易中，成交价格是以某月期货价格加减升贴水来确定，其中升贴水由买卖双方协商决定，降低了买卖双方信息不对称程度；二是点价交易中，买卖双方均可以有针对性地进行套期保值操作，一定程度上规避了传统交易方式中的价格波动风险。

3. 典型案例

（1）“期转现”确保履约。2015 年 4 月，受腾龙芳烃爆炸事故影响，翔鹭石化被迫停工。为保障对下游客户及时履约，公司决定通过期货市场建立虚拟生产线，以确保其现货合约的正常履行。事故发生后，翔鹭石化于当月以 4 690 元/吨买入约 8 万吨期货标准仓单，之后每个月视当月现货合同执行情况买入相应数量的期货仓单。同时，翔鹭石化通过在期货市场建立虚拟生产线，在买入期货合约的同时在远月进行套期保值，随后进行“期转现”，实现了“不生产 1 吨 PTA 的情况下，在 7 个月内正常履约”，满足了下游客户的 PTA 供应。在此过程中，翔鹭石化累计向客

---

① 翔鹭石化、腾龙芳烃均属于翔鹭腾龙集团。

② “期转现”是指持有同一交割月期货合约的多空双方达成买卖协议后，变期货仓位为现货仓位的交易。

户供应约 112 万吨 PTA 现货（平均 16 万吨/月），其中，通过期货市场“期转现”供货约 100 万吨（平均 14.3 万吨/月），占总交货量的 89.3%，充分发挥了期货市场服务实体经济的作用，帮助公司平稳度过危机。

（2）点价交易控制成本。翔鹭石化为满足合同供货量，除了在期货市场上通过“期转现”获得现货外，还在现货市场上直接购买 PTA 交付客户。在此过程中，通过点价交易，有效控制了采购成本。2015 年 9 月，翔鹭石化计划采购 PTA 现货 5 005吨，与上海一家贸易商达成协议，按照 PTA1509 合约盘面价格上浮 5 元/吨作为最终现货成交价。9 月 8 日，PTA 现货成交均价在 4 325 元/吨左右，期货盘面价格则在 4 300 元/吨左右波动。公司判断 PTA 价格已达适当低位，完成点价 4 300 元/吨并告知贸易商。最终，贸易商在 4 300 元/吨处买入平仓，完成套期保值，本次交易的现货成交价为 4 305 元/吨。通过点价操作，翔鹭石化本次 PTA 采购价格比当天现货成交均价低 20 元/吨，节约了资金，提高了效益。

四、经验总结与启示

通过总结翔鹭石化参与 PTA 期货市场的过程，可以得出以下几点经验：

（一）高度重视利用期货市场进行风险管理

翔鹭石化一直高度重视利用期货市场保障公司稳健经营。首先，在 PTA 期货上市以前，公司大力支持交易所的市场调研和可行性论证；其次，为提高参与期货市场的效率，公司把期货部门与现货部门充分整合，实现信息共享、期现联动；再者，为了提高决策的科学性，在董事长的直接领导下，公司建立了期货决策委员会、期货执行小组等组织机构；最后，为了实现创新发展，公司不断加大人才培养力度，构建专业的期货团队，经常与期货交易所、期货公司以及期货专家沟通交流，通过培训学习，不断总结利用期货市场的经验，提升工作效率。

（二）不断探索创新利用期货进行风险管理的方法

翔鹭石化参与 PTA 期货市场的过程，经历了探索阶段、成长阶段和发展新阶段三个时期。在不同时期，充分结合市场行情和自身经营情况，采用灵活的期货操作思路，因时制宜，不拘泥于既有的模式和成例，勇于探索适合自己的发展道路。在探索阶段，充分利用期货市场套期保值，规避了产品价格波动风险。在成长阶段，随着对 PTA 期货市场参与程度的加深，翔鹭石化利用期货市场的方式也更加丰富，通过借助期货仓单及时履约并节省了物流成本；在此期间，先后被批准为 PTA 期货免检品牌和指定交割仓库。在发展新阶段，当公司产能出现缺口时，利用在期货市场上建立虚拟生产线的方式获得现货，确保了交易合同的顺利履行。

（三）逐渐完善期货业务风险控制体系

期货市场受多重因素影响，风险成因复杂，因而在开展期货业务的过程中，做好风险控制工作尤为重要。多年以来，翔鹭石化始终坚持正确的期货操作理念，以套期保值为出发点，杜绝投机交易。公司为了有效控制期货业务风险，在参与期货市场初期，积极构建专门人才团队，加大培训力度，提高人员素质，降低操作风险，初步建立起期货业务风险控制体系。在此之后，随着对期货业务风险的认识不断加深，翔鹭石化进一步明确期货业务操作规程，合理划定止损点。结合自身情况，在组织架构、决策流程、操作监察等方面持续改进，不断总结经验，最终形成一套较为完善的风险控制体系，为公司的稳定发展提供了有力保障。

（郑州商品交易所期货及衍生品研究所供稿）

案例30：

互惠互利，服务贸易企业生产经营

——广发期货服务华南龙头贸易企业

一、企业基本情况介绍

华南某物资贸易公司是国内龙头造船集团的子公司，公司的经营主业为大宗商品贸易，以有色金属、钢材、油品化工、进出口贸易四个贸易业务板块以及资产经营板块为发展重点。目前公司与国内众多大型企业建立了长期稳定的合作关系，拥有遍及全国的优质资源网络，现已成为华南地区最大的有色金属贸易商，有色金属年贸易量超过140万吨；华南地区最大的钢铁贸易商之一，钢材年贸易量超过70万吨；华南地区最大的化工产品贸易商之一，溶剂油系列产品贸易量华南地区最大，PVC贸易量位居前三，在大宗商品贸易领域拥有强大的市场影响力和良好的美誉度。

面对日益复杂的行业竞争环境，公司主动寻求转型创新，力图实现从大宗物资贸易商到大宗物资交易平台的转变，从为客户提供物资供应的供应商到为客户提供物资供应、金融服务、期货保值、点价等多元化增值服务综合服务商的转变。借助期货市场的价格发现和套期保值功能，运用好期货工具成为转型的关键。

二、企业参与期货市场目的

（一）借助期货市场价格发现功能指导其生产经营

期货价格是商品远期价格的体现，综合反映供求双方对未来某个时间供求关系变化和价格走势的预期。价格信息具有连续性、公开性和预期性的特点。企业通过跟踪品种不同合约的价格，以及近远月价差关系了解未来某个时间商品的价格预期，从而指导其生产经营。

（二）积极利用期货控制成本，锁定利润

企业大宗商品贸易是以销定购和先购后销两种模式相结合，在以销定购的模式下，可结合企业的运营成本，择机在期货上进行买入套保，锁定成本，利润也得到

保障。而在先购后销的模式下，企业可根据采购成本价和运营成本，择机在期货市场上进行卖出套保，锁定利润，从而达到稳定盈利和经营的目的。

（三）借助期货市场，推广点价，扩大销售量

借助期货市场，企业可与下游客户推广点价的定价模式，即企业与客户签订供销合同后，销售价格是“期货价格＋升贴水”组成，客户选择未来一段时间内某一天的期货价格加合同商定好的升贴水进行结算。增加下游客户的定价权，降低了传统贸易定价方式的价格风险，提升客户订货的积极性，扩大销售渠道和贸易量。

三、期货公司与企业合作形式

基于信任和互惠互利的基础，广发期货与华南某物资贸易公司达成了合作意向，双方通过签订投资咨询合同，在人才培养和套期保值方面展开以下合作：

（一）数据和资讯支持

根据物资贸易企业提出的需求，主要拟对黑色金属系列（钢材、焦煤、焦炭、铁矿）品种进行套保。期货公司负责提供以上品种的数据与资讯服务，内容包括但不限于期现、近远月历史价差数据，涉及供需面的最新数据和信息以及突发事件的点评，和基于这些数据资讯的点评及策略。

（二）人才培养

期货公司对现货企业操作套期保值的流程和方法进行培训，同时安排物资贸易公司期货团队到期货研究部轮岗学习，加深现货企业对于期货交易的了解，同时加强现货企业对期货市场套保套利策略等操作技巧的学习。

（三）套保方案设计

根据物资贸易企业的需求，为其设计套期保值操作方案。考虑到企业属于贸易商性质，根据不同时期的价格走势进行买入套保和卖出套保操作。

除设计专项套期保值方案外，期货公司还提供以下日常报告服务：一是不定期单品种策略推荐。针对物资贸易公司经营过程中涉及的商品：黑色金属（钢材、焦煤、焦炭、铁矿）、有色金属（铜、锌、镍、铝）、橡胶等品种，广发期货将不定期以策略报告、现场路演等形式推荐这些品种的风险管理策略；二是 VIP 早评、周报与专题报告。针对物资贸易公司在经营过程中所涉及的品种，或者平时重点关注的品种，期货公司将在交易日提供专项早评 VIP 评论，每周提供专项周度 PPT 周报，提供不定期专题研究报告。

专项早评 VIP 评论报告旨在跟踪品种的实时数据、最新信息以及突发事件，就

这些方面及时分析判断，提出看法、策略。专项周度 PPT 周报旨在全面跟踪品种数据、供求关系动态变化与行情逻辑演化，就此提出看法、策略。

四、套期保值操作和案例分析

（一）企业套期保值需求

物资贸易企业的钢材处拟对其板材库存进行套保，根据其贸易方式，主要从北方钢厂拿货，销售区域主要在华南和华东，销售周期在 20—30 天。与钢厂订货采取每单锁价加月均价格结算相结合，采购模式有以销订购和先购后销相结合；销售一般参考市场价上下浮动。从企业的贸易方式和流程可以看出，企业面临来自采购和销售两端的价格变动风险，一方面价格上升会增加以销订购模式下的采购成本；另一方面如果价格下跌会吞噬先购后销模式下的利润。所以套保方式采取买入套保和卖出套保相结合的方式。

除了趋势性套保，企业还尝试进行期现套利、盘面套利等增值投资模式。期现套利是指围绕期现价差波动进行的基差逐利操作。当基差处于较低水平，卖出期货，购入现货，甚至多购入现货，让现货呈现一定敞口；而在基差处于较高水平，则买入期货，抛出现货，必要甚至多买入期货，让期货头寸呈现敞口。盘面套利是指根据近远月价差和品种之间价差变动进行跨期和跨品种套利操作。

（二）套期保值操作

物资贸易企业有明确的内控制度，还有专门的期货团队执行套期保值和套利操作，期货公司主要为其提供策略服务，企业根据库存情况自主决定套保交易规模，同时根据期现价差变动情况进行基差套利操作。

（三）案例分析

自 2017 年第三季度与企业签订投资咨询合同以来，企业在趋势性套保、套利交易和基差交易做了尝试，取得了不错的效果，提供以下两个操作案例，以供参考：

1. 买入螺纹钢套保策略

9 月初，企业与下游客户签订一份 11 月中旬交货的螺纹钢销售合同，由于交货周期较长，企业担心后期钢材价格上涨，增加采购成本。于是计划在期货市场进行买入套保，根据企业的需求，结合对当时行情和基差的研判，广发期货给出了如下套保策略（见表 1）。

策略效果分析：9 月 21 日，企业以 3 655 元/吨价格买入 RB1801 合约，华北现货价格3 980元/吨，现货与 RB1801 合约基差 325 元，期货贴水幅度 9%。之后螺纹钢价格一直在 3 500 - 3 700 元之间窄幅波动，直到 11 月中旬突破区间震荡走势，11 月 16 日，企业以当天华东现货价格交货给客户，并平掉期货头寸，完成套保。当天

表 1 买入螺纹钢套保策略内容

交易合约	RB1801
交易方向	买入套保
进场位区间	3 600 - 3 700 元/吨
进场基差参考	300 - 350 元/吨
出场基差参考	150 - 200 元/吨
建议仓位	30%
交易逻辑	1. 基本面：11 月正式进入采暖季高炉限产，产量将出现阶段性收缩，需求方面，虽然环保督查导致部分地区工地停工检查，但总体上需求下滑不如供给端收缩大，同时库存处于较低水平，如不出现较大幅度上升，需求大面积下滑不能被证实，现货将维持易涨难跌状态 2. 钢价盘面价格下跌过程中，现货价格较为坚挺，期货贴水不断加深，基差走强，后期继续贴水的空间有限，有利于买入套保
主要风险分析	1. 环保限产抑制下游开工 2. 基差继续走强

RB1801 价格为 3 883 元，期货盈利 228 元/吨；现货价格 4 150 元/吨，现货亏损 170 元/吨；基差 267 元，贴水小幅收敛至 7%。

此次套保过程中，虽然钢材价格上涨，现货采购成本增加 170 元/吨，但基差走弱使得期货套保操作盈利 228 元/吨，不仅弥补了现货端的亏损，还有 58 元/吨的盈利（见表 2）。

表 2 具体盈亏

操作日期	操作性质	期货价格（元/吨）	现货价格（元/吨）	基差（元/吨）
9 月 21 日	买 RB1801	3 655	3 980	325
11 月 16 日	平仓	3 883	4 150	267
盈亏统计		228	-170	58

2. 点价交易

9 月下旬，企业热轧库存偏高，钢价刚经历一波下跌，下游观望情绪浓厚，采购意愿不强，为了降低库存，企业从 10 月份开始实行点价销售形式，以签订合同未来一个月内的期货价格加升水 150 作为结算价。

10 月 13 日华南某客户与企业签订了一份点价合同，结算方式确定为未来一个月的期货价格加升水 180 元。企业为锁定销售利润，当天以 4 128 元/吨卖出 HC1801 合约价格进行套保，当天华南现货价格为 4 310 元/吨。

10 月 27 日客户进行点价，当天期货价格是 3 834 元/吨，客户采购成本是 3 834 + 180 =4 014 元，而当天华南现货价格是 4 140 元/吨，客户点价使得采购成本比当天市场采购价减少 126 元/吨。

客户点价当天，企业买入 HC1801 合约进行平仓，期货上盈利 294 元/吨，现货销售亏损 296 元，总体亏损 2 元/吨，由于企业在期货上的卖出保值，期货盈利基本上抵消现货亏损。采取点价销售形式大大增加下游订货积极性，同时达到了企业降低库存的经营目的（见表 3）。

表 3

操作日期	现货市场	期货市场
10 月 13 日	与客户以未来一个月点价 + 升水 180 元的结算方式签订销售合同。当天现货 4 310 元/吨	卖出相应量的 HC1801 合约进行套保，卖出价格为 4 128 元/吨
10 月 27 日	客户点价，结算价格为 3 834 + 180 = 4 014 元/吨，当天现货价格为 4 140 元/吨	买入 HC1801 合约平仓，平仓价格为 3 834 元/吨
企业盈亏计算	4 014 - 4 310 = - 296 元/吨	4 128 - 3 834 = 294 元/吨

五、经验总结

（一）企业利用期货套保，调节库存量，减少资金压力

企业可基于对价格趋势的判断，利用期货工具，实现真实库存与虚拟库存的转换，进而减少真实库存的资金占用。因为期货交易实施保证金制度，一般只需要实际货物价值的 15%—20% 就可以在期货市场上建立虚拟库存，大大减少了企业的资金压力。

（二）企业借助期货套保，锁定预期利润，提高市场占用率

企业可根据自身的运营情况，对物流、库存和资金成本进行核算，当期现价差超过运营成本，存在明显套利机会时，进行买现货卖期货，或者买期货卖现货进行对锁，做大贸易量，提高市场占有率。

（三）期货公司可借助现货企业的购销渠道，开展合作套保业务

根据黑色品种的基差变动情况，存在很多期现套利机会。当出现明显套利机会时候，期货公司可委托现货企业代理采购或销售现货，企业可收取代理费，期货公司可借助现货企业的购销平台实现套利操作，获取套利收益。

（广发期货有限公司供稿）

案例31：

合理套保助力现货贸易，期现结合规避市场风险

——道通期货服务沙钢国贸

一、企业情况简介和套期保值需求

江苏沙钢集团有限公司为国内大型钢铁企业，拥有年生产能力炼铁3 190万吨、炼钢3 920万吨、轧材3 720万吨，是一家集铁、钢、材、焦为一体的大型民营钢铁联合企业。

江苏沙钢国际贸易有限公司（以下简称“沙钢国贸”）成立于2002年，是集矿产矿业、冶金设备、备品备件、船务物流、钢材出口、海外投资于一体的综合性进出口贸易公司，现为江苏沙钢集团主要成员企业之一。沙钢国贸经营业务主要包含炼钢原材料采购和钢材产成品销售，其中采购成本的控制和销售利润的增长是企业经营最直接的指向。企业不断尝试将期货工具引入营销，试图有效弥补在炼钢原材料采购和钢材产成品销售所遇到的市场价格波动短板。

二、道通期货对沙钢国贸的服务

道通期货作为沙钢集团旗下期货公司，对沙钢国贸进行了深入细致的服务。

（一）套期保值的准备工作

1. 分析企业风险点。道通期货仔细分析了沙钢国贸经营流程，发现风险点存在于三个方面：炼钢原材料采购价格风险、钢材产成品销售价格风险、潜在的库存风险。

炼钢原材料采购价格风险。炼钢原料采购计划需要一定前瞻期，这期间因外围经济和市场环境变化，原料价格如果大幅上涨，采购完成的实际成本将远高于采购计划拟定时的计划成本。

钢材产成品销售价格风险。销售钢材产成品也需要一定的周期，这期间钢材产成品价格如果大幅下跌，销售完成的实际利润远低于销售计划拟定时的计划利润。

潜在的库存风险。如果外围经济和市场环境的变化导致需求出现改变，就会影响钢材的销售，从而造成库存积压，形成风险。

2. 机制建立与人员配备。道通期货贴近产业客户需求，为沙钢国贸提供了全方位的风险管理顾问服务。一是专家团队深入企业内部了解经营现状，分析风险敞口，为企业灌输期现货结合的风险管理理念；二是道通期货协助企业建立健全科学的套期保值运作机制，包括研究机制、决策机制、操作机制、监管机制、危机处理机制五项机制，从制度上保障套期保值有效运行；三是道通期货为企业提供符合其个性化需求的套保方案，协助其开展套期保值操作，并进行套期保值效果评估和经验总结。

道通期货协助企业开展人才培训，为企业培养套期保值骨干人才。一是理念的培训。向企业高层管理人员介绍期货市场的功能和作用，引导他们正确认识期货市场对于稳定企业生产经营的作用，树立依靠期货市场进行套保的风险管理理念；二是实务操作培训。针对操作人员开展专项培训，培训内容包括期货行情分析、具体操作流程、套期保值方案、期现货结合、交割流程等内容，帮助他们掌握利用期货市场开展套期保值的基本能力和技巧。

（二）道通期货协助制定套期保值策略

作为具有双向敞口的沙钢国贸，在做出套保决策后，首先面临套保方向和力度的选择，即买入与卖出更侧重于哪一端。理论上，炼钢原材料采购保值天然偏向于买入保值，而钢材产成品销售天然偏向于卖出保值。在实际操作中，外围环境和市场的方向都决定了企业相关的保值效果。如果企业预判后市有利，保值力度则可相应降低，甚至不采取套保；而如果预判后市不利于企业，则可把保值力度提高，甚至全保。

其次是套保时机的选择，企业买入套期保值的需求环境是：炼钢原材料价格已进入低价区，由于当前企业缺乏资金或库存条件而不能立刻采购，担心在计划中未来的采购时间点，原料价格会出现反弹导致成本增加。企业卖出套期保值的需求环境是：产品价格已进入高价区，但企业限于产能等条件的限制而不能立刻销售，担心未来产品价格下跌导致利润下降。

预判市场走势是一个复杂的过程，道通期货与沙钢国贸建立起良好的互动，利用自身的优势帮助沙钢国贸拟定切合实际的投资方案。具体的流程是沙钢国贸根据自身需求，向道通钢材策略小组提出想法，由小组成员制定投资方案（套保、套利、投机）。方案设计中会包括：投入资金量、介入区域、风险评估、退出方案等。道通期货根据市场波动情况，择机提供投资报告和相关建议，供沙钢国贸参考。在方案实施过程中，双方加强合作与交流，应对市场变化。

三、沙钢国贸对焦煤的保值及套利实践

由于焦煤价格的波动幅度较大、频率较高，企业经营面临较大的不确定性。焦

煤期货的上市完善了焦煤价格体系，为产业链相关企业通过衍生品市场进行风险管理，实现稳健经营提供了条件。

沙钢国贸焦煤进口主要有两部分：一部分是沙钢集团生产所需原材料焦煤的进口，另一部分是沙钢国贸自营贸易焦煤的进口。沙钢国贸进口焦煤主要来自澳大利亚，进口量具有大且稳的特点，运输过程中和库存周期内焦煤价格波动是公司面临的主要风险。

（一）针对计划进口量和企业库存量卖出保值

针对在焦煤进口过程中所面临的价格风险，沙钢国贸 2013 年上半年在期货市场对焦煤计划进口量和企业库存量卖期保值。

2013 年上半年，国内外焦煤价格持续下跌，但国内焦煤期货价格对进口焦煤价格仍处于升水状态。鉴于当时国内经济数据已经开始出现颓势迹象，在焦煤期货市场卖出保值的机会出现了。

道通期货与沙钢国贸按照经营情况，设定保值计划，陆续在焦煤主力合约及后续几个合约建立与沙钢国贸现货销售规模相对应的空头头寸，抛出库存及未来几个月计划进口焦煤量。

后期，焦煤现货市场价格出现下滑，同时期货市场也持续走低，沙钢国贸现货销售收益减少，但在期货市场上的盈利同步增长。保值结果是沙钢国贸进口焦煤现货按照计划实现销售，同时期货空头部位陆续平仓，期货市场收益有效对冲现货销售中因售价下跌引起的损失，达到了比较好的保值效果。

（二）利用内外价差对进口焦煤进行期现套利

沙钢国贸利用焦煤内外价差较高的有利条件，对进口焦煤进行期现套利。2013 年下半年，在国内经济政策的刺激带动下，国内焦煤价格快速反弹，从国外进口焦煤在国内期货市场抛售存在较大的利润空间。道通期货建议沙钢国贸对焦煤采取“现货进口 - 国内期货卖出交割”的期现套利策略。

依托道通期货的建议，沙钢国贸果断从澳大利亚进口焦煤现货，同时在大连商品交易所卖出焦煤合约，待交割月进行交割。保值结果是沙钢国贸以较低成本进口的澳大利亚焦煤，顺利在期货市场上以较高价格交割，取得了高于现货市场抛售的价差收益，最终达到了内外价差套利的预期效果，使企业经营利润出现一定计划外增长。

（三）焦煤卖出保值，提前平仓导致库存贬值

2014 年 1 月国内钢企继续保持冬储节奏，炼焦煤总库存延续上涨态势高位运行，又有进口煤集中到货，同时焦炭的快速下行也令焦煤价格持续承压，市场预期节前价格仍将走弱，沙钢国贸决定对一季度焦煤进口量进行卖出保值。

1 月初，沙钢国贸根据焦煤的实际采购情况，以等量期货对应等量现货的方式，对 1 月、2 月的焦煤原料进行保值；但是至 3 月，通过主观判断后市需求料将转旺，认为焦煤在 900 元/吨的关口会得到支撑，于是单边了结期货套保头寸。但后期 3 月市场需求不如预期，焦煤价格继续快速下滑。

保值结果是 1—2 月沙钢国贸严格使用期货工具进行全额套保，焦煤现货库存价值得到很好的保护；但至 3 月，期货提前平仓，现货风险裸露，伴随现货价格的下跌，焦煤库存价值也快速萎缩，也影响到整体一季度的套保效果。

（四）再次主观提前平仓，焦煤库存再遭贬值

2014 年 4 月起焦煤支撑增强，波动加大。不过从整体市场情况来看，终端市场需求持续偏弱，焦化厂、钢厂利润不佳，开工率持续走低，倾向于继续打压焦煤价格。

沙钢国贸决定 4 月初继续对已买入的进口焦煤进行卖出套保；中旬价格快速反弹后，复又回落至反弹起点。沙钢国贸主观判断价格很难跌破 800 元/吨，5 月下旬遂在期货上平仓，但 6 月底至 7 月初焦煤价格加速下滑，导致 6—7 月的焦煤库存缺乏相应的期货套保头寸保护。保值结果是增强的主观判断使得期货平仓较为随意，对现货不能起到全程保护，焦煤现货库存在 6—7 月遭受了贬值损失。

四、沙钢国贸参与套期保值的经验教训

道通期货与沙钢国贸经过 2013—2014 年的套期保值探索，取得了一定的收益，也获得了宝贵的经验。特别是在服务企业生产经营、辅助企业生产策略、实现库存管理、拓展采购与销售渠道、降低采购与财务成本方面，效果还是比较显著的。主要体现在三个方面：一是企业套期保值的首要目的是规避生产经营中的风险而非赚取额外收益，所以应紧密结合实际生产经营活动，严格执行生产计划内的套保方案，按照企业生产计划有序进出市场，杜绝转入投机。二是企业要根据宏观经济环境、行业和企业状况，综合判断决定是否介入套期保值；但在市场出现特殊机会时，可考虑灵活进行风险可控的小规模期现套利或短中期期转现等操作，寻求附加收益可能，但需要严格掌控规模。三是企业对保值效果的评估需要把期现货市场结合起来整体评估，避免陷入单纯追求期货收益的误区。

（道通期货经纪有限公司供稿）

案例 32：

套期保值保驾护航，期现套利突破创收

——国投安信期货服务某矿业集团

一、企业概况介绍

某矿业集团总部位于中国最大的煤炭消费终端市场——华东地区，毗邻世界主要煤炭进口国家日本、韩国，东临日照港、青岛港、连云港。公司拥有自营铁路网和现代化煤炭水运码头，京沪、兖石、新兖铁路以及京沪、京福高速公路穿越矿区。得天独厚的区位和交通优势，使公司成为东北亚市场以及中国华东、华南市场最具竞争力的煤炭供应商之一。

该集团主要拥有煤炭、煤化工、电力、装备制造、物流贸易、金融投资等产业，其中煤炭总产能超过 1 亿吨/年。

二、企业参与期货市场的模式介绍

动力煤期货自 2013 年 9 月在郑商所上市以来，运行已将近 4 年时间。经过 TC1506、ZC1605、ZC1701 三次交割和合约规则的修改，目前动力煤期货市场运行已日趋完善。2017 年 6 月 22 日，动力煤期货合约累计持仓量 57.6 万手，创上市以来新高，年度日内累计成交量也基本在 15 万手之上。尽管如此，从 2016 年度动力煤期现货市场的规模对比来看，动力煤期货累计成交量仅为现货市场消费量的 1.42 倍，日均持仓量和最高持仓量也仅为现货消费量的 0.56 倍和 0.95 倍，明显逊于同期黑色系商品期货的市场表现。

上市之初，动力煤期货市场更是呈现出容量偏小、难以满足现货生产企业完全套保需求的状况，因此本矿业集团参与动力煤期货市场程度有限，基本模式主要包括套期保值和期现套利两个类别。

（一）套期保值

在参与动力煤期货之初，企业就明确了期货的定位，是现货贸易业务的风险管理工具。通过与期货公司专业人员的紧密互动和联合设计，摸索出套期保值业务“四步法”流程（详见图1）：

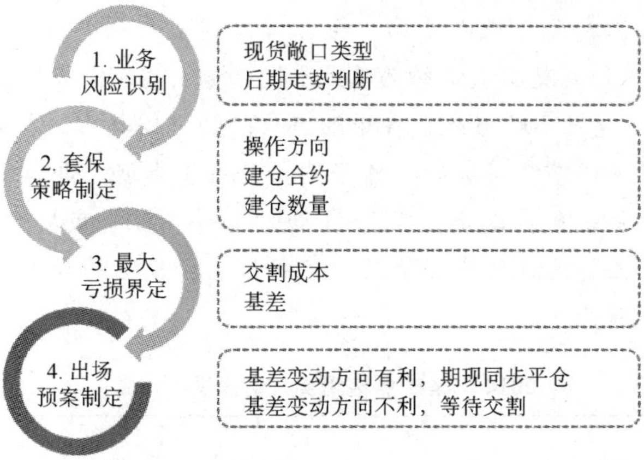

图1　某矿业集团动力煤套期保值业务“四步法”流程

1. 业务风险识别。

企业首先明确贸易端的敞口类型，是采购价格已敲定、销售价格不确定的多头敞口，还是销售价格已敲定、采购价格不确定的空头敞口。其次是对后市动力煤现货价格做出趋势性判断，只有预判煤价走势对现货敞口不利时才存在敞口风险，才会衍生出套期保值需求。

2. 套保策略制定。

若贸易端存在多头敞口风险，即预期后市煤价下跌将降低贸易利润甚至导致亏损，则需在期货市场进行卖出套保，空头敞口反之亦然。建仓合约考虑现货敞口了结时的销售或采购时间窗口和期货合约流动性，建仓数量与现货端多头敞口规模完全匹配，避免在期货市场建立虚盘的投机性操作。

3. 最大亏损界定。

这也是套保流程中至关重要的一环，即综合测算交割成本和目前的期现价差得知可能出现的最大亏损，使企业明晰套保业务的底线在哪里。

4. 出场预案设定。

以现货端存在多头敞口风险时采取卖出套保为例，若基差拉大，则可择机销售现货、平仓（买入）期货，若基差缩小甚至为负，则可持有现货到期交割。

案例一：买入套保建立虚拟库存

2014年7月，该矿业集团贸易部已与华能、华电等电力企业完成8月份的投标，销售价格已经锁定，销量为40万吨。与此同时，从煤价走势预判来看，当时国内动力煤限产保价呼声愈来愈烈，短期形成上涨预期，部分煤矿开始着手涨价。如果现货采购期间价格大幅上涨，企业将面临亏损。

在明晰了贸易端面临的空头敞口风险之后，企业初步制定了买入套保策略，选择在动力煤1501合约建立2 000手多单，即在动力煤期货市场中建立40万吨的虚拟库存。在套保成本方面，企业考虑建仓之初TC1501合约较现货价格升水1元/吨，到期交割成本约为4元/吨，核算出本次买入套保操作的最大亏损为5元/吨，总计200万元，在企业可承受的范围之内。与此同时，企业还制定了针对后市不同演绎情况的操作预案：若基差走弱，即期货相对于现货的升水扩大，企业将平仓（卖出）ZC1501合约，并在现货市场中同步采购现货；若基差走强，企业将通过现货圈子借货完成与电厂投标的履约，并在到期交割之后归还货物（见表1）。

表1　　2014年某矿业集团买入套保操作步骤

日期	现货	期货
2014年7月18日	481元/吨	分批买入动力煤1501合约，共计2 000手，均价482元/吨
…	市场询价	
2014年8月20日	采购动力煤现货40万吨，均价469元/吨，并完成销售	510元/吨，平仓
盈亏	现货盈利480万元	期货盈利1 120万元

如表1所示，在企业买入套保1个月之后，2014年8月20日期现价差已扩大至41元/吨，企业选择了期现货同步平仓，即以469元/吨的价格采购动力煤现货交付给电厂履约，同时以510元/吨的均价卖平2 000手ZC1501合约。由此，通过在动力煤期货市场中建立虚拟库存，企业规避了采购价格上涨的风险，并从基差的有利波动中赚取了1 600万元。

案例二：卖出套保为现货业务保驾护航

2015年3月，符合期货交割标准的动力煤现货价格是430元/吨，某矿业集团有机会以400元/吨的价格一次性买断山西某煤矿1个月的产能，即60万吨。表面看企业可以获得相对优惠的采购价格，但当时现货价格继续走低已经是共识，较低的采购价格不一定能够弥补未来现货销售价格下跌产生的亏损。

在明确了买断该煤矿产能后企业面临的多头敞口风险后，企业便制定了卖出套保方案，即在动力煤1509合约建立3 000手空单，提前锁定60万吨产能的销售价格。建仓之初，期现价差1元/吨可以为卖出套保业务缓冲成本，再考虑到到期交割成本约4元/吨，企业本次套保面临的最大亏损为3元/吨，总计180万元，在企业的承受范围之内。与此同时，企业根据后市基差的不同演绎方向，制定了相应的出场预案，即在基差走强、期货升水缩窄甚至转为贴水时，期现货市场同步平仓；在基差走弱、期货升水扩大时，持有现货等待交割（见表2）。

表2　　2015年某矿业集团卖出套保操作步骤

日期	现货	期货
2015年3月20日至2015年4月22日	444元/吨	首次卖出300手，持仓均价445元/吨
	436元/吨	追加卖出500手，持仓均价431元/吨
	422元/吨	追加卖出1 500手，持仓均价426元/吨
	415元/吨	追加卖出700手，持仓均价421.10元/吨
	410元/吨，销售	均价408元/吨平仓
盈亏	现货盈利600万元，期货盈利786万元	

如表2所示，某矿业集团在ZC1509合约分步建立空头头寸，截至4月22日，基差已演绎为期货对现货贴水2元/吨，企业选择了平仓（买入）动力煤空单的同时销售现货。最终在贸易端盈利600万元，虽不及购买煤矿产能时1 800万元的盈利预期，但在期货市场中盈利786万元对这一偏差实现了部分弥补。特别的，通过执行卖出套保方案为现货业务保驾护航，企业维护了与上游煤矿的稳定合作关系。

（二）期现套利

与套期保值业务有所不同，期现套利的出发点及交易核心为基差，即符合交割要求的现货价格与期货价格之差。某矿业集团期现套利业务的流程如下（见图2）：

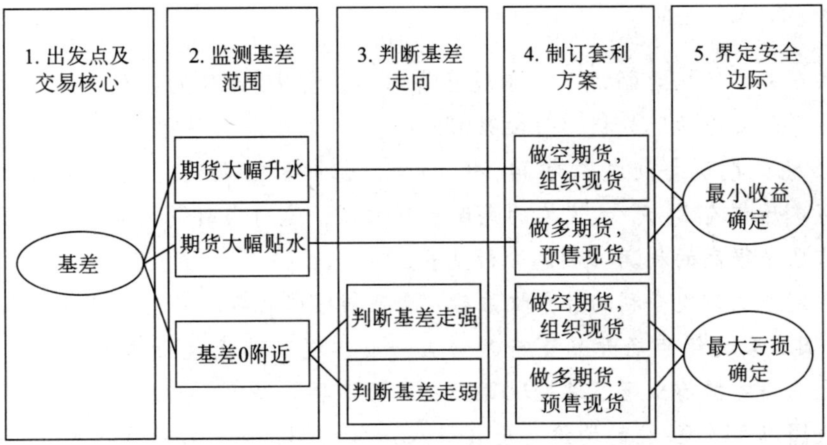

图2　某矿业集团动力煤期现套利业务“四步法”流程

结合期货盘面与现货业务部门提供的即时价格信息，跟踪基差走势，根据基差所处的不同状态分析是否存在期现套利机会。当期货价格大幅升水现货时，企业可以通过采购现货、做空期货的方式赚取无风险收益，当期货价格大幅贴水现货价格时，企业可以通过做多期货、预售现货的方式实现无风险套利，这两种情形下企业期现套利的最小收益是确定的。当基差在0附近，即期货价格与现货价格相近时，若企业综合各方面信息对基差走强或走弱有相对有把握的判断，也可通过期现双边操作的方式赚取基差波动收益，此时企业从事期现套利可能出现的最大亏损是确定的，盈利点主要来自企业对基差走势的判断。

案例一：无风险正向套利

动力煤期货上市之初，一度出现过期货价格大幅升水现货的情况，2013年10月18日更是出现了TC1409相对于秦港Q5500动力煤升水71.6元/吨的相对极值（见图3）。

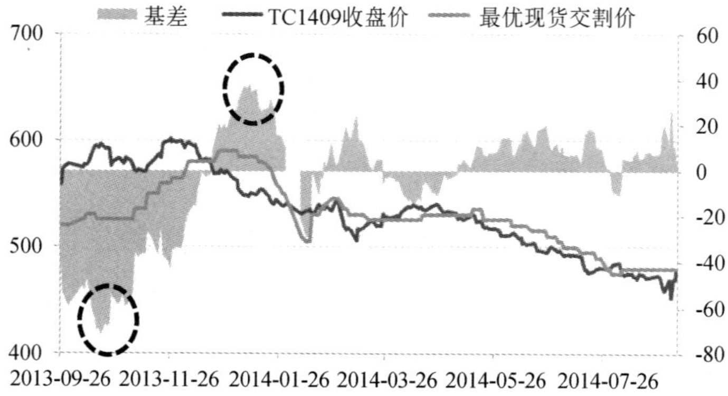

图3　上市之初动力煤期现价差回顾

资料来源：Wind资讯。

某矿业集团据此制定了采购现货货源、做空TC1409的期现正套方案。从此项业务的安全边际分析，若按照525元/吨的价格采购现货，做空入场点参考596元/吨，期现套利成本为44.59元/吨，但此时的期现价差已达71元/吨，抛去成本后仍有27元/吨左右的期现套利收益，这对当时动力煤市场的贸易环境而言已是很高的利润（利润分析见表3）。

确定本次期现套利的最小收益后，企业持续跟踪期现基差的变化。2014年1月6日，动力煤市场开始下行趋势后一度出现了期货盘面贴水现货的情况，此时企业决定提前出场了结期现货头寸，而不再等待交割时基差为0出场。某矿业集团以547元/吨的均价平仓（买入）ZC1409，同时按照585元/吨的平仓价销售此前准备的现货，因提前出场，期现套利成本也由原本预设的44.59元/吨

表3　　2013年10月某矿业集团期现套利成本分解

质检、计重费用	1.30
交割成本	3.00
现货采购资金成本	26.25
保证金占用资金成本	3.28
增值税	10.40
期货手续费	0.36
期现套利成本（元/吨）	44.59

缩减至18元/吨，本次无风险正套的吨煤收益为91元，超过预案中的最小收益27元/吨。

案例二：基于基差走强判断的正向套利

随着期货市场运行的逐步完善，期现价差出现无风险套利的机会显著减少，依据基差走势判断开展期现套利是期现结合业务的大势所趋。

2014年4月1日，动力煤ZC1409合约收盘价较秦港Q5500动力煤现货平仓价升水14.8元/吨，期现价差不存在无风险套利机会。但根据某矿业集团的判断，动力煤仍处下行趋势中，期货盘面升水不可维持，后期将出现期货大幅贴水现货的情况。于是企业制定了做空TC1409同时订购现货货源的正套方案，估算期现套利成本为24.34元/吨，若到期交割最大亏损为10元/吨左右，相当于企业愿意在最大亏损10元/吨的情况下博取基差走强收益（见表4）。

表4　　2014年4月某矿业集团期现套利成本分解

质检、计重费用	1.30
交割成本	3.00
现货采购资金成本	15.75
保证金占用资金成本	1.78
增值税	2.15
期货手续费	0.36
期现套利成本（元/吨）	24.34

随着后市动力煤市场下行，6月24日出现了期货贴水现货19.8元/吨的情况，企业决定此时出场。最终平仓（买入）ZC1409的成交均价为517元/吨，并按照515元/吨的现货行价销售此前采购的动力煤，最终吨煤期现套利收益为27元/吨，远高于当时10元/吨左右的现货贸易收益。

三、企业参与期货市场的经验感悟

（一）供给侧改革后动力煤市场波动性放大，灵活运用期货工具对现货企业势在必行

与此前动力煤价格持续的单边上涨和下跌不同，2017 年以来动力煤市场总体呈现宽幅震荡的走势，并且转势之快常常令煤炭现货企业措手不及。可以说，2016 年的供给侧改革已从根本上改变了煤炭行业的生态环境，煤价影响因素更加复杂多变，在这个动力煤价格波动最大的时代里，企业现货端敞口风险随之放大，灵活运用动力煤期货工具套期保值、期现套利已成为煤炭现货企业生存和发展的必备武器。

（二）在套期保值业务中，期货是现货端的保驾护航工具

在套期保值业务中，期货的定位为风险管理工具，其运用的初衷为管理现货端出现的敞口风险，决不能因为参与套期保值、期货交易而引入新的风险。这一理念的践行有三个体现，一是在套保之初首先要进行业务风险识别，只有预判后期走势对当前现货端敞口不利，即存在敞口风险时，才需要进行套期保值，而不可为了套保而套保；二是套期保值时期货仓位与现货敞口相匹配，不可配过多虚盘导致投机；三是在套保预案中，以交割为最终备选方案，根据目前期现价差与交割成本，详细核算本次套保业务可能出现的最大亏损，明确企业参与套保的权益底线。

（三）套保本质上交易的是基差波动，基差是套保业务的安全垫

企业一旦进行了套期保值，便在期现货两个市场中同时持有敞口头寸，直到最终交割或期现货同时提前出场，企业交易的标的本质为期现基差。套保业务的最终备选出场方案为到期交割，即基差为 0 时出场，因此入场基差提供了企业套期保值的安全垫，买入套保尽量选择基差大幅为正时入场，卖出套保尽量选择基差大幅为负时入场，此时套保业务的安全边际将被大大提高。

（四）期现套利业务是企业的创收增长点，无风险套利机会应果断把握

与套期保值不同，期现套利业务需要企业充分加强期现货两个部门的合作，紧密跟踪基差走势，当出现基差大幅为正或大幅为负的情况，企业应果断把握，在期现货两个市场同时组织头寸并制定相应的出场预案。可以说，无风险期现套利业务是企业发挥现货优势、灵活运用期货工具创收的新途径，可以成为传统现货业务的有效补充，为企业在行业内赢得新的利润增长点和竞争优势。

（五）基差交易是期现业务发展的大势所趋，也是企业竞争力的集中体现

与注重安全边际的套期保值以及无风险期现套利等传统业务有别，基于基差走

势判断开展的期现套利，即基差交易的核心为对基差驱动力的把握、对基差后市演绎的判断。基差交易业务的成功开展，一是要有完备的数据分析能力、研究框架和策略输出能力，准确把握基差变化方向；二是要有强大的现货企业背景，打通产业链上下游通道，具备跨品种、跨区域的现货处理能力。随着期货市场的成熟发展，期现货结合历年在产业中的逐步渗透，无风险期现套利出现的机会将越来越少，利润也越来越薄。因此，基差交易是期现结合业务的必然发展，也是未来企业竞争力的集中体现。

（国投安信期货有限公司供稿）

案例 33：

期现货紧密结合，多策略对冲风险

——国信期货服务橡胶贸易型企业

一、橡胶贸易型企业生存现状

天然橡胶具有工业品和农产品的双重属性，被广泛应用于工业、农业、国防、交通运输、医药卫生和日常生活领域。但是，天然橡胶资源生产和消费的地理分布极不均衡，生产主要集中在泰国、马来西亚、印度尼西亚、越南和中国等少数亚洲国家以及尼日利亚等少数非洲国家，其中东南亚国家天然橡胶产量约占全球的 90%。而消费地则主要集中在美国、日本和欧盟等发达国家以及中国等少数发展中国家。可以看出全球天胶供需均呈现出高度集中的特点，中国目前是世界上最大的天然橡胶消费国和进口国，又是第五大生产国，集天然橡胶生产、消费、进口于一体。

我国的天然橡胶产业链主要由上游的天然橡胶生产企业、下游的橡胶制品业和轮胎企业，以及中游的贸易企业三部分组成。由于我国天然橡胶的自给率仅为 20% 左右，因此下游企业非常依赖进口渠道，贸易商成为市场的重要纽带。近二十年来我国贸易企业的发展经历了很大变革，2002—2011 年的十年商品牛市中，仅通过低买高卖即可获得可观利润，市场丰厚的投机收益吸引了大量资金从事橡胶贸易，国内贸易商总数一度达到近千家，其中从事美金胶的贸易商即超过 700 家，大量的投机导致天然橡胶库存持续攀升。2011 年牛市终结后，橡胶价格持续下滑令部分贸易商开始退出市场，尤其从 2013 年开始，长期低迷的行情迫使传统橡胶贸易商群体快速缩减，依然活跃于市场的贸易商也不得不转变经营思路和市场参与手段。如何能够实现稳健经营、避免市场价格大幅波动成为贸易商面对的主要难题，目前大多数橡胶贸易企业已经接受套期保值概念，借助期货市场规避风险。

二、期货市场服务贸易型企业主要方式

随着市场参与者知识体系及操作手法的日益成熟和完善，期货在贸易环节中的运用也呈现出多元化的特点。目前主要有如下几种类型。

（一）“点价”模式

“点价”是全球美金胶贸易定价的主流方式，即对远期长约的货物，不是直接确定其商品价格，而是只确定升贴水是多少，然后在约定的点价期内以新加坡交易所某日的期货价格作为点价基价，加上约定的升贴水作为最终的结算价格。这种“期货价格＋基差”的定价方式，在一定程度上降低了传统定价方式的价格风险。

（二）套期保值

对于贸易商来说，无论进货还是销售，两边都是敞口，价格风险暴露很大，通常还备有一定的库存，其价值也随着市场价格而变动，对企业经营带来很大风险。贸易企业可以利用天然橡胶期货市场规避价格波动风险，根据对冲风险差异，具体分为卖出套期保值和买入套期保值。

（三）基差交易

由于资金成本、胶种不同导致的供求差异、地域特点和季节性等原因，橡胶期货和现货价格的变动不可能完全一致，两者之间总是存在某个不确定的差额，这就为基差交易提供了机会。如在现货市场买进、同时在期货市场卖出锁定利润，这样的操作可概括为“现买期卖”。反之亦然，为“期买现卖”。同理，还有“现买现卖”“期买期卖”的运作形式。

（四）场外期权

在日益复杂的市场环境下，贸易企业风险控制的策略需求进一步提升。金融衍生品中期权的运用可以同时满足产业风险对冲和增加收益的需求，助推行业经营可持续发展。企业经营过程中的期权应用主要包括：在采购阶段，卖出看跌期权降低采购成本或买入看涨期权锁住原料上涨风险；在储存阶段，主要通过卖出看涨期权降低库存成本，若对后期价格存明确看空预期，则改为买入看跌期权进行保护；在销售阶段，买入看跌期权锁住产品销售价格。

三、A 企业参与期货市场的风控管理

A 企业为橡胶贸易型企业，总资产 150 亿元人民币，主营橡胶、橡胶制品以及少量其他化工品，每年天然橡胶的贸易流量大约为 15 万—20 万吨。为有效利用期货市场，同时做好风险控制，2014 年开始，A 企业接受国信期货的服务。在国信期货的指导下，依据《期货交易管理条例》、上海期货交易所等有关机构的规定，A 企业制定了比较完备的期货管理制度，并通过国信期货风险管理平台进行审批、留痕和监控操作，做到各环节权责分明。

（一）设立独立期货套期保值部门，明确期货交易的职责划分

A 企业期货部门具体组织架构如下：1. 期货决策小组，负责企业期货业务整体规划以及套期保值的审批实施。2. 期货投资交易小组，向决策小组负责。小组设投资小组负责人、分析岗与交易岗。3. 期货结算风控小组，向决策小组负责。小组内部设立结算岗、风险监督岗、会计核算岗和资金调拨岗。4. 企业审计部负责对套期保值业务风险控制措施和程序进行监督和评价，向企业董事会负责。

A 企业期货套期保值业务组织机构设置见图 1。

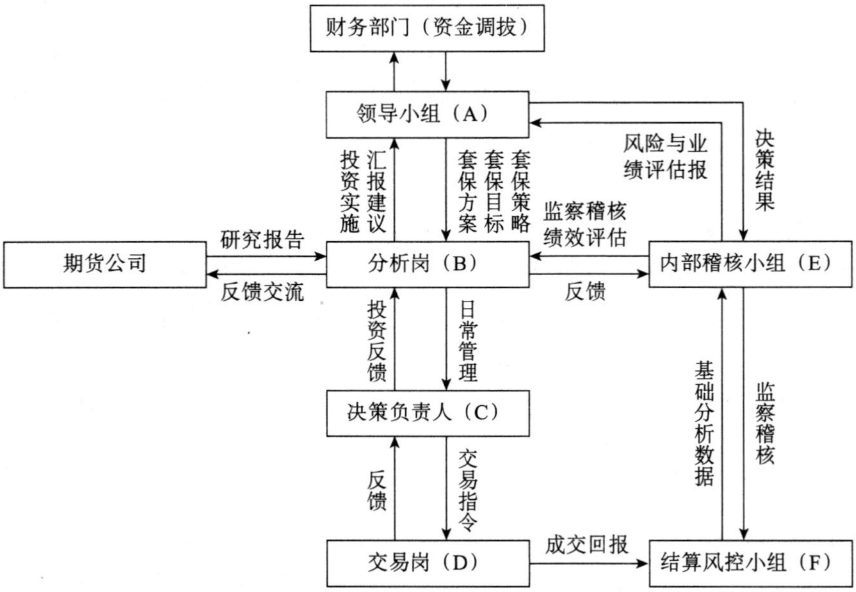

图 1　A 企业期货套期保值业务组织机构设置

（二）规范套期保值操作流程，明确设立止损机制

在仓位控制上，采用动态调整策略和分级价格目标策略建立头寸，在对市场价格走势没有把握的前提下，分批建仓分散风险，力争使策略具有更多的灵活性。A 企业在风险控制上以稳健保守为主，套保的最大数量不超过公司每年销售量。专门成立风险控制部门，对套期保值操作全过程进行合规检查和风险评估，杜绝投机，控制期货头寸风险。

（三）规范期货业务资金管理制度

A 企业根据决策小组决议，在期货保证金存管银行开立用于存取保证金的银行结算账户，由投资交易小组负责账户的开立、变更、撤销以及日常维护。

四、A 企业参与期货市场的具体案例

2015—2017 年，天然橡胶价格在 9 000—22 300 元/吨的区间内暴涨暴跌，A 企业在购销天然橡胶的时候，均面临着很大的不确定性，因此套期保值、基差交易等业务需求强烈。

（一）买入套期保值

1. 市场背景。2015 年橡胶行业出现罕见的全产业链亏损状况，市场有效的反馈机制使得产业内自上而下的出清力度逐步加强。2015 年 12 月，国信期货与 A 企业期货部共同分析认为当时 10 300 元/吨的橡胶价格估值偏低。预测价格跌至 8 000—9 000 元/吨会导致上游产能大规模出清，届时国内供应将明显萎缩。同时，海外出口至中国的意愿进一步下降，有可能刺激海外主产区和新产区都出现减产。从当时的下游的状况来看，开工有所抬头，成品库存逐步下降，下游状况出现一定程度好转，价格在万元基础上进一步下跌的概率不大。因此，A 企业决定在 2015 年 12 月至 2016 年 9 月进行买入保值方案操作，而后向下游销售交割全乳及交割三号烟片。

2. 操作策略。

（1）入场操作策略。此次套保操作主要选择 RU1601 合约、RU1605 合约和 RU1609 合约，保证金分别为 10%、12%、9%，因为 RU1605 持仓超过 16 万手，所以保证金更高。根据价格结构及橡胶季节性行特征，决定套保数量分别为 10 000 吨、20 000 吨和 20 000 吨，滚动操作，便于节省资金成本。按当时期货价格计算，所需直接占用保证金为 10 000 吨 ×10 600 元/吨 ×10% =10 600 000 元，20 000 吨 ×9 800 元/吨 ×12% =23 520 000 元，20 000 吨 ×9 700 元/吨 ×9% =17 460 000 元，即大约 5 158 万元，另外需要一半资金用作备用保证金，即日常所需总资金大概在 10 316 万元（见表 1）。

表 1　入场操作策略

价位（以 ru1605 为例）	套保比例
10 000—11 500 元/吨（期货平水现货及以上）	40%
9 500—10 000 元/吨（期货贴水 300 元/吨以上）	70%
9 500 元/吨以下（期货贴水 500 元/吨以上）	100%

（2）头寸交割或平仓策略依据。买入套保持仓在正常情况下会进行交割，但若期货价格出现以下异常状况将触发提前出场策略。

A：基差出现回归，RU1605 合约期货升水现货到 2 000 元/吨以上，可考虑逐步平仓，升水到 2 500 元/吨，则全部平仓。

B：基差出现回归，RU1609 合约期货升水现货到 2 000 元/吨以上，可考虑逐步

平仓，升水到 2 500 元/吨，则全部平仓。

C：合约交割及跨期套利，RU1601 合约低位买入，交割现货，进入终端消费；近远价差大于 500 元/吨，逢高抛入 RU1605 合约。

D：极端行情出现，严格止损。

3. 实际套保结果及效果评估。

（1）2015 年 12 月初，分别买入 1601 合约、1605 合约、1609 合约，数量为 700 手、1 400 手、1 400 手，成交均价为 11 000 元/吨、10 200 元/吨、9 800 元/吨。

（2）2016 年 1 月 15 日，在 1601 合约以 9 465 元/吨交割 700 手全乳胶，期货亏损 1 535 元/吨。交割全乳进入流通环节，由于建库时间处于价格底部，因此后续现货收益完全覆盖了期货亏损。

（3）2016 年 2 月 16 日，1605 合约与现货价差扩大至 2 130 元/吨，平仓 400 手，成交价格 10 535 元/吨，期货收益为 335 元/吨。其余 1 000 手持有至 5 月 16 日交割平仓，平仓价为 10 845 元/吨，期货收益为 645 元/吨。

（4）2016 年 9 月 19 日，1609 合约以 10 595 元/吨交割 1 400 手全乳胶，期货收益为 795 元/吨。（基差变动较小，可忽略）

（5）1605 与 1601 合约价差在交割前维持了贴水状态，因此跨期套利没有参与。

4. 建立虚拟库存与传统库存的优劣对比。本次套保操作主要是利用期货市场，有效配置企业的实物库存和虚拟库存，使企业在经营、库存管理上更加灵活。相比建立传统的实物库存，虚拟库存不占用实际储存空间，没有囤货导致的大量现金成本，并可根据实际需求及市场变化随时调整库存数量。

若某 A 企业在 2015 年 12 初直接在现货市场建立 3.5 万吨天胶库存，需占用 3.25 亿现金。储存至 2016 年 9 月，对应的资金成本及仓储费用共计 3 264 万元，即每吨天胶的建库成本为 11 433 元。

而实际操作中采用期货虚拟库存，在到期交割出库之前仅占用少量保证金，这大大节省了资金成本和仓储费用；经核算此方案中天胶库存的平均建仓成本为 10 200 元/吨。相比传统方式，每吨节省了 1 233 元。

从操作结果来看，贸易企业当时在橡胶价格底部进行分层级的买入套期保值，较好地完成了价值性库存储备。

（二）期现套利交易

由于天然橡胶期货具有较大的金融属性，导致其投机性强、价格弹性大。而橡胶现货层面通常反映的是当下市场供需情况，这也就造成了期现基差经常出现大幅波动。当期货市场和现货市场的价差运行至不合理区间时，就会出现低风险的套利机会（见图 2）。

图2　人民币混合胶和沪胶的价差变动情况

可以看出期现价差的波动范围在－1 500 元/吨至4 500 元/吨之间；且橡胶价格与价差之间呈现较高的正相关关系，也就是在上涨行情中，期货反弹幅度更大；而在下跌行情中，期货的下滑也更剧烈。2016 年 11 月中旬随着期货上涨进入加速期，期现价差也开始快速拉大，11 月底时达到 3 000 元/吨以上，进入高位不稳定区间。A 企业考虑介入基差交易，具体操作如下：

在当时的主力 RU1705 合约上建立空头头寸，通过高抛低吸滚动建仓 500 手，均价在 18 330 元/吨；同时买入人民币混合胶 5 000 吨，价格为 15 175 元/吨。持仓至期现价差回归至 500 元/吨以下时期货买入平仓并卖出现货，取得套利收益 2 675 元/吨（见表 2）。

表 2　　具体操作及结果表

时间	现货（元/吨）	期货（元/吨）
2016 年 11 月 18—30 日	15 175	18 330
2017 年 3 月 24 日	15 950	16 430
结果	期现套利取得正收益 2 675 元/吨	

五、企业参与期货市场的经验总结

（一）保值或套利过程中根据市场趋势灵活处理

期货市场为实体企业提供了很多创新业务模式，企业在参与过程中除了考虑规避风险外，还需要注意操作的灵活性等问题。如在制定套保或套利方案时，应该根据市场可能出现的各种价格和基差结构，尽可能详细地拟定分层次、有差别的操作方案。随着价格运行的推进，企业可以通过及时调整期现运营模式、根据市场情况灵活加减仓以及在保值策略中嵌套基差交易等手段，做到稳健经营的同时提高风险收益率。

（二）正确认识保值过程中期货市场的亏损

期货市场中的套期保值并不能保证企业在期货市场中的收益都是正向盈利的。因为期货市场的保值体系就是对冲原理，企业进入期市的目的是保住认为合理的价格，利用期现两个市场共同操作，最终的结果必然是一个市场盈利，另一个市场亏损。期货市场的亏损刚好说明了现货市场的盈利，在这方面，企业的决策者尤其要认识清楚，总收益需要结合起来分析。

（国信期货有限责任公司供稿）

案例 34：

合作套保业务助力企业经营管理

——海航期货睦盛投资服务某化工贸易企业

一、企业的风险管理业务需求

国内某区域性化工贸易企业 A 成立于 2011 年，注册资本 1 亿元人民币，经营范围包括化工产品、天然橡胶和天然乳胶，以赚取贸易价差为主要经营模式，原则上不留库存以避免商品价格波动的风险。公司设有期货小团队，积极参与期货市场交易，但其期货交易以趋势性投资为主，与自身的现货贸易关联度不高，相关的投资规模也不大。企业自成立以来，一直在积极扩展业务规模，但由于业务受到价格避险需求、资金及相关现货渠道的限制，发展速度一直受限。

2016 年，国内化工品价格强势反弹，整年都处于上涨趋势中，化工品波动风险加大。同时，6 月开始，国内很多化工生产厂商对聚乙烯（L）生产线进行停工检修，长时间停产，造成现货市场上货源出现了紧张局面。现货市场上，下游厂商纷纷找到上游厂商，希望签订远期合同，锁定采购价格，规避上涨风险。企业 A 作为贸易商，此时处于两难抉择：一方面，希望能与下游客户签订远期合同，锁定下游客户，维护现货渠道；另一方面，化工品价格波动风险较高，签订远期合同后若出现价格下跌，贸易商将难以承受。

二、建立合作流程梳理

海航期货与企业 A 其保持着长期的跟踪服务关系，与企业管理层建立了良好的信任关系。为解决企业此次面临的风险管理需求，经多次沟通、探讨，最终拟定通过海航期货风险管理子公司的合作套保业务解决企业需求。

为落实合作套保业务，睦盛投资安排风控、财务等业务骨干，按照风险管理子公司相关业务规范要求，对企业开展了尽职调查，进一步深入了解企业的运营情况、风险度以及履约能力，并与企业就业务的各项细节进行模拟演练，确保合作套保方案的可行性。主要流程及要点见图 1。

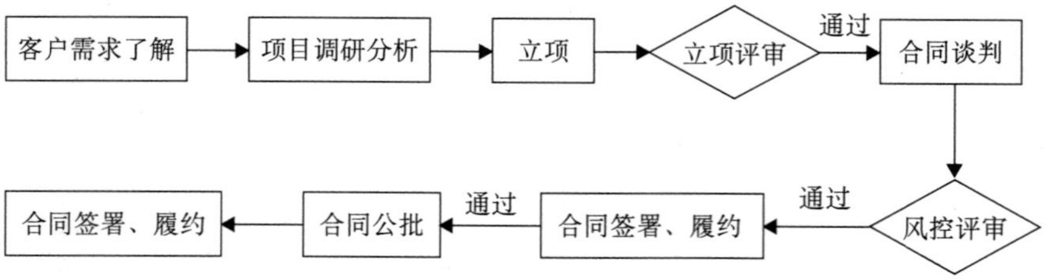

图1　流程图

三、合作套保案例回顾

2017年8月初，睦盛投资与企业A签订合作套保协议，明确双方业务中的权利和义务。企业A向睦盛投资支付2 000万业务保证金，睦盛投资将根据企业A的现货销售合同情况，协助企业A在期货市场上进行套期保值，对远期合约对应货物的价格进行锁定，规避商品价格波动风险。

同时，企业A与下游厂商签订了10 000吨聚乙烯（L）的3个月远期销售合同，锁定销售价格9 360元/吨。并按合同金额收取20%预付款作为履约保证金。

8月23日，睦盛投资根据企业A业务具体情况。通过期货市场建立2 000手L1609合约多头仓位，建仓均价为9 198.237元/吨，替企业A锁定相关商品的采购价格。之后聚乙烯（L）价格有所回调，到期时价格下跌至8 955元/吨。睦盛投资期货账户亏损243.24万元。

9月14日，L1609合约到期，睦盛投资通过期货市场进行商品现货交割，交割价格8 480元/吨。睦盛投资筹集资金全款支付交割所需货款，取得期货标准仓单。

10月15日，企业A需要向下游客户交付货物时，向睦盛投资进行采购。睦盛投资将相关货物以9 322.75元/吨的价格销售给企业A。企业A将相关货物销售给客户。

在此次业务中，双方收益见表1。企业A通过此次业务，扣除了相关税费后锁定了每吨37.25元的利润。睦盛投资通过此次业务，扣除相关税费后实现了每吨15.04元利润。

表1　　收益分析表　　（单位：元/吨）

	现货买入价	现货卖出价	期货盈利（平仓价格－开仓价格）	费用	资金成本	税费	总盈利	备注
企业A	9 322.75	9 360	0	0	0	8.87	28.38	
睦盛投资	8 955	9 322.75	-243.24	24	25.5	59.97	15.04	

注：睦盛投资费用包括业务中所产生的交易手续费，交割手续费和仓储费。税费包括整体业务所产生的增值税、增值税附加及印花税。

在业务进行过程中，睦盛投资根据企业的真实需求设计合作套保方案，协助企业对日常经营中涉及的商品进行套期保值，避免价格波动风险，锁定利润。同时，睦盛投资提供了部分资金支持，避免企业占用资金过多，进一步协助企业做大自身业务规模（见图2）。

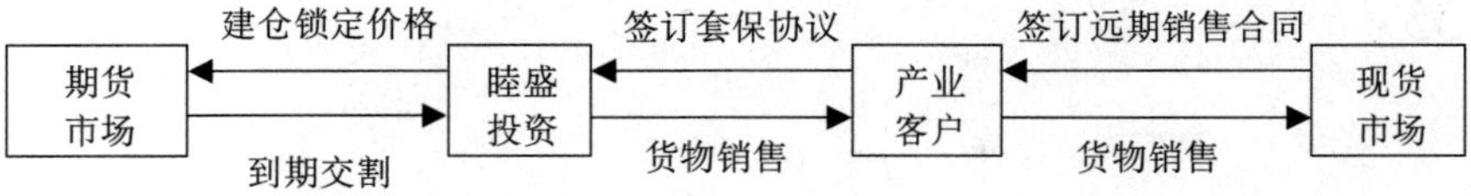

图2　套保方案

四、案例启示

合作套保的业务模式有效提升了期货公司辅助实体企业参与套期保值业务的作用，实现了共赢。在传统的套期保值业务中，期货公司更多得扮演套保策略提供者的角色，却无法参与到客户的实际操作过程中，无法有效的解决企业在套期保值业务中遇到的各项问题。而此次合作套保业务的开展，在秉承互利共赢的合作原则下，海航期货、睦盛投资与该企业一起，直接参与到套期保值业务的操作过程中，不但充分发挥了期货公司与风险管理子公司的自身优势，实现期货公司与企业的双赢目标，更展示了期货公司服务实体企业的专业能力。

对于企业而言，合作套保的业务模式也开辟了新的采购模式。该化工贸易企业打破传统，利用期现价格变化趋同的套保原理，形成理念，并最终实现了业务发展模式的创新，是实体企业善用期货市场的优秀案例代表，也值得更多实体企业借鉴与应用。

（海航期货股份有限公司供稿）

案例 35：

“锦盈模式”提升企业保值效果

——锦泰期货锦盈资本合作套保模式

自 2013 年 9 月 26 日动力煤期货在郑州商品交易所上市以来，期现货价格联动性良好。随着产业链上下游企业参与广度与深度的不断提升，该品种作为煤、电行业价格发现工具和风险管理平台的作用开始逐渐显现。动力煤期货合约（TC1401）于 2014 年 1 月顺利完成首次交割，共交割 7 万吨，其中 3 万吨为期货转现货，首次交割的顺利完成对动力煤期货规则制度进行了全面检验，得到了市场的普遍认可。首次交割中，江苏锦盈资本管理有限公司（以下简称“锦盈资本”）和内蒙古伊泰煤炭股份有限公司（以下简称“伊泰集团”）在 TC1401 合约上通过“定量定价协议—期货合作套保—期货转现货”等系列操作，实现了现货企业通过期货市场保值避险，达到了现货企业稳定购销渠道，规避价格波动风险的目的。

一、市场背景

2013 年 9 月中下旬开始，受“大秦线”检修、到环渤海各港口动力煤量减少、冬储煤市场启动等因素影响，国内动力煤现货价格一改往日下跌态势，出现企稳并小幅回升，环渤海动力煤价格指数由下跌幅度逐渐收窄发展到开始上涨。9 月 26 日，郑商所推出动力煤期货交易。11 月 18 日国务院办公厅发布《关于促进煤炭行业平稳运行的意见》，就切实减轻煤炭企业税费负担、煤炭资源税、煤炭进出口政策进行明确规定，也为国内动力煤市场提供政策利好。

2013 年 11 月中旬以后，动力煤现货价格涨势加速，环渤海动力煤价格指数持续上涨至 565 元/吨，现货实际成交价格更是突破 580 元/吨。在此背景下，市场对动力煤现货价格上涨预期已经形成，普遍认为到 2014 年 1 月时，其实际成交价格会突破 600 元/吨，由于届时也将是煤、电双方执行年度合同的时间节点。因此，如果价格一直上涨，会增加合同的履约风险，电厂的用煤成本也将大幅度提升，电厂希望能找到更有保障的煤炭供应渠道。

二、企业需求

动力煤销售方的违约风险和动力煤价格上涨导致的发电成本上涨，将给电力企业的经营业绩和销售利润带来较大压力。

在这种情况下，江苏国信集团旗下的电力企业新海发电认为，尽管目前可以马上从现货市场以 580 元/吨的价格买入动力煤以备来年 1 月份使用，但考虑到热值掉卡、资金成本和堆场等成本因素，这种囤货的方式并不合算，希望能寻找一条更加稳定便捷的购货渠道。在了解期货市场后，新海电厂希望自行通过期货市场采购 1 月份交割的动力煤 3 万吨，但碍于国有企业参与期货市场内外部层层审批的复杂程序，加之期货相关制度和人才储备尚未完善，因此这一方案仅停留在意向阶段。

与此同时，作为江苏国信集团长期贸易伙伴的内蒙古伊泰集团，作为煤炭生产龙头企业，同样具有通过期货市场规避价格波动风险的意愿。伊泰集团通过市场分析，担心步入 2014 年本轮冬储期结束后，动力煤现货价格随时会转头向下呈现下跌走势。综合各项销售成本，伊泰集团认为在 590 元/吨以上价位进行动力煤卖期保值，可以起到规避价格风险，提前锁定利润的效果。

三、实施合作套保

锦泰期货旗下风险管理子公司——锦盈资本在动力煤期货上市伊始，就积极开展对合约的研究工作，并积极帮助煤电企业实现利用期货市场规避价格风险的需求。

通过对江苏新海发电企业风险的全面梳理，锦盈资本认为可以与新海发电开展合作套保业务。锦盈资本提出了在价格上涨趋势下，利用期货市场“定量定价，合作共赢”的套保方案，即锦盈资本与新海发电签订现货购销合同、锦盈资本在期货市场买入动力煤期货合约（TC1401）、最后进行实物交割，锁定煤炭购买价格和质量，规避了价格波动风险。

2013 年 11 月，伊泰集团领导前往江苏国信集团，照常规就下一年度，即 2014 年煤炭购销进行谈判和协商。在煤、电双方的引荐下，锦盈资本又根据两边的套保需要，结合内蒙古伊泰集团和新海发电之间原本是上下游煤炭供需方的关系，延伸出再与伊泰集团签订期货转现货协议、与伊泰集团签订现货交收协议等内容，拟通过期转现的方式帮助新海发电买到了伊泰集团的煤炭，这种灵活便捷的方案得到新海发电和伊泰集团的认可，延伸为新海、锦盈、伊泰三方合作的开展。

根据这份方案，三方合作大体分为六步走（见图 1）。

第一步：新海发电与锦盈资本签订煤炭购销合同，其中价格暂不明确，待期货建仓后以价格确认单的形式再行确定。

第二步：待价格运行到新海发电的心理价格区间时，新海发电向锦盈资本发出

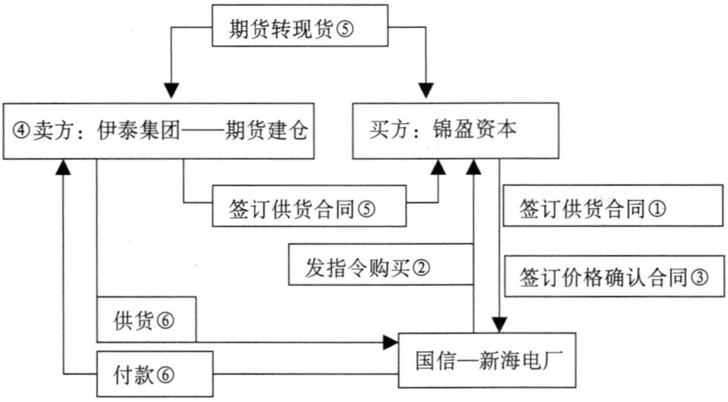

图 1 案例图解

买入建仓指令，并支付 10% 的定金作为锦盈资本参与期货市场的保证金，同时根据市场情况确定后期是否追加。锦盈资本依据新海发电下达的价格指令和数量需求在期货市场进行买入（如果市场价格出现激烈波动导致无法成交，锦盈资本须及时与新海发电沟通，等待对方重新下达价格指令）。在本案例中，新海发电认为合理的买入价格应该低于 585 元/吨。11 月 25 日，当动力煤期货价格运行在 580 元/吨区间时，锦盈资本按照指令分批买入 3 万吨（150 手）TC1401 合约。

第三步：锦盈资本完成建仓后，算出均价和必要的成本得出实际购销价格为 583 元/吨，双方依此价格签署确认单，作为履行 3 万吨现货购销合同的依据。

第四步：与此同时，伊泰集团作为煤炭上游，也在期货市场建立合适价位。11 月 29 日，动力煤期货价格已经接近 600 元/吨。伊泰集团认为入场进行卖出保值的时机已经成熟。并于当日以 594 元/吨的价格在 TC1401 合约卖出 3 万吨（150 手）。

第五步：在锦盈资本（期货多方）和伊泰集团（期货空方）均实现期货建仓后，经过协商，双方商定在 TC1401 进入交割月提高保证金前平仓（平仓之前，双方签订现货供货合同），于是定在 12 月 25 日，双方协商按照 585 元/吨的价格进行期货转现货交易。按照交易所规则规定，协议平仓价格只能在向交易所递交协议当天的涨跌停板内。从实际当事双方来看，在双方建仓价之内平仓最佳。在此区间内以任何价格协议平仓，双方的收益都没有差别。但协议平仓价越低，伊泰集团进行销售税务成本越低，经商定双方最终确定以 585 元/吨的价格平仓。

期转现之后，交易所不再负责货物交收和资金划转，完全由双方自主协商。期转现商谈的平仓价格决定增值税开票价格，不影响货款。

第六步：伊泰向锦盈资本（实际为新海发电）供货，新海按照期转现协议价格向伊泰支付货款。

如图 1 所示，通过期货定价，把一个面对面的交易变成一个背对背的交易，把一个情感的交易变成一个智力的交易，把一个时间点上的交易变成一个过程的交易，把一个平面上的交易变成一个立体的、横向的、纵向的交易。

电厂运用期货市场进行采购管理，一是可以将期货价格作为现货采购的定价基准，帮助企业进行动力煤的定价管理；二是把期货市场当作一个大的原料供应商，扩大企业采购范围；三是利用期货市场锁定原料成本，确保企业利润的实现。

该定价模式的优点在于既公平又合理。所谓公平是指模式中的期货价格是通过在期货市场上公开、公平、公正、集中竞价产生的，不存在价格垄断或价格欺诈等问题；所谓合理是指将期货市场形成的价格定为现货流通的基准价时，因产地、质量等因素而有所差别，在定价时买卖双方还可以考虑现货对期货价的升贴水问题。

四、效果分析

通过这次交易，新海发电、锦盈资本和伊泰集团均达到各自目的，在不改变原有贸易关系和惯例的同时，实现了多赢。

新海发电，通过锦盈资本间接参与期货市场，实现了在动力煤价格上涨趋势下，以 583 元/吨的相对低价买到了质量指标、运输成本符合要求的动力煤，提前锁定了利润，避免价格波动风险。

锦盈资本，以 583 元/吨的价格买入 TC1401 合约，并以 585 元/吨平仓，在期货市场获利 2 元/吨；将这批动力煤以 583 元/吨的价格卖给新海发电，现货市场每吨亏损两元。总的来说盈亏平衡。不过，由于这是现货企业运用该模式参与动力煤期货的第一次尝试，因此锦盈资本并未向新海发电收取代理期货交易的佣金，并且以低于新海发电的心理价位的价格签订了价格确认单，而这两项收入将是未来期货公司风险管理子公司盈利的主要途径。

伊泰集团，以 594 元/吨的价格卖出 150 手 TC1401 合约，并以 585 元/吨的价格进行期转现协议平仓，在期货市场上实现 9 元/吨的盈利。同时，经过期转现，伊泰集团收到了 585 元/吨的货款，加上期货每日结算 9 元/吨的盈利，伊泰卖价仍为建仓价 594 元/吨。（说明：只要交割，期货卖价一定是煤炭企业的货款收入，期货买价一定是电厂的购货成本。期货交割手续费由期货公司和电厂商谈确定）

需要注意的是，由于建仓的时机和市场价格波动因素，在实际操作中不大可能实现利润的最大化。电力和煤炭企业在前期确定了买卖双方心理价位后，在该区间内只要价格是双方当时认为合适的即可。

五、关于合作套保的深度思考

（一）合理利用期货工具对冲市场风险

不管是下游电企、还是上游煤企，无一例外会遭遇煤炭价格变化给企业经营带来的经营风险。期货工具可以对不利经营的商品价格波动提供对冲，锦盈资本与新海发电的案例就表明，双方正是合理运用期货工具，在发现市场有利的情况下，通过期货市场进行远期买入价格锁定（买入套保）的方式，将原本因煤价上涨给电厂带来的经营成本增加风险，转由期货盘面的稳健盈利来进行对冲。

（二）期现结合增加套保稳健度

在本例中，新海发电在制定期货套保计划中，完全根据自身采购需要出发，根据其相应月的采购量计划和价格预定目标来下达期货盘指令。在郑商所结合市场实际贸易，数次改良期货合约内容后，目前的动力煤期货合约在标的煤指标、交割单位数量级以及交割港口设置上都趋于现货买卖实际，这打消了广大买入保值者对于交割接货的后顾之忧，使套保参与者只需重点关注期现价格本身的变动找寻操作时机。电厂可以在套保过程中制定“进，可以在盘中获利平仓了结——盈利补贴现货采购；退，可以持有至合约交割期——通过交割现货完成采购计划”的双重选择机制，进可攻、退可守地稳健实现采购目标。

（三）成功源于平时不断的积累

套保工作看似简单，实则是一项制定周密计划，并且及时发现时机、果断把握时机的专业操作。本案例中，双方合作套保虽是从 11 月正式开展，但是参与双方从动力煤期货上市之前就为此进行着大量的研究和业务推进工作，正所谓“研究在前，操作在后，磨刀不误砍柴工”。深厚的研究和实践底蕴成就了操作阶段的每一步关键节点，保证了套保工作的成功率和有效性。

（江苏锦盈资本管理有限公司供稿）

案例 36：

套期保值助力科技企业长青

——华泰资本合作套保业务实例

实体企业在经营过程中，面对的困难和挑战有很多，企业要健康发展，非常重要的两个因素就是稳定的盈利模式和稳定的现金流。盈利模式是企业生存的基础，是经营性现金流的来源，企业的管理层都希望企业的盈利能够健康稳定，避免大幅波动、靠天吃饭。若盈利模式稳定，现金流不稳定也不行，如果一家企业账面利润较好，但存在大量逾期的应收账款，企业也会因为现金流紧张而举步维艰。华泰资本在服务产业客户的过程中，慢慢探索出一个可复制性较强的与企业开展合作套保的方案，从制度建设、决策体系、流程管理、风险控制、资金安排、账务处理和经验总结等方面，均较好地满足了实体企业的需求，帮助企业优化盈利模式和现金流。

一、企业基本情况

江苏某企业，是国家“863 计划”和国家火炬计划的骨干企业，是一家以新型节能架空导线、漆包圆绕组线和电工铝杆为主的高新技术企业。企业的主要客户包括国家电网公司、中国南方电网、富士通和日立等国内外特大型企业，订单大多为定制化产品。该企业参与各大电网公司的招标，中标接到订单时已确定好规格型号、数量和单价，后期根据客户的需求分批生产、交货。

由于该企业产品技术含量较高，早年产品基本供不应求。2012—2015 年，大宗商品整体下跌，原材料铝锭的成本较低，对企业比较有利。因此，早年企业参与期货市场的意愿不强，也很少参与期货交易和套保。2016 年大宗商品价格逐步上涨，铝锭的价格节节攀升。由于原材料价格在成本中占比较重，企业在接收订单后，如不进行套保，会导致测算的利润丧失甚至出现亏损的情况。该企业参与期货市场经验不足，并未针对期货交易和套期保值配备专门的合规、风控和交易岗位。

二、实施合作套保

华泰资本在充分了解该企业情况后，根据企业需求拟订相关方案。

一是帮助企业建立套期保值的流程和管理细节；二是确定基本套保方向和思路，企业在合同订单所需原材料范围内，根据市场情况，在期货市场买入套保；三是合作细节的讨论，包括下单指令、沟通方式、交割仓库等，为合作套保业务的顺利开展奠定良好基础。

企业在接到订单以后，根据自己订单确定的价格测算成本，结合对行情和基差的判断，与华泰资本进行合作套保业务。2016 年 11 月 2 日，企业与华泰资本签订“合作套保委托协议书”，签约后向华泰资本支付合同保证金。2016 年 11 月 30 日，企业向华泰资本下指令单，要求分别买入 AL1612 合约，最后成交 AL1612 合约 100 手，成交均价 13 824 元/吨，本次合约拟通过期货交割买入，最终华泰资本通过 AL1612 合约交割买入铝锭 500. 472 吨。2017 年 1 月 12 日和 1 月 13 日企业提货。具体流程见图 1。

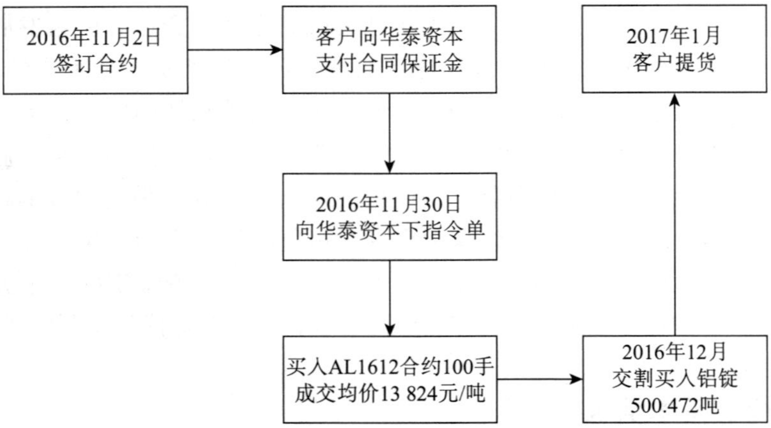

图 1　套保流程

三、该合作套保要点分析

（一）锁定利润，同时缓解企业资金压力

该合作套保方案的优点在于，企业取得订单时，能将其原材料成本进行锁定，进而锁定企业利润，优化盈利模式。同时，目前铝的交割方式为集中交割，一次性交割所需资金量比较大，华泰资本在交割后，给予企业分批提货的权利，大大缓解企业现金流压力。

（二）财务细节，妥善处理增值税

在与企业开展业务过程中，涉及诸多财务问题。华泰资本积极与税务机关进行沟通，将该业务的实质展示给监管机构，最终得到监管部门的认可，妥善解决了有关增值税等方面的问题。具体如下：

相关会计分录：

2016 年 11 月 2 日收到保证金：

借：银行存款

　　贷：其他应收款——某公司

2016 年 11 月 30 日华泰资本接受客户指令买入 AL1612 合约 100 手：

无会计分录

2016 年 12 月 15 日交割时的期货账户盈亏：

借/贷：其他应收款——某公司

　　贷/借：其他应收款——期货账户

2016 年 12 月 19 日华泰资本期货账户扣款，交割买入铝锭 500. 472 吨：

借：存货

借：应交税费——应交增值税——进项税

　　贷：其他应收款——期货账户

2017 年 1 月份客户付余款提货：

借：银行存款

　　其他应收款——某公司

　　贷：存货

　　　　应交税费——应交增值税——销项税

（三）合作套保模式的可复制性

该企业的合作套保模式可以广泛应用于船舶制造、钢结构、港口机械等行业，以及供货周期较长的出口厂家和与下游客户有锁价合同的厂商也可以运用该模式稳定企业经营。这些行业的生产经营与大宗商品价格相关性较高，基本都是先签订销售合同，确定好销售价格，以销定产，然后在一定周期内生产交货。在这种情况下，如果原材料价格一直上涨，企业压力很大，若企业在确定好销售订单时，就利用期货进行套期保值，就可以锁定利润，专注于生产经营和产品研发，而不必一直盯着原材料价格，担心价格上涨。

四、经验和总结

机构在开展合作套保服务实体企业的过程中，需要重视以下几点：一是要积极了解企业生产经营情况、生产周期和实际需求，努力解决好生产需要和期货合约时间错配的问题；二是尽量协调选择距离客户较近的仓库进行货物交割，为客户节约成本，物流成本在企业经营中占用举足轻重的作用；三是在合规范围内，灵活应对产业客户的需求；四是若有大的厂家或者集团能够进行仓单串换（仓单换仓单，或者仓单换现货）的主动报价，将会有更多的产业客户愿意进行商品期货交割。

（华泰长城资本管理有限公司供稿）

案例 37：

完善套保制度建设，创新风险管理模式

——金瑞期货服务江铜集团

一、江铜集团主要业务风险和风险对冲模式

多年来，江铜集团（以下简称“江铜”）注重实体经济和虚拟经济“两条腿”走路，坚持利用期货市场套保，并尝试开展期现套利、跨市套利和货币市场套利，以求更好地抓住市场机会提高保值效果。1992 年，江铜成立期货部门，从事套期保值业务。1997 年，江铜集团成立金瑞期货经纪公司，为江铜培养期货人才和代理内盘交易。2013 年开始，江铜开始开展自产矿的期权保值操作，净收入权利金从每年数百万美元增长到数千万美元。

江铜的主营业务有：自有铜矿开采、阴极铜冶炼、铜材加工和贸易等。基本覆盖了从铜矿开采到最终制成铜材、销售的整个产业链。从江铜实际生产经营的角度出发，可能面临的风险主要有四种。

一是购销定价模式不匹配的风险，即采购均价与销售点价之间存在价格不匹配进而产生购销价差风险；二是采购和销售的定价时间不匹配而产生购销价差风险；三是购销定价市场不匹配的风险。进口原料按国外定价、销售按国内定价，产生定价市场不匹配导致的购销价差风险。江铜上游矿产商面临这样的问题，公司从国外市场进口矿，其进口部分以伦敦期货交易所铜期货合约为定价依据，而国内销售部分以上海期货交易所的铜合约为参考依据；四是购销数量不匹配的风险。采购计价量与产品销售量不匹配，导致存货在其库存期内的价格涨跌风险。

二、江铜的风险管理组织架构

风险管理组织架构（见图 1）的设置注重业务需求与风险管理高度结合。计划发展部制定和下达公司综合经营计划，以此作为贸易部年度、季度采购和销售计划的总依据；生产运营部制定和下达公司的具体生产计划，作为贸易部季度、月度采购和销售计划和变更的具体依据；风控内审部监控系统，监控现货合同执行及期货

交易相关风险，出具风控评价，在出现风险时提出警示和相应处理意见；财务部给予采购和期货交易资金支持、监管货款回笼、管理和执行套期会计、对保值效果出具财务评价意见；贸易部各现货板块按购销合同或客户点价要求，下达保值需求和指令，汇总并上报期现对冲的保值效果；贸易部期货板块协调各现货板块的期货保值，提出保值方案、实施期货保值的具体操作和成交回报；监控和管理期货头寸，向现货部门、上级领导和其他相关部门上报期货头寸和交易盈亏，向上级监管部门汇报套期保值和外汇敞口的使用情况及相关数据。

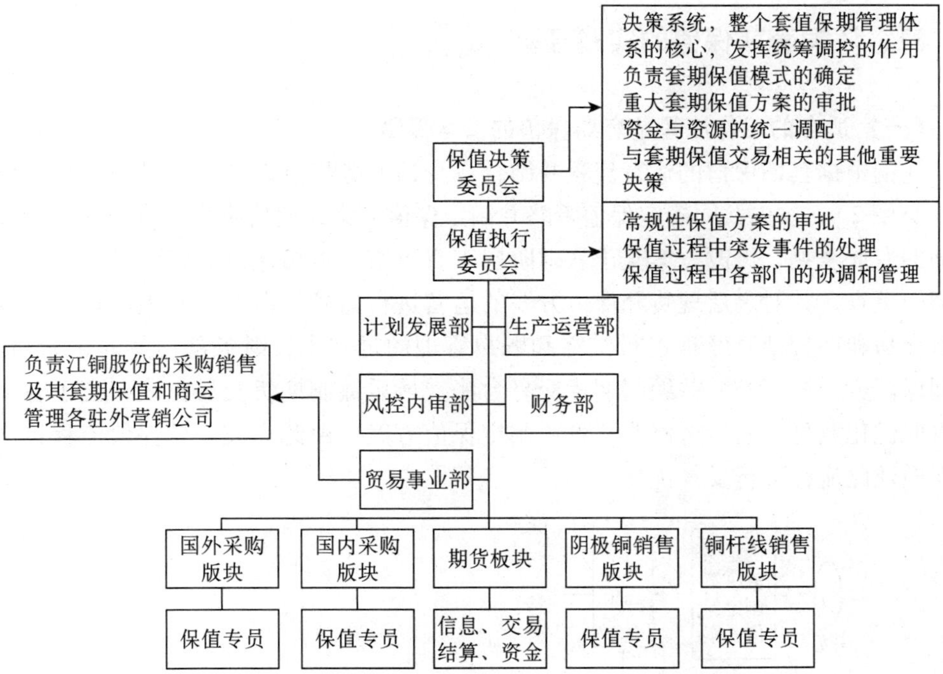

图1　江铜集团套保体系组织架构

（一）建立风险管理配套制度

包括建立保值决策委员会、保值执行委员会和风控内审部。保值决策委员会的主要职责是建立完善的套期保值制度、管理办法和实施细则，建立严格的审批制度，对套期保值决策、模式和重大方案等实施审批，建立合理的授权制度，合理安排权力的分配和制衡、监督；保值执行委员会建立各部门协同运作和管控制度；风控内审部建立风险管理制度，建立合理的分析制度，推动和规范经济、产业形势、供需关系及行情的分析，建立严格的敞口管理制度，监督和防范敞口风险。贸易部期货板块及各现货板块，建立严格的报告制度：明确报告对象、流程、内容要求和频率。在硬件上风险管理主要依托风险管理信息系统的建立，包括套期保值管理子系统、评价子系统、风控子系统、财务子系统、信息、档案和数据库、并将各个子系统整合纳入公司的整体 ERP 系统。

（二）潜心培养期货套保人才

19 年的套保经历，为江铜培养和锻炼了一支精通业务、熟悉保值的人才队伍，这是江铜套期保值成功运作的基础。在实际操作中，江铜期货部对公司下属单位和贸易部员工进行统一的期货业务和套期保值运作知识培训，帮助下属单位建立套期保值体系和制度，为本部和下属营销公司建立适合各自业务性质的套期保值体系和制度，输送套保人才。

三、江铜套期保值的实践经验

（一）适合的工作流程是套期保值的安全保障

江铜根据套期保值的运行流程并结合自身的业务特点设计了一套完备的保值流程（见图 2）。首先共同确定保值策略并制定保值方案，然后听取期货交易经理和分析师的专业意见，修改方案交于管理阶层审查决策。审核通过后将保值方案交于风控部门审查，并对之后现货和保值方案的运营进行监控。在期货交易经理进行套期保值交易和期货结算经理进行结算和账户管理的过程中，财务部门实时记录台账、管理保证金、核算结账并编制期货交易台账。最后编制期货交易报表，交于各个部门听取优化意见，然后再修改并重新制定保值方案。由此完成一轮保值流程，之后不断循环此流程进行反复优化。

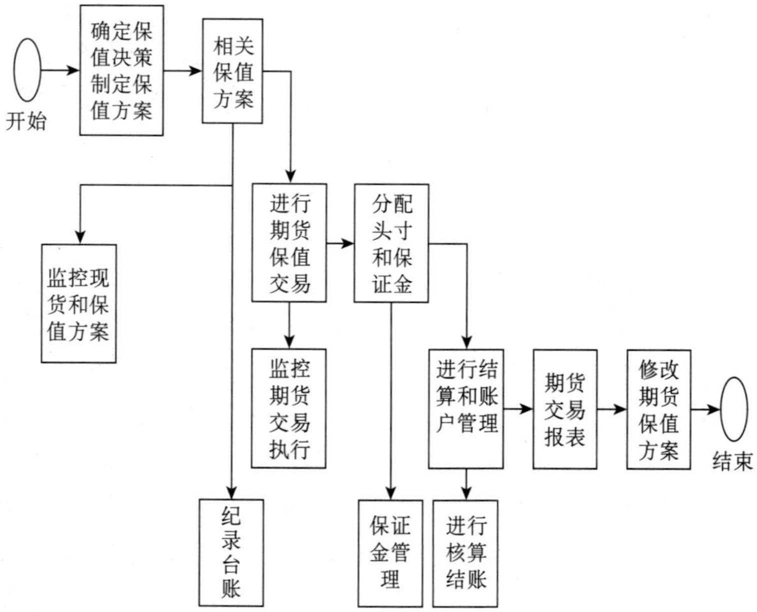

图 2　江铜集团套期保值工作流程图

（二）保值优化

理论上完美的保值计划是不存在的，而且企业制定的保值方案在实际运作中也会遇到各种各样的问题。江铜结合自身业务的特点，在三个方面实现了保值优化。

1. 基差保值。由于基差性质的原因，只要反向基差存在，卖出保值就有结构性的损失。反向基差下原料采购和产品销售间隔一旦跨月，企业将不得不承受换月基差损失，并且时间越长损失越大。以前江铜外购原料长期采用上月均价的方式采购原料，而产品加工周期是半个月左右。因此保值的周期是一个半月，不可避免地将面临产品的加工周期跨月。如果按照以往的保值计划进入计价期均匀卖出保值，产品销售时买入平仓，企业将承受巨大的基差损失。因此我们改变了计价方式，将上月均价改为当月均价的结算方式，顺利地回避了基差损失，稳定赚取了加工费。

在日常保值过程中，基差性质、基差大小、基差变化都是保值专员关注的要点。现货要求做到哪个合约，保值专员并不一定会做到对应合约，可能会根据其对基差的判断做到其他合约，相当于构建了跨期套利头寸。正是利用基差的变化规律，江铜每年的保值能完成较多超额利润。

2. 比价保值。比价的变化对套期保值有着重要的意义，反映沪铜和伦铜相比哪个高哪个低。因为江铜能够在两个市场进行套保，所以需要关注在哪个市场保值更加划算。当比价过高时，国内价格远高于伦敦价格，从国外进口到国内销售变得有利可图。对卖出保值来说，明显在国内做空头更加有利。当比价过低时，国内价格远低于国外价格。一方面贸易商出口电解铜到国外，拉低国外铜价；另一方面国内进口减少出口增加，减少国内电解铜供应，抬高国内铜价。对于卖出保值来说，明显在国外做空头更加有利。

3. 期现互动。为了锁定期现价差收益，规避基差损失，我们可以根据期现市场价差结构，出售现货买入期货，也可以卖出期货购进现货。2014 年 4 月上海市场升水普遍高于正常值，江铜在期货市场持有多头等待交割，然后再在现货市场卖出，稳定赚取升水溢价。而 2016 年 2—3 月升贴水明显偏低，江铜在现货市场持有多头，在期货市场持有空头，进行正向交割。

（三）风险管理的经验总结

关于风险管理，江铜主要从三个方面进行了创新。

1. 交易模式创新。在交易模式方面，江铜启动了“互联网 + 战略”，从线上到线下，提供交易、物流、结算、融资和风险管理等全方位的服务。交易环节主要利用线上交易，使信息成本和交易成本得到改善。仓储物流环节，结合互联网形成规模化、信息化的优势。支付结算环节，广泛利用第三方履约保证和结算，提高支付效率。资金周转环节，以江铜为出发点，为供应链上下游配套企业提供各项金融支持。

2. 拓展风险管理金融衍生工具。企业在进行风险管理时，能够运用的金融工具有期货、期权、远期和互换等等。随着世界各经济体间的联系越来越紧密，远期和期货工具越来越不能完全满足企业实际经营中的套保需求。因此江铜顺应时代的发展，拓展了自身使用的套保工具。接下来以期权为例做一个简单的介绍。期货套期保值能够最大程度控制风险，但是占用资金较多，也存在追保风险，增加财务成本，并且在牛市时也会错过库存价值的增长。而期权套期保值则没有追保风险，价格下跌时也不会侵蚀或者少侵蚀现货的收益。为了讲述的方便，接下来外盘期权的行权价和权利金都以人民币计价。期货事业部使用铜期权进行保值时，由于看好铜价买入执行价格为 34 000 元/吨的看涨期权，权利金为 941. 3 元/吨，到期时间为一个月。如果一个月后铜价跌至 30 000 元/吨，不行权，享受采购成本下降的好处，期权套保的综合收益 34 000 - 30 000 - 941. 3 = 3 058. 7 元/吨。如果一个月后铜价涨至 38 000 元/吨，行权，期权套保收益为：采购成本 + 期权收益 = (34 000 - 38 000) + (38 000 - 34 000 - 941. 3) = -941. 3 元/吨。企业能够通过支付有限的权利金买入看涨期权，来换取现货下跌时的收益，而运用期货套保则不会享受到这部分收益。

3. 资产组合套保模式。套保模式方面，江铜经历了期现结合 - 虚实结合 - 资产组合套保模式三个不同的阶段。最初为了实现企业现货经营目标利润和期货现货业务的互动，将期现部门的业绩考核进行了合并。后来为了拓展企业的盈利模式，跨市套利、货币市场套利套汇和供应链金融服务也相继开展，实现了实体经济和虚拟金融的并重。现在为了实现企业价值的最大化，应当将期现结合和虚实结合中形成的现货、期货、期权、应收和应付账款等资产负债看成是一个资产组合，从资产组合管理的角度上对组合进行优化。根据组合投资的预期收益和预期收益的方差确定交易头寸，以使收益风险最小化或者效用最大化。另外，资产组合套保模式中保值比例是可以选择的，最佳套期保值比例取决于套期保值者的风险偏好以及所获得的价值。

（金瑞期货有限公司供稿）

案例 38：

基差定价促双赢，服务企业显成效

——永安资本服务日照钢铁案例总结

在金融市场发达的美国，大宗商品的现货贸易普遍采用基差定价来确定现货结算价格。延续了多年的铁矿石长协定价模式在 2010 年前后被打破后，一口价、指数定价、月均价以及追价等多种定价方式先后面世，但并没有形成统一的定价模式。在供给侧结构性改革背景下，我国钢铁企业如何运用基差定价参与贸易定价并择机确定有利的买卖价格，进而丰富现货定价方式还有待探索。风险管理业务的逐步开展，恰好为期货行业与钢铁企业在这方面开展合作提供了创新的契机。日照钢铁（以下简称“日钢”）于 2014 年与永安期货风险管理公司永安资本一起尝试开展铁矿石基差定价贸易，为结构转型状态下的钢铁企业规避价格风险、灵活定价，增强竞争力提供了参考。

一、基差定价贸易的积极意义

基差定价的基本原理是，采用“期货价格 + 基差”的方式来对现货贸易结算定价，即买卖双方签订合同时暂不确定现货买卖的固定价格，而是双方先商定一个基差价格，由买方选择从签订合同到交货期间任一有利时点的期货价格作为基准价格，并与基差价格相加确定为最终结算价格。贸易双方采用基差定价，不仅使得下游买方可以相对灵活地参与商品定价，而且可以方便上游卖方通过期货市场规避价格波动风险，预先锁定利润。买方在购买中获得价格的话语权，以及卖方在销售中管理销售价格风险，均调动了双方的积极性和主动性，提升了双方在交易中实现共赢的可能，且促进了商品现货的销售和流通。同时，基差是即远期市场现货价格的重要组成部分，基差定价实现了期现货市场的紧密结合，丰富了期货工具服务现货市场途径。

二、具体操作步骤

具体来看，该项业务操作主要可归纳为以下六步：第一步，合作方永安资本采用一口价从矿企采购 1 万吨湿基铁矿石，然后折算为现货干基价，同时在期货市场卖出铁矿石 1409 合约进行保值，此时的基差为 -9 元/干吨。第二步，日钢与永安资本在 7 月中旬签订合约，约定点价期为 1 个月，此时基差变为 3 元/干吨，日钢获得永安资本 1 元/干吨的优惠，该批铁矿石最终干基结算价参照铁矿石期货 1409 合约加升水 2 元/干吨（永安资本向日照钢铁报价升水 2 元/吨）确定。第三步，合约签订后两日内，日钢按照当时的市场铁矿石现货湿基价向永安资本预付货款，永安资本收到货款后一日内，将货权转移给日钢。第四步，日钢在 7 月 22 日以电话方式向永安资本进行点价，依据合同参照期货市场铁矿石 1409 合约即时价格加基差价格（2 元/干吨）确定最终干基结算价，同时折算为湿基提货价格。第五步，永安资本在期货市场以最终干基结算价平仓铁矿石期货合约，此时根据 7 月 23 日现货湿基结算价折算现货干基价格，计算基差为 14 元/干吨，随后日钢将点价函盖章传至永安资本备案。第五步，日钢按照湿基提货价格提货后，永安资本按照日钢的实际提货吨数和 7 月 22 日的铁矿石现货湿基价结算货款，开具发票，并根据预付货款多退少补。

表 1　　铁矿石基差定价贸易盈亏分析表

日期	永安资本		日钢
	现货市场	期货市场	现货市场
2014 年 7 月初	买入 1 万吨湿基价格为 665 元/湿吨的现货铁矿石，折算干基价格 707 元/干吨	卖出 1 万吨干基价格为 716 元/干吨的期货 1409 合约	—
	基差为 707 - 716 = -9 元/干吨		
2014 年 7 月中旬	现货湿基价格上涨至 675 元/湿吨，折算干基价格 718 元/干吨 当日期货干基价格为 715 元/干吨时，永安向日钢报价升水 2 元/干吨（优惠 1 元/干吨）。同时，约定点价期为 1 个月，最终干基结算价参照 1 409 合约加升水 2 元/干吨确定	—	
	基差为 718 - 715 = 3 元/干吨		
两日后	永安资本收到货款 675 元/湿吨 × 1 万吨 = 675 万元，并于 1 日后转移货权给日钢	—	日钢支付预付款 675 元/湿吨 × 1 万吨 = 675 万元，得到 1 万吨货权
2014 年 7 月 22 日	—	—	日钢以期货 1409 合约即时价格 686 元/干吨 + 2 元/干吨（基差价格）= 688 元/干吨点价，确定为最终的干基结算价，折算为湿基价格 648 元/湿吨

续表

<table>
<tr><td rowspan="2">日 期</td><td colspan="2">永安资本</td><td>日钢</td></tr>
<tr><td>现货市场</td><td>期货市场</td><td>现货市场</td></tr>
<tr><td rowspan="2">2014 年
7 月 23 日</td><td>现货价格下跌至为 660 元/湿吨，折算干基价格为 702 元/干吨</td><td>永安资本以期货 1409 合约即时价格 688 元/干吨平仓 1 万吨空头套保头寸，并以此确定为最终的干基结算价格</td><td>现货价格下跌至为 660 元/湿吨，折算干基价格为 702 元/干吨</td></tr>
<tr><td colspan="2">基差为 702 - 688 = 14 元/干吨</td><td>—</td></tr>
<tr><td>随后</td><td>永安资本向日钢结算货款，开具发票，并在之前预付货款 675 万元的基础上多退少补</td><td>—</td><td>日钢按照 648 元/湿吨价格，根据实际需求进行提货</td></tr>
<tr><td>盈亏情况</td><td>亏损：(648 - 665) ×1 = - 17 万元</td><td>盈利：716 - 688 = 28 万元</td><td>盈利：(660 - 648) ×1 = 12 万元</td></tr>
<tr><td>最终结果</td><td colspan="2">风险管理公司盈利 = 现货市场盈亏 + 期货市场盈亏 = - 17 + 28 = 11 万元</td><td>钢企盈利 12 万元</td></tr>
</table>

三、操作实施效果

本案例中，永安资本最初的现货采购价格为 665 元/湿吨，最终的销售价格为 648 元/湿吨，因此在现货市场亏损 17 元/湿吨。但是，在期货市场操作层面，因永安资本的空头开仓价 716 元/干吨，平仓价为 688 元/干吨，因而在期货市场盈利 28 元/干吨，盈亏相抵后总盈利 11 元/吨，相当于基差从 - 9 点到 2 点，走强了 11 点。日照钢铁于点价后现货结算采购价为 648 元/湿吨，较当日现货价格 660 元/湿吨低 12 元，相当于基差从 2 点到 14 点，走强了 12 点。综合来看，永安资本和日照钢铁集团分别盈利了 11 元/吨和 12 元/吨，可见在完成此次贸易后，买卖双方均实现了双赢。

四、本案例的启示

（一）传统“一口价”的定价模式，正在受到来自于基差定价模式的有力竞争

基差定价基础上，贸易双方通过协商签约，可以对交易的货物分多次、多笔进行点价操作。因此，实体企业更加注重相对而非传统的绝对价格变化，从而降低了自身面临的价格风险。对日照钢铁等钢铁企业而言，铁矿石基差定价贸易合约的达成，意味着企业运用期货及衍生工具进行创新，较好锁定价格风险。对永安资本等众多风险管理公司而言，煤焦钢矿产业链上的各品种之间，会衍生出大量的对冲套利机会，吸引投机资金参与，活跃市场流动性，促使期货价格更加合理，同时也有

利于企业参与并利用其来风险管理。期货市场的发展和完善将促进基差定价的进一步推广和应用。

（二）基差定价贸易模式需要一定资金做后盾

有业内人士指出，基差定价贸易模式需要一定的资金做后盾，即使交易可能在一到两个月完成，但实体企业的付款压力依旧存在。同时，面对传统“一口价”模式的长期存在，国内实体企业和贸易商采用基差定价来达成现货贸易还需要一个过程。

（三）要加强期现对接，促进期货交易所、期货经营机构和实体企业间的合作

注重总结、宣传、推广期货行业运用风险管理工具服务实体经济的成功案例，建立期货行业与现货企业双向人才交流机制，通过培训和讲座，在帮助现货企业业务人员熟悉运用期货及衍生工具开展风险管理的同时，不断提升期货行业从业人员深化对现货知识的学习与运用。

（永安期货股份有限公司供稿）

案例39：

投资咨询显实力，钢铁企业稳经营

——中原期货服务某钢铁集团

一、企业基本情况

某钢铁集团始建于20世纪50年代，经过多年的发展，目前是国内集采矿选矿、炼焦烧结、钢铁冶炼、轧钢及机械加工、冶金建筑、科研开发、信息技术、物流运输、国际贸易等于一体，年产钢能力超千万吨的钢铁集团，也是国内重要的精品板材和优质建材生产基地。

近年来，在商品市场化程度不断提高的大环境下，由于钢铁生产企业生产加工有一定周期，供销两端钢铁产品价格和原材料价格定价时间不一致而导致风险是钢铁行业面临困境的主要原因。在行业平均利润水平相对较高的市场状况下，此类市场风险导致的企业经营利润波动还不至于导致企业严重亏损，但在行业利润水平收缩至较窄水平时，利润略有波动，即有可能导致企业亏损。

二、企业市场风险敞口研判

在正式开展套期保值业务前，中原期货项目组和该钢铁集团套期保值工作小组，对集团市场风险来源进行了充分的市场调研，甄别出如下主要市场风险。

（一）原材料采购与产成品销售定价影响因素不一致而导致的市场风险

1. 原料采购中的铁矿石采购价格受国内外矿石价格波动影响；
2. 原料采购中的焦煤采购价格受国内焦煤价格波动影响；
3. 钢材销售价格受国内钢材价格波动影响。

（二）原材料采购中铁矿石采购定价模式导致的风险敞口

集团进口铁矿石采购定价模式是签订采购合同。矿石供应方安排船期，进口铁矿石到港后，按照一定时间内的普氏指数平均价确定合同实际履约价格。此定价模式导致定价和交货之间的时滞，由此产生进口铁矿石实际采购价风险敞口。

（三）钢材销售中实际销售价格可能偏离合同价格的风险敞口

在钢材销售过程中往往存在长协贸易商优惠措施，该优惠措施在钢材市场价格下滑至合同价格以下的情况下，将给予部分贸易商一些让利优惠，由此可能产生在钢材销售中钢材实际销售价格偏离的风险敞口。

（四）常备库存的维持和价值管理

由于原材料和产成品存在常备库存，常备库存实际单价与控制目标单价存在差异导致常备库存存在风险敞口①。

通过对集团主营业务流程及风险敞口进行分析，集团主营业务经营过程中风险特征呈现明确的双向风险敞口的特性，即在上游的原材料采购过程中，面临原材料价格上涨的风险，在下游产成品销售中，则面临钢材价格下跌的风险。同时，钢材库存、矿石库存、焦煤焦炭库存均面临由于市场价格下跌而产生资产减值的风险。

在财务模型中（见表1），集团公司主营业务收入主要可变因素为钢材销售价格；在主营业务成本构成中，主要变动因素为生产原材料铁矿石和焦煤采购价格。原材料端和产成品端价格双向波动，将导致企业主营业务毛利润出现较大幅度波动。自2008年始，集团公司的上市公司诸年年度财务报告（见表2）显示，股份公司销售毛利率逐年下降，其主要原因即源于此。

表1　　财务模型概要

<table>
<tr><td rowspan="9">毛利润
（主营业务收入－主营业务成本）</td><td>主营业务收入</td><td>钢材销售价格×钢材销售数量</td></tr>
<tr><td rowspan="8">主营业务成本</td><td>外购原料成本（炼焦）②</td></tr>
<tr><td>人工、电力等付现成本，折旧及摊销（炼焦）</td></tr>
<tr><td>外购原料成本（炼铁）③</td></tr>
<tr><td>人工、电力等付现成本，折旧及摊销（炼铁）</td></tr>
<tr><td>外购原料成本（炼钢）④</td></tr>
<tr><td>人工、电力等付现成本，折旧及摊销（炼钢）</td></tr>
<tr><td>人工、电力等付现成本，折旧及摊销（轧钢）</td></tr>
</table>

注：根据该钢铁生产企业生产流程整理。

① 此风险敞口存在于钢铁产品常备库存、铁矿石常备库存和焦煤常备库存中，是否进行保值应根据集团目标控制政策进行确定，建议纳入保值范围。

② 外购原料成本（炼焦）主要指焦煤等炼焦主要原材料，其中焦煤在成本构成中所占比例最大，其他成本项不纳入保值范围内。

③ 外购原料成本（炼铁）主要指铁矿石等外购的高炉冶炼主要原材料，由于焦炭大部分为自产，未纳入本项目。

④ 外购原料成本（炼钢）主要指电炉或转炉炼钢中外购原料（硅铁合金、硅锰合金、废钢），由于在主营业务成本构成中所占比例等问题，本年度不纳入套期保值范围。

表 2 该钢铁股份有限公司年度财务状况分析摘要（2005—2013 年）

年度（年）	2005	2006	2007	2008	2009	2010	2011	2012	2013
销售毛利率	8.16%	9.48%	8.45%	5.46%	7.12%	6.35%	6.58%	-8.30%	6.71%
三费/营业收入	3.90%	3.90%	3.49%	4.25%	5.95%	5.70%	5.26%	7.76%	6.47%
销售净利率	2.97%	3.63%	4.23%	0.34%	0.57%	0.27%	0.12%	-16.71%	0.15%

注：根据该钢铁股份有限公司诸年年度财务报告整理。

三、企业风险解决方案

（一）主要套期保值方案

为管理此风险对企业发展战略产生的影响，中原期货建议选择买入铁矿石与焦煤期货合约，同时卖出螺纹钢与热轧卷板期货合约为主要套期保值策略。该策略同时锁定主要原材料成本和主要产成品的销售利润，实施该套期保值方案，等同于锁定一定时期的主营业务毛利润。在钢材产品实现销售的同时，将原材料和产成品保值头寸同时进行平仓处理。通过此策略，不但可以对冲原材料采购与产成品销售存在定价时间不一致导致的市场风险①，还可以部分消除原材料采购中铁矿石采购定价模式导致的风险敞口②，以及钢材销售中实际销售价格可能偏离合同价格的风险敞口③。

在原材料采购过程中，因为生产需要必须保留常备库存，库存原材料实际单价与控制目标单价存在差异导致的风险敞口应进行动态监控。除保留部分风险敞口外，根据市场动态及时建立保值头寸，对常备库存价值进行动态卖出套期保值管理。

在套期保值实际运行过程中，经常面临进项（铁矿石和焦炭或焦煤）价格和销项（螺纹钢或热轧卷板）价格同方向变动的情形。若按照主方案同时持有进项买入和销项卖出保值头寸，虽然锁定的吨钢毛利保值目标能够顺利实现，但放弃了部分超额收益。因此，有必要在风险可控前提下，适时适度调整风险敞口，提高保值效率。

（二）次方案一：买入原材料期货保值，保留销项风险敞口的一重保值策略

对于原材料采购的买入套期保值，一般情况下，同种商品的期货价格与现货价格具有正相关关系。原材料期货价格越高，则现货价格越高，生产成本越大，生产利润则越小，原材料套期保值工具的期货价格与生产利润呈现负相关关系。因此可以在确定期货盘面毛利符合保值目标要求的前提下，根据原材料套期保值工具期货

① 对应“市场风险敞口”中“原材料采购与产成品销售存在定价时间不一致导致的市场风险”。
② 对应“市场风险敞口”中“原材料采购中铁矿石采购定价模式导致的风险敞口”。
③ 对应“市场风险敞口”中“钢材销售中实际销售价格可能偏离合同价格的风险敞口”。

价格（F_I）与盘面毛利（R）① 之间的收益率相关关系设计择时指标 ρ_{RF_I}。

当期货盘面毛利符合企业保值目标要求且 ρ_{RF_I} 满足择时要求时，对原材料进行买入保值。

当期货盘面毛利符合企业保值目标要求，但 ρ_{RF_I} 不满足择时要求时，不宜对原材料进行买入保值。

（三）次方案二：卖出产成品期货保值，保留进项风险敞口的一重保值策略

对于产成品销售的卖出套期保值，一般情况下，同种商品的期货价格与现货价格具有正相关关系。产成品期货价格越高，则现货价格越高，销售收入越高，生产利润则越大，产成品套期保值工具的期货价格与生产利润呈现正相关关系。因此可以在确定期货盘面毛利符合保值目标要求前提下，根据产成品套期保值工具期货价格（F_{RB}）与盘面毛利（R）②之间的收益率相关关系设计择时指标 $\rho_{RF_{RB}}$。

当期货盘面毛利符合企业保值目标要求且 $\rho_{RF_{RB}}$ 满足择时要求时，则对产成品进行卖出保值。

当期货盘面毛利符合企业保值目标要求，但 $\rho_{RF_{RB}}$ 不满足择时要求时，不宜对产成品进行卖出保值。

（四）次方案三：同时对进项买入保值和销项卖出保值的二重保值策略

在确定期货盘面毛利符合保值目标要求前提下，分别计算原材料和产成品套期保值工具期货价格与盘面毛利之间的收益率相关系数 ρ_{RF_I} 和 $\rho_{RF_{RB}}$。

当期货盘面毛利符合企业保值目标要求，且 ρ_{RF_I} 和 $\rho_{RF_{RB}}$ 均满足择时要求时，买入原材料保值头寸，同时卖出产成品保值头寸，锁定吨钢毛利。

当期货盘面毛利符合企业保值目标要求，且 ρ_{RF_I} 符合择时要求，而 $\rho_{RF_{RB}}$ 不符合择时要求时，启动次方案一。

当期货盘面毛利符合企业保值目标要求，但 ρ_{RF_I} 不符合择时要求，而 $\rho_{RF_{RB}}$ 符合择时要求时，启动次方案二。

当期货盘面毛利符合企业保值目标要求，但 ρ_{RF_I} 和 $\rho_{RF_{RB}}$ 指标均不符合择时要求时，不启动保值方案。

（五）次方案四：原材料常备库存的卖出保值③

该集团公司在实际经营中，原材料与中间品由于生产需要而留有常备库存。库

①② 理论中，计算毛利 R 应采集企业实际毛利时间序列收益率，但由于采集难度问题和期货盘面毛利与企业实际利润的逻辑关系等因素，建议使用期货盘面毛利替代实际毛利数据进行计算。

③ 此风险敞口的套期保值目标，是确保常备库存价值符合企业生产需要。从投资收益与风险角度考虑，出于利润最大化的目的，企业应保留部分风险敞口，因此是否对常备库存保值，应根据企业自身实际情况酌情决定。

存的实际单价与企业年度目标控制单价往往存有差异，当原材料价格出现下跌时，前期已采购并转为常备库存的铁矿石和焦煤以及正在结焦过程中的焦煤会存在资产减值风险。因此对于该部分风险敞口，需要进行动态的卖出保值①。

套期保值方案设计流程图见图 1。

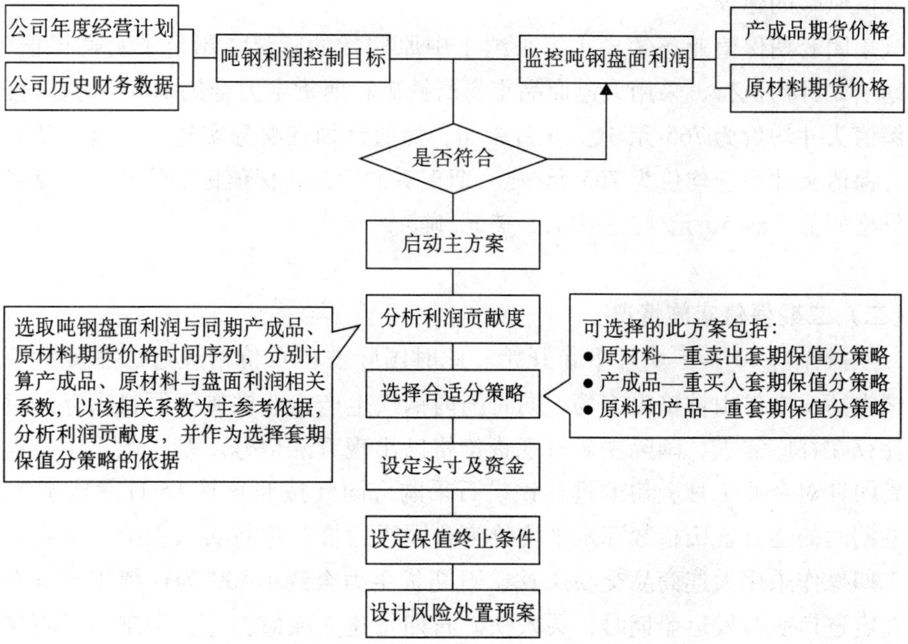

图 1　套期保值方案设计流程图

四、2014 年上半年某钢铁集团套期保值效果

2014 年 5 月初，该钢铁集团开始正式实施套期保值业务来管理企业面临的市场风险。上半年共执行了两期套期保值计划。

（一）首期保值实施情况

首期保值计划是针对 2013 年末企业已采购进口矿石所存在的资产减值风险。由于生产流程过长等原因，钢铁生产企业铁矿石常年保持一定规模的原材料常备库存。由于 2014 年第一季度铁矿石采购时价格较高，因此在 2014 年第二季度矿石出现明显的下跌趋势时，这些常备库存给企业带来了较大的经营压力。

中原期货研究团队通过对影响 5 月煤焦钢原材料和产成品价格走势的宏观经济和供需关系因素进行分析，预判 5 月煤焦钢产业链将出现幅度有限的下行趋势，其

① 本案例中只粗线条列出期货套期保值解决方案，在实际工作中，建议钢铁企业尽量采用期权方案解决此类风险。

中钢铁产品的下跌幅度将弱于原材料下跌幅度。通过对原材料和产成品以及期货盘面毛利相关系数的分析，该集团适合在5月对铁矿石常备库存进行有限度的为期一个月的卖出套期保值来对冲因铁矿石价格下跌而造成的铁矿石常备库存资产减值风险。中原期货据此向该钢铁集团提交了卖出铁矿石期货，对冲企业铁矿石常备库存资产减值风险的建议。

该集团套期保值业务领导小组采纳了中原期货的建议，制定了套期保值计划。该计划于5月初执行，采用大连商品交易所铁矿石期货主力合约I1409为保值工具，卖出保值头寸均价为765元/吨。6月中旬，保值计划在财务实施资产盘点清查前夕结束，保值头寸平仓均价为705元/吨。期现对冲后，将保值标的物铁矿石常备库存资产价格压低了约50元/吨（约7.5美元/吨）。

（二）二期保值实施情况

二期操作自2014年6月中旬开始。此时国际铁矿石价格经过二季度大幅下跌后，国内高成本矿山被挤出市场，同时国内钢铁生产企业铁矿石原料库存经过半年的消耗存在补库需求，国际铁矿石现货价格已出现看涨信号。基于此，中原期货建议该集团针对企业7月上旬的进口铁矿石采购合同（按照6月15日发货至7月15日到港期间的逐日普氏指数算术平均价为合同履约价）进行买入保值，锁定采购价格。二期操作采用大连商品交易所铁矿石期货主力合约I1409为保值工具，在6月中旬确定进口矿石发运船期时，买入铁矿石期货建立保值头寸，锁定的矿石现货采购价格为89.5美元/吨，至7月15日铁矿石现货到港并确定合同履约价格同时期货进行平仓，终止保值计划。此时现货价格上涨至97美元（按照合同，履约价格为92.275美元/吨），期货盈利53元/吨（约8.5美元/吨），虽然企业现货合同履约价为92.275美元/吨，但是经期现对冲后实际采购价格为83.685美元/吨。

五、经验总结

中原期货服务该钢铁集团的过程证明，利用期货市场进行套期保值，能够有效规避企业在现货市场面临的市场价格风险。同时中原期货也积累了一些服务产业客户的经验。

第一，风险即不确定性，价格的不确定性有两种结果，风险损失和风险收益。因此，应将市场风险视为企业的一种“特殊资源”加以管理，将所有市场风险全部进行无差别对冲并非最佳的市场风险解决方案。

第二，企业市场风险的种类很多，应认真进行风险调查和风险分析，根据企业风险偏好，甄别出对企业主营业务利润影响较大的市场风险类型，对企业无法承受的且缺乏有效管理手段的市场风险进行期货套期保值管理。

第三，期货公司服务企业，需要牢牢遵循风险管理这一主线。认真做好企业市场风险尽职调查，辨识企业市场风险的种类和规模，从制度设计、保值方案、内部控制等多个环节建立管控机制，辅导企业开展套期保值业务，这是企业开展期货业务的根基，根基不牢会导致套期保值的实际效果偏离企业开展套期保值的初衷。

第四，期货公司服务产业客户，需要建立系统性全面服务体系。全面服务体系所提供的服务项目不仅包括期货投资方案（套期保值方案）的设计和必要的研究分析报告，还应包括企业期货业务管理制度设计、管理架构设计、业务人员培训及套期保值方案优化与效果评价体系。

第五，企业求贤若渴。在中原期货服务该集团的过程中可以看到企业对既熟悉本企业生产工艺和现货业务，同时通晓期货等金融知识的人才的渴求。企业熟悉现货市场的人才比比皆是，但对金融和资本市场有所了解的人才却凤毛麟角，这类人才稀缺情况不仅仅表现在期货专业人员方面，同时还表现在熟悉期货业务的财务会计人员、熟悉企业内部风险控制的审计及内控人员方面。这种情况说明期货市场服务产业客户的道路仍然任重道远，需要期货经营机构坚持培育市场的理念，为企业乃至为社会培训大批的专业人才。

（中原期货股份有限公司供稿）

案例 40：

解析企业经营风险，提升风险管理能力

——弘业期货投资咨询业务服务钢铁企业

近年来，随着改革进程不断深化，我国已建成全球产业链完整的钢铁工业体系，有效支撑了国民经济的平稳较快发展。与此同时，钢铁工业也面临产能过剩、创新发展能力不足、环境能源约束不断增强的困境。在当前供给侧结构性改革的大背景下，钢铁行业受去产能、去库存等影响，从上游到下游，从原材料到成材的价格波动都极其剧烈。为了规避“产、销、供”等各个环节的风险，顺应钢铁行业发展趋势，将期货金融工具与传统行业紧密结合成为期货公司服务钢铁企业的重要任务，弘业期货在实践中，不断探索出一条帮助钢铁产业企业降风险、增效率、扩产值的投资咨询服务。

钢铁企业投资咨询服务主要包括帮助企业建立期货内控制度，分析企业生产经营风险状况并提供针对性的解决方案，下文将以某钢厂为例作详细介绍。

一、企业基本情况

某钢铁企业是我国特大型联合生产钢铁企业，是所属省份的行业标杆，连续数年荣列中国企业前 100 强。该企业拥有世界先进水平的冷热轧薄板生产线、高速线材生产线、中国最先进的热轧大 H 型钢生产线和亚洲最大的车轮轮箍专业生产厂，其中车轮生产线通过了北美 AAR 认证，形成了独具特色的“板、型、线、轮”产品结构，多个产品荣获国家、省优质产品称号。经过 50 年的艰苦创业、积累发展，该企业形了铁、钢、材 2 000 万吨配套生产规模，总资产近 1 000 亿元。

二、建立期货交易内控制度

该企业虽参与期货市场较早，还曾参与螺纹钢等期货品种交割标准的制定，但真正开展期货交易却非常有限。随着焦煤、焦炭、铁矿石以及螺纹钢期货的上市，企业逐步认识到期货对于钢企的意义，有了深度参与期货市场的意愿。鉴于此，弘业期货帮助企业完善参与期货市场内控制度，做好深度参与期货市场的准备。

一是建立健全期货管理机制。结合企业自身管理特点，建立“领导层—各事业部小组—工作组—风控组”，从上到下、多级管理、互相监督的期货管理组织架构体系；实务操作中，以董事会、总经理为领导决策主体，下设各领导小组，领导小组下设工作组，小组成员由市场部、采购部、计财部等相关人员构成；单独设立风控组，指派监察审计部专人负责。

二是目标管理制度。企业期货管理部门，根据现货部门年度生产销售计划，向董事会提报年度套保计划，明确交易品种、交易规模、参与方式、预期目标等业务指标，并将年度计划分解到每月的具体工作中。

三是严格的内部流程管理。每个套保项目都要形成具体方案，包括套保目标、品种、合约、数量、策略、保证金控制、风险评估以及止盈止损目标。业务操作时，需报总经理审批，审批过后，再各小组操作执行，项目完成后，操作结果上报领导小组审核。

三、分析企业常规风险，提供解决方案

钢铁企业面临的风险总体上可以分为两大类：一是行业风险，二是经营风险。行业风险对所有钢铁企业都会产生影响，可以理解为对企业产生直接影响的外部因素。在国家“去产能、去库存”的大背景下，为了完成政策目标，整个钢铁行业风险日益严峻。为了应对行业风险，很多钢铁企业寻求在资本市场上的合作机会，将金融工具运用到企业的日常生产管理中。经营风险是企业生产运营过程中出现的风险，是企业面对所有风险中自身可控能力最强的风险，是企业风险管理的核心内容。该钢铁企业作为中大型钢铁生产企业，在日常经营中，主要面临成本风险、订单风险、利润风险等。针对这一系列风险，弘业期货提出了详细的解决方案。

（一）成本风险管理

钢铁企业是多段生产和管理的大型生产企业，工序多、形式不一，不同的生产状态将成本归集为不同的成本中心，而不同成本中心之前又存在着复杂的物料流转和成本结转关系。该钢铁企业属于联合生产企业，主要由焦化厂、烧结厂、高炉冶炼厂、炼钢厂、轧钢厂等组成，从成本方面来看，生产成本主要包括焦煤、焦炭以及铁矿石。

近年来，受供给侧改革的影响，煤炭、铁矿石等上游原料价格波动加剧，钢铁企业作为上述原料的刚需用户，价格的剧烈波动无疑增加了企业的成本风险。企业在生产经营过程中，都会有常备库存，管理成本风险通常将对成本细化为对企业常备库存的管理和对未来成本管理两部分。针对企业的常备库存，企业可以采取滚动库存保值的方案，通过现货和期货之间基差的变动，合理利用期货市场的高流动性，

在现货和期货之间灵活操作。为了应对未来原料上涨带来的成本风险，钢厂在适当的时机提前通过期货市场锁定未来原料采购价格已经成为目前市场规避价格的主要手段。如：2016 年 10 月上旬，焦炭现货价格为 1 600 元/吨，期货盘面价格为 1 300 元/吨，该企业因为生产需要必须采购 5 000 吨焦炭用于冶炼钢材作为常备库存，但是从当时的盘面情况来看，期货价格处于深度贴水的模式，在期货上买入更加具有优势。于是企业在弘业期货的指导下，在期货上进行买入套期保值操作，达到滚动库存保值的目的。11 月份企业在现货市场以 1 900 元/吨买入 5 000 吨，并且在期货市场上以 2 200 元/吨的价格平仓，在抵消现货风险的同时盈利 300 万元。

这部分操作，主要利用了基差的波动性，在基差有利的情况下，利用期货市场建立的虚拟库存，作为常备库存的补充，降低整体库存的成本。当基差变的对企业有利时，则平掉期货，买回现货，建立正常规模的常备库存。

（二）订单风险管理

在企业实际经营中，订单不仅是企业内部物流的载体，也关系到企业能否降低成本，建立稳定的产销关系。对于钢铁企业来说订单主要分为两类：一类是长单，另一类是零单。钢厂大多数采用长单定价的模式，长单的贸易模式有利于企业提前合理规划生产，但也存在一些问题，如，一旦价格大幅上涨容易导致上游客户违约，而价格大幅下跌则容易导致下游客户违约。特别 2016 年以来，黑色系列相关产品呈现出大涨大跌的特征，市场价格的剧烈波动进一步加大了上下游长单客户的违约风险。如何通过新的定价形式，改变目前订单模式带来的违约风险企业希望解决的主要问题。

目前上游原料定价中，钢厂并不占有绝对的主导权，改变目前现有的定价模式仍比较困难。所以弘业期货建议钢厂在定价权上占据主导地位的钢材销售上进行试点突破。方案的核心是用长单的方式确定结算基差和交易量，取代原来一次性确定交易价格的长单方式。具体做法如下：

该钢铁企业和弘业现货风险管理子公司签订现货采购合同，风险管理子公司每个月向该钢铁企业采购一定量的特定规格螺纹钢，价格按照“期货价格 + 固定基差”的模式进行定价。基差和确定现货交收价的期货价格均由该钢铁企业自己指定。以上海地区现货价格 HRB400 20mm 为例，期货价格以活跃合约期货收盘价为例进行下面的计算。由于基差由该企业指定，倾向于选一个基差比较大的时刻来作为全年交货的固定基差。近两年基差走势图见图 1。

从统计的近两年来的基差走势图来看，基差波动的核心区间在 －180 至 300 元之间，该企业预计选择一个靠近 300 元的基差。在 2017 年 1 月 3 日，基差最高达到了 299 元，那么在 1 月 3 日，可以确定下来以该基差作为全年现货交收的固定基差，而全年的现货交收价格 = 期货价格 + 299 元。在确定基差之后，企业只需要在随后的行情当中，选择一个有利的期货价格，来确定现货交收价格（见图 2）。

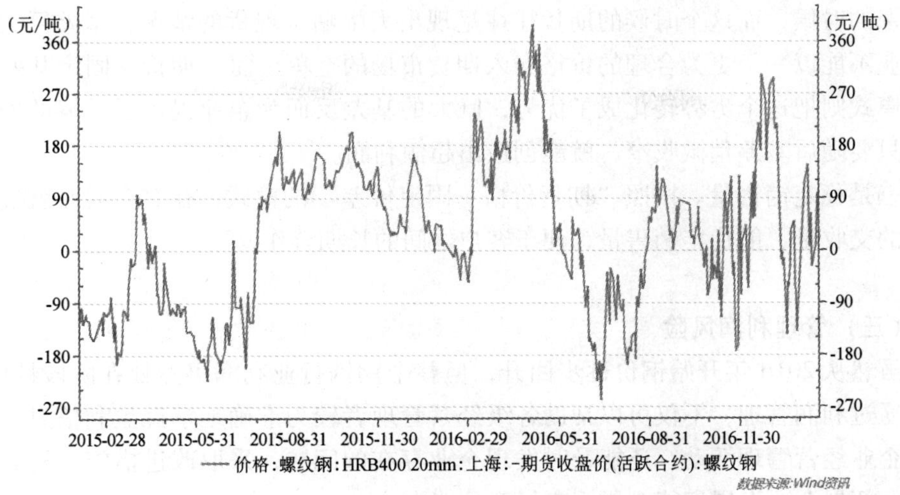

图1　2015—2016 年基差走势

图2　基差波动区间

从 RB1705 的走势来看，期价在随后展开了一波上涨行情，临近月底，到了 1 月 24 日，期价已经开始出现升水的情况，这个时候，该客户选择在当天的某一个价格作为 1 月份现货交收的价格，以当天 3 292 元/吨的收盘价计算，那么在 1 月底将以 3 292 + 299 = 3 591 元/吨的价格向风险管理子公司出售固定数量的螺纹钢，而当时现货报价在 3 230 元/吨，相当于比卖现货多出 361 元/吨。

上述操作的效果和在期货市场上进行卖出保值的效果类似，但又不完全相同，主要差别如下：

一是传统卖出套期保值，需要企业在期货市场上开立空单，会增加资金占用和交易成本。而“期货价格 + 固定基差”的贸易模式，仅仅以期货价格作为确定现货价格的参考，并不实际参与到期货市场上，节省了资金成本。

二是在企业进行期货市场卖出套保操作的时候，同样需要进行上述两项工作，就是确定基差和平仓时机。而在市场进入到下跌趋势的时候往往是企业需要进行卖出套保的时候，而这个时候的期货往往呈现出大幅贴水现货的情况，基差巨大，导致企业不能以一个更为合理的价格介入期货市场的空单。而“期价 + 固定基差”的贸易模式则把这个劣势转化成了优势，巨大的基差反而为企业提供了足够的安全边际，只要随后基差稍微收窄，就能创造出超额利润。

三是稳定销售量。按照“期货价格 + 固定价差”的模式，在签合同时就确定了全年的交收量，能稳定销售量，便于客户之间的长期合作。

（三）管理利润风险

虽然从2016年开始钢价逐步回升，但整个钢铁行业利润仍然处在阶段性底部。企业通过利润管理，不仅可以帮助各级经营管理者较为准确地掌握盈利信息，客观评价企业经营管理活动，还能及时发现企业存在的问题，采取改进措施，提升管理水平，拓展企业发展潜能，增强市场竞争能力。

在很多钢铁企业的实际期货操作中，必须以每月吨钢利润计划为操作标准，一旦期货盘面出现高于月度计划的吨钢利润，企业就会采取买入原燃料以及卖出成材的组合套保模式，避免两端市场波动带来的吨钢利润下降风险。

2016年初，螺纹生产利润在600元/吨左右的水平，而盘面利润高达300元/吨，从当时的基本面分析，后市钢厂利润存在高位回落的风险，为了应对吨钢利润下滑的风险，在弘业期货指导下，该钢铁企业在盘面做空钢厂利润，即“买入焦炭、铁矿石 + 卖出螺纹钢”，锁定钢材高额利润的同时，规避将来因钢材价格波动带来的风险。

四、提供增值服务项目

为了帮助该企业充分发挥现货优势，弘业期货旗下风险管理子公司弘业资本为其提供系列增值服务，如远期保值订单的配套服务、虚拟钢厂利润管理、交割指导服务、仓单销售、仓单收购、仓单回购、仓单串换以及仓单质押等系列服务。如：该钢铁企业下属国贸公司从事铁矿石现货贸易业务，作为铁矿石期货合约的交割买方，今年9月份接到200手铁矿石仓单，为了缩短销售周期，尽快回笼资金，该企业决定向仓单服务商销售仓单。该企业向弘业资本提出200手仓单销售申请，最终在仓单系统的匹配下，另外一家企业以480元/干吨仓单价格以及15元/干吨服务费获得该笔仓单。双方在月底对仓单进行了交收，并划拨了货款。通过此次仓单服务，增加了该企业实物交割的渠道，降低了交割成本，规避了市场风险。

（弘业期货股份有限公司供稿）

第二部分　期货服务“三农”

第三章　传统套期保值案例

案例 41：

坚持与期货同行，企业稳健经营做大做强

——广东海大集团利用菜粕期货

一、海大集团的基本情况和套保需求

广东海大集团股份有限公司（以下简称“海大集团”）成立于2004年。经过14年的发展，海大集团已经成为一家集研发、生产和销售水产饲料、畜禽饲料及健康养殖为主营业务的高科技型上市公司。2015年，海大集团实现营业收入255.67亿元，其中饲料销售收入为201.70亿元。

对于水产饲料的重要原材料——菜粕而言，2015年海大集团全年菜粕用量近35万吨，按照全国进口菜粕12万吨、国产菜粕1 000万吨的用量计算，海大集团的菜粕使用量占到了全国市场的3%—4%。如此巨大的现货采购需求及菜粕现货价格变动的频繁性和不确定性，要求企业寻求适合的途径来对冲菜粕价格的波动，而郑州商品交易所（以下简称“郑商所”）2012年上市交易的菜粕期货合约则为企业提供了绝佳的降低采购成本的工具。

二、海大集团参与期货市场的历史及现状

早在2006年海大集团就开始参与期货市场，最初是对原料豆粕进行套期保值，初期资金量非常有限，伴随着期货市场的发展及现货经营模式的变化，海大集团通过积极参与期货市场对饲料原材料进行套期保值，不断完善期货组织机构设置和人员配备，不断健全风控体系，从而有效地控制了综合采购成本，使得企业盈利实现了稳步增长。

近年来随着公司水产饲料产能规模的不断扩大，菜粕需求量也逐步扩大，虽然公司非常重视菜粕采购价格的研究，建立了专业研究团队研究菜粕市场供需平衡及价格趋势，对菜粕价格趋势具有一定的判断基础，然而菜粕价格不仅会受国内、国际现货市场变动的直接影响，还受到国家收储政策、进口政策、人民币汇率调整等因素的影响，且这些因素的变动都可能对菜粕价格造成大幅波动。如果公司未能及时把握菜粕价格的变化并做好采购的相关安排，将有可能面临菜粕价格大幅波动所带来的综合采购成本上升的风险，因此，集团急需一个可以对冲菜粕价格波动风险的平台。

2012 年 12 月 28 日郑商所的菜粕期货上市，公司就开始积极参与菜粕期货交易交割，采用灵活多变的操作策略，通过对大宗原材料进行套期保值、交割采购、期转现、点价采购等期现结合的方式成功对冲了原料价格的波动风险，有效控制了综合采购成本，确保了公司的平稳经营，为公司规模不断壮大奠定了坚实的基础。

三、海大集团参与菜粕期货市场的详细案例

（一）买入套期保值案例

公司在实际现货采购运作过程中，发现菜粕现货价格上涨带来采购成本增加的风险较大，此时企业可以通过买入期货合约建立虚拟库存的方式对冲价格上涨的风险。

例如，2015 年年初，考虑到酒糟蛋白饲料（DDGS）进口反倾销问题，集团担心后期植物蛋白类饲料原材料供应短缺，于是考虑提前买入一定数量的菜粕进行套期保值。

考虑 2015 年年初菜粕基差较大，故买入 RM1509 进行套期保值。

具体操作如下：2015 年 1 月 21 日进行建仓，买入 RM1509 合约 3 000 吨，后陆续加仓至 4 220 吨，建仓成本约 2 078 元/吨，当时市场价格约 2 250 元/吨。持仓至 4 月 28 日，在确保后期市场供应没问题后对菜粕进行平仓，平仓时期货均价为 2 236 元/吨，市场价格为 2 330 元/吨。

由表 1 可知，此次在菜粕基差预期可能走低的情况下提前买入的套期保值策略，在成功实现了买入套期保值效果的基础上，额外获得了基差利润 78 元/吨，期现市场总计盈利约 32. 92 万元。

表 1　　　　2015 年买入套保盈亏表

时间＼市场	菜粕现货市场	菜粕期货市场
1 月 28 日开始	均价 2 250 元/吨	买入 RM1509 菜粕期货合约共计 4 220 吨，建仓成本约 2 078 元/吨
4 月 28 日	2 330 元/吨	卖出平仓 RM1509 菜粕期货合约，平仓均价为 2 236 元/吨
盈亏	亏损 80 元/吨	盈利 158 元/吨

（二）卖出套期保值案例

一般情况下，饲料采购库存根据情况建立，若因为预判错误建立了一定量库存，量小的情况下一般采取逐步消化库存、减少现货采购量的手段。若有大量现货库存，且现货价格预期继续下跌，需采取抛售现货或者卖出菜粕期货套期保值手段。

另外，有些涉外原料合同，往往是一口价的采购方式，而且离岸价格与国内车板价格有1—2个月的时间差，这期间若预期现货价格会出现下跌风险，需根据价差变化情况判断，采用沽空相关联期货品种的手段，来回避到岸车板价格下跌的风险。

例如，2015年春节过后，由于生产原料采购需要，公司已完成采购10.93万吨远月DDGS现货，均价约2 100元/吨左右，当时菜粕RM1509合约大概2 300元/吨左右。经分析后市DDGS现货预计3—5月份到港量约为132万吨；同时年后菜籽到港量亦较为充足，预计3—5月份到港量约为115万吨。在预计DDGS大量到港和菜籽供应充足的情况下，公司担忧后期菜粕价格下跌，因此决定通过卖出盘面RM1509合约进行套期保值。

当时公司采购DDGS均价与菜粕9月合约价差为200元/吨左右，从企业配方调整经验角度考虑，认为菜粕与DDGS价差达到200元/吨及以上，可考虑通过卖出菜粕期货套期保值DDGS现货。从企业套期保值经验出发，选择DDGS/菜粕=10/7比例套期保值，共需套期保值7.65万吨菜粕。

菜粕RM1509合约在3月12日，价格2 317元/吨，价格处于相对高位。基于对菜粕及DDGS后期供应宽松，出于价格可能下跌的考虑，于3月13日决定建仓，共建仓7 650手，建仓均价为2 277.5元/吨。由于基本面供应宽松，且需求下降，菜粕走弱，菜粕期货价格下跌。4月10日，菜粕RM1509合约期货价格下跌至2 150元/吨附近，公司认为短期已完成套期保值作用，因此决定平仓菜粕RM1509合约7 650手，平仓均价为2 150元/吨（见表2）。

表2　　2015年卖出套保盈亏表

时间＼市场	DDGS现货市场	菜粕期货市场
3月13日	2 200元/吨	卖出RM1509菜粕期货合约，均价2 277.5元/吨，共计7 650手
4月10日	2 130元/吨	买入平仓RM1509菜粕期货合约，平仓均价2 150元/吨
盈亏	亏损70元/吨	盈利127.5元/吨

此次跨品种套期保值对于公司而言成功规避了DDGS现货下跌风险，同时降低了公司DDGS现货采购成本，实现了较好的保值效果，保障了公司的利益。

此次卖出套保，现货亏损765.1万元（70元/吨×10.93万吨），菜粕RM1509合约期货盈利约975.4万元（127.5元/吨×7.65万吨），成功规避了DDGS现货价格下跌风险，同时额外盈利约210.3万元，实现了较好的套保效果。

（三）盘面采购案例

在一般情况下，期货交易不以交割为目的，只需实现套期保值的目的即可，但是如果期货价格远低于现货价格，出现不合理的基差，盘面有时候会出现低风险期现套利时机，可选择以实物交割为目的的买入套期保值操作，或者将现有的菜粕采购计划转为买入套保头寸，进入交割月，实现实物交割，通过这种交割方式获取菜粕现货降低了公司菜粕采购成本，达到了理想的保值效果。

例如，2014 年 4 月，公司需采购一批菜粕现货，但由于美国大豆价格受国际供需影响，价格一路走高，豆菜粕价格亦同样上涨，国内菜粕现货 2 800 元/吨。当时菜粕现货价格持续走强，菜粕基差较大。除此之外 4—10 月是水产养殖旺季，对菜粕需求较大，与此同时国家继续执行菜籽临时收储政策，对菜粕价格预计有一定支撑作用。当时菜粕基差呈现较大水平，临近交割月基差预计会逐步缩小实现期现回归。经过以上分析，公司选择价格更低的期货市场，买入菜粕 1405 期货合约进行套期保值。

根据盘面分析，于 4 月 9 日开始建仓，盘面买入菜粕 1405 期货合约进行套期保值，建仓均价 2 707. 49 元/吨，基差 92. 5 元/吨，共建仓 2 689 手。临近交割日，基差有所缩小至 40 元/吨，但未完全回归，考虑到临近交割月，且就近交割仓库有标准仓单，公司决定2 689手全部进行交割，交割价格为 2 981 元/吨（见表 3）。

表 3　　2014 年盘面采购盈亏

时间＼市场	菜粕现货市场	菜粕期货市场
4 月 9 日	2 800 元/吨	买入 1450 菜粕期货合约，2 707. 495 元/吨，共计 2 689 手
5 月 13 日	3 000 元/吨	交割 1405 菜粕期货合约，交割价位 2 960 元/吨
盈亏	亏损 200 元/吨	盈利 252. 5 元/吨

此次盘面买入套期保值操作，在盘面锁定买入成本为 2 707. 49 元/吨，由于期现货价格不断上升，在期货市场带来盈利，同时基差缩小至 40 元/吨并未完全回归，考虑就近交割仓库有菜粕仓单，采取交割模式获得菜粕现货能额外获取交割利润 40 元/吨（除去交割成本），交割菜粕较直接平仓买入现货利润更大。除去交割成本运输成本，从 4 月 8 日期货建仓均价 2 707. 5 元/吨到 5 月 16 日获得菜粕仓单 2 960 元/吨算，盈利 252. 5 元/吨，实现采购盈利约 679 万元。

四、海大集团期货操作的机构设置、人员配备、内控制度建设

（一）组织机构设置与人员配备

为了控制原料的成本，对冲原料价格波动风险，高效运用期货市场的功能执行

套期保值交易，海大集团成立以下三个小组：

1. 领导小组由集团主管领导担任，主要负责审批套期保值方案及期货资金调拨管理，并根据现货市场和期货市场实际情况，处理与期货相关的重大问题。领导小组由集团分管副总和采购总监两人组成。

2. 策略小组是期货操作的分析和执行机构，由采购中心统一管理，其主要职责是：广泛收集市场信息，分析、预测市场行情；提出套期保值建议方案并负责套期保值方案的执行；制定企业期货业务管理制度；建立期货统计报表制度。策略小组成员，由采购部相应的品种采购成员组成，菜粕小组则由油料组成员负责，小组成员有四人。

3. 风控小组成员三人，由财务部门和审计部门人员组成，负责套期保值业务风险监控，参与套期保值过程中的财务处理，负责资金划转调拨，负责每日期货的下单操作，若发现风险问题则及时向业务部门做出提示，并直接向期货业务领导小组报告。

（二）内控制度建设

1. 期货交易账户管理。所有期货相关业务交易账户仅限海大集团、广州市海大饲料有限公司、海大国际集团有限公司、中国海大饲料集团（香港）有限公司开设，并只能执行套期保值操作，期货交易账户的开户及撤销，必须由采购总监提请集团总经理审批后才能执行。

2. 期货保证金账户管理。期货保证金账户由采购中心和财务中心共同管理。采购中心安排专人对每日下单情况进行记录，并每日核对日报交易记录是否和期货下单情况一致；财务中心期货项目负责人负责核对每一期货保证金账户日报（月报）中资金情况是否无误，并对日报进行汇总和内部指定对象的发布。

3. 资金管理。财务中心期货项目负责人根据每日收到的期货账单，对于闲置较多的期货保证金给予提示，由财务中心与采购中心协商后进行资金调拨，并对期货账户交易情况和资金情况进行监控，检查交易和资金往来是否严格根据方案设计执行。各品种单月单边方案涉及套期保值资金投入在3 000万元以下的方案由采购总经理审批；大于3 000万元的，还需要由董事长审批。

4. 期货套期保值品种。海大集团及各分、子公司参与交易的商品期货只能是与公司生产经营有直接关系的农产品期货品种。所有的期货套期保值业务集中由集团安排，任何分、子公司不得自行开展。

5. 期货套保额度管理。原则上，期现货合计净多头寸控制在现货35天的工业用量以内。全天交易时间内的时间点头寸公差正负最大为3 000吨。在CBOT、中国农业部等信息发布部门有重要报告前、中国市场长假期前，单边头寸不得超过2 000吨。

6. 期货操作制度。为了实时控制期货头寸风险，必须从制度建设上杜绝各种风险，具体有以下 5 个方面：

（1）所有超出当日起算的 35 天工业用量的远期采购或超出 10 000 吨的远期采购都必须由采购经理编制具有交易目的、交易方案、方案可行性分析、资金需求、风险因素、止损措施等内容的采购方案和套期保值方案。

（2）期货指令下达人提供的套期保值方案，须由采购中心总监、主管采购副总经理、财务总监、主管财务副总经理和总经理层层审批。

（3）所有市场交易时间买入 35 天以后的期货合约可以马上通过卖出合适的期货合约进行套期保值。不得通过交割期不一致的年份或月份的期货合约进行套期保值。

（4）每日下午收盘前，对当日期货市场收盘后与下一日开盘的采购情况进行预估，可以在当日期货市场收盘前通过合适的期货合约对这些采购量进行预先套期保值。交易时间之外的已套期保值的现货发生消耗或销售，必须在下一交易日开市后，立即通过买入或平仓期货合约进行对冲，使得头寸平衡。

（5）公司证券部设风控专员根据期货日结算单每日结算，防范与交易规则不符的操作。当期货操作方案中明确说明止损具体计划时，以审批通过的具体计划为准进行执行监控，同时，若方案中无具体止损计划，则视同为执行集团统一默认的止损点，为该交易方案交易资金的 15%。

五、海大集团利用期货市场的经验总结

综上所述，海大集团近几年参与菜粕期货的经历，也是不断学习和完善的过程，其在思想上充分认识到了期货市场的重要性，在期货团队建设、期货决策规则制定和风控制度设立等方面也不断完善，成功地利用了期货市场为企业的稳健经营和逐步发展保驾护航。简而言之，海大集团利用期货市场的成功经验主要可以归纳为以下五个“坚持”：

1. 在思想意识上，始终坚持对期货套期保值作用的正确认识。积极参与期货市场，以维持企业生产经营的稳定为宗旨，避免在实际操作过程中将套期保值行为演变成投机行为，而危害企业的稳健经营。

2. 在期货团队建设上，始终坚持高效、专业的宗旨。不断提高企业期货团队成员的专业技能和专业知识水平，使其能够在充分考虑自身的生产经营状况及风险承担能力的前提下，为企业原料采购和套期保值的实现提供有效的期货交易方案。

3. 在期货决策规则的制定上，始终坚持避免领导一票制决策权的模式。在套期保值方案的决策上，需经由采购中心总监、主管采购副总经理、财务总监、主管财务副总经理和总经理的层层审批后，才能被准予实施，从而使期货相关决策的产生更加规范化和合理化。

4. 在风控制度的设立上，始终坚持严格、完善的宗旨。在出现行情判断错误或

下单错误的情况下，积极通过设置止损、控制回撤率等方式避免亏损扩大，并对期货账户交易情况和资金情况进行监控，检查交易和资金往来是否严格根据方案设计执行，同时做好思考总结工作。

5. 在多变的市场环境下，始终坚持不断学习。积极参与行业调研、大型会议，加强与行业上下游沟通，通过不断的沟通、交流和学习，丰富和完善利用期货市场规避风险的手段和模式。

（郑州商品交易所期货及衍生品研究所供稿）

案例 42：

建章立制，期货护航现货发展

——大地期货服务浙江纺织品进出口集团

浙江省纺织品进出口集团有限公司（以下简称“浙纺集团”）隶属于浙江省国际贸易集团有限公司，是中国纺织品服装进出口行业主要的专业公司之一，也是中国纺织品进出口商会的常务理事。从 1980 年起，该公司开始经营纺织品进出口业务，现有 11 家子公司、6 个直属业务部门和 2 个大型仓库。目前，公司以纺织品服装出口为主业，兼营机电、轻工、工艺、化工等产品的出口和大宗商品进口等业务，2014 年公司年经营规模达 40 亿元。如何引导这样一家大型企业利用期货市场促进其转型升级，成为大地期货思考的问题。

一、“谈棉论道”，棉花交流会引合作契机

2014 年 7 月，在郑州商品交易所农产品部的支持下，大地期货有限公司举办了“谈棉论道 2014 棉花产业交流会”，邀请浙纺集团负责棉纱进口业务的部门参加了会议讨论。经会议熟悉以后，大地期货和浙纺集团开始建立定期的交流机制。经过几次讨论后，双方基于对棉花在 2014 年后期的不乐观的一致预期，考虑必须防范浙纺集团的棉纱库存和进口在途货物的跌价风险，于是相关人员开始向浙纺集团经营班子报告，申请开展期货套期保值业务（以下简称“保值业务”）。经过反复沟通，浙纺集团领导初步同意由负责棉纱进口业务的贸易一部先行试点开展期货套期保值业务。

二、深入调研，为企业量身订立制度

2014 年 8 月，大地期货有限公司开始与浙纺集团进行期货套期保值业务专项对接，由研发部牵头，协调财务部组成一个项目小组，有针对性地开始协助浙纺集团进行套期保值业务的制度建设。大地期货项目组通过对浙纺集团董事长、总裁、业务分管副总裁、管理部、财务部、贸易部等各级人员的拜访调研，8 月底完成了《浙江省纺织品进出口集团有限公司套期保值业务管理制度》（以下简称《管理制度》）初稿，内容包含了套期保值准则、运营模式、组织结构，以及岗位权限、运

营流程、结算、风控处理、信息收集、档案整理、期现对应标的物等。浙纺集团由副总裁牵头召集贸易部、管理部、财务部、办公室等进行讨论，对《管理制度》进行优化，9 月中旬，大地期货项目组完成了《管理制度》的修改稿，经浙纺集团评审后，同时向上级浙江省国际贸易集团申请开展套期保值业务审批。11 月，浙纺集团董事长亲自召集管理班子、各相关部门负责人、具体业务执行人，邀请大地期货浙纺项目组对浙纺团队进行期货基础知识、期货功能、套期保值相关业务流程、岗位权限、风险控制、相关套保策略、方案执行、效果评估、财务处理等知识的逐一培训。培训会上，浙纺集团各级人员提出了实际操作中可能会遇到的很多难点问题，大地期货项目组一一进行了解答，同时提出了应对措施。大地期货财务部、运作中心和浙纺集团对口部门建立联系，持续地为浙纺集团提供套期保值业务专业指导。12 月，浙纺集团正式开始规范运行棉花期货套期保值业务。

三、稳健策略，期货市场重规范执行

（一）棉纱和棉花期货的价差关系分析

2014 年 9 月以来，郑棉期货对现货的价格指引功能发挥稳定，并且全棉纱和棉花现货的价差基本稳定，所以，大地期货项目组考虑用郑棉期货对浙纺集团的全棉纱进行虚拟库存管理。图 1 显示 32 支全棉纱和郑棉期货的价差在 2014 年 9 月后基本维持在 8 000—8 500 元/吨这个区间，印证了大地期货和浙纺团队当初设想的逻辑合理性。

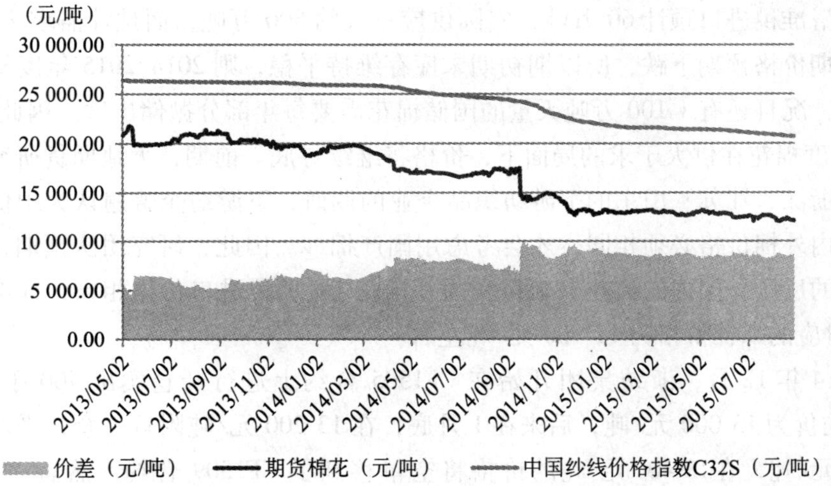

图 1　32 支全棉纱和郑棉期货连续的价格同列

（二）设计棉纱库存的套期保值比例和方向

浙纺集团棉纱常备库存 5 000 吨，因为考虑到 2014/2015 年度取消收储改直补后，全球和国内棉花供过于求的格局延续，预期棉花和棉纱价格在未来半年内不容乐观，库存面临跌价损失风险，所以，有必要对常备的棉纱现货库存和在途订单进行全部保值。但是，考虑到浙纺集团是省属国有企业的因素，为了能够稳定推进期货套期保值业务的长期开展，前期采取稳起步的策略，通过部分套期保值的尝试，积累团队套期保值的运作经验，为将来全额套期保值、虚拟库存调节、基差交易等业务积累经验。浙纺集团经营班子通过讨论决定：（1）先尝试对现货常备库存的40%比例进行期货保值操作，即对2 000吨库存进行套期保值；（2）前期只做卖出保值，暂不建虚拟库存和不做基差套利。

（三）策略分析、执行和效果评估

2011/2012—2013/2014年度全球棉花供过于求，除中国外的ICE棉花价格从2011年3月的220美分/磅一直滑落到2014年12月的60美分/磅左右，按照现货升水15美分/磅进口关税为1%计算，折合国内价格11 900元/吨。而国内棉花由于三年国家收储，虽然稳定了国内的棉花种植面积，但是，期间造成内外棉价差最高达6 000元/吨，严重损害了下游纺织行业的全球竞争力。部分大型纺织厂不仅有1%进口配额的优势，同时还有资金优势，于是将纱厂外迁到越南、印度、巴基斯坦等国家，以维持在全球纺织行业的竞争力。但是，不具备到国外设厂实力、又无1%关税进口配额的中小纺织服装企业只能在残酷的竞争环境中败下阵来。大量的企业迫于政策的不平衡被迫关停。中国国内年度棉花需求从1 100万吨下滑到750万吨，棉纱从净出口50万吨/年到净进口170万吨/年。根据大地期货研究团队的分析，2014/2015年度，中国国内棉花预计供应650万吨，世贸组织规则进口配额是89.4万吨，滑准税进口预计60万吨，实际供应量大约800万吨，而预计需求750万吨，因为前期价格预期下跌，所以期初期末库存维持平稳，则2014/2015年度棉花将供过于求，况且还有1 100万吨天量的国储棉花需要每年部分抛储出库。因此，2014/2015年度棉花在供大于求的局面下，价格将继续寻底。前期，大地期货研究团队开展了对浙江、江苏、山东的下游纺织品企业的调研，下游纺企普遍认为中低端的内外纱和内外棉价格必须相同，才会考虑用国产棉纱。因此，研究团队预期，通过棉纱价格的反压，国内的棉花未来将和国外棉花1%关税进口价格相当，即ICE60美分/磅对应的郑棉价格为11 900元/吨左右。

2014年12月，浙纺集团开始在CF1505合约上进行开仓卖出400手（2 000吨），均价为13 000元/吨，后来在1月底，在13 200元/吨附近平仓，平均平仓亏损200元/吨，在13 400元/吨的价格将空单移到了CF1509合约，然后一直持有。2015年6月底，国储抛储消息出来后，大地期货研究团队和浙纺团队经过讨论，预期棉花这个时候可能是基本面最坏的时候，同时，研究团队监控到市场上手采棉花仓单现货销售的价格一直维持在13 500元/吨以上，机采棉花的仓单按照现货价销售是12 500—12 800元/吨，现货有止跌迹象。虽然有部分兵团棉花积压，出现卖棉难，但是通过了解，兵团各师部积压的库存棉花大部分没法通过期货仓单的质检，因此，新疆建设兵团库存棉花不能反映可交割棉花的供需，兵团最后棉花拍卖的价格不能代表郑棉期货的价格。于是浙纺集团团队决定在7月上旬将CF1509合约的套期保值空单逐步进行平仓，到2015年7月7日完成全部平仓，平仓均价为12 500元/吨。该套期保值方案执行完成后，CF1509合约期货空单平均盈利900元/吨，减去前期CF1505合约的亏损200元/吨，合计盈利700元/吨。期间现货棉纱从21 100元/吨下跌到20 400元/吨，于是棉纱现货的下跌亏损和棉花期货套期保值盈利基本持平，避免了2 000吨棉纱库存跌价140万元左右的损失。通过套期保值的操作，浙纺集团基本实现了对应棉纱现货头寸100%的套保率。

期间，在执行过程中，经历过2个月的期货持仓的浮亏，浙纺团队上下面临很大压力，期货小组曾在会议上讨论过是否止损。但是，正因为浙纺现货团队和大地期货研究团队对棉花供需扎实的基础研究及推理呈现，坚定了浙纺集团将套期保值持仓坚持到底的决心。

四、转变理念，期货护航企业经营发展

浙江省纺织品进出口集团通过这一轮棉花期货对棉纱库存的套期保值的尝试，各级部门初步感受到了郑商所棉花期货对现货的价格引领作用和风险对冲功能。因为有郑棉期货和未来棉纱期货提供的风险管理保障，浙纺集团在2015年第四季度，在棉纱贸易基础上增加棉花现货贸易业务，合理利用郑商所棉花和棉纱期货管理企业库存。同时，为了适应期现结合业务的开展，浙纺集团在大地期货的协助下，向集团申请优化了集团期现结合的管理制度。在新制度框架下，2016年年初，浙纺集团开始尝试性地在郑棉期货上以11 000元/吨以下的价格建立了2 000吨的棉花虚拟库存，准备持有到CF1609合约进行买入交割。同时，开展棉纱和郑棉合约的价差套利等业务。制度的松绑使得企业期现结合的模式和渠道得到了拓宽，在合规稳健的制度保障下，更加灵活地运用期货工具为现货保驾护航，助力企业稳健经营。

（大地期货有限公司供稿）

案例 43：

升级套保方式，豆粕贸易商走出传统经营模式困境

——瑞奇期货服务豆粕贸易商

2016 年江西豆粕现货贸易行业仍然受制于传统销售模式的局限，总体风险管理工具应用不佳。特别是油厂推行了基差报价模式后，各品牌经销商各显神通，每一家的订货成本都不同，企业的盈利能力直接与点价水平挂钩，市场竞争显得更加无序和残酷，行业逐渐呈现出亏多赚少的局面。豆粕贸易商本就利润微薄，现在更是步履维艰。行业普遍都期待着转变，急需新的理念和操作方式来改变当前的经营现状。

一、企业基本情况介绍

某企业是一家南昌本土的豆粕贸易型企业，月豆粕贸易量达到了 1.5 万吨左右，年贸易额约 5 亿元，是中粮四海牌豆粕的主要经销商，同时还代理汇福、中储粮几个品牌的豆粕现货，企业在江西地区的行业影响力较大。该贸易商希望在稳定风险的前提下，扩大贸易量，进一步提升在江西的市场份额。同时，希望能借助期货市场做好风险管理，避免出现裸露的现货头寸风险。结合企业的实际情况，为了更好地服务企业，期货公司派驻研究员驻厂服务，每日对该企业现货的进出数量进行梳理，对风险暴露头寸牢牢进行风险把控，并制定出相应的点价计划。

二、企业参与期货市场的情况

该豆粕贸易企业接触期货的时间长达十年，但是在这十年中，始终没有找到一条正确利用期货市场套期保值的路，以套期保值的初衷反复入市，却最终演变为投机亏损。在痛定思痛后，企业意识到必须建立起一套流程化的风险管理模式，针对现货头寸，在时间和空间的转换上寻求一个稳定的盈利模式。作为豆粕现货贸易型企业，其经营的本质就是一种现货投机，必须要通过裸头寸来“赌”单边的上涨，在下跌的行情中尽量采取保守策略或负头寸的管理，否则企业的利润无从谈起。单纯的全额套期保值概念完全无法适应企业的经营，如果利用期货对冲掉了现货价格

风险也完全对冲掉了利润。非但如此，还要承担期现价差波动的风险，贸易商向油厂购买基差的成本也未完全覆盖。传统的套期保值模式几乎不能适应该类企业的风险特征和经营特点，所以该企业重新梳理期现结合模式，对运用期货工具辅助管理现货贸易头寸，在 2016 年获得良好效果。

三、企业参与期货市场的风险管理机制

传统的套期保值概念是利用期货对现货头寸进行完全的风险对冲，以达到规避风险的目的。但是作为现货贸易行业，如果完全对冲掉了风险，也就意味着对冲掉了利润。对于一个本身就是靠现货“投机”来生存的贸易型企业，传统套期保值的理念很难有效配合企业的运作。期货公司结合企业实际情况和需求，提出了“相对贸易量套期保值”的概念，具体使用“日常头寸管理”和“趋势性套期保值”两种方案。

（一）日常头寸管理

日常头寸管理的核心是将每个期货合约对应月份的贸易总量和已计价原料（实际敞口），根据价格和经济形势设定不同级别的管理目标，再对比实际敞口，超出或不足部分在期货市场上进行对冲，规避风险。实际操作中，日常头寸管理通常以 1—3 个月的贸易量作为阶段性套期保值总量来进行风险管控。基本逻辑是，在这一阶段性时间内，如果已点价的现货头寸数量正好是该时间段内总数的一半，则视作风险中性；如果现货头寸低于一半，则考虑在期货上补充头寸数量；如果已经高于一半该数量，则考虑在期货当中进行卖出保值（见表 1）。

表 1　企业头寸管理计划

时间	在港	已点（结）价	实际敞口（X）	管理目标（Y）	风险中性期货补充量
4 月 12 日	7 天	20 天	27 天	60 天	X < Y，买入 3 天量
5 月 12 日	12 天	10 天	22 天	70 天	X < Y，买入 13 天量
6 月 12 日	10 天	17 天	27 天	30 天	X < Y，卖出 12 天量

参考表 1 企业头寸管理计划，每个月美国农业部报告后，该贸易商都会对月度的头寸管理做一个总体规划，在 4 月 12 日当日，假设贸易商根据报告对后市较看好，规划库存管理设定为 60 天，但是已结价头寸并不多，按照风险中性原则，贸易商至少要将 60 日的总头寸的一半补充齐备，按照当下已结价部分还不足 30 日来看，实际只点价了 27 天的贸易量，仍需要在期货上补充 3 天的贸易量来达到风险中性。在 5 月 12 日，行情仍然不错，贸易商再次决定扩大头寸管理天数，由于已经消化了一部分头寸，实际敞口只有 22 天的量，按照 70 天管理规划的一半 35 天来看，仍然缺少 13 天的量，需要通过建立期货上的虚拟库存来补充。等待至 6 月 12 日这天，美国农业部报告对后市行情较利空，且利空氛围较大，贸易商准备大量减少头寸以

防范风险，贸易商则将库存管理周期调整至一个月，按照一个月一半 15 天的风险原则，当下的头寸达到了 27 天的水平，需要通过期货卖出 12 天的量来达到 15 天的库存管理规模以平衡风险至中性。

对于风险的管理不光按照基本面对于行情的判断，也可参考价格因素。假设豆粕价格处于历史相对低位，此时可以定一个相对高的管理目标；若豆粕价格处于相对高位，则可以定一个相对较低的管理目标；若形势比较平稳，价格处于阶段价格的平均水平，我们可以定一个中间的管理目标。在管理目标设定后，对比实际敞口，在期货市场进行不同的风险对冲。

管理目标的设定及调整，除了可以根据美国农业部月度报告、季末报告的预期、价格因素参考以外，还可根据大豆进口到港预期、油厂大豆及豆粕库存，油厂压榨利润等因素来进行。

在制定好了管理目标后，每日对现货头寸的进出进行调整，维持在风险中性的状态之下，预计风险大的时候，管理综合头寸的数量就会偏少，预计风险较小的时候，综合头寸的数量则会放大。

（二）趋势性套期保值简述

在极端行情或者系统性风险较大的时候，选择趋势性头寸管理更符合企业的利益，特别是像豆粕现货贸易本身就是靠博取一个波段或者一个时间节点的行情来获得利润。有的时候一年就是靠一波行情做出利润来维持企业的经营，所以让现货豆粕贸易企业完全放弃投机是不可能的。所以在企业能承受的风险范围内，拿出一部分资金来执行趋势性保值策略是非常有必要的。趋势性的套期保值是基于对相关品种价格走势的判断：在价格处于历史相对低点时，根据饲料价格波动较小的特点，在饲料生产利润达到一个很高的水平时，把未来一段时间的成本锁定；在价格处于历史相对高点时，生产的需求使得备货仍需继续，可以通过期货将风险敞口压缩至 0，甚至更低。

四、企业参与期货市场的具体实例

在确定了相对贸易量套保的基本策略后，2016 年的 2 月底企业入市操作。此时豆粕市场经历了从 2014 年下半年开始的经历一年半的漫长熊市，豆粕价格从 3 700 元/吨多，跌至 2016 年年初的 2 300 元/吨，现货报价甚至一度跌破 2 300 元/吨，当时市场预计美豆还要跌至 820 美分，整个市场噤若寒蝉，惶惶不可终日，贸易商也无法痛快下手点价兑现现货头寸，殊不知市场已开始孕育新的希望。

分析当时的市场心态和基本面，850 美分已经是难得的大底，美豆破此低点实属困难，做多的风险已经远远小过做空，此时应当对 2016 年的头寸做战略性的部署。但由于现货上仍处于惨淡状态，且出货较为困难，直接点价现货是为了维持现货流量，此时期现货的基差也处于平水位置。买期货头寸作为虚拟库存来冲抵现货未敢下手的头寸，时机非常合适。企业在 2 300 元/吨附近，针对 1605 合约，一次性点价覆盖 3 月份头寸，同时在期货上补充了 300 手期货头寸，并点价了一部分 4—7 月份的现货头寸。整体来看，由于对后期市场谨慎看好，整体的头寸量并没有做得很大，但仍以多头为主，对于超出了 3 个月总贸易量一半的头寸，做了少量的空单进行保护。当时的头寸组合形成了，现货、点价的远期头寸、期货多头头寸及对超过半数量的风险头寸的期货空单套保头寸。

行情在经历了 3 月份的震荡后，空头头寸有所调整和减少，但是陆续增加期货的多头头寸至 500 手，相当该企业一个月的现货贸易量的一半。

待到 4 月中旬，因为巴西产量不及预期，豆粕行情突然启动，豆粕期现货经历了一轮从 4 月份至 6 月份的 1 000 元上涨行情，该企业在这一段时间陆续把期货兑现成现货头寸，达到了非常好的盈利水平，在 3 月份点的基差头寸及期货头寸，普遍每吨盈利都达到了 700 元/吨。

当进入 7 月份后豆粕上涨至 3 000 元/吨以上，北美丰产的压力再次来袭，市场普遍担心豆粕并没有持续上涨的基本面基础，风险意识再次提升。此时由于长达两个月的牛市行情也使得贸易商点价的积极性大幅度提高，购买热情旺盛。与此同时该贸易企业手上也有着较多的裸头寸，市场一旦开始下跌，风险非常大，前期的利润都会被吃掉。在此情境下，企业决定一旦市场从最高点的位置下跌 150 个点，则积极入市套期保值，锁定当前头寸已有的近 800 点的利润。随后该企业针对 1609 合约从 3 450 元/吨一路做空至 3 200/吨，陆续建立起了 800 手的套期保值空头头寸，在随后的一波市场下跌中，现货头寸的利润得到了很好的保护。随着后期再陆续地出货，期货头寸也逐步在 8 月份平仓。

2016 年的做多套保和做空套保都遵循了我们之前制定的相对贸易量套保原则，在获得非常高的收益的同时又控制了风险，取得非常好的效果，同时该企业在 2016 年的效益大幅度地改善，并在南昌地区声名鹊起。

五、企业参与期货市场的总结

针对贸易商的风险偏好模式和现货交易投机的特点，传统的套期保值很难符合企业的需求，通过相对贸易量这一创新概念来对企业进行套期保值，在风险可控的前提下，既能保证企业在行情来临时的利润，又能帮助企业在行情不佳时，控制好风险，真正发挥期现结合服务企业的意义。

（江西瑞奇期货经纪有限公司供稿）

案例44：

心忧稻贱，期货帮忙

——瑞奇期货服务江西省粮油集团

2013年以来的稻谷市场，担忧稻谷价贱是主基调。从稻谷现货交易来看，价格下跌风险是很难规避的，尤其是早籼稻以储备为主，到期必须轮换。新旧粮食，一个遵循政策价、一个遵循市场价，往往价差大，轮换导致亏损严重。江西粮油集团有限公司（以下简称“江粮集团”）在仓储必须轮换、早籼稻价格下跌风险较大的背景下，运用早籼稻期货对库存进行保值，有效规避了粮食新旧轮换的价差风险。

一、企业基本情况介绍

江粮集团于2005年经江西省人民政府批准成立，是由江西省粮油总公司改制重组的国有独资大型粮食企业集团，是农业产业化国家重点龙头企业，涉及粮油生产、饲料加工、进出口贸易、期货、房地产、清洁能源等多个领域，具备年产60万吨大米、3万吨油脂和27万吨饲料的生产能力，拥有120万吨仓容，生产工艺设备达到国内同行业先进水平和国际领先水平。

二、企业参与期货市场情况

江粮集团一直重视期现结合稳定经营，自20世纪90年代参与籼米期货开始，始终与国内农产品期货市场保持紧密联系。2009年早籼稻期货在郑州商品交易所上市，公司意识到早籼稻期货将为公司发展带来重大机遇。自此，江粮集团持续借助期货市场布局稻谷收购，进行早籼稻储备粮轮换，收效显著。早籼稻期货的价格发现功能提示在2009—2011年的早籼稻收购上，应当早布局早收购。2012—2014年的早籼稻期货行情下，企业对早籼稻期货的应用，转向利用期货对库存早籼稻进行价格风险管理，以回避早籼稻价格疲弱带来的风险。

三、企业参与期货市场的风险管理机制

为了更好地发挥自身优势、规范有序地利用期货市场套期保值，积极创造效益，

企业和期货公司达成了有效的套期保值管理制度。

1. 企业及下属企业可以在江西瑞奇期货经纪有限公司开立资金账户进行自身相关业务所涉农产品的套期保值业务。开立和撤销资金账户必须经公司董事长审批同意。

2. 因此除自身相关业务所涉农产品外，不得进行其他品种的期货交易，更不得进行与上述套期保值目的相悖的投机性操作。

3. 各开立资金账户进行期货市场农产品套期保值业务的企业（以下简称“企业”）法人代表为套期保值业务责任人，承担所有责任。实施时必须按以下原则进行：

（1）制定好本企业参与期货交易的业务流程和风险管理制度。尤其要对资金出入、交易（包括交易密码）严格控制权限。

（2）在开展套期保值业务之前，应就投入资金、买入（卖出）最大头寸、现货数量、拟交易的价格区间、是否实物交割、行情分析、风险应对等制定套期保值方案。经由瑞奇期货公司参与审核和评估、报集团公司投资部呈董事长批准后方可实施，且必须严格按套期保值方案进行操作。在执行过程中，如根据市场变化需要调整套期保值方案的，须按上述要求重新报批。

（3）套期保值方案在设计时，期货头寸的把握（期货的保值量）必须匹配企业已有的现货规模和可预见的未来某一时间的增量或者是针对特定的业务（有合同保障）需求量。

（4）当期货市场出现明显的单边势头或现货市场与期货市场的价格出现比较明显的不合理价差时，才可以介入期货市场做套期保值操作。

（5）风险度不得超过70%，即已占用的保证金数量不得超过客户权益的70%，以控制强行平仓风险。

4. 企业应及时与瑞奇期货公司进行联系沟通并听取其专业指导。期货交易、实物交割、结算等相关资料要妥善保存。

5. 投资部负责套期保值业务的服务、协调和监督管理。

（1）当期货市场价格出现异常波动时，企业应立即与投资部沟通研究对策。

（2）投资部定期或不定期检查企业的交易行为是否符合套期保值方案。

（3）每完成一笔实物交割及每年完成套期保值业务时应当向投资部提交效益分析报告。

6. 企业必须严格遵守国家有关法律法规及郑州商品交易所有关期货交易及实物交割的规则和程序，依法合规从事套期保值业务活动。

7. 如发生越权、违规现象，集团公司有权停止该企业的期货交易、撤销其资金账户直至按有关规定对责任人予以严厉处罚。

8. 本管理制度适用范围包括公司及下属企业，自下发之日起施行。

四、利用期货市场参与套期保值具体案例

自2012年下半年以来，稻谷市场持续疲弱状态，单纯利用现货市场难于对抗系

统性风险。利用期货市场的价格发现功能和套期保值功能，江粮集团有效地规避了价格下跌的风险，并为现货经营提供了稳定的现金流，助力企业度过艰难时刻。

案例一 期货价格发现功能，轮出早籼稻不迟疑

2012 年的早籼稻市场，进入牛熊转换的时期，由于进口米的冲击，上半年的早籼稻市场表现已经明显不及往年强势，持续的稻强米弱及进口大米的低价涌入，给国内稻谷市场敲响警钟，高价位的稻谷价格恐怕很难维系。江粮集团根据期货市场发出的价格信号，在 2013 年的稻谷现货轮换中，抛开了其他企业的观望心态，快速轮出当年计划轮换的早籼稻（见表 1）。

表 1 轮换方案及操作（2013 年 3—7 月）

项目	内 容
稻谷轮换	轮出陈稻，轮入新稻
轮出早籼稻	2013 年 3 月，轮出早籼稻（陈稻）1 万吨，单价 2 500 元/吨
轮入早籼稻	2013 年 7 月，在早籼稻最低收购价政策启动前，轮入早籼稻（新稻）1 万吨，单价 2 470 元/吨
效果	1. 回避陈稻价格下跌风险 2. 早于政策启动时轮入早籼稻，回避高价采购风险 3. 总体上，本次轮换操作，未动用轮换补贴，还获得轮换价差收益

案例二 现货市场泥沼中前行，期货市场尚有机会

2014 年早籼稻现货市场依然在泥沼中前行，市场未现曙光。要在现货市场轮出早籼稻比较困难，江粮集团在 2013 年充分利用期货价格发现功能，根据期货行情预判未来现货行情，获得了时间优势，得以快速处理现货库存。而进入 2014 年时，现货市场交易黏滞，轮出困难。此时，江粮集团考虑利用早籼稻期货对库存稻谷进行卖出保值，保的既是价格，更是销售量。

集团 2014 年 2 月开始陆续在期货市场上进行卖出保值，6 月中旬早籼稻产量基本可以进行预估，此时，江粮集团加速布局早籼稻套保单，在早籼稻期货 1409 合约上增加套保数量，至 7 月中旬，累计建仓 431 手，折合早籼稻 8 620 吨，均价 2 392 元/吨。

至 2014 年 8 月份，早籼稻库存、新增产量等因素对早籼稻价格的影响终于在期货价格上显现出来，早籼稻期货 1409 合约价格跌至 2 200 元/吨之下，至 9 月 15 日，江粮集团平仓完毕，均价 2 187 元/吨。通过期货卖出套保，获得了 205 元/吨的价差。而 2—8 月，现货跌价 100 元/吨左右（见表 2）。

表 2

	现货市场	期货市场
2014 年 2 月	早籼稻现货价格 2 650 元/吨	卖出 431 手早籼稻 1409 合约，成交均价 2 392 元/吨
2014 年 9 月	卖出 8 620 吨早籼稻，价格 2 560 元/吨	买入 431 手早籼稻 1409 合约，成交均价 2 187 元/吨
套利结果	亏损 775 800 元	盈利 1 767 100 元
最终结果	盈利 991 300 元	

从这单套期保值的最终的效果来看，江粮集团公司获得了非常好的收益。江粮集团公司通过卖出一份期货空头头寸，弥补了早籼稻现货价格下跌的风险。

五、参与早籼稻期货过程中的一些问题总结

2014 年，早籼稻市场价格仍处于弱势的过程中，相比较往年而言，企业手中的现金流比较紧张，参与期货的力度有所下降。2014 年早籼稻新粮上市以后，早籼稻最低收购价较高，致使政策粮收益颇丰，且无风险，直接削弱了企业参与期货的兴趣。这是客观因素，是政策因素，也是经济利益的驱使，确实会影响到早籼稻期货的参与兴趣。因为政策及其他因素，早籼稻期货及其他稻谷期货流动性不足，对于产业利用期货进行风险管理极为不利。

在此过程中，针对早籼稻储备的特色及流动特点，即采购期集中且有政策兜底，而销售期陈粮价格随行就市，建议早籼稻陈粮价格定价时能考虑早籼稻期货的价格，以满足现货企业的贸易轮换需求。早籼稻期货参与主体，绝大部分还是产业界的企业，金融机构参与较少。早籼稻产业企业规模及经营理念，不及其他期货品种的企业，在期货理念接受和避险模式上还需继续培育和探索。

（江西瑞奇期货经纪有限公司供稿）

第四章　期货公司创新业务案例

案例 45：

步步为营，蛋品龙头企业的风险管理进阶

——中信建投期货服务蛋鸡养殖龙头企业

一、企业介绍

某蛋鸡养殖企业是目前国内规模最大、产业链最完整的蛋品领军企业。先后在四川、江西、安徽、湖北、河北、贵州等地建立养殖基地，蛋鸡养殖规模逾 500 万只，其中蛋种鸡 80 余万只，年产鸡蛋 5 万吨，是国内规模最大的安全蛋品生产企业。

该企业的蛋品畅销上海、北京、深圳、广州、成都、重庆等 20 余个大中城市，成为数家国际一流食品企业的指定蛋品供应商。该企业是全国蛋品行业少数通过 HACCP 体系认证的企业。在鸡蛋这个传统的农产品中，该企业致力建立中国蛋品第一品牌，建立与国际接轨的质量标准，力争形成世界级农牧企业的产业规模。在发展上，公司创新性地提出了“品牌 + 标准 + 规模”与“产业园区 + 产业龙头 + 产业村民”的产业发展模式。企业充分发挥产业龙头的带动效应，建立一体化的产业园区，吸收产业村民加入企业蛋鸡养殖联盟，将传统分散的养殖模式改变为集中式的园区化生产，带动蛋鸡产业整体升级，探索出了一条适合中国现代农牧企业的发展路径。

在规模不断扩大、企业治理方式不断完善及产业发展模式不断改善的过程中，该公司也意识到风险控制的重要性。在蛋品养殖行业里，技术与质量是企业的核心竞争力，成本的控制是企业利润实现的保障，而对于风险的控制则关系到企业生存与发展目标的实现。

二、期货市场匹配企业风控需求

作为养殖企业，尤其处在蛋鸡养殖等门槛低、竞争强的行业中，其通常面临多方面风险。企业对于国家政策的思考、对于市场情况的判断、对于企业管理的把控及对于法律法规的理解，都要求管理者具有高超的管理技巧和较强的风险意识。

养殖本身就蕴含着诸多风险，包括禽类疫病的传播、生产产品的质量及生产过程中面临的环保问题等，这些风险通常需要企业在日常管理和运营当中进行管控。

然而，企业面临的市场风险却是难以管控的。一旦决定补栏，相关鸡苗、饲料的投入就不可撤回，蛋鸡生长、产蛋的时间相对固定，鸡蛋保存的时间有限且成本不低，无论是后续投入饲料的价格波动，还是鸡蛋价格的起伏，都会对企业造成较大的影响。

如图 1 所示，从投入到产出的各个阶段，企业都面临着对市场当下情况和对未来预期的判断。从育雏鸡补栏到产蛋，需要经过 150 天的时间，而这四五个月的时间内，市场情况可能发生剧烈的转变；更不用说在产蛋开始之后的数月之内，饲料和鸡蛋的价格波动了。图 1 中豆粕、玉米和鸡蛋在期货市场上都有对应的合约标的，而这三个部分也正是养殖企业最重要的投入和产出。

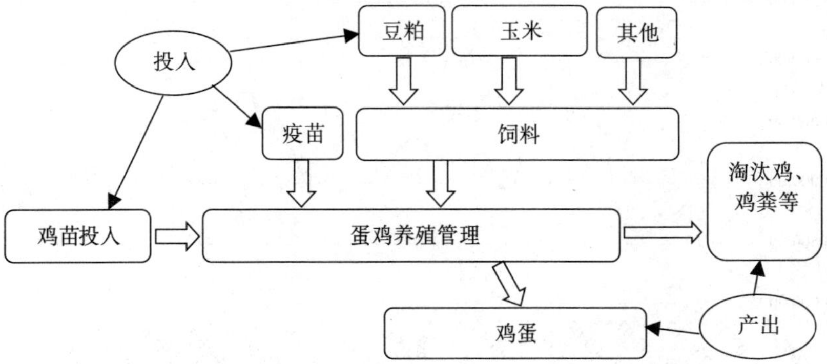

图 1　蛋鸡企业投入与产出

在原材料方面，鸡苗价格、饲料价格波动频繁。饲料中，玉米价格尽管波动幅度较小，但受到国家政策因素的影响较大，也有一定不确定性；而豆粕价格则会受到国内外错综复杂因素的影响：产区天气的风云变幻、进口消费的起起落落，都会引起豆粕价格的剧烈波动。在产成品方面，鸡蛋、淘汰鸡及其他副产品的价格，对于企业营业收入和利润有着直接的关联。回看鸡蛋价格的波动，以 2017 年为例，1—4 月，国内鸡蛋均价从 3. 2 元/斤跌至 2 元/斤，几近腰斩，对养殖企业稳健经营造成严重打击。

对于大型养殖企业而言，集中精力地提升管理和运营水平，加大研发投入、提升质量水平是企业发展的主线和核心。但提升企业经营实力的前提是其对市场风险的全面防控，如提前锁定鸡蛋的远期销售价格，提前控制豆粕、玉米等原料采购成本，有效规避鸡蛋价格大幅下跌和饲料价格大幅上涨风险，锁定经营利润。

作为国内蛋鸡养殖的龙头，该企业逐步意识到期货市场对于企业市场风险防控的重要意义，也由此走上了利用期货市场规避市场风险的坦途。

三、初探秘境——买入套保控制成本

（一）套期保值被纳入企业战略目标

在蛋鸡养殖行业，养殖成本优势已经是企业核心竞争力的关键。为了最大限度地节约成本，该企业通过建立一体化的产业园区，整合上下游资源实现了规模化养殖。规模化效应实现了对成本的缩减后，企业看到近几年来饲料原料价格的大幅波动对企业生产成本影响日益加大。

管控饲料成本逐渐引起公司领导层的重视，就此公司特别安排专人研究了饲料原料价格对公司经营效果的影响。研究发现，自 2012 年以来，豆粕价格大幅波动（3 100—4 900 元/吨）很大程度地影响了公司的经营收益，并将管控饲料原料价格波动带来的经营风险作为企业 2015 年工作重心之一（见图 2）。

图 2 企业所在地豆粕现货价格的剧烈波动

为了实现管控饲料原料价格波动带来的经营风险，公司决定在期货市场买入套期保值。2015 年公司期货部按照自身对饲料原料的需求情况，对后市看涨的饲料品种在期货市场提前建立虚拟库存。

（二）大刀阔斧——确立套保目标

在 2014 年年底通过经营分析，数据显示，该企业每月需要豆粕 1 000 吨左右。同时期货部总结公司 2014 年的经营业绩后，发现玉米虽然用量较大，但玉米价格波幅一般较小，而且上涨概率较小，后期套保核心在豆粕。通过情景分析，若 2015 年公司的市场份额和管理成本同比保持不变，只要将全年豆粕的平均采购成本控制在 3 200 元/吨以下，公司 2015 年则能较大概率完成经营目标。需要特别指出的是，企业经营决策会议也认识到，“套期保值是为了实现风险锁定，为经营目标保驾护航，并不刻意计较在期货头寸上的损益情况”（见图 3）。

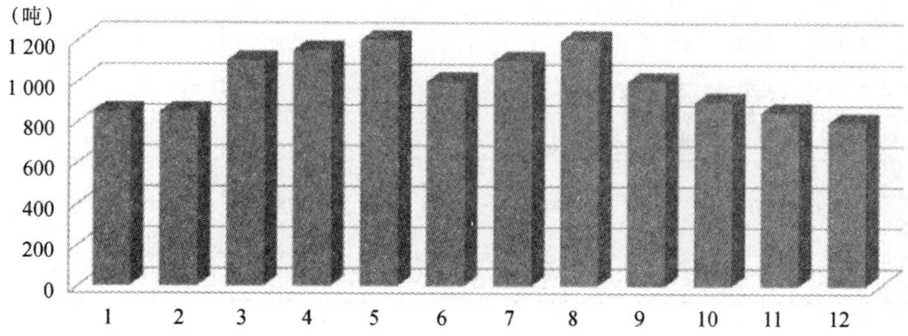

图 3 企业豆粕月度需求量

2014 年 9 月，豆粕远期（1505）价格在 3 100 元/吨左右，处于较低水平，贸易商、油厂报价 3 400 元/吨左右（2015 年 5 月远期价格），满足企业计划将 2015 年豆粕采购成本提前锁定在 3 200 元/吨以下的战略诉求。于是，企业着手开始在远月锁价，期货市场进行采购（期货市场比现货市场便宜 300 元，除去运费仍然便宜 200 元）。

（三）如履薄冰——落实建仓计划

企业分别在 M1505、M1507、M1508、M1509 上采购。原因有两个方面：一是方便提货，若只在主力合约上做，企业在非主力合约月份不方便拿货，而在非主力合约上建仓，企业可以在每个非主力合约的月份都能拿到货，让套保得以持续；二是防止价格波动的风险。每个月份建仓位置都在 3 000 元/吨附近。建仓思路确定后，实施建仓计划，首先把当时的主力合约 1505 作为建仓重点，建仓 280 手，其次在次主力合约 1509 上准备建仓 110 手，在 1507 上建仓 90 手，在 1508 上建仓 15 手，计划建仓共 495 手。计划执行完毕后，实际总共建仓 489 手，即 4 890 吨，建仓均价 2 885 元/吨，总套保头寸占公司全年豆粕使用量的 40% 左右（见表 1）。

表 1　豆粕多头套保建仓计划

套保数量	5 000 吨（占企业生产总需要的 50%）			
合约选择	M1505	M1507	M1508	M1509
	2 800 吨	900 吨	150 吨	1 100 吨
建仓手数	280	90	15	110

续表

套保数量	5 000 吨（占企业生产总需要的50%）							
建仓策略	建仓价格（元）	比例（%）	建仓价格（元）	比例（%）	建仓价格（元）	比例（%）	建仓价格（元）	比例（%）
	2 940—2 950	10	2 900—2 920	100	2 940—2 950	100	2 890	35
	2 920—2 930	25					2 710	65
	2 910—2 920	25						
	2 900	40						
各合约需资金（元）	约 850 000		约 250 000		约 50 000		320 000	
总资金占用	约 147 万元（10% 的保证金，为防止豆粕波动的风险，建议保证金 200 万元以上）							

在对 40% 的 2015 年豆粕用量完成建仓之后，对当期的全球豆类市场进行重新评估。2014/2015 年度全球大豆产量预计为 3.14 亿吨，较 2013/2014 年度增加 3 063 万吨，增长幅度近 10%。后期美豆的大豆压榨和出口虽仍有希望增长，但需求的增幅难以消化供给端的增长。对于中期的预测核心在 2015 年的新豆种植，当期美豆和玉米现货比价仍在 2.4—2.5，大豆种植效益仍好于玉米，大豆种植面积大概率增加。国内方面，影响的核心在需求端，据当期农业部数据显示，2014 年 12 月生猪存栏量为 4.2 亿头，同比下降 10%；国内能繁殖母猪存栏量连续下滑达到 4 289 万头，同比下降 12%。从能繁殖母猪存栏看，2015 年上半年生猪存量将维持低位水平，国内豆粕的需求端收到扼制，而 DDGS 等替代品大量冲击市场。当期上涨的唯一可能在于南美的港口运输，即巴西前期货车司机罢工引起市场对 4—5 月份大豆进口量的担忧，如果 4 月份大豆不能顺利到达，那么国内大豆就会紧张，这会造成豆粕价格坚挺，但上行空间有限。

综合分析和评估下来，认为 2015 年年中豆粕上行压力加大，趋势性的单边上涨概率很低。根据市场分析结果，认为虽然目前的豆粕价格已经降至 2 900 元/吨附近（低于前期评估的 3 200 元/吨的企业套保目标价格），但后期下跌概率较大。因此，在大豆基本面不发生明显转折的情况下，暂不提高当前的 40% 的买入套保的比例，后期以随买随用为主。后市证明，这一次紧跟市场行情的及时讨论分析，对后期企业经营利润的扩大，意义重大。

（四）针砭时弊——及时处理豆粕 1505 头寸

对已经完成建仓的 280 手豆粕 1505 合约的后期处理成为重点，虽然豆粕市场并没有大幅上涨，且所建立 M1505 期货头寸暂时有每手 70 元的浮亏，但现货市场也同步下跌。当期四川豆粕现货市场豆粕价格自 2014 年 9 月初的 3 800 元/吨大幅下跌至 3 200 元/吨以下。现货端价格下跌带来的成本节约远远大于期货头寸的亏损（且套保比率仅 40%）。但如何处理已经建立的 5 月豆粕期货头寸已然成为当期套保的核心问题。

经过讨论分析，处理方法分为两种：一是对当期1505的期货头寸平仓，并选择在四川当地的现货市场用基差合同按现价点价购买现货；二是对持有期货头寸实行交割。二者的优劣比较关键在成本，尤其是期货交割面临的交割库不确定、交割费用、运输费用等成本的核算，在期货公司的协助下，企业做了详细的成本核算（见表2）。

表2　企业豆粕期货头寸价格成本核算①

交割库	东莞中储粮	阳东嘉吉	南通嘉吉
期货价格（2015年4月）	2 800元	2 800元	2 800元
出库费	16元（可议价）	20元	16元（可议价）
铁路运输费用	336元	280元	290元
船运费			120元
装卸费	10元	10元	10元
短驳费（火车站——圣迪乐）	60元	60元	60元
期货交割费	1元	1元	1元
总成本	3 223元	3 171元	3 181元
预计5月份成都报价	3 200元	3 200元	3 200/3 011元

研究发现，目前豆粕仓单主要分布在东莞中储粮、南通嘉吉、阳江嘉吉。其中东莞中储粮、阳江嘉吉有铁路站，阳江嘉吉和南通嘉吉主要是水运，由油厂运至绵阳再至该企业的平均费用预计在3 200元/吨。这个价格较之于当期四川油厂报出的盘面价格2 800元+基差300元，即3 150元/吨的现货价格，进行交割并没有竞争优势。因此企业放弃在期货上买入交割。

同时，随着5月份大豆大幅到港，豆粕供给压力较大，继续走低概率较大。鉴于此，企业决定择机对5月合约的280手多单持仓平仓。

（五）当机立断——对豆粕1507合约、1508合约头寸全部执行交割

当时间来到6月，豆粕基本面再起波澜。东太平洋海域气温显著升高，整个美洲大陆气温也随之升高。从美国农业部的报告中看出，市场对2015/2016年美豆的生长状况有了较为普遍的担忧情绪，美豆的生长优良率被下调到65%以下，天气炒作也随之展开。1507合约自6月底从2 360元/吨大幅反弹至7月上旬的2 800元/吨上方，现货大幅跟涨。四川地区期现价差自6月下旬的400元/吨受看涨预期带动上涨至6月底的500元/吨以上（2015年6月30日期货盘面收盘价2 442元/吨，四川现货价格2 950元/吨）。经过前期测算，交割的不确定性在于交割库的位置带来的

① 上述价格为铁道部网站查询价格，最终成本需要实际情况而定；短驳费是从绵阳火车货运站到该企业的费用，假设为60元/吨；出库费中储粮和南通嘉吉没有写，可能是没有；南通嘉吉运费应该注意一点就是船运一般都是1 000吨或者600吨的，如果量小需要拼船。

运费风险，而对于地处四川的企业而言，当时有仓单的交割库中，需要承担运费最贵的情形是分配到东莞中储粮的仓库，但即使在这个最不利的情况下，交割总成本为423元/吨（出库费16元/吨+铁路运输费336元/吨+装卸费10元/吨+短途运输费60元/吨+期货交割手续费1元/吨），在对比当期基差走强的预期下，四川地区现货与期货盘面价差有望走强至500元/吨以上，故企业决定对1507合约的870吨和1508合约的120吨豆粕在期货市场进行交割。

经过多方努力和积极协商，最终两次交割分配的仓库都在湛江中纺，运输成本也超预期地下降。最终两次交割的总成本分别是2 776元/吨和2 830元/吨。反观成都当地现货价格，7月中旬现货报价3 150元/吨，8月中旬现货报价3 100元/吨。

（六）审时度势——对豆粕1509的平仓

7月下旬之后，天气炒作逐渐降温，美豆的关键生长期已经过去。市场并未调低美豆的单产，丰产的信心在逐渐地恢复中。8月份之后，美国农业部USDA报告逐渐如期上调美豆单产，并提高对期末库存量的预期。且当时正值全球豆类需求的收缩阶段，预计后期下跌的概率加大。而期现价差逐步从500元/吨下跌至400元/吨以下，实物交割并没有明显优势。经协商后一致决定对1509豆粕多头头寸平仓，在现货市场购货。

（七）套期保值效果评估

本次多头套期保值方案，旨在管理豆粕这一重要饲料原料的波动风险。在期货公司协助下，该企业通过情景分析和压力测试后得出，把全年豆粕的平均采购成本控制在3 200元/吨以内是实现2015年企业经营目标的关键之一。随后通过在期货市场分批建立豆粕多头头寸，建立豆粕虚拟库存，以此锁定豆粕的采购成本。企业套保头寸的效果如下，用现货端成本下跌的收益减去期货头寸的亏损，就套保的4 890吨现货而言，套保共计盈利1 074 340元，其中2015年豆粕现货下跌给成本端带来的节约正效用为1 766 280元，期货头寸共计亏损691 940元。

虽然期货端是亏损，但是正是通过期货市场的套期保值稳定了企业的生产经营，降低了企业的平均成本。经总结测算，2015年企业近12 000吨的豆粕采购的平均成本为2 900元/吨。对比2014年年末远期豆粕3 400元/吨的均价报价，严格上说，2015年度通过运用期货工具，豆粕的采购成本降低约500万元，这为2015年企业实现其经营目标奠定了坚实的基石。

（八）2015年期市套保总结

一是企业必须以自身的现实需要为核心，以成本风险控制为主线，跳出期货投机的思路。企业制定和执行套保方案，应该配合企业生产经营的实际需要；参与期货套保，同样要注意市场风险。

二是企业在与期货公司的合作过程中，应及时讨论沟通，对已有的策略和结论敢于推倒重建，并结合企业经营的实际情况，及时调整套保思路。

三是灵活运用期货公司相关资源，重视对套保头寸的事后处理。平仓买现货或交割各有利弊，需对基差走势研判之后，慎重决定。

四、风控进阶——场外期权保证收益

（一）波动的鸡蛋价格

2017年蛋鸡养殖行业持续低迷，鸡蛋养殖企业多数遭受大幅亏损。鸡蛋供给弹性较大，价格波动剧烈，仅1—4月，国内鸡蛋均价就从每斤3.2元跌至2元，几近腰斩，养殖企业面临的风险不言而喻。因此，对于大型养殖企业而言，提前锁定鸡蛋的远期销售价格，锁定经营利润，既符合企业的切实需求，也符合利用金融衍生品为实体经济服务的初衷。

该企业年产鸡蛋约5万吨，80%为品牌蛋，20%为普通蛋，普通蛋价格随行就市，价格波动风险较大。鸡蛋供给弹性较大，在养殖利润为正的时点，养殖户普遍积极补栏，容易造成后期现货价格快速回落；当养殖利润为负，补栏减少，淘鸡意愿显著增强，容易导致后期价格快速反弹，并且季节性特征明显，一般每年春节、端午、中秋三个大型节假日都会经历一波冲高回落行情，不利于企业的稳定经营。

（二）利用期权，节前锁定价格下限

2017年4月份前后是蛋鸡养殖行业利润的冰点，虽然到7月鸡蛋价格已经有所上升，但预计9月开始新增补栏又将再次大幅增加，未来2018年蛋价难以保持长期强势，特别是在春节后，蛋价可能再落低谷。在远月上锁定养殖利润对企业而言至关重要。

根据企业风险控制的实际需要，企业向期货公司购买鸡蛋远月场外障碍敲出看跌期权。具体期权的签署与执行的流程见图4。

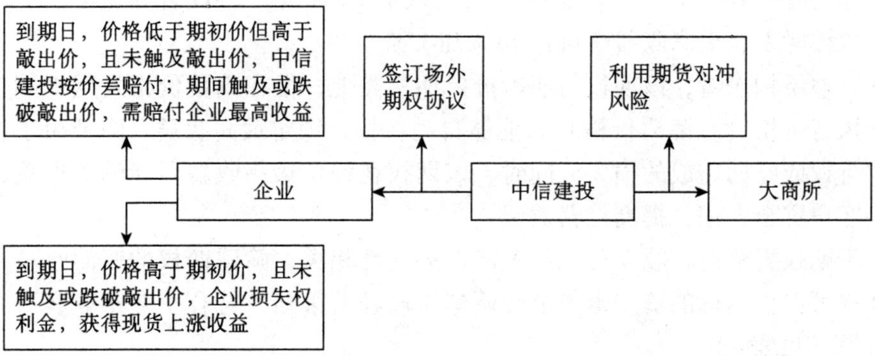

图4　期权执行过程

企业持有该期权的收益见图5。企业购买该期权，既能够规避价格下跌风险，同时在价格上涨时也保有扩大盈利的能力。

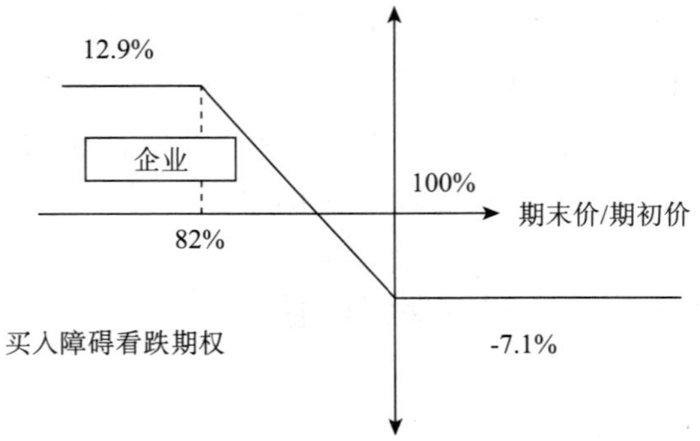

图 5　障碍期权收益率曲线

（三）障碍期权，灵活高效

对于障碍期权的定价，期货公司在经典 BS 框架利用 Merton（1973）方法取得连续状态下期权的解析解。由于实际交易中通常约定以日收盘价作为障碍期权敲出的触发条件，采用 Broadie（1995）方法取得离散障碍期权的转换解。针对定价模型中的各项假设，均制定了相应的措施予以验证，进行压力测试和情境分析，确保模型在市场极端情况下（如标的涨停、跌停、波动率急剧放大，利率大幅变化）的实用性。

按照客户需求及当前的市场行情，设计相关期权结构见表 3。

表 3　　期权结构设计

行权区间/最高收益率（元/吨）	期权费率（权利金）
JD1802：［3 786，3 104］/18%	7.10%（约合 269 元/500 千克）
JD1803：［3 603，3 062］/15%	6.95%（约合 250 元/500 千克）

本次合约标的总量为 1 000 吨，与企业 2018 年 2 月、3 月份的一般蛋产量相吻合。通过此种方式，企业基本确保了 2018 年春节以后进入消费淡季时，鸡蛋销售价格仍能保持在较高水平。当鸡蛋 1802 合约跌至 3 104 元，1803 合约跌至 3 062 元时，该期权将被触发，最高收益率可达 18% 和 15%。

从收益结构来看，该期权与熊市价差期权类似，但在鸡蛋价格发生极端下跌触及较低执行价格（称障碍价格）时能够自动行权，锁定最高收益，降低由于企业未能及时行权或赎回造成的损失。同时，该期权在锁定最高收益后能够立即兑付，从而减少客户资金占用，提高经营效率。

由于期权提前行权收益与标的资产走势线性相关，障碍期权的赎回收益特征决定了客户可以根据标的资产走势灵活调整生产经营策略，符合一般产业客户经营及交易习惯（见表 4）。

（四）场外期权，优势突出

与传统的期货套期保值相比，场外期权能够节省企业资金占用，并且无须担心

表 4　障碍期权与一般欧式期权熊市价差策略的比较

结构	期权费率（相同参数）	能否提前行权	赎回收益特征
障碍期权	7.10%	可以提前行权	赎回收益一定优于提前行权收益
熊市价差	6.25%	不可提前行权	关系较复杂。出于止盈目的赎回期权时，赎回收益通常低于立即行权所得收益

追加保证金带来的资金压力，也具备锁风险不锁利润的特点。

同时，场外期权还可以充分利用鸡蛋价格的季节性特点，在价格处于相对高位时锁定养殖利润，有的放矢，提高套保效果。

另外，企业预期未来鸡蛋价格即使回落却难以再跌破前期的低点，通过障碍期权的设计，企业能节省期权费，减少套保成本，同时在极端大跌情况下，可以迅速敲出止盈，获得最高收益。此外，因为该企业有鸡蛋交割库，即使出现鸡蛋现货和期货的基差未能如期回归的情况，企业也能通过厂库交割的方式，以低成本化解基差风险。

五、未来展望

蛋鸡养殖行业由于行业准入门槛低，行业参与者较多，养殖能力良莠不齐，难免容易走向粗放型的发展，最终导致行业经营的风险较大。案例企业从 10 多年前一家养殖规模不到 2 万只的小型养鸡场，如今已发展到 500 万只蛋鸡存栏量，是连续 4 年全国市场综合占有率第一的上市公司，成为名副其实的“鸡蛋冠军”。

作为蛋鸡养殖的龙头，该企业坚持把风险控制放在第一位。通过数年的风险控制实践，从最初没有接触期货市场，到在期货市场上进行豆粕买入套期保值，再到进行场外期权的尝试，企业已经能够在期货市场上自主、灵活地控制风险。通过原料端和销售端两方面的灵活风险控制，企业将更加便利地锁定利润，将精力投入到运营、研发等核心流程上来。长远来看，市场风险的有效控制对于企业的成长与核心竞争力的形成有不可或缺的作用。

未来为了更好地规避经营风险，公司将继续利用期货市场，在商品蛋领域实现鸡蛋生产从饲料原料到成品销售的全程套保。利用新设立的鸡蛋交割库，同时卖出鸡蛋期货，买入玉米和豆粕期货对所产商品蛋进行利润锁定。一张更大的蓝图正在展开……

（中信建投期货有限公司供稿）

案例46：

解构经营风险，促进产业升级

——海通期货服务某鸡蛋贸易企业

随着全面深化改革、优化调整产业结构的持续推进，各类产业链的经营均酝酿着进一步的整合与提升。鸡蛋产业也不例外，其产业链较长，上至养殖企业，下至贸易公司、大型超市及加工企业，产品性质为大众生鲜产品，价格波动频繁，风险较大，如何保持鸡蛋产业链的整体活力，增强产业链的整体抗风险能力，显得尤为重要。

一、产业背景

一般而言，鸡蛋贸易企业或贸易商通过赚取鸡蛋差价获取赢利，价差是其关注的重点。伴随以场外期权为代表的金融避险工具的推广，“实体企业 + 金融服务”的合作模式打开，某些套保观念较强的贸易公司尝试与期货公司风险管理子公司展开合作，通过场外期权对企业采购成本或销售价格进行套期保值，以保障企业的经营成果。

对于传统鸡蛋贸易企业，其主要的价格风险来自于采购成本及销售价格，常见的“场外期权”运作模式有两类：一类为企业向期货公司风险管理子公司购买原料鸡蛋的价格保险，当价格上涨时，虽然企业将增加采购鸡蛋的成本，但因为前期有购买鸡蛋的价格保险，企业能获得期货公司风险管理子公司的赔付，可规避潜在风险，保持原料价格的稳定；另一类为企业购买鸡蛋的销售价格保险，当鸡蛋价格下跌时，虽然企业将减少销售鸡蛋的收入，但因前期购买了鸡蛋的销售价格保险，能获得期货公司风险管理子公司的赔付，企业仍然能够规避潜在风险。

然而，随着产业升级调整，一些贸易企业逐渐涉足综合业务，进行鸡蛋产业链业务的横向与纵向拓展，产生了非常多的套期保值需求。其中较为典型的一类是，贸易企业与蛋鸡养殖场形成了经营与市场联合体，以增强竞争力，共同应对来自市场的考验，其风险管理的需求是对经营利润进行保值，以达到平稳或平滑化企业经营利润的目的。

二、创新鸡蛋利润套保指数，解构鸡蛋企业经营模式

以鸡蛋大省湖北省的某鸡蛋贸易企业为例，该企业及其关联产业链企业以鸡蛋为纽带开展生产经营，而中上游养殖企业受鸡蛋价格与产蛋成本的价格波动影响较大，尤其在鸡蛋销售价格低迷而产蛋成本高企之时，能否维持利润是其面对的巨大挑战，因此希望能针对业务经营中的毛利润进行套保。

该企业的经营毛利润来自于鸡蛋销售价格与采购价格之差，鸡蛋采购价格取决于蛋鸡养殖场的产蛋成本，而作为采购来源的养鸡场多为该企业长期亲密的合作伙伴，在鸡蛋产业链上互相帮衬、荣辱与共。

在大连商品交易所的大力支持下，海通期货股份有限公司（以下简称“海通期货”）及其风险管理子公司上海海通资源管理有限公司（以下简称“海通资源”）与企业接洽调研，参照企业的经营模式及产业链经验，设计个性化的场外期权风险管理方案，为企业生产保驾护航。

首先，通过梳理企业毛利润结构，设计了“鸡蛋利润套保指数”跟踪企业毛利润变化情况，具体见图1。

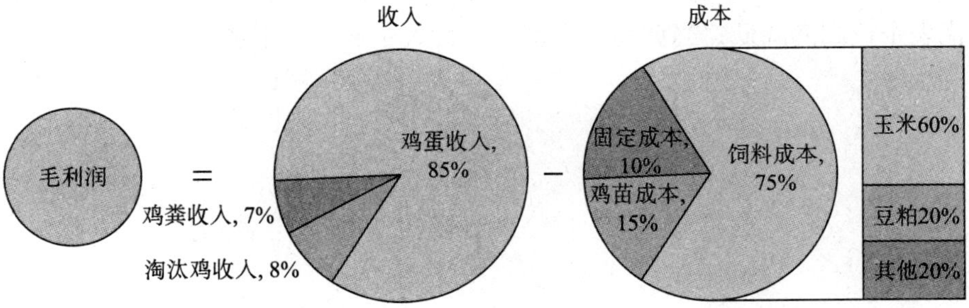

图1　企业毛利润结构

收入方面，结合企业饲养数据，鸡蛋约占蛋鸡养殖总收入的85%，淘汰鸡及鸡粪等销售收入约占总收入的15%，通常蛋鸡养殖场会将淘汰鸡的收入与鸡苗成本相抵计算。

成本方面，鸡蛋的生产成本构成较为稳定。其中鸡苗约占15%—20%，鸡苗成本与淘汰鸡和鸡粪收入基本相抵；饲料成本约占70%，固定成本约占10%，参照家庭农场模式，可将养殖场固定成本及其他疾病控制、燃料费、水电费、人工费用等成本一同摊入饲料成本。

基于以上鸡蛋产业养殖与经营经验分析，海通期货及其风险管理子公司海通资源为鸡蛋产业企业设计了“鸡蛋利润套保指数”，即以鸡蛋销售价格扣除企业实际生产配比后的成本的专业指数：

鸡蛋利润套保指数（每吨）= 销售价格 − 进货成本

= 每吨鸡蛋价格 −（1.725 吨玉米 +0.575 吨豆粕价格）

该指数详细描绘了鸡蛋养殖与贸易企业经营的毛利润情况，当此指数上涨时，代表企业利润增加；当此指数下滑时，代表企业利润降低。

通过数据验证（见表1），鸡蛋现货价格与期货价格，对于合成的饲料价格相关系数在0.7左右，而鸡蛋与鸡蛋利润套保指数的相关系数在0.9以上，代表鸡蛋价格与利润套保指数与合成饲料价格呈现高度正相关，因此利用鸡蛋利润套保指数对鸡蛋进行套期保值是很好的方式。

表1

现货 饲料价格	玉米	豆粕	合成 饲料价格
现货	0.94	0.64	0.92
期货价格	0.91	0.53	0.92
鸡蛋	鸡蛋	合成 饲料价格	利润套保 指数
现货	1.00	0.68	0.99
期货价格	1.00	0.72	0.97

图2是2016年5月至9月的该企业的鸡蛋利润套保指数行情，当此指数下滑时，代表企业利润降低；当此指数上涨时，代表企业利润增加。

图2 鸡蛋利润套保指数

三、量身设计风险管理方案

基于鸡蛋利润套保指数，海通期货及其风险管理子公司海通资源为之特别设计了“场外鸡蛋利润套保指数期权”。企业可以通过购买鸡蛋利润套保指数的看跌期权来锁定经营风险。企业付出权利金后，当指数下滑企业利润降低时，企业能从海通期货风险管理子公司海通资源获得期权的赔付，平滑企业利润；当指数上涨时，利润保护虽然失效，但企业在现货端能产生更大的利润。

当企业能够有效规避自身的风险后，可以在经营采购上让利给养鸡场，从而加强对养鸡场的掌控和风险防范，有利于企业对鸡蛋产销链资源整合和管控，提升鸡蛋产业链相关主体风险防范能力和竞争力。

“场外鸡蛋利润套保指数期权”采用的是“亚式期权”设计，亚式期权又称为平均价格期权，与欧式期权或美式期权的区别在于：在到期日确定期权收益时，不是采用标的资产当时的市场价格，而是用期权有效期内标的资产价格的平均值。

之所以采取亚式的期权设计，主要出于两个方面的考虑：

1. 企业经营需持续购买原料或持续出售产品的行业，所需要套保的购料成本与库存销售价格是长期的，在现货端通常都是使用平均价格计算，故采用以标的资产一段时期平均价做估价依据的亚式期权。

2. 亚式期权的到期收益函数与一特定时段内标的资产的某种形式的平均值息息相关，即依赖于标的资产价格的某种平均值，因此价格波动的幅度小于欧式期权的采样方式，所以亚式期权的价格也会低于欧式期权的价格，更符合企业套期保值的成本考虑。

“场外鸡蛋利润套保指数期权”还采用了“三资产彩虹期权”的设计，彩虹期权是涉及两种或两种以上不确定性品种的金融衍生品，彩虹期权可以在 N 个标的资产中选择最好或最坏的买入或卖出。该期权中涉及的资产数目即为彩虹颜色的数目，该期权的定价对不同篮子的相关系数非常敏感，因此需要特别考虑。

之所以采取“三资产彩虹期权”的设计，主要是由于鸡蛋利润套保指数涉及了鸡蛋、玉米和豆粕，需同时对这三类资产进行相关风险对冲。

最终，在签署《中国证券期货市场场外衍生品交易主协议（2014 年版）》及补充协议的基础上，该鸡蛋贸易企业与海通期货风险管理子公司海通资源签署《场外衍生品交易确认书》达成此项交易。

四、实践效果与再推广

企业购买鸡蛋利润套保指数看跌期权的套保效果见图 3。

企业购买期权的到期损益图以实线表示。当鸡蛋利润套保指数往下走低时，企业将获得期权赔付，当鸡蛋利润套保指数往上走高时，企业最多损失为权利金的支出，并不会影响现货端的盈利。

图 4 显示了企业在买入鸡蛋利润套保指数看跌期权套保前后实际利润水平的比较。可以看出，买入看跌期权套保后，当鸡蛋利润套保指数下跌时，企业能锁定最低利润；而当鸡蛋利润套保指数上涨时，企业仍能享受到较高的市场利润。

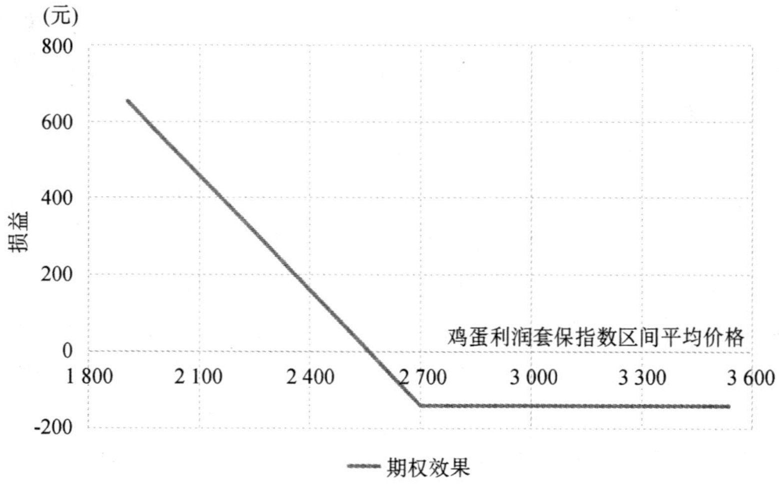

图3　期权到期效果

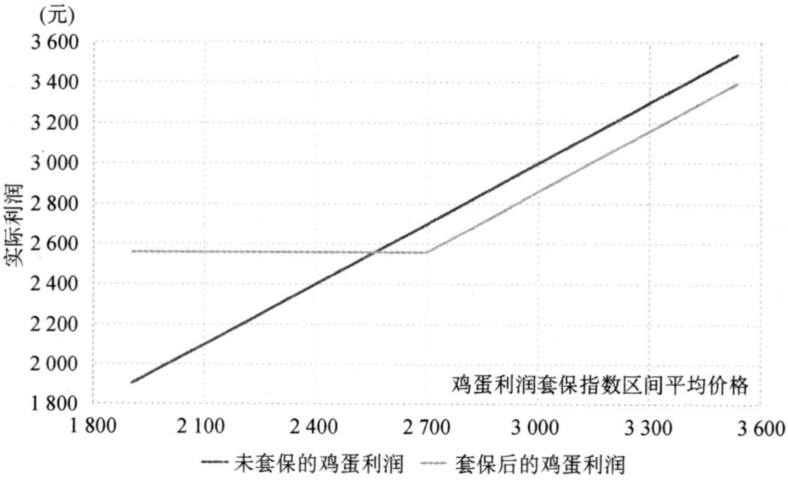

图4　期权方案套保前后比较图

在本场外期权风险管理方案运作期间，受禽流感及市场供需影响，鸡蛋销售价格遭遇雪崩下降，而饲料成本却迎来上升行情，直接造成鸡蛋贸易企业与蛋鸡养殖场的经营毛利润被大幅压缩，不少蛋鸡养殖农户因缺乏风险抵抗能力，而陷入焦虑甚至选择减少养殖或离场择业（见图5）。

而该企业及关联养殖场因购买了鸡蛋利润套保指数场外期权，在期权到期时获得了赔付，在本轮市场波动中，得到了很好的风险保护。

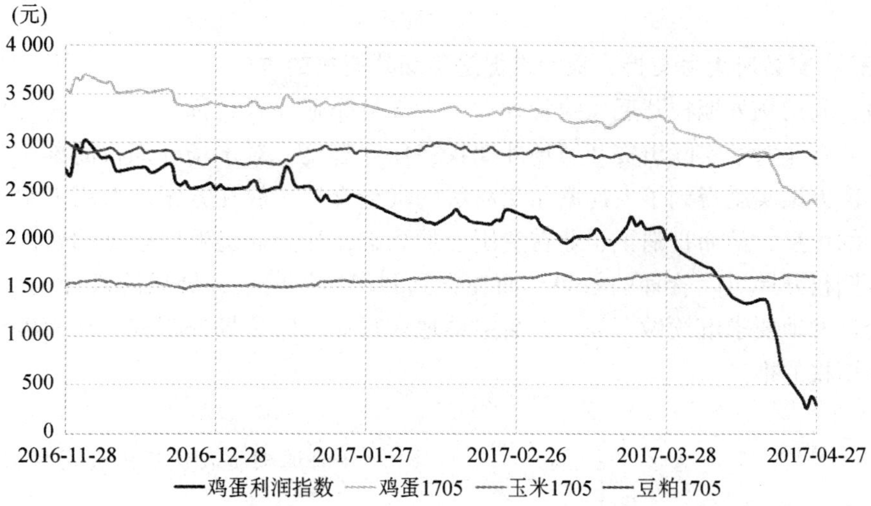

图5　标的鸡蛋利润指数及各期货品种价格走势图

五、经验与启示

（一）从产业链整体出发，全方位设计场外期权风险管理方案，更好地服务“三农”，促进产业资源整合

对于鸡蛋行业而言，普遍规模较小，缺乏足够的市场议价能力，抵抗市场风险能力极弱，整个行业的资源整合势在必行，其中能否加强对包括鸡蛋销售、生产等整个产业链风险防范，对于产业资源整合尤为重要。海通期货及其风险管理子公司海通资源从产业链整体出发，以企业最关心的利润为切入点，设计了“鸡蛋利润套保指数”，并基于该指数，全方位设计场外期权风险管理方案，很好地凸显了期货市场支持实体经济深化改革、产业结构升级的社会职责，对增强鸡蛋产业链相关主体防范抵御市场风险有着重要的作用，有利于支持鸡蛋行业资源整合。

（二）从可复制性出发，设计“鸡蛋利润套保指数”，鸡蛋行业打造可复制的场外期权风险管理方案

在场外期权风险管理方案的设计上，海通期货及其风险管理子公司海通资源突破了限于单资产的普通期权模式，充分发挥场外期权的灵活定制化特征，通过零距离把脉鸡蛋产业需求与成本承受力，为企业量身设计了涉及多资产的“鸡蛋利润套保指数期权”，并在企业成功应用。其具备良好的适应性、可复制性，为同行业类似的企业提供了可复制的风险管理示范案例。

基于该方案，海通期货及其风险管理子公司海通资源还在其他地区和企业进行了复制推广，取得了较好的效果。

（三）交易所大力支持，极大地促进了场外期权的推广

由于利用场外期权开展风险管理对于大部分企业而言，都是新生事物，导致相当一部分企业对于实际出资开展场外期权持保守态度，对于场外期权的推广较为不利。本次方案实施得到了大连商品交易所的资金支持，故在方案的费用上给予了企业较大的优惠，从而打消了企业在费用上的顾虑，让企业能够以较低的费用体验使用场外期权开展风险管理的效果，而在尝到利用场外期权开展风险管理的甜头后，企业会自发地要求继续做下去，并会主动地在行业内宣传场外期权，从而极大地促进场外期权的推广。

（海通期货股份有限公司供稿）

案例 47：

融资交割助力企业套保

——大有期货服务湖南粮油饲料行业

一、粮油饲料产业链升级，下游企业经营压力激增

目前，在全球粮油贸易中利用衍生品工具定价的模式已形成趋势，随着我国市场化和国际化进程的加快，国内粮油饲料产业链的供应销售模式也在创新升级。然而，新的贸易模式给企业带来机会的同时，也给养殖企业、饲料生产企业和原料贸易企业带来了较大的压力。

一方面，该产业链的上游企业大豆进口商和压榨企业国际化程度较高，贸易规模较大，研究决策能力强，且早已充分利用期货市场和相关金融工具，在金融定价方面拥有较强的主导权，诸多创新的贸易和销售模式都是由其制定和推出的，呈现出典型的卖方市场特点。

另一方面，该产业链的中下游生产和贸易企业受多年积淀的传统生产经营和贸易模式的影响，企业规模以中小型居多，加之国内金融市场起步较晚，很难在短期内建立完善的金融定价研究和决策体系。下游企业在人员储备、资讯储备、平台建设等方面的诸多不足，直接形成上游出新招而下游难以有效应对的局面。

从这两年对整个产业链运用基差定价和远期定价的调查数据来看，处于中下游的饲料企业的实施情况很不乐观，企业面临较大的经营转型压力。如何有效利用期货、期权等衍生品工具实现销售和贸易模式的升级是粮油饲料行业急需解决的问题。

二、期货公司积极探索新模式，力求实现多方共赢

湖南地区发达的养殖业带动了当地庞大的豆粕、玉米的消费需求，使得粮油饲料行业成为湖南地区具有本土特色的行业。但随着粮油饲料产业链的升级，该地区中下游企业经营压力，尤其是融资压力激增。近几年，大有期货一直致力于对湖南地区粮油饲料行业的深入调研，深度了解和挖掘了行业中下游企业的实际困难和需求，努力探索期现两个市场的有效融合。经过两三年多次实验性的运作，在充分利

用期货和现货市场相关规则和工具的前提下，成功探索出了仓单融资交割等新模式，解决了套保企业利用期货市场进行风险管理的实际困难。

三、仓单融资交割，缓解企业资金压力

（一）案例背景

某大型粮油贸易企业一直持有豆粕1505合约多单，合计1 200手左右，折豆粕12 000吨，进入交割月后企业因紧急情况资金周转出现临时问题，不能足额支付全额交割货款，资金差额缺口达2 100万元左右，如交割出现违约，将会给该贸易企业和大有期货公司造成巨大的损失和不良影响。

（二）仓单融资交割操作模式

为了避免损失，大有期货公司将合作交割与仓单质押两种业务模式结合起来。在粮油贸易企业持有合约（M1505）最后交割日之前，大有期货协调已在公司开户的第三方公司，联系双方办理仓单融资合作交割事宜，协助该贸易商与第三方出资公司签订“仓单融资协议”，明确双方的责任、权利等相关细则，确保交割的正常进行。根据出资方的出资金额，计算出对应的仓单数量，该贸易商需根据此仓单数量，签署“仓单转让委托协议”，大有期货配合在交易所仓单交付日，将对应仓单从该贸易商转至第三方公司名下，当贸易商将借资的本息金额偿付当日，大有期货配合将对应仓单从出资方转回至贸易商名下。

（三）具体流程

1. 签订相关协议，办理资金划转。

（1）大有期货协助贸易商与第三方公司签订“仓单融资协议”。

（2）贸易商签订“交割申请单”及“仓单转让委托协议”。

（3）第三方公司签订与仓单融资协议的相关“仓单处置承诺书”及“仓单转让委托协议”。

（4）“仓单融资协议”签订完毕，第三方公司划转资金至贸易商的银行账户，当日贸易商将此笔资金划至其公司的期货账户，大有期货公司受理贸易商委托，代理交割业务。

2. 交易所仓单交付日，贸易商向第三方公司仓单质押，正常交割。

（1）将贸易商期货账户的M1505合约保证金提高至30%，同时限制其出金权限。

（2）交易所仓单交付日，大有期货公司根据与贸易商签订的仓单转让协议，划转对应仓单至第三方公司账户。

3. 本息偿还日，对应仓单划转至贸易商，待贸易商按期归还所融资款项并支付

融资利息后，大有期货公司根据与第三方公司签订的仓单划转协议，划转仓单至贸易商账户，协助了结融资协议双方的权利义务。

（四）运作效果

通过该笔业务，实践了仓单质押、交割、仓单转让等业务模式相结合的“仓单融资交割”模式。首先解决了贸易商因资金短缺带来的巨大损失，保证了企业的正常经营；第三方公司通过该笔业务，获得了可观的短期融资利息且拓宽了自身的业务范畴；大有期货公司在该笔业务的运作中，作为衔接方，参与了业务的全过程，在业务讨论、合同签订、风险控制、资金划拨等环节都取得了宝贵的经验，为后期子公司开展相关业务奠定了一定的基础。

（大有期货有限公司供稿）

案例48：

场外期权助推“粮食银行”项目

——永安资本服务吉林四平天成集团

一、天成集团的基本情况和避险需求

吉林四平天成集团（以下简称“天成集团”）是一家以玉米深加工和粮食贸易为主体的大型现代化企业集团。由于2015—2016年度玉米现货市场受整体消费环境低迷影响，下游需求持续萎缩，行业开工率大幅下滑，行业整体亏损加剧，天成集团面临较大经营困境。

为了应对不利局面，天成集团在当地农委的配合下积极开展“粮食银行”试点业务。天成集团与农民签订“粮食银行”订单协议，约定农民秋收后将粮食直接交给天成集团，天成集团给予农民一定预付款项，粮食的实际收购价格则采用延期点价的方式进行结算。同时，天成集团在永安资本的帮助下，利用金融衍生品工具有效规避玉米价格下跌带来的经营损失。

二、“延期点价+场外期权”的业务模式

（一）企业提前锁定玉米货源，延期点价保障农民收益

农民将秋收的粮食直接交给天成集团，并与天成集团签订“粮食银行”订单协议。天成集团根据期现货价格情况确定每一日的挂牌价，在交粮后的一段时期内，农民可以选择任一日的挂牌价进行结算，即点价。若点价价格低于订单签订日的挂牌价，则无须点价，直接按订单签订日挂牌价结算；若点价价格高于订单签订日的挂牌价，则按点价的价格结算。即订单签订日的挂牌价为农民售粮的保底价，天成集团以“涨价随市，跌价保底”的方式保障了农民售粮利益。

1. 具体实施过程。2015年11月10日，天成集团与四平地区种粮大户签订“粮食银行订单协议”，2015年11月11日农户集体向粮食银行销售5 000吨玉米，粮食银行按照当时的挂牌价格1 710元/吨向农户支付10%的预付款，农户在1个月内可自由选择任意一天的挂牌价结算。

2015 年 12 月 11 日农民选择点价，当日挂牌价格为 1 820 元/吨，这个价格高于订单签订日（2015 年 11 月 11 日）挂牌价 1 710 元/吨，按照协议，农户售粮实际结算价格为 12 月 11 日 1 820 元/吨。

2. 农民损益计算。相比传统的销售模式，农民增加的收益可分为两部分：一是因为订单签订后如果价格上涨的增加的收益。5 000 吨玉米实际运作下来，农民增收 55 万元；二是粮食存入“粮食银行”后，农民可以避免狗刨、鸡啄、鼠咬、霉变等家庭储粮造成的损耗，损耗可减少 5%—8%（见表 1）。

表 1　　5 000 吨粮食的销售收益

模式	合同签署日 11 月 11 日（元/吨）	点价日 12 月 11 日（元/吨）	最终结算价（元/吨）	差价	5 000 吨盈亏（万元）
传统模式	1 710	—	—	—	—
粮食银行模式	1 710	1 820	1 820	110	55
新模式盈利	110 × 5 000 = 55 万元				

（二）天成集团通过场外期权转移玉米价格下跌风险

天成集团通过延期点价的形式让农民既能享受保底价收入，又保留了未来一段时期价格上涨可能带来的收益。当农民签订订单后玉米价格上涨，农民通过点价结算，收粮成本就会上涨，但粮食加工产品的售价也会上涨，产品的销售收入扣除加工费后，可以覆盖收粮成本的支出，此即该案例中实际发生的情况。当农民签订订单后玉米价格下跌，加工产品的售价下跌，销售收入就不足以支付农民保底价所需的支出，于是天成集团就面临较大的风险。为对冲玉米价格下跌带来的风险，天成集团在农户点价前通过永安资本买入场外看跌期权转移价格风险。若玉米价格上涨，现货价格高于执行价格，则天成集团放弃行权；若玉米价格下跌，现货价格低于执行价格，则天成集团执行期权。

1. 具体实施过程。天成集团的“粮食银行”于 11 月 1 日开始正式收粮，此前已于 10 月份与永安资本签订了标准场外期权主协议文件，明确了双方所需承担的权利及义务。2015 年 11 月 11 日，天成集团与永安资本签订场外期权交易合同及美式场外期权交易确认书，并确定执行价格为 1 899 元/吨，数量为 5 000 吨，权利金价格为 23. 21 元/吨，期权到期日为 12 月 11 日。

根据合同，天成集团共向永安资本支付 116 050 元权利金，该期权期限为 30 天，双方约定如果 2015 年 12 月 11 日大连商品交易所 C1601 合约收盘价 X 低于 1 899元/吨，则永安资本向天成集团赔付（1 899 − X）×1 000 元；如果 C1601 合约收盘价高于 1 899 元/吨，则不产生任何赔付。

截至 2015 年 12 月 11 日（场外期权到期日），C1601 合约的收盘价为 2 026 元/吨，高于约定的执行价格 1 899 元/吨，因此天成集团放弃行权，永安资本不进行任何赔付。

2. 天成集团损益计算：

（1）权利金损失及利息（时间周期一个月，资金利率按照 7% 计算）：-116 050元（23.21×5 000）和 -677 元（-116 050×0.07/12）。

（2）支付给农户购粮款的利息成本。如果天成集团采用传统收购模式，2015 年 11 月 10 日将付全款购买农户玉米，需占用资金 855 万元（5 000×1 710）；而用“延期点价 + 场外期权”的模式仅需支付 10% 的预付款（85.5 万元），节约资金利息（利率标准同上）：（855 -85.5）×7%/12 = 44 887.5 元。两项综合盈亏见表 2。

表 2　天成集团应用场外期权盈亏计算

头寸类型	2015 年 11 月 11 日（元/吨）	2015 年 12 月 11 日（元/吨）	数量（吨）	盈亏（元）	资金占用利息（元）	累计总盈亏（元）
玉米现货（收购价）（元）	1 710	1 820	5 000	0（1 820 元/吨收，1 820 元/吨卖）	44 887.5	-116 050 -677 +44 887.5 = -71 839.5
看跌期权多头（元）	23.21	0	5 000	-116 050	-677	

即天成集团用 14.37 元/吨（71 839.5/5 000）的成本对冲了收粮过程中的价格下跌风险。

天成集团的“延期点价 + 场外期权”的模式最大限度地保障了农民的利益，并且通过向永安资本买入场外看跌期权，规避了粮食价格下跌给企业经营带来的风险。但粮食价格下跌的风险也转嫁到永安资本身上，由于点价机制的存在，单纯利用期货市场已经很难对冲永安资本的风险，需要通过期货市场以复制期权的交易方式才能予以规避。实际操作中的复制成本虽然高于直接在场内期权市场对冲的成本，但作为期货行业服务三农的有益尝试和场外衍生品的业务试点，永安资本结合场内外两个市场，综合利用期货、期权等金融衍生工具，灵活地为涉农企业提供风险管理服务，推进了期货行业服务“三农”的发展。

三、经验总结

近年来玉米价格市场化的程度不断提高，再加上今年玉米供需矛盾也较突出，这使得后市玉米价格波动的不确定性进一步增大，因此，传统套保模式的操作难度和效果都将面临挑战。相比之下，场外期权成本固定，风险有限，相对场内期货合约，是一种更为稳健的风险管理工具。“延期点价 + 场外期权”的业务模式不仅实现了农户与粮食企业的“互利共赢”，还可以拓宽国内农业风险管理的途径，具有深远的意义和影响。

（永安期货股份有限公司供稿）

案例49：

饲料企业期现结合，库存管理规避风险

——方正中期服务A饲料企业

一、公司简介

A饲料企业是一家以研发、生产、销售饲料产品为主营业务的大型集团企业，2015年饲料产量达4.1万吨。饲料生产主要原料为豆粕、棉粕、玉米等，原料成本约占生产成本的80%。原料成本是饲料企业的主要风险来源，为控制该风险，企业每年需运用期货市场对30%左右的原料现货头寸进行套期保值。

A饲料企业是最早一批参与期货市场的饲料企业，主要品种包括大连商品交易所的玉米、豆粕，郑州商品交易所的硬麦、菜粕等。企业不断总结套保经验，优化套期保值方式，保证金余额逐年增高，取得了良好的避险效果。

二、A饲料企业生产经营面临的风险

我国的饲料工业始于20世纪80年代，经过30多年的高速发展，目前已经进入产量增幅趋缓的调整阶段，饲料企业经营利润持续下滑并逐步进入微利化时代。

饲料行业自身附加值较低，生产工艺也比较简单，企业经营的关键就在于原料采购、库存管理和产品销售。饲料企业处于行业产业链的中间位置，上有原料成本波动的敞口风险，下有行业竞争风险，在原料及产品层面均不具定价权。因此，原材料价格波动风险和下游销售风险是饲料企业的主要风险来源。

三、A饲料企业期现结合规避风险的主要模式

案例一：价格低位，库容有限，买入远月期货建立虚拟库存

饲料企业面临价格波动风险主要是通过库存反映出来，这个库存既包括现货库存，也包括期货虚拟库存。理论上库存如果降到零，风险就不存在了，但企业要维持生产不可能做到零库存。套期保值就是利用期货工具，动态管理企业库存，尽量将库存降到最低、同时将价格做到最优来控制风险和成本。

套期保值过程中，企业需要重点考虑净头寸（净库存）、基差、行情预期及当时公司的整体盈利情况等因素。如果企业认为原料价格已在低位，产品预售有一定的利润，而原料库存（现实+虚拟）不足，即净持仓头寸为负，这个时候可以买入现货，同时买入期货补充库存，实现库存（现货库存加虚拟库存）的快速累积。当企业认为原料价格已在高位，而原料库存却格外充裕时，则会考虑卖出操作，但因为该企业并不是现货贸易企业，销售渠道受限，迅速出售现货不实际，此时利用期货，在期货市场卖出，可以实现快速降低库存，从而使企业的净头寸迅速地降低到满足生产的最小值。

1. 背景介绍。2010 年初，A 饲料企业凭借多年的市场跟踪、采购经验及行业基本面分析，认为市场已经在底部，后续上涨概率及空间较大，又考虑到当时企业库存属于偏低状态，一旦价格上涨将增加企业成本。鉴于当时原料成本下，利润尚可，因此 A 饲料企业决定在该价位大量建立库存。受限于企业库存容量和资金供给，大量买进现货和远期一口价都不现实，于是企业决定通过期货市场买入保值来建立虚拟库存。

2. 套保过程。考虑到合约、入市点、平仓止损等因素，A 饲料企业决定利用M1101合约进行对冲保值。结合技术分析考虑在 2 750—2 950 元/吨之间逐步建仓操作，建仓间隔 50 点，共分四次，每次 25% 仓位。如果价位跌破 2 750 元/吨则考虑止损或交割，一旦如预期价格突破上行则继续持有。套保期限方面，A 饲料企业计划现货备货完毕则平掉相应期货头寸。

7 月 20 日，仓位完全建立之后，豆粕期货上涨突破 2 950 元/吨，到 11 月初时上涨 800 元/吨，涨幅 30%，而且走势流畅。当时 A 饲料企业在现货市场采购完毕，便相应地找机会平掉期货头寸。尽管没有最优地平在最高位，但作为保值来讲，目的已经实现，而且效果令人满意。

3. 套保效果评估。整体来看此次套保还是很成功的。期货涨势整体高于现货，期货盈利完全覆盖掉了现货收购成本的上涨，相当于采购成本仍然为低位时的 3 020 元/吨，而且还有 75 万元的盈利。若只做现货，即便库容允许，但仓储费用、货品质量等均受到时间的考验，而通过期货购进远期合约建立虚拟库存就简单方便了许多。具体盈亏见表 1。

4. 模式优缺点分析。该模式操作简单，但存在基差波动风险。在实际操作中，期现货基差和对行情的判断，容易导致企业套期保值的效果不尽如人意。比如在这一次的操作中，抛开其他阶段，单看 9 月 27 日到 10 月 20 日这个时间段的期货、现货市场表现，期货不涨反跌，现货继续上行，如果我们这次交易的起始点是 9 月 27 日，那么这个阶段现货的采购价是 3 620 元/吨，则期货对冲后的效果比单纯现货操作的亏损还大，所以基差风险不容小觑。近年随着基差报价的盛行，饲料企业开始大量地采用基差模式来规避这种风险。

表1　　　　豆粕期货的买入保值交易

	现货市场	期货市场
2010－07－20	现货价格 3 020 元/吨	2 850 元/吨均价买入 1 500 手 M1701 合约
2010－08－18	现货价格 3 250 元/吨，采购 5 000 吨	平仓价格 3 150 元/吨，500 手
2010－09－27	现货价格 3 440 元/吨，5 000 吨	平仓价格 3 400 元/吨，500 手
2010－10－20	现货价格 3 600 元/吨，5 000 吨	平仓价格 3 380 元/吨，500 手
盈亏情况对比	[(3 250－3 020)+(3 440－3 020)+(3 600－3 020)]×5 000＝615 万元	[(3 150－2 850)+(3 400－2 850)+(3 380－2 850)]×5 000＝690 万元
套保效果计算	期现货市场盈亏相抵后获利 690－615＝75 万元	

案例二：基差采购模式——基差＋期货，锁定成本

目前市场上大部分油厂都采用基差定价模式运作，饲料生产企业在采购时不可避免需要涉及基差采购，据统计，通常饲料企业一半以上的粕类原料均使用基差采购模式。这一模式的好处是，基差确定后，企业风险管理只需要锁定期货的上行波动风险即可。

但是，饲料企业虽然签订了基差合同，可只确定了基差，并没有确定何时、什么价位进行点价，所以仍有价格波动风险。所以，饲料企业的基差定价一定要与相应的期货套期保值操作相结合，才能实现基差的锁定和风险的转移。通常成功的基差定价在买卖合同订立的同时，买卖双方会根据市场情况择机在期货市场进行套期保值，并在期货价格“点价”的当天，通过期货转现货交易完成套期保值头寸的了结。

1. 背景介绍。2015 年初，A 饲料企业根据生猪养殖周期性规律及供需状况分析，初步判断饲料市场存在上涨的条件。此时正值饲料企业年关备货之际，但进口量却季节性下滑，加之油厂利润大幅亏损，挺价心理会有阶段性走强，进而基差也会出现季节性走强。

A 饲料企业如果单纯期货买入，考虑到流动性最早也得 5 月份交割，而库存就到 2 月底，显然需要采购现货来维持运营，而直接大量采购现货库容不允许，且资金占用也比较大。于是，A 饲料企业综合考虑基差走势和期货走势，决定运用“基差＋期货”模式进行买入保值操作。

2. 套保过程。A 饲料企业 2 月初在现货市场进行基差定价采购，基差确定

为 50 元/吨，而在期货市场进行买入操作。基差采购数量由 A 饲料企业根据经营情况确定，合约基本上是对应油脂企业的点价合约，入场时点基本与基差合同签订同步，但有时也会根据具体的市场形势来灵活操作。

3. 套保效果评估。通过基差采购及“基差 + 期货”不同模式的效果对比，可以看到 A 饲料企业进行“基差 + 期货”的保值操作效果明显，尤其是期货明显出现上涨的阶段，像 A 饲料企业的这次操作如果不做期货保值，仅进行基差交易，采购成本要高出 250 元/吨（见表 2）。

表 2　　豆粕“基差 + 期货”模式的保值效果

	2015 年 2 月	2015 年 2 月底	2015 年 3 月
基差采购	期货 M1505：2 650 元/吨 某油脂企业 3 月交货基差：50 元/吨	根据合同向油脂企业点价，期货 M1505：2 900 元/吨	提货 2 万吨 合同最终价：2 900 + 50 = 2 950 元/吨
基差 + 期货模式	期货 M1505：2 650 元/吨 某油脂企业 3 月交货基差：50 元/吨 同时买入期货 M1505 合约 2 000手	根据合同向油脂企业点价，期货 M1505：2 900 元/吨 同时将 1505 合约平仓	提货 2 万吨 合同最终价： 2 900 + 50 = 2 950 元/吨 期货损益：250 元/吨 锁定成本：2 700 元/吨

4. 模式优缺点分析：

（1）优点方面。“基差 + 期货”采购模式跟现货一口价合同相比，不但可以有效地避免市场价格朝不利方向波动对企业产生的负面影响，还可以使企业提前在一定时间内锁定任何月份的现货原料采购成本。期货交易采用保证金制度，帮助企业节约资金成本，期货交割制度更大大减少了原材料的库存费用，有助于企业控制生产成本。

（2）缺点方面。该模式虽然规避了基差波动风险，且对货源没有后顾之忧，但未必能实现价格最优，最理想的状态是在“基差低位 + 期货低位”时介入。

案例三　库存高位，价格高位，卖出保值

传统的保值理念认为，饲料企业担心原料价格上涨，所以要买入保值。但期现结合库存管理的理念认为，企业不但可以进行买入保值，也可进行卖出保值，如果企业库存过大，且价格居于高位时便可以采用卖出保值来规避风险。

例如，在 2015 年 A 饲料企业利用“基差 + 期货”模式累积了不少库存，已经超出满足正常的生产需要，但如果后续期货市场回落，就要承受较大的库存风险。当时 A 饲料企业意识到库存量已经超过正常水平，库存风险较大。

8 月 20 日，当期价再度回落下行通道处时，A 饲料企业快速在期货市场抛出平仓，同时开仓空单对超量现货进行保值，将库存迅速降到正常水平，成功规避了价格下跌的风险。

除了以上几种期现结合模式，A 饲料企业也在尝试其他套利模式，包括期现套利、跨品种套利、跨合约套利等等。通过积极参与期货市场，A 饲料企业不用调整配方也一定程度上实现了成本控制，期货市场成为企业运营的得力助手。

四、反思与建议

整体而言，目前国内饲料企业前 30 强基本都有涉猎期货，但普遍对市场风险认识不够，保值理念也比较落后，还有不少企业尤其是小企业习惯性地将套保做成投机，从而导致保值失败。

饲料企业利用期货整体程度不高原因有二：一是行业企业对期货的认知不足；二是上市期货品种有限，还不能完全满足企业套保需求。目前上市的期货品种并不能完全覆盖饲料产业链风险，饲料企业锁定原料风险后，缺乏锁定下游风险的场内工具。

因此，建议一方面要加强对饲料企业的宣传培训，培养正确的套保理念和熟悉套保的技巧方法，同时期货公司提高对产业客户的服务水平，深入了解挖掘客户需求，结合实际情况提供合适的服务建议。另一方面完善期货品种体系，尽快上市生猪、肉鸡等饲料行业下游期货品种，使得产业链风险敞口能够闭合。

（方正中期期货有限公司供稿）

案例 50：

灵活套利，增强企业套保效益

——中粮期货服务中粮粮油工业公司

一、中粮粮油工业（九江）有限公司的基本情况

中粮粮油工业（九江）有限公司（以下简称“九江公司”）隶属于中粮集团，九江公司成立于2009年，地处江西九江市，业务网络覆盖鄂东、皖南、江西、福建和广东。主要生产食用油及豆粕、菜粕等农副产品，以及生物饲料、蛋白饲料的开发、生产与销售。日处理产量为预榨1 350吨、精炼1 200吨、分提600吨。年豆粕销售30万吨，菜粕销售12万吨，销售收入13.5亿元。

近年来，九江公司通过利用菜油、菜粕期货和基差交易的原理，为对手方提供更具实惠的现货贸易价格，帮助企业在激烈的市场竞争中快速成长。

二、中粮粮油工业（九江）有限公司参与期货历史及现状

由于国内压榨产能过剩，国内油脂企业的生存环境非常艰难，表现在压榨利润长期处于亏损状态，即便有利润也非常微薄，导致油脂企业对保值的要求很高。因此油厂套保经历了由浅入深、由简到繁、从基础到精细化的过程。

总体来看，国内油脂企业套期保值大致经历了三个阶段：第一个阶段是滚动套保，通过期货工具来调整现货的单边头寸，滚动操作；第二个阶段是基差交易，开拓远期盈利销售的新模式；第三个阶段是跨期、跨品种套利套保高度结合，利用农产品的季节性及可替代性特点、品种近远期的强弱关系及品系之间的强弱关系优化套保组合。

九江公司参与期货市场历史也经历了上述三个过程。2009年进入期货市场，初期只通过盘面来调整现货的单边头寸，资金投入比较有限。2010年开始改变策略，跟踪期现货基差变化情况，在豆粕现货销售上大量采用远期一口价销售，同时期货盘面卖出豆粕现货对应的期货合约进行套保，锁定基差。2012年之后调整基差销售的比重，保证每个月豆粕至少有1/3的量是通过基差交易进行（或者转换成基差交

易方式）。2012 年 12 月 28 日郑商所菜粕期货上市，公司开始把豆粕基差交易的成功经验复制到菜粕上。

目前，九江公司充分利用期货套保工具，以及品种、品系的特点，基本形成了一套与企业生产经营相适应的套期保值体系。

一是日常套期保值操作以基差交易为主，先估算出对应月份合理基差，再根据公司自身和市场情况，选择合适的基差销售给下游市场，赚取稳定基差利润。同时加强与客户的交流沟通，帮助客户在合适价位点价，实现公司与客户共赢。二是销售远期“一口价”给下游，同时盘面操作卖出套保，等到交割月基差回归，再从盘面买入平掉期货头寸，同时执行现货合同，或者直接盘面交割。除此之外，该公司还采取单边为辅的方式，看好市场时，适当建立多单或者看跌时提前建立空单、销售远期现货进行获利。

三、企业参与菜粕系期货市场的详细案例

（一）基差交易案例

基差是指特定商品在某一特定时间和地点的现货价格与该商品期货市场期货价格的差值，即：基差 = 现货价格 − 期货价格。

1. 菜粕案例分析。

（1）市场背景。2014 年 5 月底，菜粕期货 9 月合约价格从年初的 2 400 元/吨上涨到了 3 000 元/吨，相应现货价格也从 2 800 元/吨上涨到了 3 200 元/吨，此期间期货价格偏强，基差表现为缩小，但基差仍为正值。此时预售远期 9 月份的菜粕基差都在 150 元/吨左右，此基差高于正常值。由于现货高升水，市场对后市看空并不占主流。

但是，2014 年由于播种面积的增加和天气利于大豆生长，美国大豆将是比较确定的丰产格局，豆粕现货价格大概率会下跌，而作为价格跟随者的菜粕，不可能独善其身。同时 2014 年的水产饲料需求是下降的，豆菜粕价差过低也会显著抑制菜粕的需求。另外，国内外宏观环境并不理想，文华商品指数及文华农产品指数都呈现下跌的态势。由此分析，后期菜粕价格下跌概率较大。

（2）套保策略。针对后期菜粕价格下跌概率较大，基差也会走低，九江公司决定对现货头寸在期货盘面进行卖空套保。

针对 2014 年 5—6 月收购的 10 万吨国产菜籽，对应菜粕头寸大致在 6 万吨，此时菜粕现货价格在 3 180 元/吨左右，期货 9 月合约价格在 3 050 元/吨左右。由于判断市场风险较大，因此计划尽快销售和套期保值，采取基差销售和一口价两种销售方式。最终 2 万吨以市场价格销售完毕，而另外的 4 万吨以基差的方式完成销售，并在相应的 9 月合约上做卖出保值操作，即做空 4 000 手 RM409 合约。操作完成后 4 万吨基差合同平均销售价格是 RM409 加上 130 元/吨，做空套保 4 000 手，做空均

价为 3 050 元/吨左右。

进入 2014 年 8 月，由于两次强台风对华南的水产业造成了沉重的打击，菜粕价格出现断崖式的下跌，在下跌过程中套保头寸陆续平仓，平仓均价 2 500 元/吨，而同时基差合同报价也下跌至 RM409 +30 元/吨，即现货价格 2 530 元/吨左右。

（3）套保效果。

价格下跌前销售总价值：3 180 ×40 000 =1.272（亿元）

价格下跌后现货总价值：2 530 ×40 000 =1.012（亿元）

期货盈利：(3 050 -2 500)元/吨 ×40 000 吨 =2 200(万元)

基差销售：130 元/吨 ×40 000 吨 =520（万元）

价格下跌后销售总价值 = 价格下跌后总现货价值 + 期货盈利 + 基差销售 =1.012 亿元 +2 200 万元 +520 万元 =1.284（亿元）

价格下跌后销售总价值 - 价格下跌前销售总价值 =1.284 -1.272 =0.012（亿元）=120（万元）

即通过“基差销售 + 套保”的操作实现了增值 120 万元。

如果没有采取这种销售方式则亏损 2 600 万元。即：

价格下跌后总价值 - 价格下跌前总价值 =1.012 -1.272 = -0.26（亿元）

2. 菜油案例分析。2015 年九江公司根据市场需求，开始实行基差销售，主要有两种模式：

模式 1“基差销售”。客户根据当天郑交所菜油合约价格，结合当天九江公司的菜油基差报价，自行选择当日成交价格（盘面价格 + 基差价格）。

模式 2“基差点价销售”。客户买定基差后，根据未来对盘面的判断，在提货前任意一天根据郑交所菜油合约当天盘面价格自行选择点价价位，达成合同成交。

从实际效果来看，基差点价交易比之前“一口价”销售更灵活，客户锁定价格也更方便快捷。如下游客户买定基差，后期跟随郑商所期货盘面自行寻找点价机会，同时该客户在期货盘面买回对应吨位的期货合约，锁定基差。通过此操作，下游客户可提前锁定价格，锁定加工利润。但是，作为基差出售方，经常会遇到下游客户不愿购买基差的情况。这时可以选择变通的方式，通过调整期货盘面价格实现基差买卖，如下游客户要求一口价合同，便可按“当日基差 + 当日盘面价格”这样的一口价销售给客户。

（二）跨品种套期保值（套利）案例

跨品种套保（套利）主要是指在买入或卖出某种商品的同时，卖出或买入相关的另一种商品，当两者的差价缩小或扩大至一定程度时，进行平仓获利的交易方式。

豆菜粕价差案例

豆粕和菜粕作为两种饲料蛋白原料，二者之间的价差套利机会一直被市场所关注。正常情况下，两种具有一定替代性的蛋白原料会形成较为稳定的价差结构，短期内如果价差过大，出现价格偏离，套利资金会入场，把价差拉回合理区间。

从历史数据看，豆粕与菜粕现货比价均值为1.6:1，正常比值区间是1.5:1至1.8:1（截至2015年1月13日），豆粕05与菜粕05合约比价为1.27:1，比值处于极端区间。相对豆粕来说，菜粕价格显然过高，而且此时豆粕压榨利润处于亏损状态，因此预计未来豆菜粕价差将会拉大，套保方案计划在豆粕09合约与菜粕09合约进行跨品种套利。

进入3月后，豆菜粕价差并未迅速拉大，继续维持在470—520元/吨区间振荡。此期间，九江公司陆续把豆粕的3万吨空单移到菜粕上，平均价差在507元/吨左右。

进入7月中旬，当豆菜粕价差扩大到600元/吨以上时，再陆续把空单转回到豆粕上，平均成本约630元/吨。通过此操作，不仅实现了现货库存保值的目的，而且还获得跨品种套利收入。

套利收益＝(630－507）元/吨×30 000吨＝369(万元)

（三）跨期套利案例

跨期套利是指同一期货产品在不同合约上建立数量相等、方向相反的交易部位，最后以对冲或交割方式结束交易，获得收益的一种方式。

1. 案例背景。2015年豆粕销售呈现旺季不旺、淡季不淡的态势。3月底，菜粕09合约与菜粕01合约的价差依旧维持在130元/吨左右，从菜粕9月和1月价差的历史数据看，此价差是中间值，价差本身并没有参考意义。但是考虑到进口油菜籽压榨利润很好，而且无论是大豆进口还是油菜籽进口，整个第二季度和第三季度预期量都很大，因此判断9月合约价格可能回落，从供需数据及产业高盈利的状态看，也支持菜粕09合约和01合约价差会缩小的。

2. 套利策略。买入菜粕01同时卖出菜粕09，平均成本在120元/吨左右。持有套利头寸2个月，5月底菜粕09和菜粕01价差已缩小至30元/吨左右，获利平仓出场。

每手持仓套利收益：(120－30)元/吨×10吨＝900(元)

跨期套利的操作通常有两类：一是单纯套利，利用价格出现短暂偏离的契机，赚取利润；二是配合基差合同实现转月目的。当月差出现偏离时，通常会要求油厂进行转月，如果油厂不允许转月，则可以在自有账户上做月差以对冲持有的基差合同，实现转月的目的。如2015年2月初，菜粕5月和9月合约价差是40元/吨左右，且此价差有扩大的迹象，正常的操作是和油厂协商把以5月合约为点价的基准合约改为以9月合约为点价的基准合约。如果油厂没有此服务，则在自有期货账户操作做买5月抛9月的跨期套利，锁定成本。按照此例，4月份时价差扩大至110元/吨左右，通过换月或者跨期套利操作，降低了70元/吨（110－40），形成成本优势。

四、企业参与期货市场的风险管理机制

（一）主要风险及规避手段

九江公司业务为大豆、菜籽压榨，销售豆粕、菜粕、豆油、菜油、棕榈油、包装油等，在生产经营过程中，原材料及产品会面临各种各样的风险。

1. 原材料的价格风险。原材料价格既受全球供需关系的影响，也受该商品主产地供需关系的影响，通常波动幅度较大。

2. 物流风险。主要包括港口物流和船运物流风险。如2013年巴西港口等待装运的大豆船平均等待时长达90多天，这个严重影响了企业的生产运营，所以选择哪个港口装运，如何安排合理的船期保证到货量，需要企业高度重视。

3. 汇率风险。人民币的市场化程度越来越高，波动性幅度也增大，汇率风险也成为企业主要风险之一。

4. 政策风险。由于菜籽压榨的原材料基本来自国内，目前菜籽有国储机制，相关收储政策的变动也是原材料采购环节重要风险之一。

针对上述风险，九江公司采取了一系列措施予以应对。针对原材料价格风险，组建研究团队，分析预测价格趋势，提供择时择机购入原材料的建议。同时，通过制定远期合同或基差合同，并在期货盘面实施套保套利策略，应对原材料价格、物流运输等风险。针对汇率风险，目前国内没有汇率期货，锁定汇率风险需要付出的交易成本较高，相关部门通过综合核算财务成本及汇率趋势，来决定是否需要锁定远期汇率。严格企业治理结构，做好内控制度、安防、检验等等，确保企业稳健运行。

（二）企业期货操作的机构设置、人员配备、内控制度建设

1. 组织机构设置与人员配备。为了高效及时地执行期货套保策略，避免人为干扰，成立了四个部门。

（1）期货决策委员会：由集团相关领导、期货部经理层组成，是期货业务的决策机构与资金管理机构，主要负责审批企业参加期货交易的范围、品种、企业套期保值方案、风险监控及与期货相关的其他重大问题的处理、期货资金的调拨等。

（2）商情部：是期货决策委员会的重要辅助部门，主要职责是：利用信息大平台广泛收集市场信息、分析、预测市场行情；提出套期保值和套利建议方案并负责操作方案的执行；制定企业期货业务管理制度。

（3）风险控制部：负责套期保值业务全程的风险监控、每日交易记录与结算数据的复核、发现风险问题时向业务部门做出提示、向期货决策委员会报告等；建立期货统计报表制度。

（4）财务部：负责套期保值业务全程的财务处理。参与套期保值过程中的财务处理工作：包括账户处理和资金划转等。

2. 内控制度建设。内部控制，重点应当在授权批准、组织结构、财务管理、员工素质和风险管理等重要环节。

（1）授权批准环节。授权批准是指公司在处理期货业务的过程中必须经授权批准，解决期货决策委员会与实际执行人员的授权问题。授权的形式有一般授权和特别授权，一般授权是明确办理常规业务的权力、条件和有关责任者，特别授权主要受权处理非常规性业务。

（2）组织结构控制。确定公司的组织形式，明确各个部门的管理职能和报告关系，以及为每个部门内部划分责任权限。

（3）财务管理控制。设定最高投资限额，资金调拨人员定期向财务主管领导报告结算盈亏状况、持仓风险状况、保证金使用状况等，同时通报风险管理人员及公司期货业务主管领导。

（4）员工素质控制。员工素质控制包括公司在招聘、使用、培养、奖惩等方面对员工素质进行控制。

（5）风险管理控制。第一，公司建立了一套完整的内部风险监控系统，由集团牵头设立大宗商品风险控制部，实现了各业务板块、各事业部门、各赢利点的多级风控监管。第二，期货决策委员会和高层管理人员保持对内部风险的监控力度。第三，明确交易风险监控指标，专人贯彻执行。第四，设置专职风险管理人员，并建立错单处理程序。

五、经验总结和政策建议

期货对于实体企业来说是把“双刃剑”。参与期货市场，要明确实业为主、期货为辅的思路，一切从企业的实际需要出发，结合企业的现货情况制定详细的操作策略。

九江公司作为菜籽系品种的产业客户，利用期货市场配合现货经营是必修课，但实际操作中也存在一些困难，比如套期保值持仓额度，因此建议郑商所针对一般月份套期保值持仓额度和临近交割月份套期保值持仓额度的申请和审批程序上进行简化。同时，还建议郑商所有针对性地推出菜油和菜粕之间、菜油和豆油、豆粕之间及菜粕和豆粕之间便捷的套利指令。最后期待交易所能够尽快推出菜籽系品种期权，进一步丰富实体企业风险管理工具。

（中粮期货有限公司供稿）

案例 51：

含权贸易助力油脂产业，创新模式贴合实体需求

——国投中谷服务棕榈油贸易模式

棕榈油是国内油脂油料市场受到众多关注的明星品种，因产地集中、产量受天气影响明显且生产成本偏低等因素影响，棕榈油价格呈现高波动率特点，备受投机资金青睐，同时无形之中也增加了棕榈油贸易企业和需求企业在风险管理上的难度。棕榈油贸易行业经过数年的整合淘汰，贸易企业参与市场更偏重追求稳定的利润水平，风险管理在棕榈油产业链中的作用越来越重要。更高的风险管理需求催生更适合的金融创新应用，国投安信期货及其风险管理子公司——国投中谷（上海）投资有限公司将含权贸易这一创新方式逐步推广引入到了棕榈油产业链中，与现有的一口价交易及基差交易相结合，逐步探索出一条更适应实体企业需求的新方式。

一、当前棕榈油贸易采购主要方式及特点

棕榈油需求企业和贸易企业现阶段主要的采购方式有以下几类：

（一）一口价交易

一口价交易，指双方直接协商确定商品价格，签订购销合同。此种交易模式下，企业作为棕油采购方，往往要被动承担原材料价格波动带来的损失。行情趋势性下跌中，为保证安全库存量，企业被迫持有现货合同，承受价格损失；行情趋势性上涨中，贸易商纷纷捂货惜售，企业为保证生产供应，被迫提高采购价格，越抬越高；行情的反复波动中，企业被迫参与单边行情的判断；采购远期货物占款时间长、资金成本高，采购周期过短则物流在途期间的波动都使企业心惊胆战，备货周期根据市场判断调节的空间太小，难有计划性。

（二）基差交易

基差是指某种商品的现货价格与期货价格之差。基差来自于国内贸易商、进口商对所持有现货库存、进口合同使用期货所做的套期保值。基差交易就是基于套期保值头寸衍生出的贸易定价方式。基差交易中，购销双方通过协商确定基差，签订

类购销合同，后期根据“期货市场点价+基差”最终确定价格（见图1）。

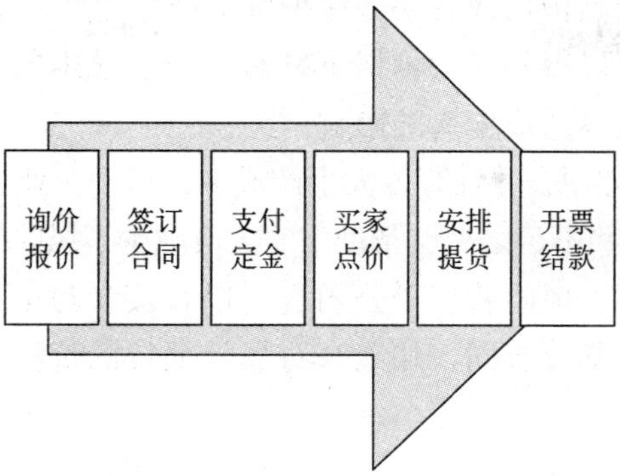

图1 基差合同交易流程

与一口价合同相比，基差合同主要有以下优点：

1. 避免使用需求与行情判断之间的矛盾。通过采购基差合同，可以备足生产所需库存量，在下跌行情中延后点价时间。在上涨行情中也可以随时点价确定合同价格，避免上涨中的市场流动性问题。

2. 合理布局后期合同结构。通常企业生产呈现季节性，采购人员通过远期基差工具可以在各月建立合同库存，保障生产资料供应。远期基差合同的保证金水平低于现货一口价合同，能减少企业建立合同库存的资金占用。同时，建立充足的近远月合同量，也使得采购人员在点价选择、波段操作、趋势判断、地区间套利等策略使用上有了操作的空间。

3. 有利于发挥企业对国内市场、当地市场的分析优势。油脂的定价中心在境外，但作为国内企业通常比较善于分析国内市场，特别是地区市场，基差价格排除了期货价格在成本端的影响因素，国内供需特别是地区性供需在当地基差价格上得以充分体现。

但是，基差交易也存在一些缺点，比如基差交易要求企业具备相当的期货盘面行情研判、风险控制、资金管理能力，对于大多数企业而言，都不具备这样的投研能力，也制约了基差交易的推广。

（三）含权贸易——期权与现有贸易模式的结合

含权贸易是将期权融入现货贸易的新型贸易模式。通常指，供需双方协商确定基差、执行价格、到期日等各因素，将期权及期权组合，转换成现货定价方式，并在现货购销合同中予以明确和体现。期权品种的复杂性、灵活性，使得含权贸易可与相关产业进行多维度的组合设计，满足企业不同需求。

对于棕榈油采购方而言，将基差合同与含权贸易结合，即产生“封顶基差合同”。具体来说，贸易商通过向风险管理子公司购买某个执行价格的棕榈油看涨美式期权，在现有基差合同销售价格的基础上加上相应的期权价格进行报价，从而形成“封顶基差合同”。通常基差合同在操作中，如果对市场的判断错误，在趋势性上涨中没有进行点价，那么采购成本将随之增加。但封顶基差合同在签订当日，按照客户可接受的未来最高价格或者期望保护价格进行计算，报价封顶基差合同价格，客户采购该合同，既可以得到期货价格下跌对于采购成本的节省，也不会受到期货价格大幅上涨对采购成本造成偏离的影响。

“封顶基差合同”方便企业计算最大生产成本，帮助企业追求利润更大化。同时，也解决了基差合同的一些不足之处，帮助采购人员减少了风险管理和盯盘的压力。

在含权贸易模式下，风险管理子公司也可以直接参与市场，通过了解用油企业的需求，从市场中采购基差合同，加上自身场外期权的价格，对外进行相应含权贸易合同报价。

二、具体案例及风险管理子公司参与方式

2017 年 10 月 25 日，随着气温的下降，A 食品厂计划 11 月开始冰淇淋产品的生产，生产高峰将持续 3 个月，棕榈油需求约 3 000 吨。

A 食品厂既担心棕榈油供应的稳定性，又担心未来 3 个月内棕榈油价格出现突变，价格若过快上涨，将导致生产成本不可控，生产利润无法保证，进而不敢确定生产计划；价格若趋势性下跌，将导致库存棕榈油贬值，降低工厂的成本竞争力及增加采购人员绩效压力，因而企业不愿意订立长期的一口价合同。

某粮油工业有限公司了解到了该企业的情况，与国投中谷（上海）投资有限公司沟通，希望为其提供定价服务。最终，某粮油工业公司采用含权贸易方式，向 A 食品厂开展“封顶基差报价”。

主要内容如下：

某粮油工业有限公司 11 月至次年 1 月均匀提货棕榈油，价格为 P1801 + 180，点价价格封顶 5 800 元/吨。即在提货前无论期货价格如何上涨，期货点价价格最高为 5 800 元/吨，现货结算价最高 5 980 元/吨。若期货价格下跌，则以实际点价价格为准，如盘面下跌至 5 600 元/吨，则点价价格按照 5 780 元/吨计算。具体操作流程见图 2。

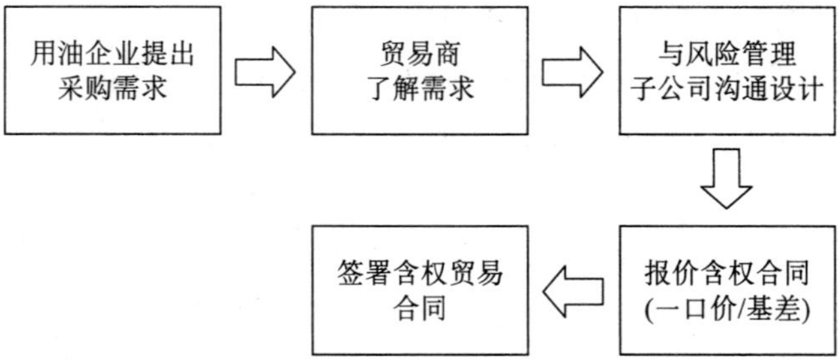

图 2　贸易商主导的含权贸易合同签署流程

上述案例属于贸易商主导的含权贸易，风险管理子公司为棕榈油贸易商提供场外期权的定价服务，丰富了贸易商报价方式，满足客户需求。A 食品厂通过签订“封顶基差报价”合同，既保证了货源供应，有利于稳定生产，同时还锁定了材料价格，保证利润。

此外，含权贸易也存在风险管理子公司主导模式，即风险管理子公司通过了解客户关于含权贸易的需求，从市场中采购基差合同，结合自身场外期权团队，形成含权贸易合同报价对外成交。主要流程见图 3。

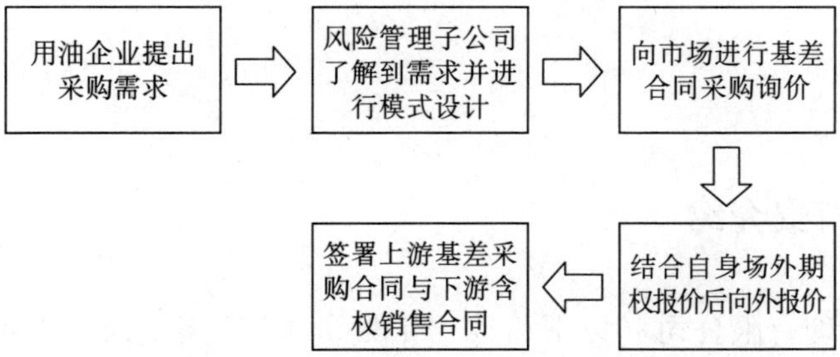

图 3　风险管理子公司主导的含权贸易合同签署流程

三、经验与启示

一是发挥场外衍生品优势，满足风险管理新需求。过去几年，油脂油料行业对于基差交易的推广卓有成效，基差交易使得贸易商、进口商真正成为产业的服务商。追求稳定的经营模式、寻求契合客户需求的产品采购模式，成为贸易商的重要经营目标。

二是期权推广要摆脱过于理论的宣讲。期权品种较复杂，从概念理解到数理模型的使用门槛较高，一般市场参与者很难做到灵活自如使用。风险管理子公司在向市场推介期权时，要摆脱理论宣讲，注重从案例实操、实际效果、最大风险损失承受能力等角度宣传。

三是场外期权市场快速增长但成本偏高。企业使用期权进行风险管理，能降低资金占用成本，提升风险管理效果，但目前场外期权由于缺乏场内对冲的工具，交易成本普遍偏高，建议相关职能部门能尽快完善场内期权品种，降低相关产业链企业的风险管理成本。

（国投中谷公司供稿）

案例 52：

由点及面，期现结合助力价格管理

——上期资本服务油脂油料企业

一、业务背景介绍

上期资本管理有限公司（以下简称“上期资本”）系上海中期期货股份有限公司的期货风险管理子公司。2016 年，上期资本开始尝试与山东某实业有限公司（以下简称“山东实业”）开展战略合作。山东实业是一家具备油料作物年加工能力 500 万吨的农业产业化国家重点龙头企业，有众多的下游经销商渠道。目前，下游经销商采购油厂压榨产品，主要是随行就市，这种现货定价模式在市场价格出现剧烈波动时，企业很容易出现经营风险。

二、业务模式简析

针对山东实业及其经销商的实际经营情况，上期资本设计了期现套保方案，即上期资本负责具体期货套保操作，一方面与山东实业作为贸易对手方，承接具体现货，提高山东实业经营的稳定性；另一方面作为下游经销商的对手方，提供更灵活、透明的销售价格，将油脂油料贸易中传统的一口价交易转变为基差交易，有效规避了市场价格风险，具体套保方案见图 1。

上期资本提供的服务，是以传统的油厂与下游经销商的贸易为基础，结合了期货市场的套期保值功能，在油厂与下游经销商发生价格拉锯时（油厂希望卖在高价，经销商希望买在低价），买入油厂的现货，同时在期货对应活跃合约上进行套保，当下游经销商愿意接货时，卖出现货同时将期货保值头寸平仓。

上期资本在与上游油厂签订购销合同时在期货市场上套保的这一环节，对于油厂来说，签订的仍旧是固定价合同，而上期资本实际已将固定价合同转变为基差合同；在销售给下游经销商时将保值头寸平仓，同时给予了上下游客户更大的作价成交空间。

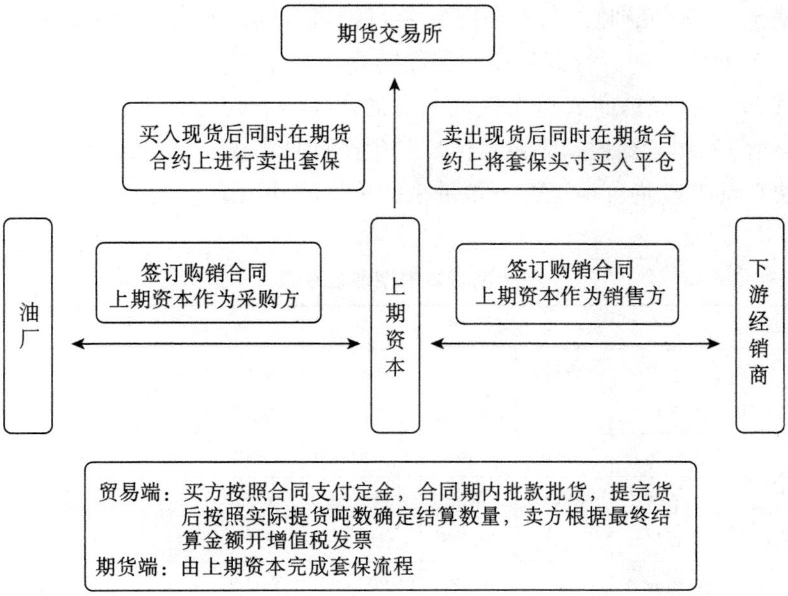

图1　套期保值方案

除此之外，在对下游客户进行资信调查及准入评级后，可酌情根据下游客户的资金情况降低定金收取比例。一般情况下，签订了购销合同之后，买方须向卖方支付定金，油厂常规是收取15%—20%的货款作为定金。通过资信调查，定金标准差异化管理，可在一定程度上缓解下游客户资金紧张的局面。

三、具体案例分析

（一）卖出套期保值合作案例

2016年6月6日，山东实业有2 000吨豆油可供出售，考虑到自身生产及库容计划，希望下游经销商在6月29日前提货，但是当天并没有下游经销商与之成交。

上期资本通过对豆油行情的判断，认为豆油价格整体还是以宽幅震荡为主，而自5月下旬以来，豆油已反弹了两周时间，反弹500多点，期现基差走弱，此时与山东实业锁定这2 000吨豆油的采购价格，是个合适的时机。

6月7日，上期资本以6 145元/吨的单价与山东实业签订买入2 000吨豆油的合同，并在期货盘面以6 194元/吨的均价卖开200手Y1609合约，进行卖出套保。上期资本根据购销合同，向山东实业支付了15%的采购定金。

6月16日，某豆油经销商（以下简称“经销商A”）打算采购1 000吨豆油，由于期货价格连续下跌，上期资本下调销售价格至5 900元/吨，与经销商A签订了销售合同，同时在盘面以5 940元买平100手Y1609合约。合同签订后，经销商A向上期资本支付了8%的采购定金。

6月17日，经销商A看期价继续下跌，打算再采购1 000吨豆油，上期资本下调销售价格至 5 890 元/吨，与经销商 A 签订销售合同，同时在盘面以均价 5 930 元买平 100 手 Y1609 合约。合同签订后，经销商 A 向上期资本支付了 8% 的采购定金。

至 6 月 29 日，经销商 A 分批完成了豆油合同项下的提货工作，上期资本完成了 2 000 吨豆油的采购与销售，满足了油厂的生产计划需求，同时结合盘面套保，有效规避了这次豆油期现货价格迅速下跌带来的价格波动风险（见表 1）。

表 1　　上期资本的期现盈亏表

日期	现货				期货盘面			
2016 年 6 月 7 日	上游客户	数量（吨）	单价（元/吨）	总金额（元）	对应合约	方向	价格（元/吨）	手数
	山东实业	2 000	6 145	12 290 000	Y1609	卖开	6 194	200
2016 年 6 月 16 日	下游客户	数量（吨）	单价（元/吨）	总金额（元）	对应合约	方向	价格（元/吨）	手数
	经销商 A	1 000	5 900	5 900 000	Y1609	买平	5 940	100
2016 年 6 月 17 日	经销商 A	1 000	5 890	5 890 000	Y1609	买平	5 930	100
现货盈亏					－500 000	期货盈亏		518 000
合计盈亏							18 000 元	

表 1 体现的是毛利，该笔业务不产生增值税，扣除印花税与资金成本，实际净利约为 7 000元。

（二）买入套期保值合作案例

2016 年 6 月 17 日，某粮油有限公司（以下简称“经销商 B”）计划采购 500 吨豆油，但由于豆油价格处于偏低的位置，上游油厂山东实业并不愿意以低价销售。

上期资本以 5 940 元/吨的暂定价与经销商 B 签订销售 500 吨豆油的合同，并在期货盘面以 5 900 元/吨的价格买入 50 手 Y1609 合约，进行买入套期保值。上期资本与经销商 B 约定，期货的套保盈利将以最终结算价的形式体现。合同签订后，经销商 B 向上期资本按照暂定价支付了 8% 的采购定金。

6 月 22 日，山东实业愿意出售 500 吨豆油给上期资本，单价为 5 980 元/吨，上期资本在期货盘面以 6 030 元/吨卖平 50 手 Y1609 合约。上期资本根据购销合同，向山东实业支付了 15% 的采购定金。

6 月 23 日，上期资本与经销商 B 签订补充协议，将豆油的销售结算价调整为 5 865元/吨。

直至 7 月 8 日，经销商 B 分批提完所有的豆油，上期资本完成了 500 吨豆油的销售与采购，同时结合盘面套保，让下游分享了套保收益（见表 2）。

表 2　　上期资本的期现盈亏表

日期	现货					期货盘面		
2016 年 6 月 17 日	下游客户	数量（家）	单价（元/吨）	总金额（元）	对应合约	方向	价格（元/吨）	手数
	经销商 B	500	5 865	2 932 500	Y1609	买开	5 900	50
2016 年 6 月 22 日	上游客户	数量（家）	单价（元/吨）	总金额（元）	对应合约	方向	价格（元/吨）	手数
	山东实业	500	5 980	2 990 000	Y1609	卖开	6 030	50
现货盈亏（元）				-57 500	期货盈亏（元）			65 000
合计盈亏（元）							7 500	

表 2 体现的是毛利润，该笔业务不产生增值税，扣除印花税与资金成本后，实际净利约为 5 000 元。

（三）案例分析

该案例是典型的风险管理公司利用期现结合业务服务实体经济，上期资本通过介入豆油的购销贸易链，利用期货市场的套保功能，帮助上游油厂在合适的价位卖出现货锁定利润，帮助下游在合适的价位买入现货控制成本，促进上下游的销售和采购定价都更加灵活，提升企业经营效果。

四、期现结合业务经验总结

在国际市场，选择金融工具来套保基本上是农业领域的一个普遍做法，但在国内，据上期资本对油脂油料企业的实际运行情况调研了解到，企业资金链通常相对紧张，只有一小部分有能力且上规模的企业，能够通过期货市场来锁定加工利润，剩余数量众多的规模不大的企业，受限于资金压力、专业人才缺失，基本上很少采用期货市场套期保值经营策略。

期货风险管理公司的出现，可以从专业知识和资金的角度，去弥补产业客户的短板，增强其风险管理能力。该案例模式中，上期资本同时参与现货和期货环节，成为上下游产业链中的中间载体，期货盘面价格波动剧烈，上期资本可以高买低卖，通过期货套保，锁定价格风险。而以往上下游在没有参与期货市场套保的情况下，只能通过价格拉锯，折中达成成交价格，上游和下游的价格灵活度就比较低，特别是在双方价格差异较大的情况下，成交的概率就更加降低了。

同时，该案例模式，不仅仅针对某个产业客户，而是重在打通整个产业链环节。比如与山东实业的豆油业务，就可以将山东实业所有的下游经销商都结合起来，由点及面。一方面是通过期货套保操作，让上下游均享受到套保收益；另一方面是通过提供资金，提高上下游的资金周转效率。针对涉及全产业链的油脂油料企业，上期资本也设计了全产业链套期保值方案。分享流程如图 2 所示：

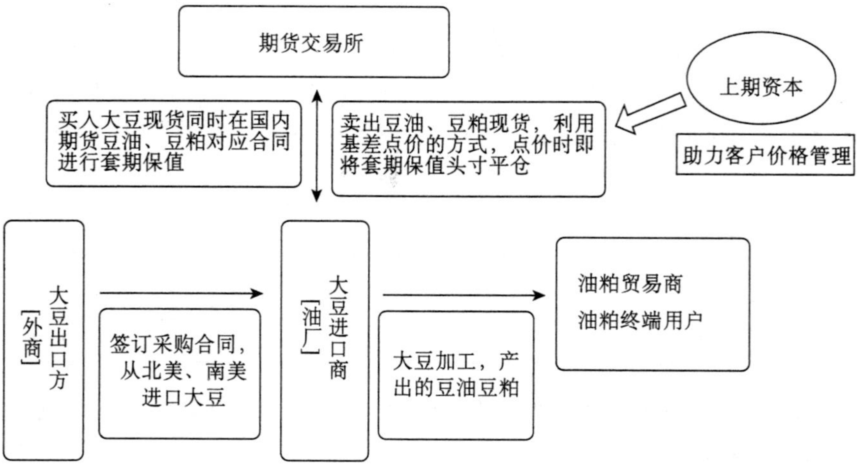

图 2　全产业链套期保值方案

大豆的采购可以通过在境外期货交易平台美国芝加哥商品交易所（CBOT）进行买入（点价）。同时，在国内豆粕、豆油对应期货进行卖出（锁定压榨利润），再与油粕需求方签订基差合同。油粕需求方点价时即平仓豆粕、豆油期货。整个流程无风险敞口又锁定了盘面加工利润，将价格风险转移为基差风险，基本上达到了价格管理的目的。

（上期资本管理有限公司供稿）

案例 53：

“合作套保 + 仓单服务”解企业融资困局

——鲁证经贸服务油脂企业

为了缓解中小微企业融资难、融资贵问题，鲁证期货充分发挥风险管理公司仓单服务业务功能，通过质押融资、代理采购、代理销售、回购等方式，为实体企业提供多种形式的资金服务支持，有效解决了企业对资金的燃眉之急。

一、企业基本情况

广州植之元油脂实业有限公司（以下简称“植之元”）是华南地区最大的油脂压榨企业之一，主要从事大豆贸易、压榨、豆粕销售、食用油及特种油脂加工与销售。植之元参与期货市场时间比较早，长期在国内、国外市场进行套期保值，是大连商品交易所棕榈油交割厂库之一。

二、参与期货市场具体案例

（一）案例背景

2016 年 8 月，境内外商品价格倒挂，大豆进口压榨处于亏损状态，按照当时的价格测算，大豆压榨利润为 -200 元/吨，按照平均 6 万吨/船的规模计算，油厂每进口一船大豆约亏损 1 200 万元，很多的企业选择了暂停或少量进口，甚至停产。

作为华南地区经营时间较久的油脂企业，植之元在华南地区建立了良好的市场口碑，有稳定的客户资源，许多饲料厂、养殖企业都是其战略合作伙伴。如果此时植之元停产，将导致下游客户商品供应出现缺口影响养殖生产，不得不重新寻找供应商，一旦稳定的销售渠道被损坏，短时间内将很难恢复，对植之元后续发展也极为不利。为了避免压榨亏损，同时尽量维护好下游客户供给，植之元积极从外部寻找现货资源。

（二）具体实施

鲁证期货在与植之元充分沟通、调研后，充分利用公司相关资源为企业出谋划策，制定解决方案，即从期货市场买入豆粕1609合约（3 050元/吨）交割，此时华南地区现货价格升水期货合约300—400元/吨，期货市场买入交割可行。但是，此方案虽理论、经济上都可行，但是企业缺乏流动资金。传统模式下，油厂从CBOT点价大豆后，向供应商开出远期信用证，到港压榨，然后将豆油和豆粕销售给经销商或终端企业，收回资金，信用证到期银行议付。从传统模式来看，大部分油脂企业账面现金资产比例较低。而在期货市场，交易所只接受客户的现汇，信用证无法参与期货交易及交割。

为了解决企业的资金问题，鲁证期货提议由下属风险管理子公司鲁证经贸为其提供服务。鲁证经贸能够为企业提供合作套保、仓单服务、定价服务、场外衍生品等诸多新型服务模式，可以多角度地帮助企业解决在运营中面临的风险管理问题，涉及衍生工具、实物商品、资金等等。鲁证经贸综合分析评估了企业需求，以及持仓限额、交割配对、交割出库、资金保证、物流运输等各个环节的风险，提出以“合作套保＋仓单融资”的方式解决企业面临的问题，即由鲁证经贸负责在期货市场买入豆粕合约，并持有到期交割获得仓单，植之元根据自身资金状况再从鲁证经贸手中购买仓单，然后提取现货交付下游客户。

8月中旬开始，植之元与鲁证经贸签订合作套保服务协议，双方按照1:2的资金比例合作出资开展买入套期保值，鲁证经贸负责具体操作。最终鲁证经贸根据植之元需要，通过期货市场买入豆粕44 000余吨，并进行最终的期货交割，累计提供交割资金超过1.3亿元，解决了植之元自身交割的资金不足问题。后期，植之元根据自身的资金状况，采取分批提货的方式逐步购回货物，结束整个业务合作。最终，植之元通过此种合作，圆满地解决了现货供应问题；同时，扣除物流、仓储及融资等成本后，每吨赚取了约100元的贸易收入，总共获得了约440万元的业务收益，鲁证经贸获得服务收入，实现了多方共赢。

三、借鉴意义

通过此次合作，增强了企业对期货市场、期货行业的认识。

一是对企业而言，期货市场作为风险管理市场，除了可以通过买入、卖出的方式进行套期保值，还可以将期货市场作为可靠的“供应商”和“经销商”。这个市场容量大、价格透明、信用度高，若加以合理利用，可作为企业现货经营的有益补充，优化企业资源配置。

二是对期货公司而言，实体企业的需求千差万别，呈现出个性化、综合性特征，在为企业提供服务时，公司要结合自身优势，不断创新服务模式，提高服务供给质量，才能够为企业提供专业、个性、综合的服务，解实体企业需求，将服务实体经济落到实处。

（鲁证期货股份有限公司供稿）

案例 54：

场外期权助力饲料生产企业管理库存风险

——鲁证经贸服务山东亚太中慧公司

山东亚太中慧集团有限公司（以下简称“山东中慧”）是一家中大型民营饲料生产企业，日常生产原料主要以玉米、豆粕为主。为了控制原料采购成本，山东中慧成立了采购中心，专门负责集团下属 40 多家饲料生产企业的原料采购。据统计，山东中慧豆粕年采购量维持在 40 万吨左右，其中约 50% 采用基差定价的方式从压榨企业处购货。每月通常需维持 1 万吨左右的豆粕、玉米原料现货库存。

一、基差定价业内主流

基差定价是目前饲料行业比较普遍的一种定价方式，饲料企业与上游压榨企业签订基差交易合同，约定固定基差（基差 = 现货价格 - 期货价格），择时点价采购。在整个基差定价交易过程中，期货价格是最大的变动因素，直接决定饲料企业采购成本。锁定期货价格变动，便成了饲料企业控制成本的关键。期权作为独特的风险管理工具，相较于期货多头、空头可能出现的无上限盈亏敞口，期权交易过程中风险可控。期权买方最大亏损为期初支付的权利金，期权卖方可能存在一定的高风险，但是作为持有成品的现货企业，即便做卖方，若期权卖出头寸密切配合现货头寸，风险敞口还是可控的。

二、运用场外期权对冲风险

2014—2015 年，山东中慧与鲁证经贸共计开展场外期权交易 5 笔，交易品种全部为豆粕，名义交易规模 2.4 万吨，平均价格 2 858 元/吨，累计名义金额 6 860 万元。

以首笔交易为例，2014 年油脂市场弱势运行，整体处于震荡下跌行情。8 月初山东中慧担心市场行情下跌，导致前期点价买入的豆粕库存贬值，但单纯买入看跌期权的费用较高。为了帮助企业缓解资金压力，企业由买入看跌期权支付权利金，调整为卖出看涨期权，收取权利金，以弥补现货下跌带来的损失。于是山东中慧在

8 月 11 日豆粕期货 1501 合约价格3 326元/吨时，卖出 5 000 吨 11 月 27 日到期、执行价格为 3 400 元/吨的看涨期权，获得 83.35 元/吨的期权金，总计41.68 万元。成交后豆粕价格一路震荡下行，于 9 月 24 日跌至 3 026 元/吨，山东中慧选择以此时 10 元/吨的权利金价格了结该场外期权，最终从该笔场外期权交易中获利 36.68 万元，补偿了现货库存的贬值损失（见图 1）。

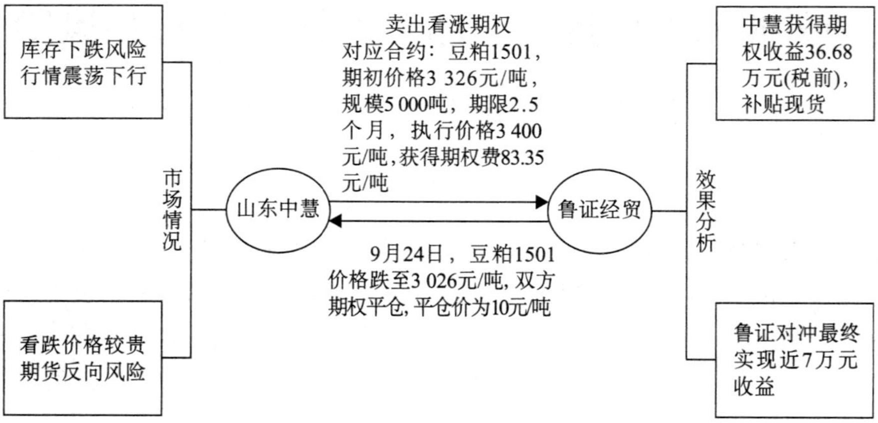

图 1　实施效果图

三、经验总结

场外期权是企业库存风险管理比较好的选择。一是场外期权策略灵活多样，能满足企业的个性化风险管理需求。如在保值操作上，期货工具只能买入套保或卖出套保，而期权有买入（卖出）看涨、买入（卖出）看跌等多种形式，还可以构建期权与期权、期权与现货的投资组合，同时还能对期限、执行价位、保值区间等要素进行调整，实现企业量身定制的目的。二是在资金占用上，较之期货保证金，场外期权资金占用比例低很多。三是从效果上来看，利用期货市场套保在锁定风险的同时也锁定了利润；而期权交易适当降低库存成本的同时，又不损失价格波动可能带来的超额收益。

四、政策建议

期权能助力企业风险管理，但是从目前实际来看，期权的发展还比较缓慢，存在场内期权品种有限、场外期权成本费用较高等诸多掣肘因素。

建议相关部门：一是大力发展场内市场，不断推出场内期权品种，增加风险对冲工具，降低风险对冲成本，实现场内场外市场协调发展；二是支持市场主体发起设立场外衍生品机构间平台，机构间平台将为风险管理公司、金融机构及实体企业等开展个性化风险管理和资产定价提供服务，为其对冲自身经营风险，提供便利条件和支持保障服务；三是明确税收政策，与税务部门协调，将期权工具视为衍生金融工具，《中国证券期货市场场外衍生品交易主协议》框架下的场外衍生品业务视为金融投资，并按相关会计准则进行财务处理，以减轻场外衍生品业务主体的税务负担，提高各方参与的积极性；四是加大宣传力度，期货经营机构应及时总结成功案例与经验，向现货企业推广期权产品。

（鲁证期货股份有限公司供稿）

案例 55：

利用场外期权，探索压榨利润新模式

——南华期货服务九三粮油工业集团

一、企业的基本情况介绍

九三粮油工业集团有限公司（以下简称“九三集团”）是北大荒集团的全资子公司，首批国家级农业产业化重点龙头企业，也是拥有集种植、收储、物流、加工、营销全线资源的中国农业产业化领军企业。九三集团以大豆加工为主营业务，2016年实际加工大豆750万吨，位居全国第三。本次具体操作方哈尔滨惠康食品有限公司是九三集团的控股公司，注册资本5.363亿元。惠康公司以黑龙江地产优质非转基因大豆为原料，生产非转基因大豆油、膨化豆粕、片状豆粕、食品粕、大豆磷脂和商品大豆等，公司产品具有非转基因、天然、绿色、营养、安全的优点，销售区域覆盖全国。公司拥有北安、哈尔滨、营销三家分公司及九三康诺子公司，其中哈尔滨分公司年加工非转基因大豆30万吨，年产非转基因豆粕24万吨、非转基因大豆油5万吨。

二、企业面临的风险分析

随着我国农业供给侧结构性改革的不断深化，以“去玉米、增大豆”为导向的粮食种植结构调整政策的稳步实施，我国大豆产业迎来了重大发展机遇。

然而，自2013年起，以九三集团为代表的大型国产大豆压榨企业的生产利润不容乐观。究其原因，一方面是国产大豆的生产成本升高，另一方面是下游产品非转豆粕的销售价格偏低，除了酱油粕销售较好外，饲料粕价格并没有非转溢价的优势，只能按相对低廉的转基因豆粕价格销售。随着我国消费者对食品安全重视程度的不断提高，国内市场对大豆加工的另一下游产品——非转豆油的需求不断增加，其价格优势得以突显，这在一定程度上弥补了国产大豆压榨利润的损失。

因此，在下游产品销售价格稳定的情况下，当原材料大豆价格较低时，国产大豆压榨企业必须锁定原材料采购成本，规避原材料价格上涨的风险，从而锁定压榨利润。

三、企业参与期货市场情况

为规避原材料价格波动风险，保障企业稳定持续经营，九三集团自2000年起就积极参与期货市场，利用期货市场套期保值的功能规避市场风险。

由于当时的套保机制不健全，对期货市场的认知不够深刻，九三集团最初在期货操作上并没有完全根据保值理念，而是按照企业对行情的主观判断操作期货，希望用期货的利润弥补现货端亏损，这种操作方式常常面临较大盈亏波动。直至2008年金融危机导致的大宗商品暴跌之后，九三集团才真正意识到套期保值的重要性，并组建了专业的期货操作团队和风险控制部门，针对进口大豆及下游产品，以期货、现货相结合，进行整体套期保值，取得了显著的效果。

然而，由于国产大豆的价格波动较大，普适性较低，在国产大豆压榨行业，以往传统的期货套期保值业务已难以满足企业个性化的风险管理需求。在大连商品交易所的支持下，由南华期货和九三集团共同出资成立的黑龙江横华农业产业服务有限公司发挥自身优势，利用场外衍生品市场为企业量身制定避险方案，来稳定国产大豆压榨生产的模式，增加国产大豆工业转化动能，从而推动国产大豆产业的稳步发展。

四、本案例的具体操作流程

（一）产品设计背景

在设计场外期权产品时，连豆1705在9月21日因为受到新豆上市的预期压力，从短期高点3 845元/吨开始承压下行，期货价格在10月13日跌至3 645元/吨。

进入到10月开始陆续收获，由于公路运费涨价，加之北方铁路请车困难，现货价格开始抬头。10月24日中储粮启动东北临储大豆轮换收购，收购价格3 560—3 620元/吨，收购总量约60万吨。对比来看，连豆1705期价在10月24日的收盘价为3 816元/吨，期现价差基本覆盖了黑龙江交割库的最大贴水200元/吨，而后加上政策性督导秋季大豆、玉米的外运和消化，两者的期现价格出现上涨的趋势。

九三集团担心原料大豆价格在采购期间价格上涨的风险，拟参照上一年度同期收购水平在3 800元/吨的价格，使用看涨期权对冲部分经营风险，从而锁定压榨利润。

（二）期权产品的设计思路

本案例设计为牛市价差策略，买入看涨期权加上卖出看涨期权所组合而成。牛市价差的好处是有上下封顶，使得风险受限，不用担心市场上有大涨大跌的行情，也有效降低权利金。

因此，横华农业为九三集团设计了一款3 980—4 330元/吨、3 900—4 300元/吨的牛市价差策略期权产品。期权操作方南华期货在期权定价方面所使用的是Black - Scholes公式，执行价是根据企业的需求所设定的，使用收盘价来计算报酬率，并观察20天的波动度，取平均值15.2%作为参考。

（三）操作明细

2016年11月24日，九三集团要求期权进场，使用A1705美式看涨期权构建两个月的牛市价差3 980—4 330元/吨，总计付出期权费36万元。

2016年12月14日，因期权与市场时机成熟，九三集团要求在4 190元点位平仓牛市价差期权，收入期权费57.3万元。由于市场与该期权方向符合，虽然损失时间价值，但是该期权整体盈利，获得权利金收益21.3万元。

2017年3月10日，九三集团再次要求期权进场，使用A1709美式看涨期权建构两个月牛市价差3 900—4 300元/吨，总计付出期权费20.9883万元。

2017年5月9日期权到期，因期权与市场时机不符，九三集团放弃行权，并在3 836元点位平仓牛市价差，该期权最终损失权利金20.9883万元（见表1）。

表1 期权费用具体情况

下单日期	期权类型	执行价格（元）	下单日期货价格（元）	权利金标准（元/吨）	是否行权	行权日期	行权日期货价格（元）	赔付企业总额（元）
2016年11月24日	牛市价差	3 980—4 330	3 960	120	是	2016年12月14日	4 192	573 000
2017年3月10日	牛市价差	3 900—4 300	3 880	129.07	否	2017年5月9日	3 836	0

（四）盈亏分析

本案例盈亏的产生主要来自于两个方面：一是希腊值管理的费用，二是市场的风险溢价。

由于在实际对冲操作中，南华期货采用了基于Delta中性的动态对冲策略，因此主要的对冲成本来源于Delta变动导致需要买卖更多的期货进行避险。由于在牛市价差策略中，南华期货是Gamma的多头方，因此无论标的价格上涨还是下跌，在避险过程中均能获得一定的正向收益。除此之外，Vega也是主要的收益来源之一。由于成交时市场的波动率相对处于高位，后期市场波动率下调，因此南华期货赚取了Vega风险管理的费用。

交易员在交易过程中除了遵循Delta中性的原则，还结合当前部位和其对未来行情的判断，根据其具有一定方向性的预判来做出是否避险的决策。这不仅让交易员有灵活的预判空间，也更符合市场的变化，因此能够赚取市场的风险溢价。

（五）实施效果

南华期货严格地按照 Black – Scholes Model 理论做 Delta 中性的避险，即在持有期权的基础上，通过买卖期货，构建一个 Delta 中性的投资组合，使得期货端的风险能够与期权端的风险完全对冲，即无论标的上涨还是下跌，整个投资组合的收益恒接近于 0。

从对冲数据中可以看出，整个过程总体的 Delta 是比较平稳的。其原因在于牛市价差的特性，即一买一卖，导致组合的 Gamma 的风险暴露很小，所以 Delta 变动频率低，对冲头寸的改变量也相对平稳，因此在避险时候资金流会比单独的欧式期权更稳定。在已经完成的两笔交易中可以看到，第一笔交易最终是提前平仓了结，而第二笔交易则是到期未行权。

最终，九三集团不但锁定了原料大豆的采购成本，实现了压榨国产大豆的利润为正的效果，还因提前了结期权，获得 573 000 元的权利金，最终净收益为 213 000元。

五、本案例的启示与思考

（一）对比传统套期保值，场外期权更具优势（见表 2）

表 2　　传统套期保值与场外期权的比较

套保方案	传统套期保值	场外期权
投入资金	3 043 950 元	569 996.89 元
套保效果	无风险敞口、无利润	企业成功保值并获得 213 000 元净收益
操作风险	入场存在滑点	可指定价格或锁定价格区间
模式比对	模式相对固定	多样化、个性化

（二）探索稳定国产大豆压榨利润的新模式

在油脂压榨行业中，已具有比较成熟地利用期货市场来锁定压榨利润的模式，但在国产大豆领域里，由于下游非转产品仍没有体现出明显的价格优势，国产大豆的压榨利润较难锁定。本案例中，利用大豆场外期权进行国产大豆的压榨利润锁定模式，帮助九三集团适时地锁定短暂的压榨利润，提高了九三集团在国产大豆油脂加工与转化的能力，为国产大豆产量增长提供了更多的加工需求。

（三）示范效应显著，助力行业发展

该案例中九三集团作为大豆采购方，担心价格上涨，需要防范大豆价格上行风险，采用美式看涨期权建构牛市价差符合企业的需求。尽管下跌时，企业亏损了权

利金，但实现了降低进（现）货成本。引入大型龙头企业开展场外期权业务，不但具有良好的示范效应，也探索了如何锁定国产大豆加工企业压榨利润模式，为推动我国大豆产业的发展做出了一定贡献。

结语：自 2015 年起，场外期权服务实体企业的模式就倍受市场关注。场外期权个性化、定制化的特性非常符合企业的经营需求，但之所以没有被多数企业应用，一方面是由于场外期权的操作原理是复制期权，需要较高的成本支出，另一方面是场外期权作为时下一种新型的金融工具，尚未被众多企业所知晓，模式的推广宣传还有待加强，利用金融工具服务农业实体经济、推动国产大豆产业发展的道路任重道远。

（南华期货股份有限公司供稿）

案例56：

“保险+期货”为豆农保“价”护航

——浙商期货服务“三农”案例

一、农业供给侧改革，嫩江大豆存在风险管理需求

黑龙江省嫩江县是全国最大的非转基因大豆生产县，大豆年均种植面积接近700万亩，产能在105万吨水平，占到全国大豆产量的近1/10，近年来受进口大豆的冲击，农民对种植大豆信心不足、积极性不高。

2015年，为响应中央一号文件关于稳步扩大“保险+期货”试点的精神，浙商期货与嫩江县政府合作，“大豆价格保险”项目正式在嫩江县推广，当年参加保险的农户获得了实际赔付，此举得到了黑龙江省农委、嫩江县政府和当地农户的高度肯定。

2016年嫩江大豆价格保险项目引入了阳光农险，成功申报农业部金融支农服务创新试点项目，规模量扩大到1.45万吨，覆盖了11万亩大豆，为种植大豆的农民增添了价格保险渠道，降低了大豆种植的市场风险，调动了农民种植大豆的积极性。

2017年嫩江大豆价格保险项目承接了2015年、2016年的经验，并且根据当地的实际情况，对项目方案做了改进和创新，更加有利于农户利益，试点迈入到更深层次。同时，嫩江县大豆若能以“保险+期货”作为手段，创新出更合理的农业补贴政策，将很容易推广到其他地方及其他品种，具有很高的可复制性和推广价值。

二、嫩江县大豆价格保险项目的实践情况

（一）2015年“嫩江模式”介绍

1. 项目参与主体及职责。2015年“嫩江模式”项目共涉及三个主体参与运作：政府部门、农户或合作社、期货公司。

嫩江县政府负责项目的统筹协调及落实保费补贴，动员大豆种植合作社参与大豆价格保护项目，介绍项目的进展情况，组织培训；农户或合作社缴纳保费，参与价格保值，以较小的代价保证了预期保值价格收入水平，避免了大豆价格下跌的巨

大风险；期货公司借助期货市场完成了在服务“三农”领域的有益尝试：为合作社提供了量身定制的场外期权产品，帮助合作社有效管理价格波动风险，同时利用自身的专业能力在期货市场进行风险对冲，将风险转移给期货市场中的投机者，规避了价格赔付风险。

2. 项目操作流程。项目操作主要分为两个阶段：

（1）第一阶段：购买“价格保险”（场外期权）。

第一步：嫩江县政府为合作社提供保值费补贴，即采取补贴保值费的形式支持其加入市场化的价格保护项目，但不直接参与该项目。

第二步：浙商期货和参保的合作社签订实质为场外看跌期权的大豆价格保值协议：双方约定大豆保值价格。大豆种植合作社支出保值费，得到大豆价格保护。如果合作协议到期之前，期货市场价格低于保值价格，合作社可以进行点价，申请协议提前了结，浙商期货按照期货市场价格和保值价格的差价给予现金补偿；如果期货市场价格始终高于协议保值价格，则浙商期货无须向合作社进行赔付，大豆现货由合作社自行处理，协议到期自动终止，双方不涉及现货往来。

第三步：浙商期货按照协议保值价格在大豆期货市场上复制期权对冲风险，盈亏由浙商期货自己承担。

（2）第二阶段：实现理赔。

第四步：在协议有效期内，大豆期货市场价格低于大豆保值价格，使得浙商期货在期货市场获利。

第五步：根据保值协议约定，浙商期货给予合作社差额价格赔付，通过购买大豆“价格保险”，大豆种植合作社成功避免了大豆价格下跌带来的损失。

3. 2015 年“嫩江模式”相关主体盈亏效果分析。2015 年嫩江大豆价格保护项目要素（见表 1）：

表 1　　2015 年嫩江大豆价格保护项目要素

标的名称	大连商品交易所黄大豆一号合约（A1601 合约）
保值价	4 250 元/吨（平值），3 700 元/吨（虚值）
保值期	2015 年 7 月 8 日—11 月 30 日
保值数量	2 100 吨（平值 600 吨，虚值 1 500 吨）
保值费	40 元/吨，嫩江县政府补贴 30 元/吨，合作社自付 10 元/吨；3 700 元/吨保值价的合同免收保值费。保值费总计收取 2.4 万元
理赔价	在保值期内由合作社点价确定

理赔情况：2015 年 8 月 25 日—11 月 9 日，参保合作社陆续行权，最终获得的赔付价格的算数平均价为 4 129 元/吨，即保值价为 4 250 元/吨（平值）的合同可得到平均赔付 121 元/吨；而保值价为 3 700 元/吨的合同在协议期间不产生赔付，总计赔付金额 7.26 万元。

参保的合作社共付出了 2.4 万元保费，其中自付 0.6 万元，嫩江县政府补贴

1.8 万元，但获得了总计 7.26 万元的赔付。2015 年 8 月 24 日，浙商期货提供点价窗口，开始报价服务。8 月 25 日即出现首例合作社点价，点价价格为 4 200 元/吨，赔付 50 元/吨，60 吨保值量获赔 0.3 万元。之后，随着 A1601 价格的下跌，各合作社陆续点价行权。11 月 9 日，最后一家合作社在 3 890 元/吨的价位点价行权，赔付 360 元/吨，60 吨保值量获赔 2.16 万元。浙商期货收入 2.4 万元保费，同时通过对冲获利 4.69 万元，总计赔付 7.26 万元，因此整体略亏 1 723 元，考虑交易所手续费减免，略亏 1 190 元，整体项目保持大致盈亏平衡。

（二）2016 年“嫩江模式”介绍

在 2015 年嫩江大豆价格保护项目成功运作的基础上，嫩江县政府和浙商期货在农业部、黑龙江省农业委员会的支持下，引入了阳光农业相互保险公司。

1. 2016 年“嫩江模式”流程（见图 1）。项目操作同样分为两个阶段，具体操作流程和 2015 年基本一致，其中加入的保险公司负责提供农业保险产品，按农民预期保险价格理赔，并将风险转移给期货公司。

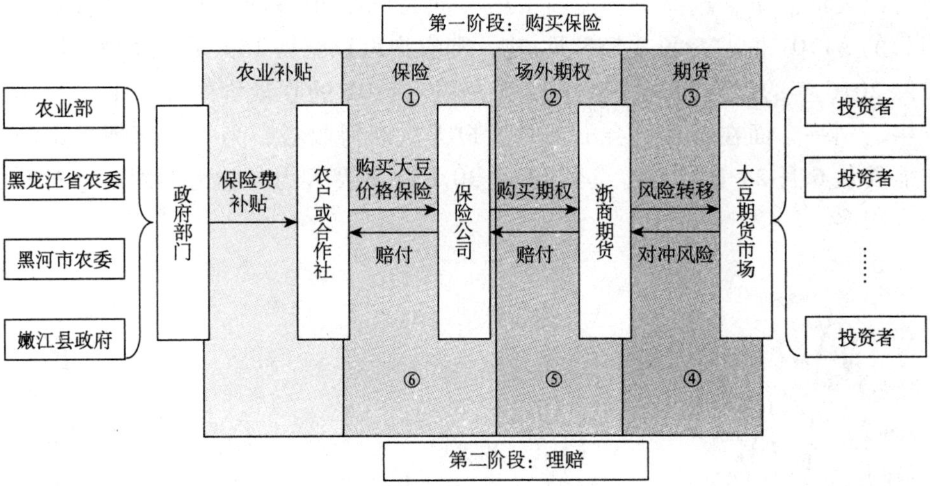

图 1　2016 年“嫩江模式”介绍

2. 2016 年“嫩江模式”相关主体盈亏效果分析（见表 2）。

表 2　　2016 年嫩江大豆价格保险项目要素

标的名称	大连商品交易所黄大豆一号合约（A1701 合约）
目标价	3 750 元/吨
保险期间	2016 年 6 月 24 日—11 月 30 日
承保数量	14 500 吨
保费	171 元/吨，保费共 247.95 万元
市场价	3 809.7 元/吨（A1701 在 11 月份每个交易日的收盘价的算术平均价）

理赔情况：市场价高于目标价，浙商期货不对阳光农业相互保险公司进行赔付，阳光农业相互保险公司亦不对参保合作社进行赔付。

参保合作社/种植户在政府的补贴支持下，共付出了 247.95 万元保费，完成了对大豆现货的保险，积累了场外期权工具的运用经验。保险公司通过购买场外看跌期权，规避了赔付风险；期货公司通过复制看跌期权，转移价格风险，达到了利用期货期权工具帮助农民管理价格风险的目的。

（三）2017 年“嫩江模式”改良优化

1. 保险赔付价格选择模式更加灵活。在 2016 年嫩江大豆价格保险项目中，因为保险条款的限定，保险公司必须在协议到期后才能给予参保农户赔付，这导致出现有利于农户的市场价格时，农户无法提前了结协议，同时也使期货公司的对冲成本提高很多。

对冲标的 A1701 在项目运行期间，在目标价格 3 750 元/吨附近来回波动（见图 2）。如果按照 2015 年的操作模式（农户购买的价格保险实质为美式期权），则农户可以灵活点价，选择协议提前了结（如农户在 2016 年 9 月 5 日选择点价，按照当日的 A1701 的收盘价 3 585 元/吨，则农户可以获得 165 元/吨的赔付）。但如果按照 2016 年的操作模式，选择 11 月份的 A1701 的收盘价的算术平均价作为赔付价格，则一方面在获利机会出现时农户无法获得收益，另一方面项目组的对冲操作需要从 6 月 24 日一直持续到 11 月 30 日，耗费人力、物力的同时，对冲成本也提高很多。

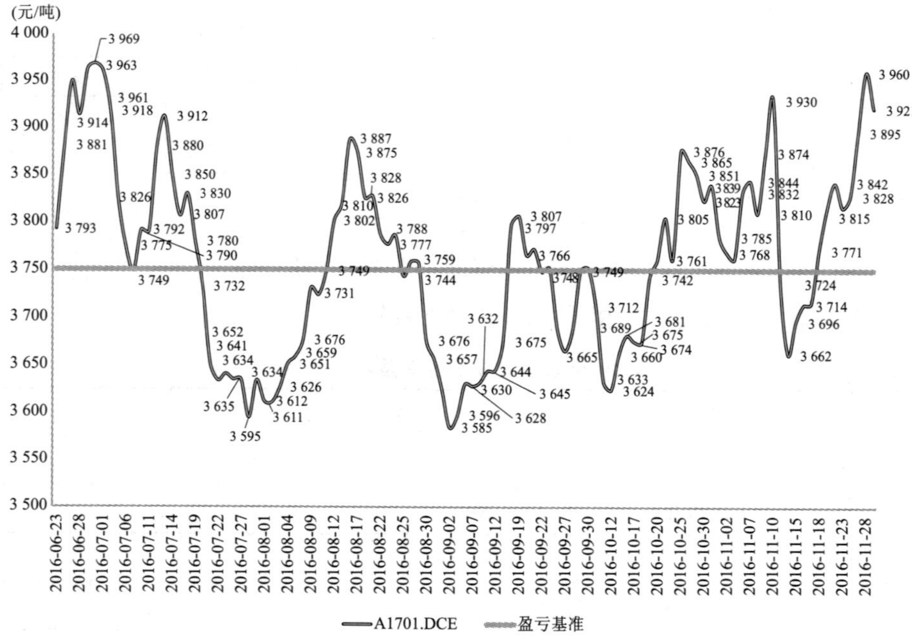

图 2　A1701 价格波动图

针对上述问题，2017 年项目中提供了两种价格选择，参保农户可以选择在点价期内点价作为赔付价，也可以用采价期均价作为赔付价。2017 年的做法事实上综合了 2015 年和 2016 年的做法，即可以选择点价价格作为市场价格，也可以选择均价作为市场价格，农户利益的保护程度大大提高。

2. 保险公司联合期货公司探索收入险。从 2016 年的操作经验来看，农户与保险公司签订保单的日期为 6 月 24 日，当日标的 A1701 的收盘价为 3 793 元/吨。而受到“厄尔尼诺现象”的影响，夏季干旱，2016 年黑龙江新季大豆净粮水分较高而蛋白含量较低，质量较差，导致市场上优质大豆供应紧张，由此 A1701 的价格也一直保持在高位，最终导致了农户未能获得赔付。

收入险的推出应该是一个方向。农业收入保险是一种以收入为基础的农产品价格保险产品。具体看，农业收入保险以农业收入为保险标的，是针对当保险责任范围内因素导致的农作物产量减少或价格波动，使投保人实际收入低于保障收入水平时的一种保险。当前收入险在美国已经得到了很大的发展，2015 年美国农业收入险的保费费额占总保费的比例达到 82%。我国目前的价格保险还是一种应对价格下跌的单方向保险，相对于国外发达的农业收入保险，还有巨大的发展空间。2017 年，浙商期货已在黑龙江萝北县开展大豆收入险探索，承保现货量 6 000 吨，承保面积 4. 3 万亩。

三、“嫩江模式”的经验总结

嫩江大豆价格保险项目是浙商期货运用金融工具助力“三农”发展的一次实践，也是嫩江县大豆种植户对场外期权工具的一次理解和运用：嫩江县参保大豆种植户在规避价格下跌风险的同时，保留了价格上涨的红利；政府组织并补贴农户购买大豆价格保险，提高了财政资金使用效率；保险公司为农户提供价格保险产品，发挥了前端对接作用；浙商期货为整个项目提供对冲，规避了赔付风险。当地农户也对场外期权的接受度进一步提高，为后期扩大试点规模打下了良好的基础。

当前，农产品目标价格改革面临着核心价格的形成难题和补贴模式的确定难题，“嫩江模式”的成功实践，意味着能有效化解这两个难题：一方面，目标价格以期货市场价格波动为依据，不仅能够准确反映真实的市场供求及未来发展趋势，而且形成的价格也具有独立、公开、透明、连续、预期等特点；另一方面，国家的保费补贴可以由目标价格确定，同时农户可根据自身实际自愿自费补充商业保险，国家财政资金得到更充分的利用。

四、建议在国家层面为“保险 + 期货”业务提供财政补贴

嫩江大豆价格保险项目已经实践了两年，从这两年的实践经验来看，如果要带

动种植户/合作社加入价格保险项目，需要财政给予保费补贴（政府的保费补贴比例在70%左右）。当前各期货公司与风险管理子公司开展“保险+期货”业务还在试点阶段，耗费的补贴资金较少，主要依靠交易所和地方财政的补贴资金。但随着价格保险规模的扩大，仅仅依靠上述补贴资金显然不够，需要国家层面的财政支持。

农业价格保险作为市场化的风险管理和社会管理手段，不仅稳定农民收入，提高生产者种植积极性，而且对财政资金的利用效率高，因此考虑将“保险+期货”业务纳入国家财政补贴的范围，显然是值得尝试的。

（浙商期货有限公司供稿）

案例 57：

辽北粮仓试水“保险 + 期货”

——华信期货服务“三农”案例

一、合作社和市场基本情况介绍

铁岭市是辽宁省的粮食主产区和重点商品粮生产基地，全市粮食总产量占全省 1/5 左右、商品粮占全省 1/3 左右，素有“辽北粮仓”之称。本次“保险 + 期货”试点项目的最终服务对象是辽宁省铁岭市的 7 家大型合作社，这七家大型合作社中有 3 家国家级合作社、4 家省级合作社。

根据 2016 年 3 月发布的改革方案，我国把东北地区实行了 8 年的玉米临时收储政策调整为“市场化收购”加“补贴”的新机制，不再由中储粮总公司作为执行主体组织临时收储，而是由多元市场主体随行就市收购。这意味着未来的玉米价格将更加市场化，波动也会更加剧烈。

从 2016 年的基本面来看，在国内玉米库存较高、国内外粮食价差不断拉大、畜牧饲料和粮食深加工企业整体不振、粮食消费需求乏力的背景下，新粮上市必然会加大市场的供应压力；再加上取消了政府的托底收购，玉米价格可能大概率出现下降。这种情况给广大农民、新型经营主体带来了深深的担忧。基于上述情况，铁岭市的 7 家大型合作社有共同的保值需求，希望规避玉米收获销售期的价格下跌风险，提前锁定最低销售收入。

二、合作社参与“保险 + 期货”项目情况

种植户不利用工具进行套期保值的话，会面临较大的价格波动风险，若直接利用期货进行套期保值，则期货价格上涨时，种植户会面临追加保证金或者爆仓的风险，期货市场的操作难度使得农户直接参与期货市场的意愿大大降低。

“保险 + 期货”模式将较复杂的期货、期权产品转化成较容易被种植户理解的保险产品，不直接进行期货操作就能规避市场价格不利变动带来的风险，这可以说是金融服务实体经济的一大突破，让不懂金融的农户也能够享受金融的便利。

参与此次“保险＋期货”试点项目的7家合作社此前并没有直接参与期货市场的经历，这也从一个方面反映出增加农户对金融工具认知、简化农户规避风险工具的重要性。鉴于合作社是首次参与“保险＋期货”项目，为让合作社充分理解项目的具体情况，华信期货与中华财险进行了多次的实地沟通和交流，最终该项目得到了合作社的理解与认可，愿意进行首次尝试。

三、参与大商所“保险＋期货”项目的实例

经过一系列的沟通，华信期货、中华财险和铁岭的7家合作社达成合作意向，在2016年共同开展了“保险＋期货”试点工作。

（一）“保险＋期货”项目流程

“保险＋期货”项目涉及三个主体，分别为合作社、保险公司和期货公司，项目实施过程中各主体负责的具体事宜及项目流程见图1。

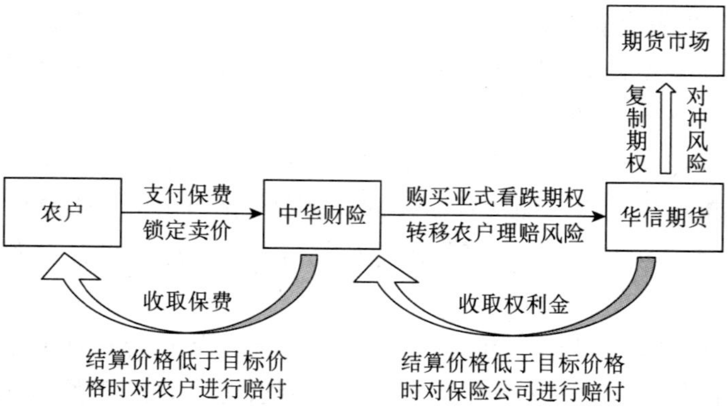

图1 “保险＋期货”项目流程图

1. 合作社为规避玉米价格波动对生产经营活动带来的风险，向保险公司购买玉米价格保险，这样便锁定了未来的销售价格。

2. 保险公司根据合作社的需求设立相应的价格险种，向合作社卖出保险后，若农产品价格出现不利变化，保险公司需要对合作社进行理赔。但与其他险种不同的是，农业价格险种的理赔率较高，当价格大幅不利波动时保险公司将面临巨额赔付风险。为规避这部分风险，保险公司购买由期货公司风险管理子公司提供的场外期权产品进行“再保险”。

3. 期货公司风险管理子公司向保险公司卖出期权产品，收取权利金，承担相应的理赔义务。若未来农产品价格出现不利变化，期货公司必须对保险公司进行赔款补偿。

4. 最终，风险通过层层转移传递给期货公司，期货公司则需利用衍生品的特性、专业化的手段在期货市场进行期货交易来对冲风险。

（二）项目具体操作

试点项目开始之前，各方做了充分的沟通和宣传，华信期货联合中华财险在当地先后举办了三场项目讲解沟通协调会，将整个项目的运行原理、参与机制、权责划分等关键内容进行了充分地解释与说明，确保农户了解相关制度和项目进度。

项目从2016年3月开始筹备，8月正式签署协议，12月下旬结束。具体要素情况见表1。

表1　　产品要素情况

投保人	7家合作社
受益人	7家合作社
保险标的及数量	玉米，15 000吨
保险期限	2016年8月3日—2016年12月16日
保险目标价格	1 600元/吨（参考玉米期货1701合约）
理赔结算价格	2016年10月16日—2016年12月16日期间玉米1701合约收盘价的算术平均值
理赔计算	MAX(保险目标价格—理赔结算价格,0)×标的数量

2016年12月16日，本试点项目结束，2016年10月16日至2016年12月16日期间玉米1701合约收盘价的算术平均值为1 563元/吨，低于农户希望承保的目标价格1 600元/吨，合作社选择行权，中华财险向合作社进行了赔付，华信期货向中华财险进行了赔付。

（三）项目进展情况

本次试点积极与政府沟通，尽量让政府参与进来，提供部分补贴资金，减少合作社保费的支出。该试点大致分为六个阶段：政府审批、试点申报、宣传动员、签单承保、对冲操作、理赔。具体项目进展情况见表2。

表2　　项目进度情况

时间	阶段	参与方	内容
2016年3月1日—2016年5月12日	政府审批	农业部、辽宁省农委	进行调研，确定试点地区，并向农业部申报“保险+期货”创新项目
2016年4月1日—2016年5月20日	试点申报	大商所、华信期货	华信期货制定具体实施方案，向大商所申请试点资格
2016年5月20日—2016年7月26日	宣传动员	铁岭县中支、中华财险、华信期货、合作社	多次举办推介会、专题培训班
2016年7月26日—2016年8月2日	签单承保	中华财险、铁岭县中支、合作社	合作社与保险公司签单保险公司购买场外期权
2016年8月2日—2016年12月16日	对冲操作	华信期货	保险生效，华信期货通过复制期权方式对冲价格波动风险
2016年12月16日—2016年12月27日	理赔	华信期货、中华财险、合作社	参与主体之间进行结算理赔

四、企业参与“保险+期货”项目的经验总结

参与项目的大部分农户都表达出对“保险+期货”项目的认可。该项目简化了农户规避风险的工具，降低了参与门槛，大大提升了种植户的参与热情，从而达到稳定种植户收入的目的。参与此次“保险+期货”试点项目的过程后，共总结出以下几点经验：

（一）选择恰当的投保时机

保费与期货市场价格息息相关，确定了投保的目标价格以后，期货价格越高保费越便宜。期货价格在不断波动的过程中，保费也在不断地变化，所以选择恰当的入场时机对投入产出比有很大的影响。种植户可积极地与期货公司保持沟通，根据自身种植成本及种植经验，确定最佳的操作时机。

（二）选择恰当的投保产品

“保险+期货”项目中企业保费的高低与产品类型有很大的关联，不同的产品类型保费不同、盈亏结构也不同。选择不同的产品可能会对最终收益产生很大的影响。所以，企业应清楚自身的需求，选择最适合企业自身的产品。

（三）确定合理的投保数量

投保数量直接决定保障的大小，但在刚接触一种新的金融工具时，可用较小的量进行尝试，熟悉产品特性后再适当地加大规模，真正进入到实际的操作中，才能深入地了解新产品。对于“保险+期货”这种新产品，企业可先进行小量的试点，增加对“保险+期货”的认识，在试点中吸收经验总结教训。

五、政策建议

（一）增加地方政府相关政策支持

“保险+期货”连续三年被写入中央一号文件，可见该模式对促进农业发展起到了积极的作用。为进一步发展“保险+期货”模式，需要各地方政府的推进与支持，让更多的农户认识并了解该产品，切实将规避风险的新工具落到实处。

（二）建立长期有效的农业补贴资金机制

粮食与其他农产品不同，事关国计民生，在资金方面农民又处于弱势地位，农业的整体利润率不高，“保险+期货”项目虽能规避风险，但保费还是增加了农户的种植成本。因此，监管部门与政府之间可加强沟通，建立长期的、完善的农产品

价格保险的保费补贴机制。只有资金补贴机制明确，“保险+期货”模式才能更长远地发展下去。

（华信期货股份有限公司供稿）

案例58:

“保险+期货”促进玉米价格市场化改革

——国元期货服务“三农”案例

为贯彻落实《中共中央国务院关于打赢脱贫攻坚战的决定》和《中国证监会关于发挥资本市场作用服务国家脱贫攻坚战略的意见》精神，积极履行企业社会责任、服务国家扶贫攻坚战略，领会中期协推动期货行业服务国家扶贫攻坚战略动员会议精神，国元期货与风险子公司通过创新业务，成功设立“玉米目标价格保险”试点，首次实现了国元期货与保险公司的项目合作，充分发挥了实体产业与期货市场的融合效应，为国家扶贫工作添砖加瓦。

一、玉米种植区的基本情况及避险需求

本次玉米目标价格保险在安徽省亳州市蒙城县、泗县开展项目试点工作，主要服务的经济主体是当地农户或合作社。

蒙城县人均GDP和农民人均纯收入在安徽排名靠后，经济发展较为缓慢。本次承保地区主要集中在坛城镇、许疃镇、立仓镇等地。泗县经济基础薄弱，农业人口比重大，主要经济指标低于省平均水平，财政自给率不足30%。2015年，全县贫困村65个，贫困人口6.54万人，贫困发生率10.93%，被确定为国家扶贫开发工作重点县。

对于安徽地区玉米种植农户与合作社，其避险需求更为迫切。一方面，玉米价格下跌预期基本形成共识；另一方面，2016年安徽地区玉米种植者无政策补贴。因此，安徽地区玉米种植者的保险需求比其他玉米主产区更强。

二、“保险+期货”模式的基本思路

玉米目标价格保险承保的玉米价格即为目标价格，若未来玉米实际价格低于目标价格，按照目标价格与实际价格差价对投保农户进行赔偿。保险公司承保了农户的玉米价格风险，并将承保玉米价格风险通过场外期权形式转移至期货公司（向期货支付期权费）；期货公司基于场外期权合约，利用玉米期货市场对冲场外期权合

约风险。目标价格参考玉米期货市场价格进行设计，保险公司保费利用期权定价原理厘定，期货公司利用玉米期货市场复制期权的方式对冲承保的价格风险。“保险 + 期货”项目模式见图 1。

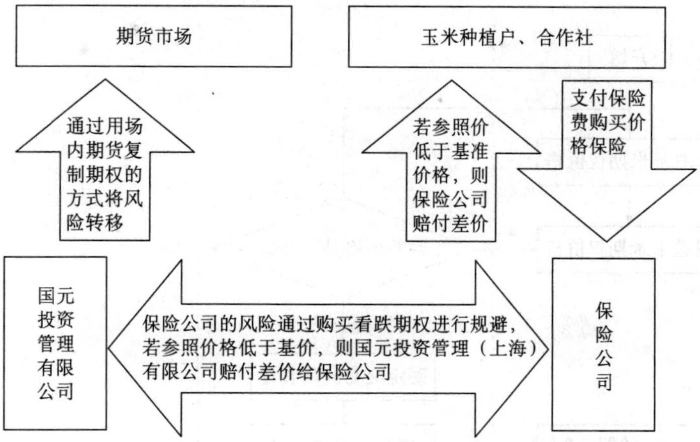

图 1　“保险 + 期货”项目模式

三、目标价格保险费率厘定过程

本项目于 2016 年 4 月立项，2016 年 11 月完成，历时 7 个月。保险公司承保玉米目标价格参照期货价格设定为 1 508 元/吨。保险合同到期时，选择保险期间内期货市场结算价的算数平均值作为实际市场价格。保费为 86 元/吨，费率为 5.70%，总投保量为 28 200 吨。为有效控制投机风险，将玉米目标价格保险的投保时间及保险到期日设定为：投保时间为 7 月 15 日，保险到期日为 11 月 15 日。

保险费利用经典期权定价模型进行测算，玉米目标价格保险费测定为每亩 60 元。为确保玉米目标价格保险能够顺利开展，切实降低农户保费支出压力，对原费率进行了优惠。由于试点时期承保面积有限、试点险种的特殊，承保价格的风险对公司整体影响较小，因此在合理范围内应尽量降低附加费率，最终将 2016 年试点的玉米目标价格保险费设定为每亩 43 元。本项目得到了安徽省各级政府的大力支持，省农委对试点地区投保农户进行了 50% 的保费补贴，试点地区市县财政补贴 30%，农户自缴 20%，为 17.2 元/吨。

12 月 7 日，国元期货与保险公司在安徽泗县召开玉米“保险 + 期货”创新试点项目理赔现场会。该项目结束后，合作社与农户实际保费支出金额 485 040 元，获赔金额 1 015 200 元，相关款项于 12 月 10 日到账。

四、风险控制机制及流程

为应对交易风险，国元期货在交易开始前，制定了详细的《期货 + 保险项目投资计划书》《期货+保险项目交易手册》及相应流程（见图2）。此外，借助恒生资产管理软件，对项目交易下单、风险控制等进行了实时的监控。

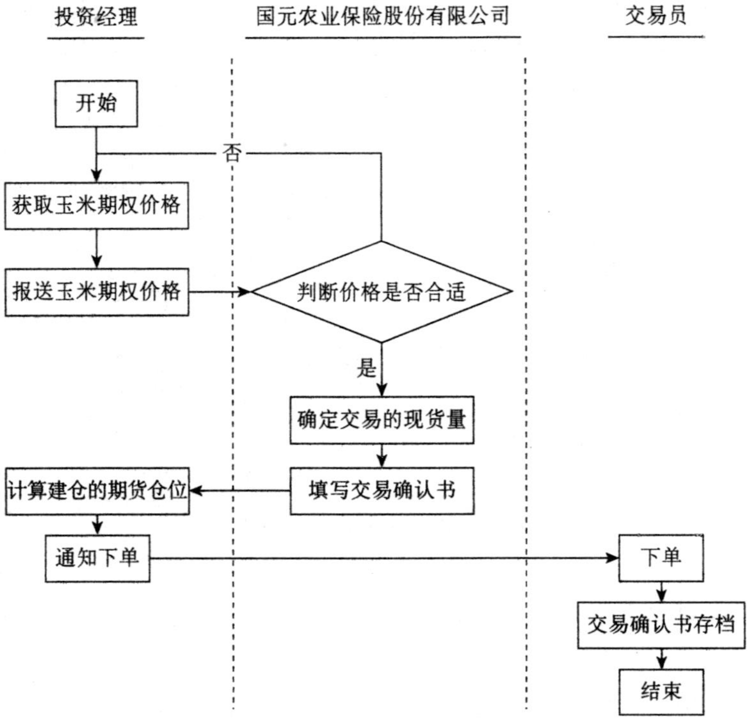

图2　交易及风险控制流程图

当市场价格风险增加，可能会导致项目或期货公司亏损时，根据风险预案与对冲理论，对一定价格上的持仓加速减仓或平仓。实际情况是：11月初临近行权日，C1701价格围绕行权价波动后突然大幅上行。此时，项目盈利加速下降，因此按风险预案，实现了加速减仓及平仓。

五、项目面临的风险揭示

（一）基差风险

农户的生产经营实际价格与期货价格波动产生偏差，使保险赔付与实际损益背离。

以图3为例，在2016年国庆节后，期货市场由于资金推动价格快速反弹，造成基差迅速缩小，直至为负，出现了基差风险，大大损害了参保方（农户、合作社）的利益，致使“保险+期货”的效果没有得到充分体现，也不利于后期的推广。为了保障农民利益，切实发挥玉米目标价格保险的作用，减少期货价格和现货价格的背离程度，增强玉米目标价格保险结算数据的稳定性和保险合同的实用性，对原期权合同中赔付时参照市场价格进行修订。将原合同中赔付时依据市场价格由“玉米期货市场最后一个交易日的结算价”，修订为“玉米期货合约在保险期间内的最后一个交易日的结算价、玉米期货合约在保险期间内所有交易日的结算价中10个最高值与10个最低值的算术平均值、玉米期货合约在保险期间内所有交易日的结算价的算术平均值，三者最低值”。

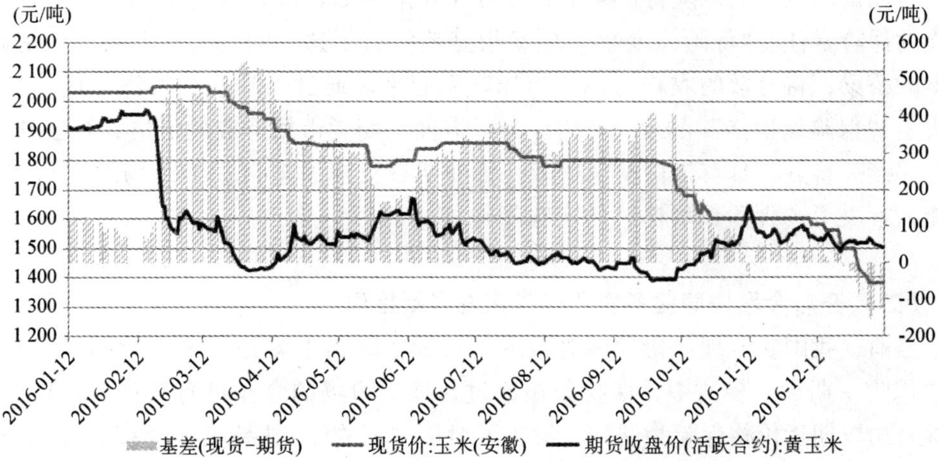

图3　玉米基差走势

（二）信用风险

期货公司有可能出现信用违约，使保险赔付无法在期货市场对冲。可通过加强合作方的信用评级管理、探索“一对多”风险分散途径等方式来弱化。

另一方面，由于保险公司对期权产品的不熟悉，以及保险公司与期货子公司体量的不对称，导致保险公司对期货子公司卖出期权之后的兑付能力存在着一些疑虑。在未来“保险+期货”规模扩大时，这个问题很可能会成为部分实力不强公司的掣肘之处。

（三）流程风险

跨行业融合创新面临分业监管规则限制，使逻辑思路与实际运行流程断裂。可通过监管部门的协作及保险公司内部流程创新等方式来弱化。

（四）系统性风险

由于期货的资本市场属性而带来的价格异动现象，使市场反应与实际情况脱节。通过建立大灾准备基金、分析剔除反常数据等形式可规避系统性风险。

“保险+期货”的实践不应仅限于期货价格保险，更应着眼于为保险公司提供向资本市场转移风险的渠道，从而规避系统性风险，对传统再保险通过风险多元化消除非系统性风险的方式形成有力补充。

六、项目经验启示

（一）突破传统农业价格风险的保障局限性

市场价格波动的风险特征并不满足可保风险判断标准，因此不能成为传统农业保险的保险责任。“保险+期货”创新很好地解决了这一问题。一方面，它是通过保险的桥梁，将分散的农户与期货市场联系起来，通过保险形式发挥了期货功能，解决了“保险保价格”的理论障碍。另一方面，期货市场形成的价格具有公开、透明、连续等特点，具有价格发现功能；场外期权发挥了来自资本市场的“再保险”功能，解决了“保险保价格”的实践障碍。

（二）开启金融协同服务农业现代化发展新格局

当前，我国农业现代化发展对金融工具的实际需求就是资金支持和风险管理。在“保险+期货”模式中，保险公司通过与期货市场的合作可有效化解价格风险，期货公司以期货价格保险为纽带，解决了对接“三农”、扶持实体经济的落地问题。这种合作还将反向促进期货市场的产品创新和结构优化，显著提升期货市场的活跃程度。“保险+期货”创新可以使整个农村金融链条形成良性互动，满足农业现代化对于资金和风控的需求。

（三）探索“价补分离”，推动农产品市场化

本项目利用市场化手段，补偿农户因价格波动所导致的损失。同时，避免价格托市等行政干预对农业产业链条上价格信号的扭曲，发挥市场价格引导生产、调节供求的基础性作用，实现保障农民收入政策和农业市场化持续健康发展的双重目的，推广前景明朗。

（四）创新农产品补贴方式

农业生产面临的各类风险较高，保险与期货的结合，提高了玉米生产者抵御自然风险和市场风险的能力，为广大农户增收提供了保障。这种金融手段，不仅发挥了各自的作用，而且创新了金融支农服务的手段和措施，丰富了支农惠农的体系，让农户真正受益。

此项目在安徽省贫困县展开，具有良好的示范作用，发挥了实体产业与期货市场的融合效应，为国家扶贫工作添砖加瓦。对于农户来说得到了切实的利益，增强了种粮积极性，具有很好的社会效应。

（国元期货有限公司供稿）

案例59：

小鸡蛋做出大文章

——银河期货创新服务“三农”案例分享

党中央的十八届五中全会会议议题中，以及“十三五”规划中特别提出“发展普惠金融，着力加强对中小微企业、农村特别是贫困地区金融服务”，并明确指出会陆续出台相关政策，推进农业农村可持续发展。农副产品中的鸡蛋，是菜篮子工程中不可或缺的重要组成部分。现阶段蛋鸡养殖的特点是周期相对较短。虽然消费需求相对刚性，但是经济运行环境和养殖风险容易造成价格频繁波动。

一、企业基本情况

青岛市平度市蓼蓝镇是山东省内有名的经济薄弱镇，人均年收入不足18 000元，多数当地人以养殖蛋鸡为主业，属于省内的贫困地区。据统计，青岛市蛋鸡存栏量1 337万只，禽蛋产量18.28万吨，其中平度市蛋鸡存栏量约512万只，禽蛋产量约8万吨，按月均价计算产值约7亿元人民币，平度市的蛋鸡养殖规模及蛋鸡产蛋量均占到全青岛市的1/3以上。蛋鸡养殖收入是蓼蓝镇农民主要经济收入之一，鸡蛋价格的波动严重影响当地农民收入。农户对鸡蛋价格风险管理的需求强烈。

二、定制风险管理方案

针对蛋鸡养殖合作社的实际需求，设计“保险+期货”模式，即引入保险公司、期货公司，合作社向保险公司购买鸡蛋价格险应对价格波动风险，保险公司再向期货公司购买场外期权转移风险，期货公司利用场内期货市场对冲风险。其中合作社保险费用由政府补贴60%（见图1）。

三、具体实施

银河期货联合中国人民财产保险有限公司青岛分公司（以下简称“人保青岛”），共同开展了此次政府补贴保费的鸡蛋价格保险创新业务。

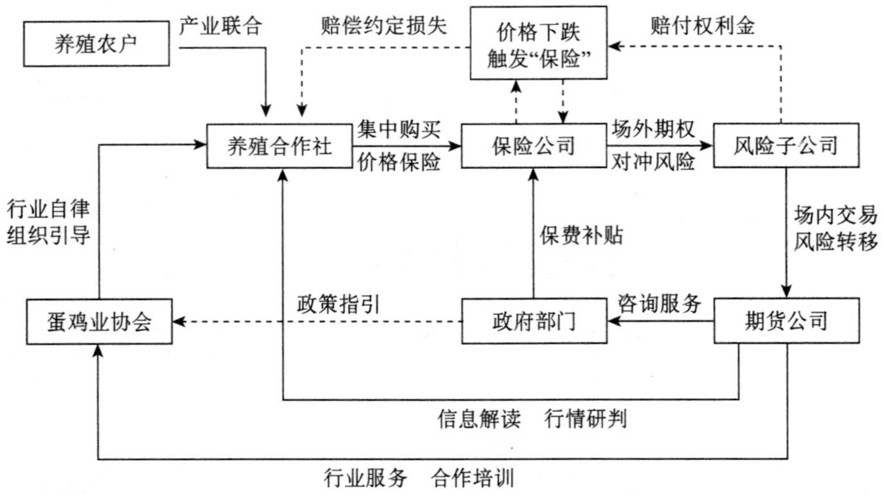

图 1　政策性鸡蛋价格保险流程图

业务试点期间，计划承保鸡蛋 2 000 吨，保险实施期限不超过 12 个月，分批次进行，保费约需 56 万元［鸡蛋期货均价 8 000 元/吨 ×2 000 吨 ×3.5%（保费费率）= 56 万元］。为调动养殖户的积极性，政府给予 60% 即 33.6 万元［56 万元 ×60% = 33.6 万元］的保费补贴，另有 22.4 万元（56 万元 ×40% =22.4 万元）由参保养殖户自筹。

根据鸡蛋市场行情的季节性规律，我们选取了春节与中秋节这两个重要的时间节点，在节后价格预计下跌的情况下，分批分次地进行了“保险 + 期货”操作，共缴纳约 50 万元保费，赔付率约为 40%，养殖户得到了实惠，效果良好。

四、场外期权优化风险管理效果

为了帮助养殖企业节约资金成本，帮助保险公司降低保险成本，在“保险 + 期货”方案中，设计了场外期权组合，以对冲风险。

场景一：在鸡蛋销售阶段，采用熊市价差策略，节省保费支出（见表 1）。

表 1　熊市价差策略

对冲方式	操作方向	行权方式	标的合约
熊市价差期权	看跌。买入较高执行价的看跌期权，同时卖出相同到期日同一品种的执行价较低的看跌期权	欧式	鸡蛋 1701

示例：

1701 期货主力合约价格 3 500 元/500 公斤，买入执行价格为 3 500 元的看跌期权，付出权利金 100 元。卖出执行价格 3 300 元的看跌期权，收取权利金 20 元。实际付出权利金 80 元。场外产品损益见图 2。

由于使用了熊市价差策略进行操作，比单纯的买看跌期权节省了 20% 的权利金支出，为养殖企业节省了保费，增加了资金融通，对调动了养殖企业购买鸡蛋期货价格保险的积极性，也为政府节省财政支出，都十分有益。

场景二：保险公司使用买入虚值看跌期权对冲风险，虽然降低了赔付价格，但为养殖企业节省了保费支出，调动了中小养殖户参与积极性。对冲方式等见表 2。

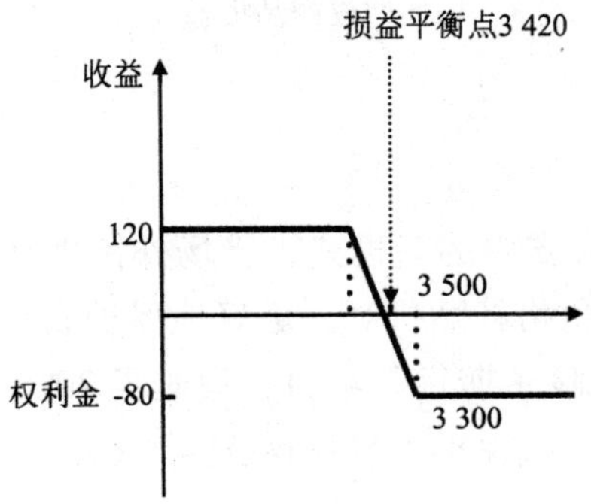

图 2　场外产品损益

表 2　对冲方式和操作方向

对冲方式	操作方向	行权方式	标的合约
看跌期权	买入看跌	欧式	鸡蛋 1701

示例：

假设当时 1701 期货主力合约价格 3 500 元/500 公斤，养殖户认为价格下跌到 3 300元/500 公斤以下，无法承受。因此，以虚值的 3 300 元为执行价格，权利金支出降低，以现有预计产蛋数量买入 1 月期看跌期权，进行权利金为 100 元的价格保护操作（见表 3）。

表 3　进行价格保护操作

价格	买入 3 300 元的看跌期权	未买入 3 300 元的看跌期权
3 500 元	无补偿	无损失
3 300 元	损失 200 元，3 300 元以下有补偿	损失 200 元，继续下跌继续损失
3 200 元	损失 300 元，得到补偿 100 元	损失 300 元，无奈接受

场外期权产品损益见图 3。

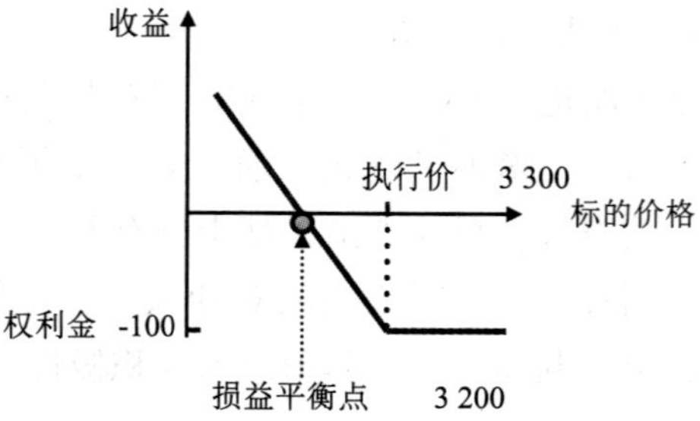

图 3 场外期权产品损益

五、心得体会

“保险 + 期货”是金融融合支农的新模式，将场外衍生品运用到服务农业经济当中，有助于完善我国农产品价格补贴机制，更好地保护农户收益。案例中的农业合作社，通过参与政策性“保险 + 期货”项目，规避了 2016 年行业低谷蛋价大幅下跌所带来的冲击，稳定了生产，保护了自身收益。

（银河期货有限公司供稿）

案例60：

“保险+期货”创新棉农补贴方式

——永安期货服务“三农”案例

一、合作社基本生产经营情况

湖南省津市市银华灵泉棉花专业合作社成立于2008年4月，注册资金20万元，经营范围有棉花种植、收购、销售，以及用于棉花种植所需的农业生产资料、技术培训咨询服务及其他农副产品的加工、销售。合作社由近100户棉农联合组成，是一家集棉花种植、收购、加工、销售和技术服务于一体的综合性棉花专业社。

合作社成立以来，一直秉承服务棉花生产的宗旨，以确保棉农增产增收为目标，以“合作社+基地+农户”的模式进行产业化经营。目前，合作社棉花总种植面积3万多亩，入社人员覆盖10个村场，逐步带动了周边植棉乡镇，形成了棉花生产、加工、销售产业链，初步达到扶助棉农增产、增收、增效的目的，每户年均增收1 000元以上。

二、参与“保险+期货”试点项目的运作方式

银华灵泉棉花专业合作社于2016年10—12月间参与了由郑州商品交易所牵头发起的“保险+期货”试点项目。合作社向中华联合财产保险湖南分公司投保1 000吨棉花价格保险。保险合同到期时，若棉花结算价格低于合同约定的保障价格，则合作社可根据保险合同获得相应的保险金赔偿。

同时，保险公司向永安期货的风险管理子公司——浙江永安资本管理有限公司（以下简称“永安资本”）购买棉花看跌期权。由于目前期货市场尚没有相关品种的场内期权上市，因此只能使用场外期权替代。若期权到期日棉花结算价格低于期权合同中约定的执行价格，保险公司可向永安资本行权，获得收益用于支付对合作社的保险理赔，以转移赔付风险。永安资本在期货交易所进行相应的复制看跌期权操作，进一步分散风险，最终形成风险分散、各方受益的闭环。

三、合作社参与本试点项目的具体实例

2016 年 9 月，中华联合保险与永安资本签订场外衍生品协议，建立战略合作关系；永安资本根据调研结果协助中华联合保险设计保险合同条款，并制定场外期权方案。

中华联合保险工作人员经过实地调研，与合作社深入沟通，选择郑州商品交易所棉花 CF701 合约作为本次项目的挂钩标的，并且采用均价结算的模式。使用均价结算一方面可以降低看跌期权的权利金和保费，从而减轻合作社负担；另一方面能够避免标的资产在接近到期日时的价格波动风险。经测算，永安资本协助中华联合保险设计保险合同条款见表 1。

表 1　　棉花价格保险条款

投保人/被保险人	津市市银华灵泉棉花专业合作社
承保面积	15 000 亩
单位保额	1 000 元
保险金额	15 000 000 元
费率	7%
总保费	1 050 000 元

棉花目标价格为 15 000 元/吨，保险数量为 1 000 吨。以郑州商品交易所 CF701 合约收盘价为准，若保险期间内各交易日收盘价的平均值低于棉花目标价格，则视为保险事故发生，保险人将按照保险合同的约定负责赔偿。

相应的，中华联合保险向永安资本购买场外看跌期权（见表 2）。

表 2　　场外看跌期权基本条款

期权买方	中华联合财产保险股份有限公司湖南分公司
期权卖方	浙江永安资本管理有限公司
存续时间	2016 年 10 月 20 日至 2016 年 12 月 20 日
期权标的	郑州商品交易所棉花 CF701 合约
执行价格	15 000 元/吨
结算价格	CF701 合约 2016 年 10 月 20 日至 2016 年 12 月 20 日每日收盘价之算术平均值
名义数量	1 000 吨
权利金合计	750 000 元

如期权到期，结算价格低于执行价格，即棉花 CF701 合约在 2016 年 10 月 20 日至 2016 年 12 月 20 日之间，每日收盘价的算术平均值低于 15 000 元/吨，永安资本将对低于 15 000 元/吨的部分进行赔付。中华联合保险可将该笔赔付款作为保险的赔偿金支付给合作社。赔付公式为：

赔付金额 =（执行价格 - 结算价格）× 名义数量

例如，项目到期，存续期间棉花 CF701 合约收盘价的算术平均值为 13 500 元/吨，低于约定的保险目标价格 1 500 元/吨，中华联合保险将向农户赔付 1 500 元/吨 ×1 000 吨 = 150 万元；同时，中华联合保险可就持有的看跌期权向永安资本行权，获得赔付 1 500 元/吨 ×1 000吨 = 150 万元，实现价格风险的完全转移。

2016 年 12 月 20 日，保险合同与期权同时到期，期间 CF701 合约收盘价的算术平均值为 15 514. 09 元/吨（大于 15 000 元/吨），保险到期未发生保险事故，场外期权到期未行权。

四、经验总结与政策建议

“保险 + 期货”是保险与期货相结合的金融创新发展模式，实现了保险和期货各自的优势互补与合作共赢。保险公司具备丰富的保险产品设计经验和客户资源，期货公司具备帮助企业规避价格波动风险的专业能力。保险公司通过购买场外期权产品，实现了风险的转移，期货公司再通过期货市场上复制期权的操作，进一步化解风险。这种模式既丰富了保险产品的种类，又切实发挥了期货公司的专业能力，成为完善涉农金融服务的新机制，也将成为创新金融市场和服务“三农”的新亮点。

本项目中，针对棉花专业合作社的“保险 + 期货”试点，创新了棉花的补贴方式。项目利用棉花期货合约价格，发挥期货市场的价格发现功能，有效引导棉花生产者转变经营方式，提高我国农产品的国际市场竞争力。通过投保农业价格保险，棉花生产者抵御自然风险和市场风险的能力得到加强，并保证了预期收益。

“保险 + 期货”模式参与机构较多，本试点项目的实施为棉花产业参与金融市场提供了宝贵的经验，同时也对政府、金融机构提出了新的期望和建议，具体来看：

1. 应加大“保险 + 期货”模式的宣传、推广及培训力度，让政府相关部门及广大农民了解并认可这一新型模式，最终广泛接受并参与到这一模式中来。

2. 保险费用相对于农民的经济实力及初级农产品的盈利能力来说仍旧过高，希望政府部门提供更多的政策、资金扶持，将其纳入国家相关农业补贴范围。

3. 加大创新力度，开发更多市场急需的农产品期货品种，设计更多样化、更符合农业生产实际情况的保险产品，不断探索适合的农产品价格“保险 + 期货”业务模式，最大限度地为“三农”服务。

（永安期货股份有限公司供稿）

后　记

增强金融服务实体经济的能力，是党的十九大对金融行业提出的明确要求。在这一精神引领下，中国期货行业牢牢守住不发生系统性风险的底线，加快转型升级步伐，积极发挥期货市场价格发现和风险管理的功能，努力提升服务实体经济的能力，初步形成了期货期权、场内场外、境内境外、期货现货多元共融发展的新局面。截至2017年底，我国共有149家期货公司，下设65家风险管理子公司、11家资产管理子公司，1 677个遍布全国34个省、自治区和直辖市的营业部，行业总资产5 500余亿元，全市场资金总量为4 900多亿元，投资者达120多万户。期货行业通过开展期货经纪、资产管理、风险管理、投资咨询等业务，搭建起了多层次的服务实体经济网络，承担起了市场培育、投资者教育与培训、期货市场风险防范等职能，有力地推动了期货市场价格发现、风险管理功能的发挥。

在为实体企业套期保值、风险管理服务过程中，期货公司积极探索仓单服务、合作套保、基差贸易、场外期权等多种业务类型，推进期现货市场的联动，不断提升专业服务能力，使服务实体经济有了更多样、更精准、更适合企业需求的抓手。以“保险+期货”为代表的一系列典型案例不断涌现，值得认真总结、宣传和推广。为此，中国期货业协会积极组织发动会员单位，历时两年，从汇总的二百多个案例中进行筛选，最终选定了60个案例进行加工整理，汇编成《期货服务实体经济案例集》（以下简称《案例集》）一书。书中案例基本涵盖了目前期货行业服务实体经济的主要业务类型，涉及钢铁、有色、能源、化工、农产品、贵金属等多个行业，包括铜、螺纹钢、铁矿石、豆粕、PTA、甲醇等国内期货市场主要品种32个，以及原油等境外期货品种。

本书的顺利出版，凝聚了全行业的智慧和心血。中国证监会方星海副主席对本书的出版工作给予了充分肯定。中期协党委书记、会长王明伟同志高度重视和关心案例的编撰工作，多次询问了解进展情况，明确案例编写工作的方向。分管副会长党剑同志悉心指导，对案例编写及修改提出了重要的指导意见。纪委书记陈东升同志在《案例集》印刷出版环节严格监督，保障出版发行工作规范有序。秘书长吴亚军同志、副秘书长冉丽同志也多次关心《案例集》出版发行工作。为保证案例的典型性、针对性、可读性，协会研究部先后召集相关供稿单位进行集中讨论，修改完善。中信建投期货的魏鑫、海通期货的蔡婷婷、迈科期货的吴建国、中州期货的于青参与了相关案例的编辑工作，金瑞期货研究所参与了全书案例的审校工作，协会研究发展委员会委员王化栋、卢赣平、朱斌、高上、王骏等对案例修改提出了宝贵意见。在此，对上述同仁们表示诚挚的谢意！

我们衷心希望通过本《案例集》，全面反映期货行业近年来服务实体经济的创新探索，为广大实体企业以及市场其他参与主体运用期货工具进行风险管理提供借鉴和参考，也希望能借此提高全社会对期货市场的认识水平，打消产业企业参与期货的顾虑，增强期货市场与实体经济的融合度，提升期货市场服务国民经济发展的能力。然而，受客观因素和经验不足的制约，本书难免有不足之处，还请广大读者和业内各方专家批评指正，多提出宝贵意见。

在习近平新时代中国特色社会主义思想引领下，中国期货业协会将充分发挥自律、服务、传导职能，引导全行业始终以服务实体经济为宗旨，鼓励支持期货经营机构发挥专业特点和优势，创新发展，为新时代中国经济高质量发展做出新的贡献。

联系邮箱：yanjiu@ cfachina. org。

中国期货业协会

2018 年 3 月